NEOTESTAMENTICA ET PATRISTICA

SUPPLEMENTS

TO

NOVUM TESTAMENTUM

VOLUME VI

LEIDEN
E. J. BRILL
1962

NEOTESTAMENTICA ET PATRISTICA

EINE FREUNDESGABE,
HERRN PROFESSOR DR. OSCAR CULLMANN
ZU SEINEM 60. GEBURTSTAG
ÜBERREICHT

LEIDEN
E. J. BRILL
1962

PRINTED IN THE NETHERLANDS.

INHALTSVERZEICHNIS

Neotestamentica

Patristica

Sehr verehrter Herr Kollege, lieber Freund,

Deo volente *werden Sie am 25. Februar dieses Jahres Ihren sechzigsten Geburtstag feiern.*

Wo? Das kann man bei Ihnen nicht im voraus sagen. Es mag am Ufer des Rheines oder des Hudson, in der Ewigen Stadt oder in der Ville lumière *sein, oder aber in der stillen Ruhe von Chamonix mit dem herrlichen Blick auf das Mont Blanc-Massiv. Angesichts dieser Ungewissheit haben wir, Ihre Freunde, die wir Ihren bevorstehenden Geburtstag als einen sehr besonderen Tag sowohl für Sie wie für die Wissenschaft des ältesten Christentums markieren wollten, nicht irgendwo ein an einen bestimmten Ort gebundenes Monument aufrichten können, sondern wir mussten es ,,portable'' machen. Wir dachten, für Sie sei das bequem und für viele* ἀπόντες τῷ σώματι, παρόντες δὲ τῷ πνεύματι *eine bleibende Erinnerung.*

Gott hat Sie mit herrlichen Gaben gesegnet; Sie haben die Aufgaben, die mit diesen Gaben verbunden waren, verstanden und in Ihrem Leben zu erfüllen versucht. Durch Ihr gesprochenes und geschriebenes Wort haben Sie vielen ,,all over the world'' neue Einblicke in die Verkündigung des Neuen Testaments sowie in die Geschichte der alten Kirche geschenkt und wurden viele zu neuer Arbeit in Übereinstimmung oder im Widerspruch angeregt.

Kind des Elsasses, Professor in der Schweiz, lebten und leben Sie im Grenzgebiet, von vielen Seiten beeinflusst, Brücken bauend zwischen den Ländern, Völkern und Kirchen. Ihre sachliche Arbeit hat über Landesgrenzen und Kirchenmauern hinaus Verbindungen gelegt.

Ihr Name ist überall, wo man sich bemüht, auf das Evangelium zu hören, bekannt geworden. Ihre Person hat die Freundschaft vieler gewonnen. Sie freuen sich mit Ihnen, dem Sechzigjährigen, in dankbarem Gedenken an all das Gute, das ihnen durch Sie beschert wurde. Sie alle sind in unserer Festschrift durch eine kleine Gruppe von Freunden vertreten, damit der Dank der vielen Ihnen in den Beiträgen der wenigen sichtbar werde. Es konnte, wie Sie verstehen werden, nur

eine beschränkte Anzahl sein. Aber die Mitarbeiter dieser Neotestamentica et Patristica *bringen Ihnen ihr stellvertretendes Geschenk
mit grosser Freude und in der Hoffnung dar, dass Ihnen noch viele
Jahre des Schaffens geschenkt werden mögen* ad maiorem Dei gloriam.

*Dieser Festgruss hätte nicht zustandekommen können ohne die
tatkräftige Hilfe der Herren Professor Dr. Bo Reicke (Basel) und
Pfarrer Willy Rordorf, Dr. theol. des. (Genf), die die Vorbereitung,
und der Herren F. C. Wieder jr. und Dr. B. A. van Proosdij der
Firma Brill, die die Drucklegung geleitet haben.*

*Mit herzlichen Grüssen
und in treuer Verbundenheit* in Christo
Ihr W. C. van Unnik

Bilthoven/Utrecht, im Januar 1962

BIBLIOGRAPHIA CULLMANNIANA

Die nachstehende Bibliographie stützt sich auf diejenige von Abbé J. Frisque, die dieser in seinem Buch Oscar Cullmann. *Une théologie de l'histoire du salut* (Editions Casterman, Tournai, 1960, S. 262-272) publiziert hat; sie ist verbessert, vervollständigt und bis auf das Frühjahr 1962 nachgeführt worden.

Willy Rordorf

ABKÜRZUNGEN

AThANT	Abhandlungen zur Theologie des Alten und Neuen Testaments
BZNW	Beihefte zur Zeitschrift für die neutestamentliche Wissenschaft und die Kunde der älteren Kirche
EMM	Evangelisches Missionsmagazin, Basel
ET	Expository Times, Edinburgh
EThR	Etudes théologiques et religieuses, Montpellier
JBL	Journal of Biblical Literature and Exegesis, Philadelphia
JEH	Journal of Ecclesiastical History, London
KuD	Kerygma und Dogma, Göttingen
KRS	Kirchenblatt für die reformierte Schweiz, Basel
NTS	New Testament Studies, London - New York
Prot.	Protestantesimo, Rom
Rez.	Rezension
RGG³	Die Religion in Geschichte und Gegenwart, 3. Aufl. 1957 ff.
RHPhR	Revue d'histoire et de philosophie religieuses, Strasbourg
RThPh	Revue de théologie et de philosophie, Lausanne
SJTh	The Scottish Journal of Theology, Edinburgh
SMSR	Studi e Materiali di Storia delle Religioni, Rom
ThLZ	Theologische Literaturzeitung, Leipzig
ThW	Theologisches Wörterbuch zum Neuen Testament, begr. v. G. Kittel, hg. v. G. Friedrich, 1933 ff.
ThZ	Theologische Zeitschrift, Basel
VC	Verbum Caro, Neuchâtel

Übersetzungen: f = französische, d = deutsche, e = englische, i = italienische, sp = spanische, holl = holländische, schw = schwedische, jap = japanische, isl = isländische, ung = ungarische.

1925

1   *Les récentes études sur la formation de la tradition évangélique*, RHPhR
5 S. 459-477; 564-579.

1927

2   (Rez.) Gunkel und Zscharnack, *Die Religion in Geschichte und
Gegenwart*, RHPhR 7, S. 66-68.
3   (Rez.) A. v. Harnack, *Die Briefsammlung des Apostels Paulus und
die anderen vorkonstantinischen christlichen Briefsammlungen*, RHPhR
7, S. 193-195.

1928

4   *Les problèmes posés par la méthode exégétique de Karl Barth*, RHPhR 8,
S. 70-83.

1930

5   *Le problème littéraire et historique du roman pseudo-clémentin. Étude
sur le rapport entre le gnosticisme et le judéochristianisme* [1], Études
d'histoire et de philosophie religieuse 23, Paris, F. Alcan, VII +
271 S.
6   *Les causes de la mort de Pierre et de Paul d'après le témoignage de
Clément Romain*, RHPhR 10 , S. 294-300.

1932

7   Art. *Jude, Nouveau Testament* (interprétation du), *Pharisiens,
Pierre* (apôtre s.v. *Simon*; épîtres I/II), *Sadducéens, Sanhédrin, Scribe*,
Dictionnaire encyclopédique de la Bible, 2 Bände, 1932-1935, I:
S. 692 f.; II: S. 236-238; 676-678; 381-383; 398-401; 607 f.; 632 f.;
446 f.
8   (Rez.) A. Meyer, *Das Rätsel des Jacobusbriefes*, RHPhR 12, S. 178-184.
9   (Rez.) J. Schmid. *Matthaeus und Lukas*, RHPhR 12, S. 264-267.
10 (Rez.) F. Tillmann, *Das Johannesevangelium* (4. Aufl.), RHPhR 12,
S. 267-269.
11 (Rez.) H. Lietzmann, *Geschichte der alten Kirche. I. Die Anfänge*,
RHPhR 12, S. 403-406.

1933

12 (Rez.) *Das neue Testament Deutsch*, RHPhR 13, S. 81-84.
13 (Rez.) W. Bauer, *Das Johannes-Evangelium* (3. Aufl.), RHPhR 13,
S. 187-188.

1934

14 (Rez.) J. Kroll, *Gott und Hölle. Der Mythos vom Descensuskampfe*,
RHPhR 14, S. 187-190.

1936

15a *La signification de la Sainte Cène dans le christianisme primitif*,
RHPhR 16, S. 1-22.
15b (e) *The meaning of the Lord's supper in primitive Christianity*, in:
Essays on the Lord's Supper, Ecumenical Studies in Worship 1,
London, Lutterworth Press, 1958, S. 5-23.

---

[1] Selbstanzeige in RHPhR 10 (1930), S. 471-476.

16 Le caractère eschatologique du devoir missionnaire et de la conscience
    apostolique de saint Paul. Étude sur le κατέχον (-ων) de II Thess.
    2, 6-7, Mélanges G. Baldensperger, RHPhR 16, S. 210-245.

1937
17 Les traces d'une vieille formule baptismale dans le Nouveau Testament [2],
    RHPhR 17, S. 424-434.

1938
18 Quand viendra le Royaume de Dieu?, RHPhR 18 , S. 174-186.
19 (Rez.) La pensée eschatologique d'après un livre récent (F. Holmström,
    Das eschatologische Denken der Gegenwart), RHPhR 18, S. 347-355.

1940
20 (Rez.) F. Overbeck, Selbstbekenntnisse, Nationalzeitung, Basel
    (24 Dez.), S. 2.

1941
21a Königsherrschaft Christi und Kirche im Neuen Testament, Theolo-
    gische Studien 10, Zollikon, Evangelischer Verlag, 48 S. 1946[2], 1950[3].
21b (f) La Royauté du Christ et l'Église dans le Nouveau Testament, übers.
    v. Mme Latune, Cahiers bibliques de Foi et Vie, Paris, 48 S.
21c (e) The Kingship of Christ and the Church in the New Testament,
    übers. v. S. Godman, in: The Early Church (siehe Nr. 80), S. 103-137.
22a Eschatologie und Mission im Neuen Testament, EMM 85, S. 98-108.
22b (e) Eschatology and Missions in the New Testament, übers. v. O.
    Wyon, in: The Background of the New Testament and its Eschatology,
    Studies in honour of C. H. Dodd, Cambridge, University Press, 1956,
    S. 409-421.
22b bis Idem, in: The Theology of the Christian Mission, ed. G. H.
    Anderson, New York-Toronto-London, McGraw-Hill Book Com-
    pany Inc., 1961, S. 42-54.
22c (i) Missione e attesa escatologica secondo il Nuovo Testamento, Prot 4
    (1949), S. 97-107.
23 Les origines des premières confessions de foi, RHPhR 21, S. 77-110.

1942
24 L'essence de la foi chrétienne d'après les premières confessions, RHPhR
    22, S. 30-42.
25a Auferstehungshoffnung und Auferstehungsglauben im Neuen Testa-
    ment, Der Grundriss 4, S. 66-74.
25b (f) La foi en la Résurrection et l'espérance de la Résurrection dans le
    Nouveau Testament, EThR 18 (1943), S. 3-8.
26 La signification du baptême dans le Nouveau Testament, RThPh 30,
    S. 121-134.
27 (Rez.) Neutestamentliche Eschatologie und Entstehung des Dogmas
    (M. Werner, Die Entstehung des christlichen Dogmas), KRS 98, S. 161-
    166; 178-181.

1943
28 (Rez.) Eschatologie und Engelchristologie. Zur Kritik der Thesen
    M. Werners (W. Michaelis, Der Herr verzieht nicht die Verheissung.
    Die Aussagen Jesu über die Nähe des Jüngsten Tages. — W. Michaelis,
    Zur Engelchristologie im Urchristentum, Abbau der Konstruktion
    Martin Werners), KRS 99, S. 36-38.

---

[2] d, e, schw als Anhang in Die Tauflehre des Neuen Testaments und in den
Übersetzungen dieses Buches; siehe Nr. 40.

29a *Les premières confessions de foi chrétiennes,* Cahiers de la RHPhR 30, Paris, Presses Universitaires de France, 55 S. 1948².

29b (d) *Die ersten christlichen Glaubensbekenntnisse,* übers. v. H. Schaffert, Theologische Studien 15, Zollikon, Evangelischer Verlag, 60 S. 1949².

29c (e) *The Earliest Christian Confessions,* übers. v. J. K. S. Reid, London, Lutterworth Press, 64 S., 1949.

29d (i) *Le prime confessioni di fede cristiane,* übers. v. D. Bosio, Roma, Centro evangelico di cultura, 62 S. 1948.

29e (jap) Übers. v. Ko Yuki, Sammlung von Biblischer Wissenschaft, Nr. 4, 1956.

30a *Die Hoffnung der Kirche auf die Wiederkunft Christi,* in: *Verhandlungen des Schweizerischen Reformierten Pfarrvereins* (83. Jahresversammlung 1942 in Liestal), Basel, Fr. Reinhardt Verlag, S. 26-50.

30b (f) *Le retour du Christ, espérance de l'Église selon le Nouveau Testament,* übers. v. A. Dumas, Cahiers théologiques 1, Paris-Neuchâtel, Delachaux et Niestlé, 39 S. 1944¹, 1945², 1948³.

30c (i) *Il ritorno di Cristo,* übers. v. S. Carile, Roma, Centro evangelico di cultura, 34 S., 1948.

30d (e) *The Return of Christ,* übers. v. S. Godman, in: *The Early Church* (siehe Nr. 80), S. 141-162.

1944

31a *Urchristentum und Gottesdienst,* AThANT 3, Zürich, Zwingli-Verlag, 88 S. 2. und folgende Auflagen siehe Nr. 50.

31a bis (Auszug) *Grundzüge des urchristlichen Gottesdienstes,* Der Grundriss 5 (1943), S. 216-240.

31a ter (Auszug) *Der urchristliche Gottesdienst,* KRS 100, S. 52-53.

31b (f) *Le culte dans l'Église primitive,* übers. v. J. J. v. Allmen, Cahiers théologiques 8, Paris-Neuchâtel, Delachaux et Niestlé, 39 S. 1945², 1948³.

31c (i) *Il culto nella Chiesa primitiva,* übers. v. T. Balma, Roma, Centro evangelico di cultura, 37 S., 1948.

1945

32a *Die Pluralität der Evangelien als theologisches Problem im Altertum'* ThZ 1, S. 23-42.

32b (e) *The Plurality of the Gospels as a Theological Problem in Antiquity,* übers. v. S. Godman, in: *The Early Church* (siehe Nr. 80), S. 39-54.

33 (Rez.) W. G. Kümmel, *Kirchenbegriff und Geschichtsbewusstsein in der Urgemeinde und bei Jesus,* ThZ 1, S. 146-147.

34 (Rez.) S. de Dietrich, *Le dessein de Dieu,* ThZ 1 , S. 289-290.

1946

35a *La délivrance anticipée du corps humain d'après le Nouveau Testament,* in: *Hommage et reconnaissance. Receuil de travaux publiés à l'occasion du 60ᵉ anniversaire de Karl Barth,* Paris-Neuchâtel, Delachaux et Niestlé, S. 31-40.

35b (e) *The Proleptic Delivrance of the Body According to the New Testament,* übers. v. A. J. B. Higgins, in: *The Early Church* (siehe Nr. 80), S. 165-173.

36a *Christus und die Zeit. Die urchristliche Zeit- und Geschichtsauffassung* [3], Zollikon, Evangelischer Verlag, 224 S. 1948², 1962³.

---

[3] Selbstanzeige in *RHPhR* 28 (1948), S. 85-90, und in *Studium und Zeugnis* 9 (1954), Nr. 2, S. 15.

36*b* (f) *Christ et le temps. Temps et histoire dans le christianisme primitif,* übers. v. P. Jundt, Bibliothèque théologique, Paris-Neuchâtel, Delachaux et Niestlé, 182 S., 1947[1], 1957[2].

36*c* (e) *Christ and Time. The Primitive Christian Conception of Time and History,* übers. v. F. V. Filson, London, S.C.M. Press — Philadelphia, Westminster Press, 253 S., 1951[1], 1952[2].

36*d* (jap) Übers. v. G. Mayeda, Tokio, Iwanami gendai sosho, X + 291 S., 1955.

1947

37*a* *Weihnachten in der alten Kirche,* Basel, H. Majer, 31 S. (2. Aufl. siehe Nr. 107).

37*b* (f) *Noël dans L'Église ancienne,* übers. v. J.-J. v. Allmen, Cahiers théologiques 25, Paris-Neuchâtel, Delachaux et Niestlé, 36 S., 1949.

37*c* (i) *Il Natale nella Chiesa antica,* übers. v. F. Sommani, Roma, Centro evangelico di cultura, 32 S., 1948.

37*d* (e) *The Origin of Christmas,* übers. v. A. J. B. Higgins, in: *The Early Church* (siehe Nr. 80), S. 19-36.

38 *Das wahre durch die ausgebliebene Parusie gestellte neutestamentliche Problem,* ThZ 3, S. 177-191.

39 *Zur Diskussion des Problems der ausgebliebenen Parusie* — (Replik von Fr. Buri). Duplik von O. Cullmann, ThZ 3, S. 428-432.

1948

40*a* *Die Tauflehre des Neuen Testaments — Erwachsenen- und Kindertaufe,* AThANT 12, Zürich, Zwingli-Verlag, 76 S. 1958[2].

40*b* (f) *Le baptême des enfants et la doctrine biblique du baptême,* übers. v. J.-J. v. Allmen, Cahiers théologiques 19-20, Paris-Neuchâtel, Delachaux et Niestlé, 71 S.

40*b bis* (Auszug) *Le baptême, agrégation au corps du Christ,* Dieu vivant 11, S. 43-66.

40*c* (e) *Baptism in the New Testament,* übers. v. J. K. S. Reid, Studies in Biblical Theology 1, London, S.C.M. Press, 84 S., 1950[1], 1951[2], 1952[3], 1954[4], 1956[5].

40*d* (schw) *Nya Testamentets lära om dopet. Vuxendop och barndop,* übers. v. E. Beijer, Stockholm, Svenska Kyrkans Diakonistyrelses Bokförlag, 96 S., 1952.

40*d bis* (Auszug) *Dopet soasom inlemmande i Kristi kropp,* Svensk teologisk Kvartalskrift, S. 6-24.

40*e* (isl) *Voru ungbörn skirð i frumkristni?,* Vidförli 4 (1950), S. 12-25; 166-174 (gekürzt).

41 *Der johanneische Gebrauch doppeldeutiger Ausdrücke als Schlüssel zum Verständnis des vierten Evangeliums,* ThZ 4, S. 360-372.

42 ΫΠΕΡ ('ΑΝΤΙ) ΠΟΛΛΩΝ. *Neutestamentliche Wortforschung,* ThZ 4, S. 471-473.

43 *Das Schweigen über Ernst Lohmeyer,* KRS 104, S. 376.

44*a* Ο ΟΠΙΣΩ ΜΟΥ ΕΡΧΟΜΕΝΟΣ, in: *In honorem A. Fridrichsen sexagenarii,* Coniectanea Neotestamentica XI, Lund, C. W. K. Gleerup, S. 26-32.

44*b* (e) Ο ΟΠΙΣΩ ΜΟΥ ΕΡΧΟΜΕΝΟΣ, übers. v. A. J. B. Higgins, in: *The Early Church* (siehe Nr. 80), S. 177-182.

45*a* *Jésus, serviteur de Dieu,* Dieu vivant 16 (1950), S. 17-34.

45*b* (i) *Gesù, servo di Dio,* übers. v. V. Subilia, Prot. 3, S. 49-58.

1949

46a La nécessité et la fonction de l'exégèse philologique et historique de la
     Bible, VC 3, S. 2-13.
46a bis Idem, in: Le problème biblique dans le protestantisme, Paris,
     Presses Universitaires de France, 1955, S. 131-147.
46b (e) The Necessity and Function of Higher Criticism, übers. v. D.
     Mackie, The Student World 42, S. 117-133.
46b bis Idem, in: The Early Church (siehe Nr. 80), S. 3-16.
46c (sp) Exégesis filológica e histórica de la Biblia, Cuadernos Teolo-
     gicos 2, Buenos Aires, 1950, S. 11 ff.
47   Die neuesten Papyrusfunde von Origenestexten und gnostischen Schrif-
     ten, ThZ 5, S. 153-157.
48   Dritte Neutestamentlertagung in Oxford, ThZ 5, S. 398-399.

1950

49   EIDEN KAI ΕΠΙΣΤΕΥΣΕΝ. La vie de Jésus, objet de la „vue"
     et de la „foi" d'après le quatrième Évangile, in: Aux sources de la
     Tradition chrétienne (Mélanges Goguel), Paris-Neuchâtel, Delachaux
     et Niestlé, S. 52-61.
50a Urchristentum und Gottesdienst, Zweite vermehrte und veränderte
     Auflage (siehe Nr. 31), Zürich, Zwingli-Verlag, 120 S. 1956³, 1962⁴.
50b (f) Les Sacrements dans L'évangile johannique. La vie de Jésus et le
     culte dans l'Église primitive, übers. v. J.-M. Babut, Études d'histoire
     et de philosophie religieuse 42, Paris, Presses Universitaires de
     France, 93 S., 1951. (2. Teil; Übersetzung des 1. Teils siehe Nr.
     31a).
50c (e) Early Christian Worship, übers. v. A. S. Todd und J. B. Torrance,
     Studies in Biblical Theology 10, London, S.C.M. Press, 124 S., 1953¹,
     1954², 1956³.
50d (jap) Übers. v. S. Arai, Tokio, VIII + 158 S., 1957.
51   (Rez.) Vigiliae christianae. A Review of Early Christian Life and
     Language, ThZ 6, S. 66-70.
52   (Rez.) W. F. Flemington, The New Testament Doctrine of Baptism,
     ThZ 6, S. 141-144.
53   Non solum in memoriam, sed etiam in intentionem. Théo Preiss, 1910-
     1950, VC 4, S. 146-150.
54   Zum Falle E. Lohmeyer, KRS 106, S. 46.
55a Paradosis et Kyrios. Le problème de la Tradition dans le Paulinisme,
     RHPhR 30, S. 16-30.
55b (e) „Kyrios" as Designation for the Oral Tradition concerning Jesus,
     SJTh 3, S. 180-197.

1951

56a Le christianisme primitif et la civilisation, VC 5, S. 57-68.
56b (holl) Het oudste christendom en de cultuur, übers. v. J. C. v. Dijk,
     in: Het oudste Christendom en de antieke Cultuur, Band 2, Haarlem,
     H. D. Tjeenk Willink en Zoon N.V., S. 372-387.
56c (e) Early Christianity and Civilisation, übers. v. S. Godman, in:
     The Early Church (siehe Nr. 80), S. 195-209.
56d (i) Il cristianesimo primitivo e la Civiltà, Prot. 5 (1950), S. 97-107.
57   Ernst Lohmeyer (1890-1946), ThZ 7, S. 158-160.
58   (Rez.) J. L. Leuba, L'institution et l'Événement, ThZ 7, S. 446-450.
59a Sabbat und Sonntag nach dem Johannesevangelium. Ἕως ἄρτι (Joh.
     5, 17), in: In memoriam Ernst Lohmeyer, Stuttgart, Evangelisches
     Verlagswerk, S. 127-131.

59b (f) in: *Les Sacrements dans l'évangile johannique* (siehe Nr. 50a), S. 58-61.

1952
60a *Petrus — Jünger, Apostel, Märtyrer. Das historische und das theologische Petrusproblem*, Zürich, Zwingli-Verlag, 285 S. 1960² (umgearbeitet und ergänzt).
60a *bis Idem* (2. Aufl.), Berlin, Evangelische Verlagsanstalt, 1961.
60b (f) *Saint Pierre, disciple-apôtre-martyr, Histoire et théologie*, übers. v. E. Trocmé, Bibliothèque théologique, Paris-Neuchâtel, Delachaux et Niestlé, 231 S.
60c (e) *Peter — Disciple, Apostle, Martyr. A Historical and Theological Study*, übers. v. F. V. Filson, London, S.C.M. Press — Philadelphia, Westminster Press, 252 S., 1953¹, 1958².
60c *bis Idem*, A Living Age Book, New York, Meridian Books, 1958.
60d (schw) *Petrus. Lärjunge-apostel-martyr. Det historiska och teologiska Petrusproblemet*, übers. v. I. Reicke, Stockholm, Svenska Kyrkans Diakonistyrelses Bokförlag, 242 S., 1953¹, 1956².

1953
61a *Écriture et Tradition*, Dieu vivant 23, S. 45-69.
61b (e) *Scripture and Tradition*, übers. v. D. H. C. Read, SJTh 6 (1953) S. 113-135.
61b *bis Idem*, in: *Christianity Divided. Protestant and Roman Catholic Theological Issues*, ed. D. J. Callahan, H. A. Oberman, D. J. O'Hanlon, New York, Sheed and Ward, 1961, S. 7-33.
61c (sp) *Escritura y Tradición*, Cuadernos Teologicos 8, Buenos Aires, S. 22-44.
62a *La Tradition. Problème exégétique, historique et théologique*, Cahiers théologiques 33, Paris-Neuchâtel, Delachaux et Niestlé, 55 S.
62b (d) *Die Tradition als exegetisches, historisches und theologisches Problem*, übers. v. P. Schönenberger, Zürich, Zwingli-Verlag, 56 S., 1954.
62c (e) *The Tradition. The Exegetical, Historical and Theological Problem*, übers. v. A. J. B. Higgins, in: *The Early Church* (siehe Nr. 80), S. 57-99.
62d (schw) *Traditionen sasom exegetiskt, historiskt och teologiskt problem*, übers. v. I. Reicke, Stockholm, Svenska Kyrkans Diakonistyrelses Bokförlag, 69 S., 1954.
62e (jap) Übers. v. S. Arai, Tokio, IV + 106 S., 1958.
63   (Rez.) H. v. Campenhausen, *Der Ablauf der Osterereignisse und das leere Grab*, ThZ 9, S. 224-226.
64a *La Samarie et les origines de la misson chrétienne. Qui sont les ἄλλοι de Jean 4, 38?*, in: *Annuaire 1953-1954 de l'École pratique des Hautes Études* (Section des Sciences religieuses), Paris, S. 3-12.
64b (e) *Samaria and the Origins of the Christian Mission. Who are the ΑΛΛΟΙ of John 4, 38?*, übers. v. A. J. Higgins, in: *The Early Church* (siehe Nr. 80), S. 185-192.

1954
65   Art. *Autorités*, Vocabulaire biblique, Paris-Neuchâtel, Delachaux et Niestlé, S. 28-31.
66   *Die neuentdeckten Qumrantexte und das Judenchristentum der Pseudoklementinen*, in: *Neutestamentliche Studien für R. Bultmann*, BZNW 21, Berlin, A. Töpelmann, S. 35-51.
67a *Le mythe dans les écrits du Nouveau Testament*, Numen 1, S. -120 135.

67b (e) *Rudolf Bultmann's Concept of Myth and the New Testament*, Concordia Theological Monthly 27 (1956), S. 13-24.

67b bis *Idem* (Auszug), Theological Digest (St. Louis, U.S.A.) 4 (1956), S. 136-139.

68 *Zur neuesten Diskussion über die* ΕΞΟΥΣΙΑΙ *in Röm.* 13, 1 [1], ThZ 10, S. 321-336.

1955

69 Art. πέτρα, πέτρος, Κηφᾶς, ThW VI, S. 94-112 (fasc. Jan.).

70 *Maurice Goguel* (1880-1955), in: *Annuaire 1955-1956 de l'École pratique des Hautes Études* (Section des Sciences religieuses), Paris, S. 28-35.

71 *A la mémoire de Maurice Goguel*, in: *Bulletin de la Faculté libre de Théologie protestante de Paris* 18, S. 153-158.

72 *Zur Frage der Erforschung der neutestamentlichen Christologie*, KuD 1, S. 133-141.

73a *The Significance of the Qumran Texts for Research into the Beginnings of Christianity*, JBL 74, S. 133-141.

73a bis *Idem*, in: *The Dead Sea Scrolls and the New Testament* (hrsg. v. K. Stendahl), New York, Harper and Brothers, 1957[1], 1958[2], S. 18-32.

73b (f) *La signification des textes de Qumran pour l'étude des origines du christianisme*, übers. v. F. Gueutal, Positions luthériennes 4 (1956), Nr. 4, S. 5-23.

73c (i) *I Manoscritti del Mar Morto e le origini del Christianesimo*, übers. v. G. Conte, Prot. 12 (1957), S. 97-116.

74 *Immortalité de l'âme ou résurrection des morts dans le Nouveau Testament?*, in: *Bulletin de la Faculté libre de Théologie protestante de Paris* 18, S. 219-223.

1956

75 *Karl Ludwig Schmidt* (1891-1956). *Gedächtnisrede*, ThZ 12, S. 1-9.

76a *Der Staat im Neuen Testament*, Tübingen, J. C. B. Mohr, 110 S. 1961[2] (verändert).

76b (e) *The State in the New Testament*, übers. v. F. V. Filson, New York, Charles Scribner's Sons, IX + 123 S.

76b bis *Idem*, London, S.C.M. Press, 121 S., 1957.

76c (f) *Dieu et César. Le procès de Jésus — Saint Paul et l'Autorité — l'Apocalypse et l'état totalitaire*, Civilisation et Christianisme, Paris-Neuchâtel, Delachaux et Niestlé, 120 S.

76d (schw) *Staten i Nya Testamentet*, übers. v. I. Reicke, Stockholm, Svenska Kyrkans Diakonistyrelses Bokförlag, 98 S., 1957.

76e (i) *Dio e Cesare. Il problema dello Stato nella Chiesa primitiva*, übers. v. B. Subilia, Milano, Edizioni di Communità, 125 S., 1957.

77a *Unsterblichkeit der Seele und Auferstehung der Toten. Das Zeugnis des Neuen Testaments*, ThZ 12, Festschrift zum 70. Geburtstag v. Karl Barth, S. 126-156.

77b (f) *Immortalité de l'âme ou résurrection des morts. Le témoignage du Nouveau Testament*, VC 10, S. 58-78.

77b bis *Idem*, (mit Vorwort) L'actualité protestante, Paris-Neuchâtel, Delachaux et Niestlé, 85 S.

77c (i) *Immortalità dell'anima o resurrezione dei morti*, übers. v. G. S., Prot. 11, S. 49-74.

---

[1] Auch im Anhang von *Der Staat im Neuen Testament*, siehe Nr. 76.

77d (e) *Immortality of the Soul and Resurrection of the Dead. The Witness of the New Testament* (Ingersoll Lectures 1955), Harvard Divinity School Bulletin 53 (1955-1956), Nr. 19, S. 5-36.

77d bis *Idem, Immortality of the Soul or Resurrection of the Dead?*, London, Epworth Press — New York, Macmillan, 60 S., 1958.

77d ter *Idem* (Auszug), *Immortality and Resurrection*, Theological Digest (St. Louis, U.S.A.) 5 (1957), S. 86-87.

77d quater *Idem* (Auszug), Christianity Today II, 21 (1958), S. 3-6; 22-23.

77e (holl) *Onsterfelijkheid der ziel of Wederopstanding der doden? Wat het Nieuwe Testament ervan zegt*, übers. v. I. S. Herschberg, Nijkerk, G. F. Callenbach N.V., 56 S., 1957.

77f (sp) *Immortalidad del alma o resurreccion de los muertos*, Cuadernos Teologicos 23-24, Buenos Aires, 1957, S. 1-25.

77g (ung) *Lélek Halhatatlanság vagy Halottak Seltámadása?*, übers. v. I. Kádár (Vorwort v. K. Ujszászy), 86 S., 1959, (Vervielfältigt).

78 (Rez.) J. Toynbee and J. W. Perkins, *The Shrine of St. Peter and the Vatican Excavations*, JEH 7 , S. 238-240.

79 Art. *Aegypterevangelium*, RGG³ I, Sp. 126-127 (Nov. 1956).

80 *The Early Church. Historical and Theological Studies* (Sammelband von Aufsätzen), hrsg. v. J. B. Higgins, London S.C.M. Press, XII + 217 S.

1957

81 *Ist eine dritte neutestamentliche Fachzeitschrift notwendig?*, ThLZ 82, Sp. 73-76.

82a *Das Urchristentum und das ökumenische Problem*, KRS 113, S. 50-53; 66-69.

82a bis *Idem*, Oekumenische Rundschau 6 , S. 105-116.

82b (i) *Il cristianesimo primitivo ed il problema ecumenico*, Prot. 12, S. 49-63.

82c (e) *The Early Church and the Ecumenical Problem*, Angl. Theol. Review 40 (1958), S. 181-188; 294-300.

83 *Zum Vorschlag einer ökumenischen Kollekte*, KRS 113, S. 118-121.

84 *Die ökumenische Kollekte* (Briefauszug), Orientierung 21, S. 35-36.

85 *Que signifie le sel dans la parabole de Jésus? Les évangélistes, premiers commentateurs du logion*, RHPhR 37, Mélanges offerts à Jean Héring, S. 36-43.

86a *Die Christologie des Neuen Testaments*, Tübingen, J. C. B. Mohr, VIII + 352 S. 1958².

86b (f) *Christologie du Nouveau Testament*, übers. v. Mᵐᵉ Appia, Bibliothèque théologique, Paris-Neuchâtel, Delachaux et Niestlé, 300 S., 1959.

86c (e) *The Christology of the New Testament*, übers. v. S. C. Guthrie und A. M. Hall, Philadelphia, Westminster Press, XV + 342 S., 1959.

86c bis *Idem*, London, S.C.M. Press, 1959¹, 1960².

87 *Secte de Qumran, Hellénistes des Actes et Quatrième Évangile*, in: *Les Manuscrits de la mer Morte. Colloque de Strasbourg 25-27 mai 1955*, Paris, Presses Universitaires de France, S. 61-74.

88a *La nécessité de la Théologie pour l'Église selon le Nouveau Testament*, in: *Bulletin de la Faculté libre de Théologie protestante de Paris* 58, S. 11-23.

88b (i) *La necessità della teologia per la Chiesa secondo il Nuovo Testamento*, übers. G. Bouchard, Prot. 13 (1958), S. 1-14.

89   *Cattolici e Protestanti. Un proposito d'ecumenismo*, Il Popolo, Roma, Nr. 325 (23 Nov.), S. 4.

90   *Le Professeur Cullmann nous explique un projet discuté*, La vie protestante 20, Nr. 46, (13. Dez.), S. 1 und 14.

1958

91   Art. *Ebioniten, Ebioniterevangelium, Geschichtsschreibung* (im Neuen Testament), *Goguel*, RGG³ II, Sp. 297-298; 298; 1501-1503; 1687.

92   *Parusieverzögerung und Urchristentum. Der gegenwärtige Stand der Diskussion*, ThLZ 83, Sp. 1-12.

93a *Katholiken und Protestanten. Ein Vorschlag zur Verwirklichung christlicher Solidarität*, Basel, Fr. Reinhardt Verlag, 67 S.

93a bis   *Idem* (Auszug), Evangelischer Digest 2 (1960), Nr. 1, S. 7-12.

93b (f) *Catholiques et protestants. Un projet de solidarité chrétienne*, L'Actualité protestante, Paris-Neuchâtel, Delachaux et Niestlé, 70 S.

93c (holl) *Rooms Katholieken en Protestanten. Een voorstel tot verwezen-lijking van Christelijke Solidariteit*, übers. v. A. de Visser-Wouters, Nijkerk, G. F. Callenbach N.V., 63 S., 1959.

93d (e) *A Message to Catholics and Protestants*, übers. v. J. Burgess, Grand Rapids, Michigan, Wm. B. Eerdmans, 57 S., 1959.

93d bis   *Idem*, London, Lutterworth Press, 62 S., 1959.

94a *L'opposition contre le Temple de Jérusalem, motif commun de la théologie johannique et du monde ambiant* (gekürztes Original), NTS 5 (1959), S. 157-173.

94b (i) *Le scoperte recenti e l'enigma del Vangelo di Giovanni*, SMSR 29, S. 3-21; 165-181.

94c (e) *A New Approach to the Interpretation of the Fourth Gospel*, ET 71 (1959), S. 8-11 (Okt.); 39-42 (Nov.).

95   *La maladie dans le Nouveau Testament*, in: *Bulletin de la Faculté libre de Théologie protestante* 21, S. 13-26.

1959

96   *Kindheitsevangelien*, in: E. Hennecke-W. Schneemelcher, *Neutestamentliche Apokryphen I*, Tübingen, J. C. B. Mohr, S. 272-311.

97   *L'apôtre Pierre instrument du diable et instrument de Dieu: la place de Matt. 16.16-19 dans la tradition primitive*, in: *New Testament Essays, Studies in Memory of T. W. Manson*, (1893-1958) Manchester, University Press, S. 94-106.

98   *Widmung*, in: *Begegnung der Christen. Studien evangelischer und katholischer Theologen* (zum 70. Geburtstag von O. Karrer), hrsg. v. M. Roesle und O. Cullmann, Stuttgart, Evangelisches Verlagwerk — Frankfurt a.M., Verlag Josef Knecht, (1960²), S. 11-12.

99   *New Sayings of Jesus* (mit H.-Ch. Puech zusammen), Sunday Times, London, 15 Nov.

1960

100 Art. *Overbeck, K. L. Schmidt*, in: *Professoren der Universität Basel aus fünf Jahrhunderten*, hrsg. v. A. Staehelin, Basel, Fr. Reinhardt Verlag, S. 198 und 386.

101a *Neues Testament und Geschichte der Alten Kirche* (autobiographische Notiz), in: *Lehre und Forschung an der Universität Basel zur Zeit ihres fünfhundertjährigen Bestehens*, Basel, Birkhäuser Verlag, S. 24-28.

101b *An autobiographical sketch by Prof. Oscar Cullmann.* übers. v. T. N. Tyce, SJTh 14 (1961), S. 228-233.

102 *Das Thomasevangelium und die Frage nach dem Alter der in ihm enthaltenen Tradition*, ThLZ 85, Sp. 321-334.

103 *L'avvento presente e futuro del Regno di Dio nel messagio di Gesù*, übers. v. B. Subilia, Prot. 2, S. 65-76.

104a *Das Thomasevangelium und seine Bedeutung für die Erforschung der kanonischen Evangelien* (Radiovortrag), Universitas 3, S. 865-874.

104a bis *Idem*, KRS 116, S. 306-310.

104b (i) *L'Evangelo di Tommaso*, Prot. 15, S. 145-152.

105 *La réponse du professeur Cullmann* (à l'article de G. Ravaud), Choisir, Nr. 9-10, S. 20-23.

106a *Unzeitgemässe Bemerkungen zum ,,historischen Jesus" der Bultmannschule*, in: *Der historische Jesus und der kerygmatische Christus*, hrsg. v. H. Ristow und K. Matthiae, Berlin, Evangelische Verlagsanstalt, S. 266-280.

106a bis *Idem* (Auszug), in: *Die Tür des Wortes. Evangelischer Almanach*, Berlin, Evangelische Verlagsanstalt, S. 42-54.

106b (e) *Out of Season Remarks on the ,,Historical Jesus" of the Bultmann School*, übers. v. J. L. Martyn, Union Seminary Quarterly Review 16 (1961), S. 131-148.

107 *Der Ursprung des Weihnachtsfestes*, Zürich-Stuttgart, Zwingli-Verlag, 39 S. (2. Aufl. von Nr. 37).

108 *Geleitwort* in: *Einheit in Christus. Evangelische und katholische Bekenntnisse*, hrsg. v. O. Cullmann und O. Karrer, Zürich-Stuttgart, Zwingli-Verlag — Einsiedeln, Benziger Verlag, S. 7-9.

109 Art. *Petrus, Urgemeinde*, Weltkirchenlexikon. Handbuch der Oekumene, Stuttgart, Kreuzverlag, 1960, Sp. 1131-1132; 1520-21.

1961

110 Art. *Petrusevangelium, Petruskerygma*, RGG³ V, Sp. 260-261.

111 *Tutti quelli che invocano il nome del Signor Gesù Cristo*, Prot. 16, S. 65-80.

112a *Collecte oecuménique et communauté des biens dans l'Eglise primitive*, Pax Romana Journal 6, S. 7-9.

112b (e) *Ecumenical Collection and Community of Goods in the Primitive Church*, Pax Romana Journal 6, S. 7-9.

Arbeiten über Oscar Cullmann

M. *Bouttier*, L'œuvre d'Oscar Cullmann, Foi et Vie 44 (1946), S. 819-831.

E. *Harsveld*, The Theology of Oscar Cullmann, Diss. Union Theological Seminary, (maschinengeschr.), 1950.

A. *Szabó*, Oscar Cullmann theologiai Munkassaga (1925-1955), maschinengeschrieb. Diss., 1955.

A. *Ambrosanio*, L'Eucaristia nell'esegesi di Oscar Cullmann, Neapel, M. D'Auria Editore Pontificio, 1956.

K. G. *Steck*, Die Idee der Heilsgeschichte. Hofmann-Schlatter-Cullmann, Theologische Studien 56, Zürich, EVZ-Verlag, 70 S., 1959.

J. *Frisque*, Oscar Cullmann. Une théologie de l'histoire du salut, Tournai, Casterman, 279 S., 1960.

L. *Bini*, L'intervento di Oscar Cullmann nella discussione Bultmanniana, Rom, Libreria dell'Università Gregoriana, 308 S., 1961.

NEOTESTAMENTICA

FORM-HISTORY AND THE OLDEST TRADITION

AMOS N. WILDER

I

A survey of the present situation of form-criticism [1] suggests a number of reflections which should not be out of place in the present volume. Oscar Cullmann's work has, of course, related itself to this discipline in various significant ways. [2] The view has been expressed that interest in this field of study has begun to stagnate. It is regrettable that in non-academic circles, and not only there, the question of method is sometimes confused with that of the historical reliability of the synoptic tradition.

Dissatisfaction with form-criticism has been voiced at a number of points. The procedure is charged with circularity: a life-situation is defined on the basis of postulated forms, but the forms are tested by the hypothetical life-situation. Or, it is charged that the life-situation is, in any case, arbitrarily identified, and here differences between the views of the form-critics are played off against each other. As against either objection we may say that the onus is on the detractors to define a more convincing view of the factors which mediated the transmission. With much of our material we cannot be satisfied with mere insistence on the continuing testimony of eye witnesses. Moreover, all advances in historical precision involve a kind of circularity of method. Another charge made is that particular narrative forms are identified by content and motif rather than by strictly morphological criteria. But this charge does not affect the substance of the matter, since the kinds of form in question, "Novelle", "legend", etc., actually do have rhetorical

---

[1] We have in mind especially the relevant sections of W. G. Kümmel's *Das Neue Testament: Geschichte der Erforschung seiner Probleme*, 1958 (see Sachregister *ad* "Formgeschichte"); and G. Iber, "Zur Formgeschichte der Evangelien", *TR* 24, 1957/58, 283-338.

[2] Among others his study of the early Christian confessions, his concern with the changing time-perspective of the community as a factor in the transmission, and his interest in the liturgical aspects of that community. Note especially the articles, *RHPR* 5, 1952, 459-477, 564-579.

peculiarity with respect to style. Moreover, as Iber has noted, the existence of mixed forms supports the position of the form-critics rather than disproves it. Objectors, again, deny the alleged similarity of certain forms to those found in rabbinic and hellenistic writings. The similarity or dissimilarity, as we see it, is a matter basically of the stage of the tradition. Where we have similarity, it is a sign of a later church situation and of assimiliation, as in the case of the Novelle or the biographical anecdotes, or for that matter of allegorization of parables or halakic pronouncements. Finally, the idea that traditional elements can be assigned to group creativity or group shaping is held to be unreal. It is objected that what transpired in the few decades of the oral period cannot be assessed by the general laws of saga-formation. But we do have examples of short term elaboration of similar tradition in unsophisticated circles as in the case of St. Francis of Assisi.

Differences of view with regard to form-criticism evidently rest back upon varying conceptions of the rise of Christianity and of the particular features of the early history. We may note the following crucial issues.

In view of the eschatological outlook of Jesus how are we to understand his role as teacher? Did he train his disciples to memorize his instruction for transmission? [1] Did he see himself as one whose sayings and exemplary actions were part of the cumulative interpretation of Torah, even if at a higher level? [2]

How far can we accept the practice of the Jewish teachers as directly significant for our understanding of the history of the gospel tradition, especially in the crucial first decade or so?

Can we rely on the author of Acts for his picture of the authoritative channels of the earliest tradition; particularly the primary role he assigns to the Twelve and to the *didachē tōn apostolōn*? Could not the Christian prophets and prophecy have been more central in the early years?

Is not the kerygma as set forth in the speeches of Peter in Acts a relatively late construction? We are led by it, perhaps wrongly, to think that the interest in salvation of the earliest post-Easter church was focused narrowly and retrospectively upon Jesus and

---

[1] Cf. Birger Gerhardsson, *Memory and Manuscript: Oral Tradition and Written Transmission in Rabbinic Judaism and Early Christianity* (Acta Seminarii Neotestamentici Upsaliensis XXII), Uppsala, 1961, p. 328.

[2] *Ibid.*, p. 327.

upon "Christology." Was not its consuming interest rather in the present eschatological drama in the midst of which it stood, of which indeed Christ's exaltation was an essential feature, and in the birth-pangs of the kingdom now reaching their climax? The naive exclamatory confessions of the earliest church were not the same thing as "Luke's" Christological kerygma. The latter moves toward an objectification of Christ which naturally paralleled a retrospective interest in him and which led eventually to the writing of gospels.

We are confident that form-criticism will continue to have an important role in our studies. In its bearing on the gospel-*Gattung* this should be evident in view of the recent work on the theology of the Gospels, work in which form-considerations are inseparable from theological discriminations. The continuing analysis of liturgical and catechetical forms is also productive, as for example in the study of Ephesians. The presence of quasi-Gnostic style elements, even of extensive character in the Johannine writings, has still to show its full significance.

In the case of the synoptic tradition it would seem that new stimuli are available. With respect to life-situation the analogy of rabbinic procedures in transmission presses for new attention, especially with the publication of Birger Gerhardsson's *Memory and Manuscript: Oral Tradition and Written Transmission in Rabbinic Judaism and Early Christianity.* [1] On the other hand, the strong possibility that the earliest years of the primitive community were dominated by the Christian prophets and by charismatic authority clashes with this emphasis. Relevant also to the whole question of form, it seems to us, is the concern of Ernst Fuchs with the *Sprachereignis* and the *Sprachwesen* of the Gospel. Here the question of the novelty of the utterance of Jesus and of his followers calls for recognition, novelty not only in content but in form.

II

The question of the rhetorical forms in primitive Christianity may well receive illumination today from fundamental investigations of the nature of human speech and discourse (*Rede, Sprache*) and their modes. Various modes and genres of speech are dictated by antecedent factors. Speech-forms and artistic activity generally are

---

[1] See f.n. 1, p. 2, above.

predetermined by the prevailing cultural constellation or more deeply by ontological assumptions. It has been noted that there are certain *Gattungen* which are absent in Hindu and Buddhist literature because of the special attitude to time in the cultures concerned. This insight bears upon our analysis of early Christian forms. The work of Erich Auerbach (*Mimesis*) suggests how the particular Hebraic world attitude determined particular kinds of literary style. To indicate the bearing of this on the forms of the synoptic tradition we may anticipate by suggesting that certain forms are congenial to the Gospel in its essential character, especially the "dialogue" or the "story" in which the hearer or reader is himself fatefully involved. Such forms can be distinguished from others in which didactic or polemic or institutional interests are uppermost, and which may therefore be secondary in the tradition.

For this approach to form-criticism and tradition-criticism we find suggestive discussion in the volume edited by W. Schnee-melcher: *Das Problem der Sprache in Theologie und Kirche* [1], especially the papers by W. Zimmerli and Ernst Fuchs, as well as in the work of the latter more generally. Of special interest in Zimmerli's discussion is the characterization of that category of speech which becomes so important in the New Testament also, the narrative-mode. A "story" or a "history" in the Old Testament is not only an objective narrative. "God speaks through a story." [2] Even where non-Israelitic saga is borrowed, the folk story "as one of the elementary simple forms" loses its *"zeitfrei Schwebendes"* character, as does the myth, and is brought into the order of historical-theological recital. [3] Of particular interest, moreover, is the way in which speech is purified in Israel, on the one hand of its bane of oppressive vacuity and vanity (Ecclesiastes i: 8 d) and, on the other hand, of its misuse in magical blessing or curse: i.e. by setting language in the personal context of vocation and imperative. Such observation bears upon New Testament form study. Its language forms are at times evidently in conflict with any limitations of a "holy language," and with school patterns or Gnostic patterns lacking the basic dialogue or confrontation motif.

We find criteria here that are useful in assessing the units of narrative tradition in the Gospels. It seems to us that the co-called

---

[1] Berlin, 1959.
[2] *Ibid.*, p. 18.
[3] P. 17.

skepticism of the form-critics is justified with respect to much of this material. On the other hand, their greater confidence in the "paradigm" category can be reinforced. We would take the view that the author of Acts, as suggested above, tends to mislead us as to the links of tradition in the earliest days. We would hold that the earliest days belonged to the Christian prophets and to charismatic visions and oracles bearing, not on the Resurrection of Christ but on his glorification and session at the right hand of God, on the intensification of the present crisis, and the immediate consummation. We have the deposit of such primitive Christian speech in words, visions, oracles, ejaculations, woes, anathemas and doxologies in various parts of the canon. In this short period the role of teacher, scripture-student, eye-witness and even apostle would have been subordinate, except insofar as any of these spoke in these charismatic veins. "Luke's" view of the eye-witnesses here is anachronistic since even the witness to Christ had first of all to do with his glory. There was, however, one element of the "life-of-Jesus" retrospect which was existentially contemporary and therefore an essential part of the first post-Resurrection witness: those anecdotes and paradigms of salvation in which the now realized crisis and triumph of the Gospel had already been anticipated and dramatized. Such "memories" embodied vividly the realities of grace, call, deliverance, life-through-death, and were immediately relevant to the post-Easter situation. Their motifs coincided with the central experience associated with the crucifixion and exaltation. The life situation of this kind of witness was not only that of preaching but all that had to do with the celebration of the new age, and in this witness we see the inseparable relation of the Jesus of history with the consummation then in course of realization.

III

By his various explorations of the *Sprachereignis* [1] of the Gospel Ernst Fuchs rightly draws our attention to the creativeness and freedom of the early Christian utterance and therefore its novelty. [2]

---

[1] "Die Sprache im Neuen Testament", in the volume edited by W. Schneemelcher cited above, pp. 21-55; also published in Fuchs, *Zur Frage nach dem historischen Jesus*, Tuebingen, 1960, pp. 258-279. Our references are to the latter.

[2] P. 261. "It changes everything that it touches" (not only the apocaypse form but also the epistolary conventions).

"The dumb shall speak" has a special and wider significance. At a later stage we are familar with the feature of *parrēsia* in Paul's writing and speaking, an impulse which meant not only boldness but novelty in the handling of familiar rhetorical patterns such as the epistolary forms, the diatribe, the *pesher*. This transformation of existing styles and conventions of human speech appears from the first in Jesus' own utterance and is the rhetorical-formal counterpart of the new experience and sensibility of the Gospel.

The character and form of Jesus' utterance is uniquely determined by his eschatological conscience and calling. The pattern of scribal teaching was therefore of less significance than has sometimes been maintained. Where closer similarity does appear we have to do with a somewhat later stage of the gospel tradition when the community had come to see Jesus retrospectively in the category among others of teacher and interpreter of the Torah. This would have come to pass in part because of acutely new polemic situations.

The utterance and speech-forms of Jesus as proclaimer of the time of salvation are characterized by immediacy, directness and spontaneity. Like all human language it rested indeed upon certain conventions. Jesus spoke in the Aramaic tongue and used its inherited syntax. Similarly he used familiar vehicles of communication like the mashal, parallelism and strophe. But there is also novelty here in the forms and the novelty is connected with the immediacy of his action. Our contention is that the freedom and immediacy of Jesus' teaching in its authentic elements is such as to exclude conscious concern with mnemonics, catechetical purpose or halakic procedure.

This kind of a distinction becomes clearer if we consider the varying degrees of formalization of language. There is a greater degree of conventionality in the act of writing than in that of oral delivery. The act of publication, of course, is still more conventional than even that of writing. [1] By "conventional" we mean that the author is more conscious of the act of communication and of control by certain social expectations in connection with the medium employed: letter, legal pronouncement, poem, etc. He is also more conscious of his distance from the person or persons addressed. But it must also be recognized that there are degrees of conventionality

---

[1] It is proper also to speak of "oral publication", and here the case would be the same. Gerhardsson, p. 121.

in oral discourse. Oral communication can be more or less conventional and formalized according as its style, form and genre is more or less governed by social pattern. It can also be more or less conventional according as it is more or less "personal", directed to the moment, oblivious of repetition and survival, impromptu, extemporaneous. Jesus' oral sayings were only partly conventional even in the first sense, since his speech-forms had great novelty of pattern. Jesus' oral sayings were unconventional in the second sense since he spoke with such immediacy. The oral communication of the scribes and rabbis was conventional by comparison since they were conscious of participating in an ongoing learned mode. In this respect their speech was "bound." The new speech-mode of the Gospel represented a departure here. The freedom of Jesus with reference even to his own words is suggested by his saying, "When they bring you to trial and deliver you up, do not be anxious beforehand what you are to say; but say whatever is given you in that hour, for it is not you who speak, but the Holy Spirit." [1]

The distinctiveness of Jesus' role as compared with that of the scribes has been forcibly set forth by Günther Bornkamm in his *Jesus of Nazareth*. Jesus brought the impact of God out of the past and future into the actual present. As Fuchs writes, "The only thing that concerns him is the new reality itself, how it will take effect among men"[2] "Whereas the then normative Jewish theology forfeited the ordinary-actual for sacral illusions or developed itself in practical matters of law, Jesus turned against the distortion (*Unart*) of the scribes on Moses' seat. And so far as apocalyptic was interested in guarantees for the future, Jesus did indeed contradict their arithmetical fantasies ... Jesus made the cause of God into a sheer matter of God's free word ... It is not only a matter of the right to untrammeled speech but the "right" which comes and goes with such untrammeled speech like sunshine, wind and rain". [3] This livingness of Jesus' speech is far removed from any calculation of "tradition". And this note in it explains its differentia. So the Spirit-borne speech of his followers shapes their forms, resists con-

---

[1] Mk. xiii 11.
[2] „Die Sprache im Neuen Testament", p. 269.
[3] *Ibid.*, p. 270.

ventionality in communication, maximizes aspects of dialogue, story and poem which involve the worshipper. [1]

On our view the argument urged by Gerhardsson for the similarity of Jesus' instruction to that of the rabbi's [2] fails to take sufficiently into account the difference of his role. The value of his study of the transmission of the written and oral law of Judaism for the New Testament lies at other points, especially with reference to the synoptic traditions after the really primitive period. Gerhardsson recognizes that the chief difference between the transmission of the Torah and the transmission of the evangelical tradition was that the former was Torah-centric while the latter was Christo-centric. He qualifies this by showing how important the Torah still was for the church. The teaching of the apostles was based on the two witnesses: Scripture and the Messianic events. He finds "Luke's" picture in Acts of the apostolic message about Christ and their doctrinal-exegetical activity as reliable and as in wide agreement with many rabbinic procedures, [3] But the term "Christo-centric" conceals one ambiguity. Gerhardsson evidently thinks of the early kerygma as having the features we find in the sermons in Acts; Christo-centric in the sense of focusing upon the career of the Christ before and after the crucifixion. It would seem to us that the really earliest witness can best be called salvation-

---

[1] To place Jesus' sayings or the anecdotes about him in the category of Jewish scribal tradition is to deprive the primitive gospel tradition of its naiveness. A precedent for this is indeed already before us in the work of the author of Matthew. This proceedure reminds us of those well-intentioned church fathers who gave sophisticated literary names to the work of the evangelists. Justin and Papias by using such categories as *apomnēmoneumata* mistakenly made them appear as literary and secular. As K. L. Schmidt noted, Justin is concerned as an apologist to identify the Gospels with *Bildung* (and others to this day have siezed on the categorization to support the reliable eye-witness character of the writings). Cf. EYXAPIΣTHPION, II, Göttingen, 1923, pp. 54-59. See also R. M. Grant, *The Earliest Lives of Christ*, London, 1961, pp. 15-20, 119-120; on Tatian's special view of the Gospels as *apomnēmoneumata* in the sense of unfinished materials for the historian, p. 22-27. Another way to dignify the Gospels was found especially in Alexandria, where "great emphasis was laid on the mantic inspiration of the evangelists", *ibid.*, p. 4.

[2] "We must reckon with the fact that he used a method similar to that of Jewish—and Hellenistic—teachers: the scheme of text and interpretation. He must have made his disciples learn certain sayings off by heart; if he taught, he must have required his disciples to memorize." Pp. 328-329; cf. also p. 326, f.n. 3.

[3] Pp. 244-245, 254.

centric rather than Christo-centric. It is a question of degree. The witness to Christ was of course essential. But the focus about which the earliest witness gathered (as in the case of Jesus himself) was the eschatological-cosmic work of God. The relation of the Old Testament prophecy to this in the minds of the believers was profound, but not yet a matter of conscious reflection. Schematizations of the Christ-story with a biographical interest and Christological preoccupation, such as we find in the early preaching in Acts, would similarly be absent, and certainly any image of Jesus as legislator or as model. [1] The author of Luke-Acts unduly anticipates when he portrays in the early chapters of Acts a Christo-centric apostolic instruction whose content is suggested by his own gospel of Luke. [2]

IV

The novelty of Jesus' speech-forms is one with the unconventionality and scandal of his mode of life. That he had "no place to lay his head" is symbolic of this detachment, and corresponds to the fact that his speech is not shaped by the professional role of the scribe. Just as in depth his speech represented a new emergence of powerful *mythos* in Judaism, so in form his speech was shaped for direct encounter with the hearer in the living present rather than for calculated transmission. The oral character of the Gospel, continuing even beyond the writing of the epistles and the Gospels, has a special motivation, not paralleled by that of the Jewish oral law. It is not only that Paul wrote "with reluctance," and that Papias still sought "the living and abiding voice," and that Origen hesitated about writing at all, since he noted the superiority of oral instruction, face to face with his pupils and congregations. [3] The

---

[1] As Fuchs notes, Jesus' free word was abused when it became rules for the community. To identify its authority, not with its eschatological immediacy but with the personnage of Jesus in a biographical sense was to secularize it. As this same writer observes, Jesus was deliberately silent about his own personal, private experiences; he pointed his hearers away from himself rather to the "experiences they themselves would have with his word." "Die Sprache im Neuen Testament", p. 276.

[2] Gerhardsson sees a teaching *collegium* of apostles specially entrusted with the "ministry of the word", that is, with the story of Christ including what he did and taught. Thus they "bore witness to the words and works of their Teacher in a way which recalled—at least formally—the witness borne by other Jewish disciples to the words and actions of their teachers". (p. 330).

[3] Cf. Lukas Vischer, "Die Rechtfertigung der Schriftstellerei in der

profouder fact is that the Gospel brought alive the dialogue-character of the biblical faith and covenants and could be satisfied only with the most personal and immediate and naive forms of communication.

In form the parables of Jesus resemble those of the rabbis, and the real similarities have often been illustrated. Their immediate relation, however, to his fateful calling and his use of them as weapons and tools in the vicissitudes of his ministry, affect their style as well as their matter. Joachim Jeremias remarks that they "reveal a definite personal character, a unique clarity and simplicity, a matchless mastery of construction." [1] When we compare the rabbinic parables or the modified forms of the parables of Jesus as they sometimes appear in the Gospels or in such later Christian literature as the Gospel of Thomas, we note that those of Jesus are less inclined towards merely anecdotal illustration, allegory or colorfulness. Their formal clarity and sharpness of focus well subserve the highly personal challenge which they carry. The eschatological crisis and the errand of Jesus shape the design of these stories towards immediate response. No doubt the felicity of the story form made them memorable. But the motive for their speech-form was not a matter of mnemonics: it was a matter of the most effective immediate and free dialogue.

It may seem surprising that one like Jesus with his acute consciousness of eschatological crisis should have spoken in so artistic a speech-form as the parable, and should have used other vehicles that suggest a non-eschatological attitude, such as his sayings in the wisdom tradition and other examples of poetic style. The eschatological outlook, we would think, would require radical disallowance of existing culture and its forms, in short, iconoclasm and even *anomie*. Those who are disposed to deny or minimize the eschatological outlook of Jesus are inclined to exploit this paradox. The solution to this riddle does not evade either horn of the dilemma. We may indeed conclude that Jesus was not a feverish apocalyptist since in this case his language would have evidenced shrillness, hysteria and distortion of form. The fact is that there is an exact correspondence between his sense of ultimate crisis and the lucid pointedness of his parables and aphorisms. We have in Jesus a

alten Kirche", *Theol. Zt.*, 12, Mai-Juni, 1956, 320-336. "The Church Fathers", as Overbeck observed, "are writers who do not wish to be such."

[1] *The Parables of Jesus*, New York, 1955, p. 10.

coincidence of crisis and sanity. It is the intensity of the witness which shapes even the aesthetic perfection of the sayings. The parables are indeed eschatological challenges, and this determines their differentia in form as well. When the church later adapted these to other purposes we can detect the disturbance of the form also.

Let us say in closing that we should also distinguish clearly between the order of authority and the tradition-procedures of Qumran and those of the earliest Christian community. The example of Qumran is cited by Gerhardsson to prove that an eschatological movement could also give itself to formal scribal and traditional activities. But Qumran represented a priestly-legalist-apocalyptic group, not a lay-eschatological one like the earliest church. In the case of the latter, authority lay essentially with the Holy Spirit and the prophets. The Twelve, indeed, were no doubt seen as proleptically rulers of the eschatological Israel, but any tradition-function they served was charismatic in character. The strong addiction of the Qumran group to writing distinguishes it from the earliest church. Qumran's dealing with the Torah arose out of a formal sect-order and codes long established and written. Any midrashic or traditional activity of the primitive church was governed by the recent and present salvation-drama. Thus we do not have any real analogy in the early days of the church to the formation of oral law, halahic or haggadic, as practiced by either the scribes or Qumran. By noticing this we can be all the more disposed to recognize more direct influence of scribal and Essene patterns at a later stage, and to understand how the authors of Acts and of Matthew reflect these in their writings.

REFLECTIONS ON A SCANDINAVIAN APPROACH TO 'THE GOSPEL TRADITION'

BY

W. D. DAVIES

The question of the origin and transmission of the tradition of the works and words of Jesus has recently especially occupied New Testament scholars and theologians, and not least the one to whom this volume is dedicated.[1] An examination of it here is therefore both timely and apt. And in order to set our present discussion in true perspective, we first recall the main answers that have hitherto been given to it. Apart from the non-critical, these are three: 1) That which separates Jesus of Nazareth radically from his world and time and finds in the tradition presented in the New Testament a misunderstanding of Him born of 'Qumranizing' and 'Judaizing' tendencies in the primitive Church [2]; 2) That which derives that tradition mainly from the primitive communities which created and formed it to meet its own needs. On this view the tradition is from the Church, by the Church, for the Church: it reveals primarily, not Jesus of Nazareth, but the Faith of the Church in Him, and the degree to which He is represented or can be discovered through the Gospels is testily and variously assessed [3]; 3) That which finds the origin of the tradition in the life, teaching, death and Resurrection of Jesus Himself, as these were remembered and preserved by the Church. The tradition was not created by the latter and, although in the course of its preservation and transmission it could not but be modified, it was never made wholly subservient to the needs of the community but remained true to its initial impulse in Jesus Himself. Thus, on this view, however much they represent the Church, the Gospels preserve the authentic figure of Jesus of Nazareth, whose act we can see and voice hear in them [4].

---

[1] See n. 1 p. 21.   [2] E. Stauffer, *Die Botschaft Jesu*, 1959, pp. 9 ff.
[3] This position is particularly associated with R. Bultmann. His followers seem to be moving away from extreme scepticism, e.g., G. Bornkamm, *Jesus von Nazareth*, 1956. Important also is the work of Professor J. Knox.
[4] British scholars such as C. H. Dodd, W. Manson, T. W. Manson, V. Taylor are the most typical representatives of this position.

We are here concerned with a major contribution recently made to this discussion. The third view represented above has been taken much further by Professor Harald Riesenfeld in a now famous monograph entitled *The Gospel Tradition and its Beginnings: A Study in the Limits of 'Formgeschichte'*, London, 1957, and by Dr. Birger Gerhardsson in *Memory and Manuscript, Oral Tradition and Written Transmission in Rabbinic Judaism and Early Christianity*, Uppsala, 1961. Their respective positions are so similar that they can be dealt with together. The latter, we may surmise, has presented in great detail the pertinent elements in the Jewish milieu of primitive Christianity and in the New Testament itself upon which Riesenfeld had based his case, although the two Scandinavian scholars do not always speak with the same voice. They both recognize the valuable contribution of Form-Criticism but claim that the emphasis on preaching, by Dibelius, and on teaching, catechism, apologetics, polemics, discipline, organization and study of the Scriptures in the Church, by Bultmann, do not adequately account either for the origin or for the transmission of the Gospel tradition. At bottom, this is so because they fail to do justice to indications in the New Testament that Christianity from the first was a guaranteed tradition "involving a deliberate didactic activity on the part of definite doctrinal authorities: the formulation of definite sayings and the methodical delivery and reception of such sayings" [1]. As Riesenfeld and Gerhardsson interpret the evidence, behind the tradition preserved in the New Testament stands a 'Holy Word'. This was accorded a status similar, in sanctity, to that of the Old Testament and, as such, was or may have been solemnly recited in the early Christian assemblies for worship [2]. In the first place Jesus Himself, as Messiah, had taught the 'Holy Word' to His disciples, who learnt it *by heart* at His feet. It is this that accounts for the rhythmic, mnemonic character of so much in the Gospels. Gerhardsson closes his treatment thus:

When the Evangelists edited their Gospels . . . they worked on a basis of a fixed, distinct tradition from, and about, Jesus—a tradition which was partly memorized and partly written down in notebooks and private scrolls, *but invariably isolated from the teachings of other doctrinal authorities* [3].

---

[1] Gerhardsson, *op. cit.*, p. 14.
[2] Riesenfeld, *op. cit*; Gerhardsson is not so emphatic, *op. cit.*, p. 335.
[3] *Op. cit.*, p. 335 (our italics).

How shall we assess this position? At two points the Scandinavian scholars command assent. First, on grounds which will appear from what I have written elsewhere and which need not be repeated here, it seems historically probable that the essentials of the tradition find their ultimate origin in Jesus. In the nature of the case, because of their attitude towards Jesus, the earliest Christians, especially the disciples who constantly companied with Him during His ministry, would have treasured the memory of His works and words with reverent tenacity [1]. Thus a 'traditionalist' emphasis was present from the very beginning of the Christian movement, a fact which our earliest sources, the Pauline Epistles, abundantly attest.

Secondly, we can no longer doubt that the process whereby the Christian tradition was transmitted is to be largely understood in the light of Pharisaic usage in dealing with Oral Tradition (תורה שבעל פה), an usage which was not without Hellenistic parallels [2]. At this point, full recognition must be given to Gerhardsson's work. An indispensable task—that of gathering together what could be known of the oral and written transmission of tradition in Rabbinic Judaism and showing its relevance for the understanding of primitive Christian usage—has at last been fulfilled. This is not the place to expound or examine his treatment, which covers the bulk of his volume on pp. 19-192; we merely note that this alone makes his contribution of primary importance. To illustrate by one example only, which we have elsewhere independently urged, the concept of the imitation of Christ and of the Apostles, Gerhardsson shows, can only be appreciated in its full significance in terms of "the service of the Torah" (שמושה של תורה)[3]. In recalling us to an emphasis in the New Testament too often ignored, that on the responsible reception and transmission of tradition and their *Mutterboden* in Judaism, Riesenfeld and Gerhardsson have rendered an important, salutary, distinguished service.

---

[1] Gerhardsson, *op. cit.*, p. 258 writes: "All historical probability is in favour of Jesus' disciples, and the whole of early Christianity, having accorded the sayings of one whom they believed to be the Messiah at least the same degree of respect as the pupils of a Rabbi accorded the words of *their* master!" I find this reasonable: its consequences are, of course, significant for one's approach to 'The Tradition'.

[2] See E. J. Bickerman,, *Revue Biblique*, Vol. 59, 1952, pp. 44-54 on 'La chaîne de la Tradition pharisienne'.

[3] Gerhardsson, *op. cit.*, pp. 242 ff. See my forthcoming work on The Sermon on the Mount.

It is when we enquire what precisely is to be understood by 'the tradition' that we enter into difficulty, and our purpose here is not to offer a criticism of the Scandinavians' position so much as to indicate points where there is need for greater clarification and certainty before it can be endorsed.

The Scandinavian scholars include in what Riesenfeld, in the title of his monograph, calls 'The Gospel Tradition' not only the ethical teaching of Jesus, but the total Kerygmatic and didactic substance of primitive Christianity. Within this 'Gospel Tradition' both he and Gerhardsson distinguish three items:

1. 'The Word' (ὁ λόγος), i.e., the Gospel as the recognition that Jesus was the Son of God. This was 'revealed' [1].

2. 'The Word of the Gospel' (ὁ λόγος τοῦ εὐαγγελίου), i.e., the core of the Gospel tradition [2], a corpus containing sayings of and about Christ. This both Riesenfeld and Gerhardsson term "the Holy Word" (ἱερὸς λόγος) (although Gerhardsson also refers to it as 'the Gospel tradition'). This was carefully safeguarded and authoritatively transmitted intact. To use Riesenfeld's phrase, this 'Holy Word' was not to be 'bandied about', but treated with the kind of reverence accorded to the Old Testament [3].

3. This tradition of a 'Holy Word' was not merely transmitted intact but "used", and out of this "use" arose the totality of the primitive tradition, the tradition "undifferentiated" as it were. (Again Gerhardsson's usage does not seem always consistent: he sometimes calls 'the Word of the Gospel', i.e., item 2 above, simply 'the Word'; compare pp. 295 and 296).

Thus, for both Riesenfeld and Gerhardsson the Synoptic Gospels (they do not treat the Fourth Gospel extensively) preserve the veritable activity and teaching of Jesus 'uncontaminated'. Can the dissection of the tradition which they propose be accepted? The following considerations are pertinent.

I

In presenting his case for a fixed 'Holy Word', Gerhardsson begins with the Fathers of the Church, in whom the fact of tradition and the recognized vocabulary of its transmission emerge clearly. For the Fathers, Christianity was indubitably a tradition trans-

---

[1] *Op. cit.*
[2] *Op. cit.*
[3] *Op. cit·*

mitted, and that primarily orally, from authentic witnesses. But we are left with a question. Did this tradition constitute an unmistakeable, well-defined entity, which would correspond to the postulated 'Holy Word'? Gerhardsson appeals to the following passages:

1. "Irenaeus relates that he carries in his memory many traditions which he received from his childhood from Polycarp", as follows:

> I can even name the place where the blessed Polycarp sat and taught (καθεζόμενος διελέγετο), where he went out and in. I remember his way of life (τὸν χαρακτῆρα τοῦ βίου), what he looked like, the addresses (τὰς διαλέξεις) he delivered to the people, how he told (ἀπήγγελλε) of his intercourse with John and with the others who had seen the Lord, how he remembered their words (ἀπεμνημόνευε τοὺς λόγους αὐτῶν) and what he heard from them about the Lord, about his miracles, and about his teaching (τῆς διδασκαλίας). As one who had received this from eyewitnesses of the word of life (ὡς παρὰ αὐτοπτῶν τῆς ζωῆς τοῦ Λόγου παρειληφως) Polycarp retold everything in accordance with the Scriptures (σύμφωνα ταῖς Γραφαῖς). I listened to this then, because of the grace of God which was given me, carefully, copying it down, not on paper, but in my heart (ὑπομνηματιζόμενος αὐτά· οὐκ ἐν χάρτῃ ἀλλ' ἐν τῇ ἐμῇ καρδίᾳ. And I repeat it (ἀναμαρυκῶμαι) constantly in genuine form by the grace of God.

2. Papias expressed his reverence for those who speak of "commandments which are given *by the Lord* for faith and which derive *from the very truth*" (Gerhardsson's italics), and then we find:

> And then whenever someone came who (as a disciple) had accompanied the elders (εἰ δέ που καὶ παρηκολουθηκώς τις τοῖς πρεσβυτέροις ἔλθοι) I used to search for (ἀνέκρινον) the words of the elders: what Andrew or what Peter had said (εἶπεν) or what Philip or what Thomas or what James or what John or what Matthew or any other disciple of the Lord, or what Aristion or what John the Elder, the disciples of the Lord, say (λέγουσιν).

Into the meaning of πρεσβύτερος here we cannot enter; the passage, however, clearly asserts transmission by 'authorities' and that orally.

3. The *Clementine Recognitions* 11.1. records Peter's habit of memorizing.

> I have adopted the habit of recalling in my memory (*revocare ad memoriam*) the words of my Lord which I heard from himself, and because of my longing for them I force my mind and my thoughts to be roused, so that, awaking to them, and recalling and repeating each one of them, I may keep them in memory (*ut evilgilans ad ea et singula quaeque recolens ac retextens possim memoriter retinere*).

To this Gerhardsson rightly offers Rabbinic parallels [1].

---

[1] See for the first passage Eusebius, *Hist. Eccl.* V. 20 [M.P.G. XX, 485]; for the second Eusebius, *Hist. Eccl.* III. 39 [M.P.G. XX, 297]. Gerhardsson's treatment is on pp. 202-207. On πρεσβύτερος, see especially J. Munck,

All these passages can rightly be claimed to attest among the Fathers the reliance on authorities, oral transmission, the imitation of teachers, the desire for a pure tradition. But do they demand the recognition of any single, clearly-defined, 'Holy Word'? The first and second passages referred to imply, not a single fixed tradition, but one having many a source, and, therefore, many a form. Thus Polycarp remembered "his intercourse with John *and with others who had seen the Lord*" (our italics). Papias clearly had many streams of tradition upon which to draw. This is recognized by Gerhardsson, who notes that in the passage on Papias "the Apostles do not stand as traditionists *en bloc*, but individually". He goes on to state, "Here we may glimpse a terminology—and method—of transmission of the same type as that used by the Rabbis: Rabbi A. said in Rabbi B.'s name" [1]. But is this precisely the force of the passage on Papias? It seems to demand not the transmission of a single tradition from A. to B., but, at least, several forms of the same tradition derived from different sources. The tradition which the above-mentioned Fathers know was already multiform. Other Fathers show an even greater confusion [2]. They know no definitely delineated 'tradition', no 'Holy Word' undefiled, but a more fluid, living tradition than such a phrase suggests. While the appeal to the Fathers does support Riesenfeld and Gerhardsson in their interpretation of the mode of the transmission of the tradition, it does not seem to us to corroborate their insistence on a fixed 'Holy Word'. Had such existed in so tangible a form as they suggest, it is hardly credible that the struggle with Gnosticism would have been so crucial: that agonic struggle arose partly because the appeal to 'the tradition' was ambiguous.

II

Next uneasiness arises over Gerhardsson's broad understanding of the early Christian movement. This he largely interprets in

The Harvard Theological Review, Vol. 52, 1959, pp. 233 ff., who takes 'presbyters' to include 'Apostles'.

[1] *Op. cit.*, p. 206.

[2] See R. P. C. Hanson on 'The Church and Tradition in the Pre-Nicene Fathers', in *The Scottish Journal of Theology*, Vol. 12, 1959, pp. 21 ff. Gerhardsson does not deal at length with the question why, if there were a 'Holy Word' preserved intact, there was such textual variation. H. Köster's work, *Synoptische Überlieferung bei den apostolischen Vätern*, 1957, he does not regard as serious for his thesis; see *op. cit.*, p. 198. Both these matters demand more adequate discussion.

terms of three closely related concepts—the Temple at Jerusalem, the Twelve, centered there, and the Torah, teaching, emanating thence through these. In order to support his position he concentrates attention first of all on Luke-Acts. But even granting, without discussion, that Acts contains early sources, questions insinuate themselves in connection with all these terms.

First, Gerhardsson [1] ascribes great importance to Jerusalem and its Temple in the life and thought of the primitive Church. In this, early Christian thinking was governed by that which it had inherited from Judaism. The latter not only recognized the central rôle which the City of David had played in the past history of the People of God, but also cherished the expectation that in the Messianic Age it would continue to have special significance, among other ways, as the point of departure for a Messianic Torah. And just as in the past the Torah had been closely associated with the Temple, so in the ideal future that sanctuary would be the centre of teaching. To these expectations early Christianity fell heir. Gerhardsson claims, as we shall see further below, that in the activity of Jesus in the Temple during the last days of His ministry, as well as in the abiding of the disciples in the Holy City and their attendance at the Temple, Luke saw the fulfilment of these Messianic expectations. From Holy Temple, in the Holy City, the Holy Word was to go forth; the Christian community conceived of itself as a New Jerusalem and a New Temple where this Word was preserved and applied and whence it was disseminated.

The evidence in favour of this position, produced by Gerhardsson, is impressive. Jesus did set His face to die in Jerusalem at the national centre in an appeal to Israel as a people. In doing so he inevitably and, we must believe, deliberately became involved with the Temple. Similarly there can be no shadow of doubt that the Church *at Jerusalem* was the real centre of the early movement. But is the evidence such as to allow us to go further?

Does Luke, in fact, ascribe to Jerusalem the significance that Gerhardsson asserts? As he himself notes, there co-exist in Luke two attitudes to the Holy City, a positive one, which Gerhardsson strongly emphasizes, to which we have already referred, and a negative, which breaks out in the weeping over Jerusalem (Luke

---

[1] *Op. cit.*, pp. 214 ff. In this section we are reminded much of J. Munck's emphasis on Jerusalem in his *Paulus und die Heilsgeschichte*, 1954, on which see chapter VIII in my forthcoming *Christian Origins and Judaism*.

xix 41-44) and in the eschatological discourse where judgement
upon Jerusalem is predicted (Luke xxi 5-36, and especially, v.v.
20-24). Gerhardsson escapes from this dilemma by drawing a
distinction between the actual Jerusalem, especially as represented by High Priests, Scribes and Elders, and the Christian
community which has itself become the true Jerusalem. To rein-
force this he holds that all the people of Jerusalem "are favourably
inclined both to Jesus and the Young Church", "so that the
Apostles and the original congregation around them are presented
as—shall we say?—'the true Jerusalem' " [1].

But the significance ascribed by Gerhardsson to Luke's references to "the people" of Jerusalem is not to be too easily endorsed.
Those references are indeed striking. They occur at Luke xix 47-48,
which depict "the people" hanging on Jesus' words and preventing
the leaders from acting against Him; xx 1 f., which merely indi-
cates that "the people" were addressed by Jesus; xx 19, where
their favourable attitude is contrasted with the leaders' hostility;
xx 45, where a condemnation of the Scribes is uttered in the presence of "the people", the two groups being, by implication, sharply
distinguished; xxi 38, strong evidence of Jesus' popularity with
"the people" as such, as is xxii 2. But Gerhardsson omits two
significant passages from Luke which run counter to his view. In
xxiii 1-5 there is no emphasis on the people of Jerusalem as such:
the case against Jesus is that "His teaching is causing difficulties
among the people through all Judaea. It started from Galilee and
has spread as far as this city" (xxiii 5) (NEB). Moreover, in xxiii
13-25 "the people" of Jerusalem are included among those who
call for Jesus' crucifixion. At the crucial point they too, no less than
their leaders, failed Him. With this agrees xxiii 27, where it is explicitly stated that many (not all) of the people sympathetically
followed Jesus to Golgotha. Similarly, while in Acts i 4 the disciples
are commanded not to leave Jerusalem, their witness in i 8 is to be
"all over Judaea and Samaria, and away to the ends of the earth"
(NEB). The 'universalist' intention of Acts ii, which probably is
meant to evoke the story of the Tower of Babel in reverse, needs no
emphasis [2]. Pentecost is a sign not primarily to Israel but to all the
world [3]. Neither here nor in Acts v 13-16 is there any exclusive

---

[1] *Op. cit.*, p. 217.
[2] Kirsopp Lake, *The Beginnings of Christianity*, Vol. V., 1933, pp. 114 f.
[3] *Ibid.*; the reading, in Acts ii 5, of Ἰουδαῖοι should probably be omitted.

concentration on Jerusalem. There seems to be little justification for the claim that the Christian community constituted for Luke-Acts a New Jerusalem and still less a New Temple. Gerhardsson's references to the latter are vague [1]. Certainly Stephen's radicalism in rejecting even the idea of a Temple, as the place of God's abode, is against any such a conception. If it be urged that he was an exception, there is still no tangible evidence for Gerhardsson's position. It should be noted that neither in the Dead Sea Sect nor in the early Church does the notion of a New Temple necessarily imply a geographic location at Jerusalem. The community *at Qumran* [2] is a Temple; Christians *at Corinth* constitute a Temple [3]. Not only in the Fourth Gospel but in the synoptics the old Temple at Jerusalem is suspect. The "New Temple" is not to be confined to the old city [4]. Moreover, if the primitive community in Luke's understanding of it, interpreted itself as the New Jerusalem, constituting the New Temple, then Gerhardsson is involved in an inner contradiction. On the one hand he insists on the significance of the *geographic* Jerusalem as such for the early Church, but, on the other, on the *spiritual* Jerusalem, the Church. It is difficult to see how the primitive community could both spiritualize its understanding of "Jerusalem" and, at the same time, retain its actual geographic centrality for the Messianic Age [5].

But apart from its status in Luke-Acts, Gerhardsson has re-opened the question of the importance of Jerusalem in primitive Christianity in a more general way. As we saw, and as he himself admits, Luke-Acts itself reveals a negative as well as a positive approach to the Holy City, so that even Gerhardsson's primary source is ambiguous. But even if such were not the case and the eschatological centrality of Jerusalem for Acts could unequivocally be maintained, it would then be necessary to emphasize that there were currents in the early Church which regarded Jerusalem, not as the source of Messianic Torah, but of apostasy. To recount the arguments in favour of this is not necessary; suffice it to refer to the work of E. Lohmeyer, R. H. Lightfoot and others. While it may not be established that there existed a Galilean over against a

---

[1] *Op. cit.*, pp. 219 f.
[2] DSD. viii 5 ff.
[3] Cor. iii 16 (ναός).
[4] John iv 21.
[5] See our criticism of J. Munck, op. cit., reference in n. 1 p. 7 above.

Jerusalem Christianity, the evidence is at the least sufficient to suggest that among many Christians Jerusalem was not so much the seat of the Messiah as the place of His rejection. Two things should be clearly distinguished. On the one hand, the historical and geographic significance of Jerusalem in primitive Christianity has to be fully recognized. Thus Paul, our earliest witness, had to go up to that city to make sure that he had not run in vain [1]. On the other hand, a theological significance should not be too certainly derived from the historical and geographical rôle of the city,—this despite the full force of Jewish expectation. To turn again to Paul, it is striking how soon he came to contrast the earthly Jerusalem with another. See Gal. iv 21-27; the pertinent verses are vv. 24-26 ..."The two women stand for two covenants. The one bearing children into slavery is the covenant that comes from Mount Sinai: that is Hagar. Sinai is a mountain in Arabia and it represents the Jerusalem of today, for she and her children are in slavery. But the heavenly Jerusalem is the free woman; she is our mother." [NEB].

I have elsewhere supplied evidence that the dominance of Jerusalem in primitive Christianity was short lived: the 'leap' into the Gentile world came early; and the glorification of the City of David in Christian circles belongs to a later period than that of the New Testament,—to that of the *epigonoi*. Acts itself suggests all this. Its 'hero' is neither James nor Peter but Paul: its centre of interest quickly shifts from Jerusalem to the Gentile world. A case can even be made that the geographic centre for Acts is not Jerusalem but Rome. 'Paul at Rome', it has been said, is for Luke "the climax of the Gospel." Early Christianity soon became an ellipse not a circle. [2]

Coupled with the problem of Jerusalem is the rôle of "the Twelve." Gerhardsson points out that except at two places, where he follows a source without changing it at Acts xiv 4, 14, Luke confines the term 'apostle' to "the Twelve", and in Acts xv, in the so-called Apostolic Council, their doctrinal authority becomes evident. But the full evidence that is presented for the claim that

---

[1] Gal ii 2.

[2] I have dealt with this problem more fully in a forthcoming study of The Sermon of the Mount, where the relevant literature is cited. On early Christianity as an ellipse, see H. Chadwick's penetrating Inaugural Lecture, *The Circle and the Ellipse*, Oxford, 1959.

"the Twelve" constituted a collegium, a central doctrinal authority
for the early Church at Jerusalem, and, specifically, at the Temple
cannot be repeated here. It prompts a negative and positive
response.

On the negative side, certain factors must be mentioned. First,
it might be argued that if Luke was so concerned to emphasize
the identity of 'the apostles' with "the Twelve" he would surely,
wherever necessary, have manipulated his sources with this in view,
so that the references to 'apostles' other than "the Twelve" must
be taken more seriously than by Gerhardsson. Secondly, it should
never be overlooked that in Acts probably the greatest experiment
in all the history of the Church, the Mission to the Gentiles, took
place without the authority of "the Twelve" [1]. Thirdly—a point
which we have previously made in another connection—the structure of Acts itself does not suggest the overwhelming primacy of
"the Twelve." Had the latter been dominant, is it likely that Acts
should so quickly have turned its attention away from them to
Paul? All these factors compel us to temper Gerhardsson's enthusiasm in emphasizing the rôle of "the Twelve." But do they inval-
idate that emphasis?

On the positive side, although it can be exaggerated, the authority
of "the Twelve" in Luke-Acts is so marked that in the light of the
evidence produced by Gerhardsson full significance must be given
to it. The deliberateness with which the place of Judas was refilled
and the clear statement of the necessary qualifications for the
Apostolate are both indicative (Acts i 9-12). And our other sources
confirm the impression given there that "the Twelve" were in a
position of authority. In the Pauline Epistles the term 'apostle' has
a wide range of application so that it is used of Andronicus and
Junias (Rom. xvi 7); James, the Lord's brother (Gal. i 19, this is,
at least, a possibility); Epaphroditus (Phil. ii 25); Silas and Timothy (1 Thess. ii 6); 2 Cor. xi 13 suggests that Paul regarded
"apostles" as numerous. But, nevertheless, he clearly distinguished
"apostles" in general from "the Twelve", a term which had already
become technical before his day (1 Cor. xv 3 ff.). And, although we
can not enlarge on the problem here, one thing is clear—that Paul
was anxious to be in agreement with 'the pillars' at Jerusalem,
which in itself suggests that the authoritative position ascribed

---

[1] W. Telfer, *The Journal of Theological Studies*, Vol. XLVIII, 1947,
p. 226.

to "the Twelve" by Gerhardsson is not inconsistent with what we find in the Pauline epistles (Gal. i 18-ii 10). [1] Similarly in the various strata in the Synoptics the significance of 'the Twelve' shines clear, as has been shown by R. R. Williams who has collected the necessary data on this point. [2] Much has been made of the discrepancies between the lists of the names of 'the twelve' that have come down to us and of the traditions about their activity away from Jerusalem. But a distinction should be made between 'the Twelve' as an 'institution' or 'body' and its individual members. A modern parallel, though admittedly a loose one, may help here. Of the crucial importance of the Supreme Court of the United States there can be no question, yet few Americans could name more than three or four of the judges—only 'the pillars'—who serve on that body, nor would it be significant that individual members of the Court travelled as long as it remained, as a 'body', seated in Washington D.C. Or to use a more contemporary parallel, the authority of the Beth Din at Jamnia was not jeopardized by a visit of R. Gamaliel II to Rome, while of its members we only know such 'mighty hammers' and 'fiery pillars' as R. Johannan ben Zakkai and R. Joshua ben Hananiah, the majority being lost in obscurity. In view of all the above, while Acts may have heightened the rôle or sharpened the function of 'the Twelve' in the earliest days of the Church so that it overemphasizes, except in this sense, it cannot be held to have falsified the history. This must be doubly recognized in the light of its milieu in first century Judaism to which Gerhardsson so effectively draws attention. [3]

Granting, then, that 'the Twelve' did play a significant rôle at the emergence of Christianity, is Gerhardsson further justified in

---

[1] While, on the whole, it may be right to give to ἱστορῆσαι in Gal. i 18 the meaning favoured by Gerhardsson, following G. D. Kilpatrick, *Galatians* I : 18 ΙΣΤΟΡΗΣΑΙ ΚΗΦΑΝ *in N.T. Essays. Studies in memory of T.W. Manson*, Manchester, 1959, pp. 144-149, this should not be assumed without noting that most scholars prefer a weaker meaning. See my forthcoming work on the Sermon on the Mount.

[2] *Authority in the Apostolic Age*, London, 1950.

[3] The quality of Luke's writing has been discussed in a masterly lecture by C. K. Barrett, *Luke the Historian in Recent Study*, 1961, which came into my hands too late for use. He takes a more negative attitude to 'the twelve' than we do, *op. cit.*, p. 71. Luke had "little knowledge of them apart, from their number . . . .", and "he had no intention of magnifying them into religious dictators." Here it seems to us that Professor Barrett underestimates as much as Gerharsson overestimates "the twelve" in Luke.

regarding them as constituting the chief doctrinal authority, a
central collegium, concerned to preserve, transmit and apply (or
'use', as Gerhardsson puts it) a 'Holy Word'?

As over against Judaism which was Torah-centric, Gerhardsson
fully recognizes that early Christianity was Christo-centric. [1] The
Word of the Lord had taken the place of the Torah. But although
he does not express the point in precisely this way, he emphasizes
that there was from the beginning what we may call a 'Rabbinic'
element in the Church, i.e., the preservation and transmission of a
deposit of tradition by duly constituted authorities, the Twelve
Apostles, with whom we have dealt above. He seeks to establish
this by a cumulative argument which, for the sake of clarity, we
present here in our own order.

As a preliminary, Gerhardsson refers to the close of the ministry
of Jesus in Luke, where the emphasis on the teaching of Jesus in
the Temple is remarkable. Much of this arose in response to attempts
by His opponents to entrap Jesus [2], but much He also *chose* to
give, and that in the Temple. That the activity of Jesus at that
period was majestically deliberate appears from the prophetic
act of symbolism, the Cleansing of the Temple, and although at no
point is there any explicit claim made to issue a Messianic Torah,
there is sufficient evidence to indicate that, for Luke, we are here
in the presence of a deliberate, Messianic, didactic activity.
This was continued by the Risen Lord. In Luke xxiv and Acts ii He
emerges as an interpreter of the Scriptures, who, like the Teacher
of Righteousness, has brought their deeper meaning to light and is
in fact a New Moses. Around this Risen Lord are the authorities
who have received Torah from Him as the first Moses received the old
Torah from Sinai. [3] This is why Luke, as we have already indicated,
almost entirely confines the term "apostle" to the Twelve. Within
a community dedicated to 'searching' the Scriptures, whose members are very significantly called 'disciples', these had the distinct
rôle of preserving and transmitting 'the Holy Word'. [4] Their
function of witnessing to Christ is to be understood mostly in terms
of 'teaching', and the way in which reference is made to this
teaching, as in the Name of Jesus, suggests that its transmission

---

[1] *Op. cit.*, p. 19 *et al.*
[2] This Gerharsson does not sufficently note.
[3] *Op. cit.*, p. 231.
[4] *Op. cit.*, pp. 220-261. This must be read *in toto* to be appreciated.

was understood in Rabbinic terms. [1] The Twelve, in short, constituted a collegium, which had supreme doctrinal authority in the
Church. On the basis of Acts, Gerhardsson describes both the
'exegetical' method and 'legal' procedure of this collegium, and
does so in the light of the usage of the Dead Sea Sect and of Pharisaic Judaism. He points out that Pharisees had joined the Church,
and discusses Acts xv. Here there is special reference to Christians
who had been Pharisees, of the House of Shammai, as indeed had
Paul himself been of the House of Hillel. It was natural that such
would reproduce in the convocation of Christians customs that
they had previously followed in Judaism. The brief, precise phra-
seology and the well-defined terminology (στάσις καὶ ζήτησις, ζήτη-
μα, κρίνεσθαι) of Acts xv suggests traditional legal procedures; Luke

---

[1] *Op. cit.*, p. 223. Contrast C. K. Barrett, *op. cit.*, pp. 71 ff. I have sought
to argue on Gerhardsson's own premises, but I am not at all convinced that
the Lukan understanding of the Apostolate requires this marked *emphasis* on
its teaching function in the strictest sense. There is clear evidence of the
Apostles' teaching activity, see Acts iv 2, 18; v 21, 25, 28, 42. The name
μαθηταί for Christians is significant. But note: (1) Nowhere do we read in
Luke-Acts of 'teaching' or 'learning' Christ (contrast Eph. iv 20); (2) Wherever we examine the precise content of 'the Word of God', the emphasis
lies on the Cross and Resurrection; in Acts iv: 8 ff. on healing; ii 22 ff. has
no reference to Jesus' teaching; iii 12 emphasizes the Cross and Resurrection;
in v 29 ff. the Resurrection is to the fore. In x 34 ff., where the ministry as a
totality is referred to, there is no mention of Jesus' teaching. If Barrett
ignores, Gerhardsson elevates too much the 'Rabbinic' character of the
Apostolate. Both scholars agree that Luke is concerned to connect the
Christian community and mission directly with the work of Jesus. Dr.
Barrett sees Luke's means of doing this as 'historical', i.e., he introduces a
"connection between each missionary development and the Jerusalem
Church", e.g., Acts xi 22 especially and also viii 14. See his important foot-
note on p. 72. (But, we may ask, does not Luke's historical device in fact
turn out to be an 'ecclesiastical' one?) Gerhardsson sees the connection
in terms of authoritative tradition. It is humbling and disturbing to realize
how the same evidence can be so differently interpreted. Has Dr. Barrett's
intense theological awareness led him unconsciously to minimize the
didactic, 'traditionalist' elements in the material? Despite his anxiety to
set Luke alongside contemporary historians both pagan and Jewish, is he
in danger of reading Luke-Acts *in vacuo*, i.e., without sufficient attention
to the rich and subtle background of the reception and transmission of
tradition to which Gerhardsson points? On the other hand, have the Scandinavian scholars unconsciously allowed their vivid awareness of the 'hinter-
land' of the early Christian movement in Judaism to dominate their interpretation of material which reveals both continuity and discontinuity, or, to
express it differently, both its roots in Judaism and a radical, kerygmatic
newness. To interpret Luke-Acts, both the theological acuteness of Dr.
Barrett and the sensitivity of the Scandinavians to the contemporary
actualities are necessary.

is apparently following the regulation in Deut. xvii 8 ff., the highest
judges of the Church had its judges in Jerusalem: Luke xxii 29 was
already being fulfilled. The three groups mentioned in the proceedings—the Apostles, the elders and the multitude—recall the
three groups in the sessions at Qumrân—the priests, the elders
and all the people. But Gerhardsson considers that, did we have
more information, the procedure followed at the Council was even
more like sessions of the contemporary Sanhedrin. The method by
which the assembly as a whole approved or adopted the decision
proposed by the leaders, as Linton [1] had previously pointed out,
conforms to the usage in Judaism, as does that of sending 'apostles'
(שליחים) to communicate that decision to the communities.

There is an antecedent probability that the Early Church borrowed from contemporary Jewish organizational usage, as Gerhardsson holds; Luke's presentation, we may agree with him,
provides evidence for this. However, this parallel between early
Christian practice and that of Judaism can be carried too far.
But this can best be shown in conjunction with the discussion of
the 'exegetical' activity of the Church, which Gerhardsson re-
constructs from Luke-Acts.

The Scandinavian scholar points out that in Judaism the solution
to any problem would be sought in the light of the following—1)
The Miqra, 2) The Oral Tradition, 3) The Interpretation of this
and 4) Rationalization. There was a parallel to this in the life of the
Church, which appealed to 1) Scripture, 2) The Common Tradition
which developed in the life of the Church, 3) The Words of Jesus,
4) Rational Arguments. In the case of any major decision the last
item, 'rationalization', would not, by itself, have been deemed
sufficiently cogent. In fact, when the Church had to define the
conditions on which Gentiles were to be accepted, it found guidance
neither in items 1, 2, nor 3, while item 4 alone was not authoritative
enough. It fell back, therefore, on what Gerhardsson calls a *maaseh*
of Peter, i.e., the account of Peter's experience when the Gentiles
received the Holy Spirit (Acts x 1 ff.). [2]

And this reference to a *maaseh* of Peter is a convenient point of
departure for pointing out difficulties. Actually it is not to any
activity of his own that Peter appeals in Acts xv, but to the coming

---

[1] *Das Problem der Urkirche*, 1932, pp. 189 ff.
[2] *Op. cit.*, pp. 254 ff.

of the Spirit which was not under his control but an invasive energy. Gerhardsson's understanding of the reference to Peter's experience as a *maaseh* may be taken as an indication of his failure to deal seriously enough with the rôle of the Spirit in Acts, to which we have previously referred. He is careful to point out, as we have done in another connection, that as in the Qumrân Sect [1], so in the early Church order coexisted with ardour, the Spirit with Law, charisma with office. But has he done sufficient justice to the special emphasis on the Spirit in Luke-Acts, an emphasis which goes beyond anything found at Qumrân? [2] Discussions of this problem have been notoriously subjective. Thus the late J. Vernon Bartlett [3] was able, from his particular point of view, to claim of the early days of the Church that "[they] were marked by an inspired fervour or enthusiasm, a sense of 'holy spirit' moving upon and in God's Messianic people . . . ."; the Day of Pentecost "brought a new sense of personal relationship with their Lord, as the exalted Head of God's own people, the nucleus of a converted and regenerate Israel." Throughout Acts the Spirit is the authoritative source of guidance. Acts xv makes it clear that this was so no less in matters of teaching than in the vicissitudes of missionary journeys. [4] Thus the phrase, ἔδοξεν γὰρ τῷ πνεύματι τῷ ἁγίῳ καὶ ἡμῖν, ascribes the primary place in the decision reached by the Council to the Spirit, a fact which Gerhardsson recognizes but only tepidly. If Bartlett overlooked data to which Gerhardsson rightly appeals, the latter has also too much minimized the force of the evidence presented by the former.

Related to this is another factor. Gerhardsson, because he is concerned with the 'traditionalist' element, notes that Pharisees who had become Christians were present at the Council described in Acts xv and, of course, generally in the life of the primitive community. But, while this should be more fully acknowledged than is usually the case, is it not precarious to make their influence so powerful that they cast the life of the Church into a Pharisaic

---

[1] *Op cit.*, p. 212; see my "The Dead Sea Scrolls and Christian Origins" in a forthcoming work, *Christian Origins and Judaism*.

[2] See my treatment of the Spirit in Paul, *ibid.*. The emphasis on the Spirit in Acts needs no documentation. C. K. Barrett, *op. cit.*, pp. 67 ff. does full justice to it. In some ways his emphasis recalls J. V. Bartlett, see next note.

[3] *Peake's Commentary*, 1929, pp. 643 and 638.

[4] Acts viii 29; xvi 6 f.; the Spirit it is that empowers those who evangelize e.g., Acts iv 8; vi 5; xiii 9.

or Rabbinic mould? Here it is pertinent to recall that 'the Twelve' were Galileans in Jerusalem, whose genius, apart from their Christian experience of the Spirit, usually ran counter to the Jerusalemite and Pharisaic. As I have written elsewhere [1], the enthusiasm of the early chapters of Acts is "Galilean" although it breaks out in Jerusalem. Here we cannot but feel that while Gerhardsson may be right in his 'facts', he may be wrong in his emphasis.

But more important than the difficulties already mentioned is that the precise nature of the teaching of 'the Twelve', as Gerhardsson describes it, does not favour his main position. He devotes much space to distinguishing two foci for the didactic activity of 'the Twelve', one in the words and works of Jesus and the other in Scripture. Not only Acts but the rest of the New Testament in part supports this. The Christian community was in some ways like a 'Bible Class', in which the Scriptures were searched for illumination on the life, death and Resurrection of Jesus.

We have seen, however, that at the one point in Acts where a major problem had to be solved, no appeal to the "Christo-Pharisaic norms" (if we may so call them) was made, i.e., there was no appeal to Scripture, to the words of Jesus, or to Christian usage. This means that the situation which confronted the primitive community could not be contained within even a neo-Pharisaism. This we have previously recognized by insisting on the need for a greater emphasis on the Spirit in the interpretation of Acts than is found in Gerhardsson. What we are more particularly concerned to note now is that the interpretative activity of the earliest communities, involving the setting of events and words in the light of the Old Testament, was likely to lend fluidity rather than fixity to the material transmitted, a fluidity in which event and meaning, *ipsissima verba* and their interpretation would tend to merge.[2]

---

[1] See my forthcoming work on the Sermon on the Mount.

[2] The position of the Scandinavian scholars is more plausible in terms of the *moral* teaching of Jesus than in terms of their enquiry, where *kerygma*, as well as *didache*, is included in the 'Holy Word', Jesus' deeds as well as His words. Thus it is easier, for example, to imagine that the 'words' attributed to Jesus preserved as a 'Holy Word', derived from Himself, than that the stories of the miracles etc., in their present form go back to Jesus Himself. Moreover, while Gerhardsson, recognizes that the concept of Christians as "disciples" was more common in the Jerusalem than the Pauline Churches, has he sufficiently allowed for the variety of early Church Life and Thought? B. H. Streeter's "*The Primitive Church*" is still relevant.

Gerhardsson, as we saw, distinguished between a 'Holy Word', which is apparently identified with the canonical gospels, and the rest of the primitive tradition. In the case of Paul it seems that a case could be made for such a distinction. Gerhardsson's words deserve quotation.

> We may make a comparison, though we do so fully aware of the dangers of using such a terminology, and say that this central corpus [what Gerhardsson calls "the gospel tradition" and Riesenfeld "the Holy Word] *is the mishnah to which the rest of the Apostle's preaching, teaching and legislation is the talmud* (our italics). At all events, this Christ-tradition seems to occupy a self-evident position as a basis, focus and point of departure for the work of the Apostle Paul. It is evident that he attempts to provide a firm basis in this centre even for what appear to be peripheral rules. But he does not pass on this focal tradition in his epistles. He *presupposes* (Gerhardsson's italics) it constantly since it has already been delivered. [1]

With Paul we are nearest the source of the tradition: fusion of *ipsissima verba* of Jesus with *gemara* upon them, had not then proceeded far. Yet even in Paul reminiscences of Jesus' words already appear undifferentiated from his own. [2]

In the later canonical Gospels the process of fusion has gone further. Gerhardsson has not dealt exhaustively with these, and he does not note how difficult it is not to recognize that in them extraneous elements have crept into the tradition containing *ipsissima verba* of Jesus. There are in Matthew especially *gemaric* arrangements which, at least, contain secondary elements so that we cannot regard the materials in the canonical Gospels as a sacroscant 'Holy Word'. [3] If it be claimed that Luke reveals less *gemaric* material than Matthew, so that it can, more readily than Matthew, be claimed to preserve a 'Holy Word', then we are faced with an anomaly. If Luke is concerned to present the importance of the 'Pharisaic' didactic function of the Twelve, as Gerhardsson holds, it is in his Gospel that we should expect most *gemara*, whereas in fact we do not find this to be the case. But, even so, it can hardly be claimed with certainty that even the Lukan tradition is 'uncontaminated'; certainly that in Matthew and John is not.

Judaism, it is true, was never in danger of confusing its "Mishnah" and its "Talmud." And Gerhardsson demands of us the view that the same was true in the primitive Church, i.e., that

---

[1] *Op. cit.*, p. 295.

[2] See my *Paul and Rabbinic Judaism, ad rem.*

[3] The evidence for this I shall give elsewhere.

the sacroscant Gospels, correspond to the Mishnah in Judaism. But if our understanding of the Gospels be correct, to use Gerhardsson's terms, it is precisely the confusion of 'Mishnah' and 'Talmud' that they reveal. The tradition originating in Jesus has become so merged with material which arose from its use in the Christian community that it can no longer always be easily isolated. A *gemaric* development took place, before the formation of the Gospels, which fused the original deposit with later materials. But more important than this fact is another, which it implies, namely, that in the Gospels themselves the necessity for so disentangling *ipsissima verba* of Jesus from the *gemara* of the Churches does not emerge. The two items have become indistinguishable for the Evangelists, or, to express the matter more accurately, are not distinguished by them.

This fact prompts a question. Where was the centre of gravity for primitive Christianity? Was it in a transmitted body of words and works? If so, the transmitted deposit would surely have been more clearly distinguishable. Did it not lie in a living centre, capable of taking such a deposit and enlarging it? What that centre was we cannot doubt—it was Jesus Christ past, present and to come. We have seen that Gerhardsson fully recognizes the Christo-centric character of early Christianity. But does he do this radically enough? He sees in the Christian tradition in the New Testament three strands: Scripture (i.e., the Old Testament), the words and works of Jesus, the 'use' or application of these by the Christian community. These three strands correspond, on his view, to Scripture, Mishnah, Gemara in Judaism. But whereas in the latter the three strands are distinguished, in the Christian tradition the three corresponding items are merged. We suggest that they are so merged because the point of reference in the Church is Jesus Christ, who has become in Himself Scripture, Mishnah, Gemara. It is significant that Gerhardsson allows Jesus Christ to fulfill in the Christian dispensation a rôle corresponding to that of the Oral Law in Judaism. He does not deal with a suggestion which we made in *Paul and Rabbinic Judaism*, which was endorsed by Dr. Cullmann [1], that Jesus had a function more than this: He fulfilled the rôle of the Torah in its totality. Gerhardsson is fully aware of the Christian Dispensation as a *New Exodus*.

---

[1] *Revue d'histoire et de philosophie religieuses*, No. 1, 1950, pp. 12 ff.

In connection with Luke xxiv he writes:

> In the introduction to Acts, Luke refers back to what he described in his previous work, although on that occasion one has the impression that the ascension took place immediately after the Risen Lord's appearance to the twelve (xxiv 50 ff.). We read here that the Lord showed himself to his disciples for "forty days" and spoke with them about the Kingdom of God (λέγων τὰ περὶ τῆς βασιλείας τοῦ θεοῦ). Just as Moses received the holy Torah in the course of forty days' fellowship with God on the mountain according to the Jewish tradition, so on this occasion the twelve receive the principle of eschatological logos in all its fulness in forty days. [1]

Gerhardsson does not note that, in terms of the parallel he draws, it is implied that Jesus has become more than Moses and more than Torah. If Gerhardsson is to be followed at this point, then his comparison of Jesus' rôle with that of the Oral Torah is inadequate. The fact that in the Christian movement, as revealed in the Gospels, no distinction is made between original deposit, be it expressed in *ipsissima verba* of Jesus or in His works, means that its centre of gravity did not lie there. To ignore this is to miss the difference between Christianity and its mother Faith. This can be expressed somewhat as follows. [2] Whereas in the complex referred to as the Exodus, at which Israel's redemption was wrought, Judaism came to place more and more emphasis on the Torah i.e., the demand uttered on Sinai, which was itself a gift, the figure of Moses being a colossus because he mediated the Torah, the Church as it looked back to the New Exodus wrought in Christ, first remembered not the demand but the Person of Jesus Christ, through whom the New Exodus was wrought, and who thus came to have for the Church the significance of Torah. This is why ultimately the tradition in Judaism culminates in the Mishnah, a code of *halakoth*, and in Christianity in the Gospels, where all is subservient to Jesus as Lord.

The above concentration on the difficulties and obscurities in the work of Riesenfeld and Gerhardsson could create the wholly erroneous impression that they have made no positive contribution. To avoid any such impression, it is necessary, finally, to state briefly, where the importance of their studies consists. By bringing to bear the usages of contemporary Judaism, in a fresh and comprehensive manner, on the transmission of the Gospel Tradition they have forcibly compelled the recognition of the structural

---

[1] *Op. cit.*, pp. 230 f.
[2] In this formulation I owe much to Dr. David Daube.

parallelism between much in Primitive Christianity and Pharisaic Judaism. This means, in our judgement, that they have made it far more historically probable and reasonably credible, over against the scepticism of much Form-Criticism, that in the Gospels we are within hearing of the authentic voice and within sight of the authentic activity of Jesus of Nazareth, however much muffled and obscured these may be by the process of transmission. And even though, in the light of the hesitations we have indicated, it may have been taken too boldly, this is a significant step forward [1].

---

[1] Professor Cullmann's position is indicated in *The Union Seminary Quarterly Review*, Vol. XVI, January, 1961, pp. 131-148 in an essay, translated by J. L. Martyn, entitled "Out of Season Remarks on the "Historical Jesus" of the Bultmann School", and in a forthcoming essay, in a *Festschrift* for Professor James Muilenberg, also translated by Dr. Martyn.

ANMERKUNGEN ZUR THEOLOGIE DES MARKUS

VON

ED. SCHWEIZER

Die Absicht dieses kurzen Beitrags ist eine bescheidene: er möchte eine methodische Ausgangsbasis zur Diskussion stellen, die vielleicht erlaubt, noch etwas schärfer als bisher das dem Markus Eigene von seiner Tradition zu scheiden. Ich schlage vor, einmal den Wortschatz zu untersuchen, der ausschliesslich oder fast ausschliesslich in den redaktionellen Abschnitten des Markus vorkommt [1].

I Eine erste Gruppe umfasst: κηρύσσειν, διδάσκειν, θεραπεύειν, ἐκβάλλειν (δαιμόνια).

a) κηρύσσειν ist ausgesagt vom Täufer i 4. 7[2], von Jesus i 14.

---

[1] Zur Literatur vgl. J. Robinson, Das Geschichtsverständnis des Markus-Evangeliums, 1956; W. Marxsen, Der Evangelist Markus, 1956; A. Kuby, Zur Komposition des Markus-Evangeliums, ZNW 49, 1958, 52-64; T. A. Burkill, in Numen 3, 1956, 161-177; Nov. Test. 1, 1956/57, 246-262, 2, 1958/59, 245-271; 3, 1959, 34-53; Hibbert Journal 55, 1956/57, 150-158; NTSt. 3, 1956/57, 142-148; Studia Theologica Lund 11/2, 1957, 159-166; Vigiliae Christianae 12, 1958, 1-18; ZNW 51, 1960, 31-46; G. H. Boobyer, The Secrecy Motif in St. Mark's Gospel, NTSt. 6, 1959/60, 225-235; J. Schreiber, Die Christologie des Markusevangeliums, ZThK 58, 1961, 154-183; S. Schulz, Markus und das AT, ebd. 184-197. Nicht zugänglich sind mir: H. F. Puesch, The Theology of the Gospel of Mark, in: Studies in the Gospel of Mark, Review and Expositor (Louisville, Kentucky) 55, 1958, 393-399; N. A. Dahl, Markusevangeliets sikte, in: Svensk Exeg. Arsbok 22-23, 1957/58, 32-40.

[2] Dass v. 7 überleitende redaktionelle Bemerkung ist, ist deutlich. Aber auch v. 4 ist von Markus gestaltet. Vormarkinisch sind nämlich die folgenden Traditionsstücke: a) die AT-zitate: Mal. iii 1 = Mt. xi 10 Q; Js. xl 3 auch Jh. i 23 (nicht direkt von Mk. abhängig) und 1QS 8, 14; b) die „Wüste": Mt. xi 7 Q; c) der Beiname „Täufer" (ist ὁ βαπτίζων zu lesen?): Jos. Ant. 18, 116; d) μετάνοια = Mt. iii 8 Q; e) Johannes als Elia: Lk. i 17; vgl. Mk. ix 11-13; f) die ζώνη δερματίνη `... ν περι(εζωσμένος) τὴν ὀσφὺν αὐτοῦ = 4 Kön. i 8 LXX von Elia, wobei die dort genannten τρίχες (= Haarwuchs) schon im Sinne der Prophetentracht von Sach. xiii 4 (δέρριν τριχίνην, vgl. Mk. i 6 D) interpretiert sind. Das heisst: das traditionelle Eliabild, das die Erfüllung von Mal. iii 1 = Mk. i 2 bewiese, wird erst am Ende der Perikope in v. 6 angehängt, während für Markus selbst die eschatologische Erfüllung in v. 4 f. geschildert wird. Darum stellt er v. 3 und 4 f. zusammen und zeigt die Zusammengehörigkeit auf durch das ἐν τῇ ἐρήμῳ (v. 4 = v. 3). Wie sehr

38 f. [1], von den Zwölfen iii 14, vi 12 [2], allgemein von der Kirche
xiii 10, xiv 9 [3]. Ausserhalb dieser Stellen sind nur zu nennen i 45,
vii 36, wo die Durchbrechung des Schweigegebotes geschildert ist,
also die typisch markinische Theorie vom Messiasgeheimnis vorliegt, und der Schlussatz v 20, der analog diesen Stellen vermutlich
auch als markinische Bildung verstanden werden darf. Lassen wir
diese letzten drei Stellen vorläufig beiseite [4], kommen wir zu
  Ergebnis 1: Für Markus ist die vom AT geweissagte Heilszeit die
Zeit des Kerygmas. Dieses beginnt beim Täufer, wird von Jesus
aufgenommen, setzt sich in der Predigt der Zwölf fort und mündet
in die der weltweiten Kirche unter den Heiden [5] ein.

b) Dieses Ergebnis wird gesichert und zugleich näher bestimmt
durch eine weitere Beobachtung. Was ist denn der Inhalt dieses
Kerygmas? Nach i 4 die μετάνοια. Nun ist dieser Begriff dem Markus
schon aus der Tradition zugekommen; ausserdem erscheint er so
selten, dass er nicht zu dem oben abgegrenzten Vokabular im
engeren Sinn gehört. Das Interessante ist aber, dass sich die drei
Stellen, an denen Substantiv oder Verbum vorkommen, sich wiederum auf das Kerygma des Täufers, Jesu und der Zwölf verteilen.
Wiederum ist also die einheitliche Konzeption dieses Kerygmas bei
Markus evident. Dasselbe zeigt sich beim Begriff εὐαγγέλιον [6].
Schon der Täufer, der bei Markus also in erster Linie der voll-

---

ihm an diesem Zug liegt, zeigt einmal die von Mt. gestrichene Bemerkung,
dass schon die Johannestaufe die Sündenvergebung brachte, und dann vor
allem die Schilderung des Erfolges (vgl. e) unten). Im κηρύσσειν des Täufers
(die Wendung ist Ag. x 37, xiii 24 f. in Anlehnung an Lk. iii 3 = Mk. i 4
aufgenommen), über dessen Inhalt zunächst nichts gesagt wird, dessen
Erfolg aber stark unterstrichen wird, sieht Markus also den Anbruch der
Heilszeit.

[1] i 14, 39 sind eindeutig redaktionell; nicht ganz sicher ist v. 38, wo auch
kein Objekt genannt ist.

[2] iii 14 ist redaktionelle Einleitung zur traditionellen Zwölferliste, vi 12
summarische Schilderung ihrer Tätigkeit.

[3] Dass hier Mk. selbst formuliert, dazu vgl. Marxsen (S. 35, A. 1) 80-83.

[4] Vgl. dazu S. 43, A. 1.

[5] Zu diesem letzten Motiv vgl. den Ansatz bei Paulus, z.B. R. i 5, xv 16, 19
(dazu meinen Aufsatz in NTSt 8/1, 1961/62, 1 ff.) und die Fortbildung
dieses Topos in R. xvi 25 f.; Kol. i 5 f., 23, 27; Eph. iii 6; 1 Tim. iii 16
(dazu meinen Aufsatz in TLZ 86, 1961, 246-251). Doch hat O. Cullmann
schon in Recherches théologiques (Strasbourg) 1936, 26 ff. auf die heilsge-
schichtliche Bedeutung der Heidenmission des Paulus hingewiesen. ,,Gnos-
tische'' Terminologie (vgl. unten S. 44) ist für alle diese Aussagen charakteristisch.

[6] Dass er zu den markinischen Vokabeln gehört, zeigt Marxsen (S. 35 A. 1)
82 f.

mächtige Verkünder ist [1], ist „Anfang" des Evangeliums i 1 [2]. Dieses ist dann der Inhalt der Predigt Jesu i 14 f. und wird in aller Welt von der Kirche verkündet xiii 10, xiv 9 [3].

Ergebnis 2: Von Johannes dem Täufer an über Jesus bis in die weltweite Kirche hinein wird das Evangelium verkündet, das Aufruf zur Busse ist.

c) διδάσκειν. Hier ist das Bild völlig anders. 15mal wird es von Jesus ausgesagt, und zwar immer in der Form ἐδίδασκεν, ἤρξατο διδάσκειν oder (ἦν) διδάσκων. Dazu kommen 5 Stellen von der διδαχή Jesu. Dagegen steht eine einzige Stelle, an der im Aorist von den Jüngern ausgesagt wird: ἐδίδαξαν [4]. Nur bei einer Stelle kann man zweifeln, ob man den Terminus dem Markus selbst oder schon der ihm vorliegenden Tradition zuweisen soll (xii 14 [5]). Hier liegt also für Markus das für Jesus typische Handeln, das man so nicht vom Täufer oder von der Kirche aussagen könnte. Das lässt sich noch etwas präzisieren, wenn wir die einzelnen Stellen betrachten. Einmal wird deutlich, dass diese Lehre Jesu etwas Grösseres und

---

[1] Mit der Tradition sagt Markus: in ihm ist das Eschaton angebrochen; Markus' eigener Beitrag ist die Präzisierung: im Kerygma des Johannes.

[2] Wie ἀρχή syntaktisch zu fassen ist, ist nicht leicht zu entscheiden; vgl. den Überblick bei C. E. B. Cranfield, The Gospel according to St. Mark, 1959, 34. Für reinen Titelgebrauch könnte Hos. i 2 sprechen. Da aber καθώς bei Mk. immer einen auf den Hauptsatz folgenden Nebensatz einleitet (8-9mal; vgl. G. D. Kilpatrick, J. Th. St., N.S. 11, 340 f.), da besonders in Mk. ix 13, xiv 21 der Hinweis auf das AT ebenfalls nachsteht, da dasselbe für Js. xl 3 in 1QS 8, 14 (mit כתוב‎ אשר‎ eingeleitet) gilt, ist doch wahrscheinlich, dass v. 1 den Hauptsatz bildet, der durch v. 2 f. als in der Schrift geweissagt begründet wird. Danach wäre Johannes der Täufer der vom AT gemeinte Beginn der Heilszeit des Evangeliums. Die Funktion von v. 1-3 ist also dieselbe, die mit dem κατὰ τὰς γραφάς von 1 K. xv 3-5, aber auch mit der Davidsohnschaft in der Formel R. i 3, mit den Stammbäumen in Mt. i und Lk. iii, in anderer Weise schliesslich mit der Geschichte von der Jungfrauengeburt oder gar von der Fleischwerdung des Logos (O. Cullmann, Die Christologie des NT, 1957, 255) am Beginn der andern Evangelien gemeint ist: die ausgezeichnete Stellung Jesu im Unterschied von allen andern geschichtlichen Gestalten soll von der ersten Seite des Evangeliums an wie in den Glaubensformeln hervorgehoben werden. Freilich ist gerade so auch die Besonderheit des Mk. sichtbar: nicht eigentlich Jesus, sondern die seit dem Täufer angebrochene Heilszeit des Evangeliums bekommt diesen Sondercharakter eschatologischer Zeit. Die Sonderstellung Jesu wird erst unter c) sichtbar werden.

[3] Ähnlich die restlichen zwei Stellen viii 35, x 29, zu denen wieder Marxsen (S. 35 A. 1) 79 f. 82 f. zu vergleichen ist.

[4] Übrigens erst an zweiter Stelle nach ἐποίησαν.

[5] xi 18 entspricht i 22, xiv 49 ist wörtlich gleich der redaktionellen Wendung xii 35.

Ganzes ist, von dem nur Einzelbeispiele gegeben werden: „Er sagte aber in seiner Lehre: . . .'' (iv 2, xii 38). Etwas pointiert ausgedrückt: gegenüber dem Gesamtphänomen des Lehrens Jesu sind die den Inhalt wiedergebenden Abschnitte nur von sekundärer Wichtigkeit. Noch wichtiger ist, dass dieses Lehren als das Wunderhandeln Gottes geschildert wird, über das alle Welt staunt (i 22, vi 2, xi 18) [1]. Gewöhnlich wird überhaupt nur die Tatsache des Lehrens in Vollmacht genannt. Wo der Begriff verwendet wird zur Einführung von Jesuslogien aus der Tradition, da sind die Gleichnisse von iv 1 ff., das alttestamentliche Wort über den Tempel (xi 17) und den Davidssohn (xii 35), endlich die Warnung an die Pharisäer (xii 38) der Inhalt. Eine gewisse Sonderstellung nehmen viii 31, ix 31 ein; denn hier ist auch der Inhalt von Markus redigiert, wobei umstritten ist, ob ihm dabei schon eine kürzere und einfacher formulierte Tradition vorlag [2] oder nicht. Hier formt die Passionsdidache (markinisch also nicht: das Passionskerygma) den Inhalt der Lehre. Wir können also zusammenfassen als

Ergebnis 3: Jesu Besonderheit, in der er sich vom Täufer und von der Kirche unterscheidet, ist sein Lehren, und zwar der Akt des Lehrens in Vollmacht selbst. Vom Inhaltlichen her gesehen nimmt höchstens die Passionsdidache eine Sonderstellung ein.

d) i 39 steht neben dem κηρύσσειν das ἐκβάλλειν τὰ δαιμόνια, ebenso iii 15; mit dem letzten ist i 34 auch das θεραπεύειν verbunden, ähnlich iii 10 f.; alle drei Begriffe finden sich vi 12 f. dicht neben einander. Alle drei werden für die Beschreibung der Tätigkeit Jesu wie für die der Jünger verwendet. Anders als bei den bisherigen Begriffen ist hier aber sofort deutlich, dass sie von Markus aus der Tradition aufgenommen sind. Für θεραπεύειν ist es vielleicht nicht so klar, da es wohl nur iii 2 der Tradition zuzuschreiben ist. Es taucht auch nur als Ergänzung der anderen Begriffe auf, ausser in vi 5. Hingegen ist die Formel vom Austreiben der Dämonen in vii 26 f., ix 38, wohl auch iii 22, schon in der Überlieferung, völlig gleichlautend wie in redaktionellen Stellen, zu finden. Man wird also die These, dass der Kampf mit dem Satan, der sich vor allem in den Dämonenaustreibungen zeigt, den eigentlichen Schlüssel zum Verständnis der markinischen Theologie darstellt [3], modifizieren müssen zu

---

[1] Zur markinischen Schilderung des Erfolgs vgl. e).

[2] Mit Cullmann (S. 37, A. 2) 62 bin ich dieser Meinung (Der Menschensohn, ZNW 50, 1959, 195 f.; Erniedrigung und Erhöhung, 2. Aufl. 1962, 1 l).

[3] Robinson (S. 35, A. 1), besonders 26-33.

Ergebnis 4: Der besondere theologische Beitrag des Markus liegt in der Betonung des Lehrens Jesu, nicht der ihm überlieferten Dämonenaustreibungen. Diese dienen ihm vielmehr dazu, den Charakter des Lehrens Jesu als einer göttlichen Vollmachtstat zu verstehen und zu beschreiben [1].

e) Anhangsweise muss noch darauf hingewiesen werden, dass der Gebrauch von πᾶς und ὅλος mit determiniertem Substantiv besonders häufig in den redaktionellen Abschnitten auftaucht und dabei den Erfolg Jesu, besonders seiner Lehre, beschreibt: ii 13, iv 1, vi 33, ix 15, xi 18, — i 28, 33, 39, vi 55. Ähnlich wird aber auch das Kerygma des Täufers (i 5) und der Kirche (xiii 10: εἰς πάντα τὰ ἔθνη) in seiner umfassenden Wirkung beschrieben.

Ergebnis 5: Die universale Wirkung des Kerygmas vom Täufer bis hin zur Kirche, insbesondere aber des Lehrens und Heilens Jesu, ist Markus besonders wichtig.

II Eine zweite Wortgruppe umfasst: παραβολή, ἴδιος, συνιέναι, καρδία πεπωρωμένη.

f) παραβολή ist gewiss schon vor Markus als Bezeichnung der Gleichnisse Jesu gebraucht worden [2]. Dennoch wird schon rein statistisch deutlich, dass es praktisch nur an redaktionellen Stellen erscheint: iv 2, 10-13, 33 f., vii 17, xii 1, 12; fraglich sind höchstens iv 30, xiii 28. Vor allem aber ist auf das erste Auftreten des Begriffs in iii 23 hinzuweisen. Denn hier wird die eigene Redaktionsarbeit des Markus besonders gut fassbar. Zunächst zeigen Mt. xii 24 f. par. Lk. xi 12-17 (Q), dass Markus den v. 23 in einen schon vorliegenden, festen Zusammenhang hineinkomponiert hat [3]. Ist man dadurch aufmerksam geworden, erkennt man, dass Markus hier auch sonst bewusst komponiert. V. 21 bildet offenbar mit v. 31-35

---

[1] Besonders deutlich zeigen i 21 f., 27, dass die dazwischen aufgenommene Tradition von der Dämonenaustreibung dem Markus dazu dient, den Charakter des Lehrens Jesu zu illustrieren. Vgl. auch i 14 f., 38 (39!) zum Kerygma.

[2] Das ist besonders für iv 10-13 zu vermuten (vgl. J. Jeremias, Die Gleichnisse Jesu, 1956, 7-12). Die merkwürdige Formulierung in v. 10 ist nur zu verstehen, wenn ein Satz wie ἠρώτων αὐτὸν οἱ περὶ αὐτοῦ τὴν παραβολήν schon vorlag. Für v. 11 hat Jeremias wahrscheinlich gemacht, dass vor Mk. παραβολή oder jedenfalls das aramäische Aequivalent im Sinn von ,,Rätselspruch'' verstanden worden war. Mk. hingegen hat es sicher in der Bedeutung ,,Gleichnis'' verstanden und auf die in Kap. iv gesammelten Beispiele bezogen. Anders freilich G. H. Boobyer, NTSt 8, 1961/2, 59 ff.

[3] Καὶ προσκαλεσάμενος αὐτούς ist sachlich unmöglich, aber typisch markinische Floskel: vii 14, viii 34, x 42 usw.

zusammen so etwas wie einen Rahmen um das davon umschlossene
Stück[1], ob jener nun der alte Anfang dieser Perikope[2] oder eher eine
Markus überlieferte selbständige (mündliche?) Tradition war, die
erst der Evangelist mit dem andern Abschnitt zusammenfügte.
Damit wird die verstockte, Jesus ablehnende Familie mit der
wahren „Familie" Jesu konfrontiert. So ist wohl auch die Szenerie
in v. 20, das „Haus", das die Drinnenweilenden von den Draussen-
stehenden scheidet, nicht zufällig gewählt. Und endlich hat Markus
das Logion v. 28 f. durch v. 30 eindeutig auf diejenigen bezogen,
die sich gegenüber den Machttaten Jesu verschliessen[3]. Markus
hat also den ursprünglichen Anlass des Wortes v. 22 (= Lk. xi 14
par. Mt. ix 32-34, xii 22 f.) weggebrochen, um die unerhörte Ver-
stockung der Nächsten Jesu zu schildern, hat das Wort von der
unvergebbaren Sünde auf solche Hartherzigkeit bezogen, und hat
andrerseits diejenigen, die Gottes Willen tun[4], als „Bruder,
Schwester und Mutter" Jesu bezeichnet. Eben in diesem Abschnitt,
der die beiden Gruppen derer, die sich von Jesu Lehren und Heilen
überwinden, und derer, die sich davon nur verstocken lassen,
zeichnet, erscheint zum ersten Mal der für Markus so wichtige
Begriff der παραβολή. Sie vollzieht solche Scheidung. Das wird im
Folgenden nämlich ausgeführt: iv 1 ff., besonders iv 10-13 und 33 f.
Die letzte Stelle ist geradezu eine dogmatische These über die Not-
wendigkeit der Parabelrede: *so fremd ist Gottes Offenbarung dem
Menschen, dass zunächst gar nicht direkt, sondern nur in bildhafter
Analogie davon geredet werden kann.* Darüber hinaus aber hat

---

[1] Auch sonst schiebt Mk. gerne Perikopen in einen in sich zusammenge-
hörigen Zusammenhang hinein, besonders wenn es gilt, eine Zwischenzeit
auszufüllen: vgl. v 25 ff., vi 14 ff., xi 15 ff., xiv 3 ff. und E. Klostermann,
Das Markusevangelium, 1926, 41.

[2] So R. Bultmann, Die Geschichte der synoptischen Tradition, 1931, 28 f.
(vgl. Ergänzungsheft, 1958, 9); aber v. 34 verliert eher seine Kraft, wenn
v. 21 vorangeht, sodass man besser daran denkt, dass Mk. das ihm überlieferte Faktum v. 21 hier einfügt und ausserdem den alten Schluss v. 34
noch durch v. 35 interpretiert (ähnlich M. Dibelius, Die Formgeschichte
des Evangeliums, 1959, 43 f.). Die These von E. Lohmeyer, Das Evangelium
des Markus, 1936-1953, 76, A. 2, dass ursprünglich die Schriftgelehrten das
Subjekt von v. 21 gewesen seien, ist sehr unwahrscheinlich; wie sollte eine
solche Haltung später auf die Familie Jesu übertragen worden sein?

[3] Ursprünglich ist wohl die Form von Lk. xii 10 (Q?): die Zeit des ent-
schuldbaren Nichterkennens des (irdischen) Menschensohnes ist zu Ende
seit Pfingsten.

[4] Ähnlich wie Lk. v 32 das Schockierende von Mk. ii 17 abschwächt, hat
vermutlich Mk. in v. 35 die Feststellung, dass die (zufälligen) Hörer der
Verkündigung Jesu seine Familie seien, korrigierend interpretiert.

schon iv 10-13 festgestellt, dass selbst so den Menschen alles Reden von Gott fremd und unverständlich bleibt, ja bleiben soll. Wir können also vorläufig formulieren:

Ergebnis 6: Von Anfang an liegt über Jesu Lehre das Mysterium; in Anpassung an die Verständnisfähigkeit des Menschen muss der göttliche Gesandte Parabelrede brauchen; aber auch so verstehen ihn diese nicht.

g) ἴδιος erscheint nur in der Wendung κατ' ἰδίαν [1] und nur in redaktionellen Abschnitten [2]. 6mal dient es dazu, die Jüngerschar als die von der Menge geschiedene Gruppe zu zeichnen, der Jesu Parabeln aufgelöst werden (iv 34), die ihn um nähere Belehrung bitten (ix 28, xiii 3), sich mit ihm in die Einsamkeit zurückziehen (vi 31 f.) und seine göttliche Herrlichkeit schauen darf (ix 2). [3]

Ergebnis 7: Doch gibt es eine von der Menge ausgesonderte Schar, der besondere Offenbarung von Jesus zuteil wird.

h) συνιέναι erscheint iv 12 im Zitat zur Erklärung der Parabeltheorie, und zwar negiert [4]. Es wird dort wohl aus Js. vi 9 f. stammen. Sonst bezeichnet es, ebentalls negiert, das Unverständnis der Jünger (vi 52, viii 17, 21) [5]. Einzig vii 14 taucht das Wort ohne Negation in einem Aufruf an das Volk auf, der, parallel zu iv 2, vielleicht auch auf markinische Redaktion zurückgeht. An den beiden Stellen vi 52 und viii 17 ist damit

καρδία πεπωρωμένη als Kennzeichnung der Haltung der Jünger verbunden. Der Ausdruck fehlt sonst bei Markus, ist aber nahe verwandt mit iii 5, wo Jesus über die „Herzensverhärtung" des Gesamtvolkes seufzt.

Ergebnis 8: Aber selbst diese Schar der Erwählten und Vertrauten Jesu ist verhärteten Herzens und versteht nicht. *So verhüllt und fremd ist Gottes Offenbarung dem Menschenherzen, so schwer fällt es Gott, sich dem Menschen zu eröffnen.*

i) Nur ein einziges Mal taucht παρρησία auf, nämlich viii 32. Das Sätzchen geht auf die Redaktionstätigkeit des Markus zurück. Schon viii 31 ist ja sicher von ihm ausgestaltet, event. sogar ganz frei geformt worden[6].Vor allem aber hat Lohmeyer empfunden und

---

[1] Vielleicht findet sich τοῖς ἰδίοις μαθηταῖς in iv 34 direkt neben κατ' ἰδίαν, doch lesen A, D und andere nur τοῖς μαθηταῖς αὐτοῦ.

[2] Fraglich ist nur vii 33.

[3] Nah verwandt ist vii 17, wo die Jünger im „Haus", geschieden von der „Volksmenge", nach dem Sinn der Parabel fragen.

[4] Ausserdem in iv 9 als besondere, wohl nicht ursprüngliche Lesart D.

[5] Ebenso ἀγνοεῖν ix 32, als Hapaxlegomenon bei Mk.   [6] Vgl. S. 38, A. 2.

belegt, wie schwer das Sätzchen in den Zusammenhang einzu-
ordnen ist [1]. Die Lösung ergibt sich nur, wenn man erkennt, dass
Markus hier einen ihm wichtigen und für ihn typischen theologischen Satz ausspricht. Hier wie in ii 2 und vor allem iv 33 findet
sich nämlich die spezifische markinische Wendung λαλεῖν τὸν λόγον.
Spricht ii 2 allgemein von dem Phänomen des Lehrens Jesu, das
Markus so wichtig ist, so redet iv 33 von seinem besonderen Lehren
in Parabeln. viii 32 aber spricht von seinem „direkten", unver-
hüllten, nichtparabolischen Reden. Hier also ist für Markus zum
ersten Mal die eindeutige, ungebrochene, volle Offenbarung Gottes
zu finden. Der Satz ist die Unterschrift zur ersten Passionsdidache.
Wir formulieren also

Ergebnis 9: Das Leiden des Menschensohnes ist das bisher ver-
borgene, jetzt enthüllte Geheimnis, und die anschliessenden Verse
machen sofort und unmissverständlich klar, dass auch dies nur von
dem verstanden werden kann, der in der Nachfolge das Schicksal des
Menschensohnes teilt [2].

III Natürlich müssten diese Ergebnisse am Gesamtaufbau [3] des

---

[1] Lohmeyer (S. 40, A. 2) ad locum. Er meint daher, der echte Text habe davon gesprochen, dass der Auferstandene das Wort frei heraus verkünden
werde.

[2] Vgl. das Nichtverstehen der Jünger viii 32 f., ix 32, x 35-38a, und den
unmittelbar an viii 31-33 anschliessenden Aufruf zur Nachfolge viii 34 ff.

[3] Vielleicht darf ich wenigstens darauf hinweisen, dass die drei ersten
Abschnitte nach der Einleitung dadurch charakterisiert sind, dass auf
einen Angriff auf Jesus am Ende des vorangehenden Abschnitts (i 12 f.,
iii 6, vi 3 f.) ein summarischer Bericht über Jesu Tätigkeit folgt (i 14 f.,
iii 7-12, vi 5 f.), worauf die Erzählung von der Wahl oder Sendung der
Jünger den neuen Abschnitt einleitet (i 16-20, iii 13-19, vi 7-13). Der erste
Abschnitt berichtet von der unerhörten Vollmacht Jesu, der Abgrenzung
von den Gegnern und der Bildung der Jüngerschar, der zweite vom Parabel-
charakter der Lehre Jesu, also von der grundsätzlichen Unzugänglichkeit
der Offenbarung Gottes, daher auch von der Scheidung aufgrund des Glaubens. Ist das Unverständnis der Jünger schon in diesem Abschnitt ange-
klungen, so ist es das eigentliche Thema des dritten, der darum auch nicht
mehr von der Scheidung zwischen Volk und Jüngern handelt: auch die
Jünger verbleiben angesichts der Wundertaten und -lehre Jesu verstockt.
Erst mit viii 31 ff. beginnt Verstehen überhaupt. Die damit beginnende
Periode ist natürlich durch die drei Leidensweissagungen gegliedert. Hier
geht immer am Schluss des vorhergehenden Abschnitts ein „Präludium"
voraus (vgl. Kuby [A. 1] 58-64), das die Bedeutung der kommenden Offenbarung unterstreicht (viii 22-26, ix 23-29, vgl. x 46-52 zu xi 1 ff.), dann folgt
die Passionsdidache (viii 31, ix 31, x 33 f.), das Missverständnis der Jünger
(viii 32 f., ix 33 f., x 35-37) und der Ruf in die Nachfolge (viii 34-38, ix
35-50 vgl. das Stichwort in v. 38; x 38-45, zusammengehalten durch das
Stichwort in v. 32 und 52: vgl. Erniedrigung und Erhöhung, 2. Auflage,
Abschnitt 1 f.).

Markus geprüft, ausgeweitet und modifiziert werden; es müssten auch die verschiedenartigen Aussagen über die Schweigegebote [1] untersucht werden. Das alles ist hier unmöglich. Es soll nur noch zusammenfassend auf ein interessantes Gesamtresultat hinge-wiesen werden.

Zieht man für einen Augenblick Paulus in den Gesichtskreis hinein, dann ist festzustellen, dass es ja auch bei ihm Abschnitte gibt, in denen seine Redaktion von der Tradition zu unterscheiden ist. Natürlich sind die Verhältnisse völlig verschieden. Gibt es bei Markus wenig Verse, in denen ganz sicher ist, dass er selbst spricht und nicht schon festgeformte Tradition im Wortlauf zitiert, der ihm überkommen ist, so gibt es umgekehrt bei Paulus sehr wenig Stellen, bei denen sicher ist, dass er Tradition im Wortlaut wiedergibt [2]. Dennoch reichen sie aus, um ein genügend klares Bild zu geben. Im Hymnus Phil. ii 6-11 fügt Paulus ein: ,,ja, zum Tode am Kreuz'', vielleicht auch am Ende: ,,zur Ehre Gottes des Vaters''. In 1 Kor. xv entfaltet Paulus in v. 6-8 die Reihe der Zeugen für die Aufer-stehung Jesu als Ausgestaltung von v. 5, der aus der Formel zitiert wird. In R i 3 f. stammt von Paulus der Ausdruck ,,Gottessohn'' am Anfang und vermutlich auch die damit korrespondierende nähere Bestimmung ,,in Vollmacht'' in v. 4, die die Besonderheit der nachösterlichen Gottessohnschaft umschreibt und so mit der von Paulus eingeführten ewigen Gottessohnschaft ausgleicht. Das ,,redaktionelle Vokabular'' ist also sehr gering; aber es ist relativ einheitlich. Hauptanliegen der redaktionellen Zufügungen des Paulus sind also die Betonung von Kreuz und Auferstehung und das Bekenntnis zur (ewigen) Gottessohnschaft Jesu. Heilstaten und Würde Jesu Christi stehen hier im Mittelpunkt. Dabei sind die — rein zeitlich verstanden — ,,Randphänomene'' des Lebens Jesu die einzig wichtigen, also diejenigen Aussagen, die dieses Leben in seiner Besonderheit charakterisieren: die ewige Gottessohnschaft vor, über und nach der irdischen Existenz, Tod und Auferstehung als ihr

---

[1] Das Schweigegebot an die Dämonen wurzelt in der alten Tradition und ist ursprünglich ein Kampfruf, wie der Vergleich von i 25 f mit iv 39 zeigt. Aber Mk. hat es natürlich gleich wie das an die Geheilten und an die Jünger verstanden. Nur der Erwählte, ja der vom Gottessohn im Besonderen Belehrte, ja der ihm Nachfolgende und sein Sterben und Auferwecktwerden Glaubende kann überhaupt verstehen, was sich hier abspielt. Alles andere müsste zu völligem Missverständnis führen.

[2] Hier bleibe ich O. Cullmann immer dankbar für das, was er mir schon 1943 in Les premières confessions de foi chrétiennes als Anregung für meine Arbeit mitgegeben hat.

Abschluss. Nicht der „historische" Jesus ist wesentlich, sondern die ihn „einrahmenden" Grenzen seines „historischen" Lebens.

Gehen wir von da aus zu Markus zurück, so zeigt sich zuerst ein ganz anderes Bild. Die in den Redaktionsabschnitten auftauchenden Vokabeln kreisen alle um die Begriffe des „Lehrens" und „Verstehens", sind also „gnostischer" Art, sofern man unter „Gnosis" hier einmal den weiten Begriff des Erkennens versteht. Alle diese Vokabeln beschreiben die Tätigkeit des irdischen Jesus zwischen Taufe und Kreuzigung. Heisst das also, dass Markus das Thema des historischen Jesus wiederaufnimmt?

Ja und Nein. In der Tat zeigen alle für ihn spezifischen Vokabeln, dass er nicht von der präexistenten Seinsweise Jesu [1], auch nicht primär von der besonderen Art seines Todes oder von seiner Auferweckung redet, sondern vom Wirken Jesu auf Erden. Darin spiegelt sich die Tatsache, dass Markus ein Evangelium schreibt. Die Verankerung aller Aussagen im Leben Jesu ist allerdings über das blosse Dass von Kreuz und Auferstehung (und event. noch Menschwerdung) hinaus verdeutlicht. Die Gefahr eines rein doketisch verstandenen Christus, der eine religiöse Idee wäre ohne notwendigen Zusammenhang mit dem Menschen Jesus, ist hier also abgeschirmt. Ist es etwa ein ebionitisch zu verstehender „historischer Jesus"?

Schon der Begriff κηρύσσειν zeigt ja, dass die das AT erfüllende Endzeit für Markus die der Verkündigung ist, die seit dem Täufer über Jesus und die Jünger bis zur gegenwärtigen weltweiten Kirche hin ergeht. Was ist dan aber die Bedeutung des irdischen Wirkens Jesu für dieses Kerygma? Es muss geantwortet werden: das Lehren Jesu. Dann muss aber sofort ernst genommen werden, dass nicht

---

[1] Gegen Schreiber (S. 35, A. 1) 166 f. meine ich, dass Mk. die Präexistenz Jesu nicht kennt. Auch in xii 1 ff. ist doch die Sendung des Sohns ganz analog der der Knechte (Propheten) verstanden; ix 19 zeigt nur das Seufzen des Gerechten, der seine Erhöhung zu Gott erwartet. Natürlich ist die Präexistenz Jesu schon längst ausgesprochen, bevor Mk. schrieb, und Mk. wird diese wohl auch in einem noch unbestimmten Sinn angenommen haben. Ich meine aber, dass er hierbei absichtlich vorsichtig ist und sie vermutlich eher so fasst, wie jeder Jude von der Präexistenz des Messias reden kann. Auch das würde zeigen, dass er noch näher bei jüdischer Theologie steht als Paulus oder auch Johannes. Wenn man immer wieder vom herabsteigenden Erlöser spricht, wo gibt es eigentlich dafür einen Beleg im Hellenismus? Präexistenz und Abstieg sind offenbar doch nur in der Sophiagestalt des hellenistischen Judentums vorgebildet und erscheinen dann wieder nachchristlich im gnostischen Erlöser (vgl. Erniedrigung und Erhöhung, 2 Auflage, Abschnitt 12).

der Inhalt, sondern die Tätigkeit des Lehrens das Hauptinteresse
auf sich zieht, also gerade nicht das im strengen Sinn „Historische",
nämlich das Kommunikable, etwa von einem Tonband vollgültig
Wiederzugebende. Jesu Lehren ist Zeichen für eine andere Dimen-
sion, ist für Markus schon in seinem Vollzug der Einbruch Gottes.
Darum kann es auch völlig parallel zu den Heilungswundern und
Exorzismen stehen. Es ist Wundergeschehen, nicht fassbares und
tradierbares „historisches" Handeln. Ja, die Schweigegebote sind
geradezu Verbote, den „historischen" Jesus, also das Sichtbare und
Kommunikable, zu verkünden. Das wird nur unterstrichen dadurch, dass Markus offenkundig das Leben Jesu dazu benützt,
die Schwierigkeiten zu schildern, denen die Offenbarung bei den
Menschen begegnet. So wird Jesu Parabelrede für Markus das
Zeichen für die Unanschaulichkeit und Unbegreiflichkeit des im
Glauben Erfassten. Gottes Offenbarung ist grundsätzlich unzu-
gänglich für den Menschen und nur in bildhafter Analogie auszu-
sprechen. Nur als solcher Inhalt des Glaubens kann also Jesus
richtig erkannt werden. Aber freilich, gerade da zeigt sich, dass die
Menschen nicht verstehen. Das alte Motiv der Erwählung reicht
nicht mehr aus, das zu beschreiben. Denn auch die Erwählten
verstehen nicht. Selbst die Konzeption der Geheimlehre ist unzureichend; denn auch die im Besonderen von Jesus Belehrten bleiben
unverständig. Durch all diesen Sonderunterricht kommt Petrus
nur gerade bis auf die Stufe der Dämonen. Er erkennt, dass in Jesus
der „Christus" gekommen ist, sieht also den Wundercharakter der
Offenbarung Gottes in Jesus. Aber auch damit steht er ja immer
noch bei τὰ τῶν ἀνθρώπων, nicht bei τὰ τοῦ θεοῦ. Die direkte Ent-
hüllung des apokalyptischen Geheimnisses vom leidendenMenschen-
sohn [1] ist zwar der entscheidende Schlüssel für alle bisherige, ver-
hüllte Rede. Von jetzt an kann Gott auch den Menschen sagen, was
er bisher erst Jesus selbst sagte: „Dieser ist mein Sohn" (i 11,
ix 7). So gibt es jetzt freilich kein Unverständnis mehr im strengen
Sinn. Und doch genügt auch das noch nicht; an seine Stelle tritt das
Missverständnis [2]. Erst im Geschehen von Karfreitag und Ostern
selbst bricht Gottes Offenbarung wirklich durch zu den Menschen,
wird Nachfolge möglich, in der der Mensch Gottes Geheimnis, eben

---

[1] Das Leiden als das Gesetz der Endzeit für den Täufer: i 14, vi 14, 16,
ix 13 — für Jesus: viii 31, ix 31, x 33 f. — für die Jünger: viii 34-38.
[2] Kuby (S. 35, A. 1) 58 f.; vgl. S. 43, A. 1.

das des leidenden und erhöhten Menschensohns, der der Sohn
Gottes ist, verstehen kann.

Man könnte auf Schritt und Tritt die Parallelen zur johanneischen
Darstellung aufweisen. Gerade bei Markus ist der Wundercharakter
des Glaubens ausserordentlich stark unterstrichen. Auch Markus ist
also völlig vom nachösterlichen Kerygma her konzipiert. Was er
über Paulus hinaus schildert, das ist die unbegreifliche Liebes-
mühe, die der Gottessohn auf sich nimmt, um der Offenbarung
des Mysteriums Gottes bei den Menschen zum Durchbruch zu ver-
helfen [1].

---

[1] Darf ich wiederholen, dass diese Sätze im Wesentlichen nur aufgrund
des typischen Vokabulars der eigentlichen Redaktionsabschnitte eruiert
sind und also der Ergänzung durch das sonst noch im Markusevangelium zu
Erhebende bedürfen? Zum Vergleich mit Jh. siehe jetzt auch T. A. Burkill,
ZNW 52, 1961, 194-196.

VOM SCHÄTZESAMMELN UND SORGEN — EIN THEMA URCHRISTLICHER PARÄNESE.
Zu Mt VI 19-34

VON

HARALD RIESENFELD

Die vier Perikopen, die Mt im Abschnitt vi 19-34 der Bergpredigt zusammengestellt hat, werden gewöhnlich unter der Über-
schrift „Vom Schätzesammeln und Sorgen" zusammengefasst. [1]
Damit sind rein äusserlich die in dem Abschnitt behandelten The-
mata beschrieben, aber eine genauere Präzisierung des Inhaltes
ist noch keineswegs erreicht. Um zu einer solchen zu gelangen,
ist zunächst festzustellen, dass unser Text demjenigen Teile der
Bergpredigt angehört, der den Unterricht über die neue Gerechtigkeit und somit über die Lebensführung der Jünger entwickelt. [2]
Was die vier Perikopen vom Schätzesammeln (vi 19-21), vom Auge
(vi 22-23), vom Doppeldienst (vi 24) und vom Sorgen (vi 25-34)
in der Komposition des Mattäusevangeliums vereint, ist der Gedanke, der sich mit den Formulierungen „die Notwendigkeit der
rechten Entscheidung" [3] oder „die göttliche Ganzheitsforderung" [4]
ausdrücken lässt.

Die beiden Logien vom Schätzesammeln (V. 19-21) und vom
Sorgen (V. 25-33, um V. 34 von Mt erweitert) sind bei Lk be-
nachbart [5] und gehören dort ebenfalls der Jüngerunterweisung
an. Dies lässt darauf schliessen, dass sie sich schon in der vor Mt
und Lk liegenden Tradition als inhaltlich zusammengehörig vor-
fanden. Diese Zusammengehörigkeit hat Mt durch die einge-
schobenen Logien vom Auge und vom Doppeldienst noch deutlicher hervorgehoben. Diese beiden Logien, von denen ein jedes
in seiner Art die Ganzheitsforderung Gottes und somit die Notwendigkeit einer radikalen Entscheidung zur Jüngerschaft zum

---

[1] Siehe z.B. die Kommentare von Schniewind und Schmid.
[2] Lohmeyer, *z. St.*, und J. Jeremias, *Die Bergpredigt* (Stuttgart 1959), S. 20.
[3] Vgl. Michaelis, *z. St.*
[4] C. Edlund, *Das Auge der Einfalt* (1952), S. 111.
[5] Lk. xii 22-34.

Ausdruck bringt [1], dienen bei Mt dazu, die Logien vom Schätze-sammeln und Sorgen zusammenzuhalten und sozusagen von ihrer Mitte aus inhaltlich eindeutig zu bestimmen. [2]

Der Abschnitt ist damit unter das Thema der Notwendigkeit einer Entscheidung oder einer Wahl gestellt. Der Doppeldienst ist eine Unmöglichkeit, also gilt es, einen von den zwei in Frage kommenden Herrschern auszuwählen und diesem zu dienen. Damit wird das Sammeln von Schätzen nicht als nur unnütz gekenn-zeichnet, sondern als Bindung des Herzens und damit der Person an eine beherrschende Macht. Dies kommt auch schon in dem abschliessenden Satze des ersten Logions zum Ausdruck: ,,Denn wo dein Schatz ist, da wird auch dein Herz sein'' (Mt. vi 21, vgl. Lk. xii 34). Das Vorhandensein dieses Satzes in derselben Funktion so-wohl bei Mt. als Lk. zeigt, dass weder das Wort vom Schätzesammeln als Ausdruck einer volkstümlichen Frömmigkeit sich nachweisen lässt [3], noch dass V. 21 als selbständige Gnome aufgefasst werden kann [4], da die Kombination hier das Wesentliche ist und dem Wort die charakteristische Pointe gibt, die Mt. durch seine Zu-sammenstellung des Abschnittes noch deutlicher unterstrichen hat.

Das Wort καρδία bildet dann einen Anknüpfungspunkt für das Logion vom Auge. [5] Von einer Aussage über das Herz, in der dieses als pars pro toto den Status des Menschen bezeichnet, zu dem Bildwort über das Auge, in dem dieses eine analoge meta-phorische Funktion hat, ist es kein langer Schritt. Und doch ist es wohl vor allem ein anderes Element, welches das Logion in unseren Zusammenhang gebracht hat, nämlich das Wort ἁπλοῦς. [6]

---

[1] Zum Bildwort vom Auge und dessen Deutung bei Mt s. Edlund, S. 110-113, sowie E. Sjöberg, *Das Licht in dir*. Zur Deutung von Matth. vi 22 f. Par: *Stud. Theol.* 5 (1951), S. 89-105. Letzterer schreibt: ,,alle drei Worte reden von der Gefahr der nur scheinbaren, nicht ganzherzigen Jüngerschaft'' (S. 105).

[2] Bei Lk. hat die Parabel vom törichten Reichen (xii, 13-21), die dem Logion vom Sorgen und Schätzesammeln zuvorgeht, eine Funktion, die der-jenigen des Logions vom Doppeldienst bei Mt. analog ist. Zu beachten ist hierbei, dass bei Lk. das Logion vom Schätzesammeln, das an sich inhalts-mässig der Parabel vom törichten Reichen am nächsten steht, von dieser durch das Logion vom Sorgen getrennt ist. Darin zeigt sich wiederum, dass das die beiden Logien traditionsgeschichtlich zusammengehören, was auf ihrer inhaltlichen Verwandtschaft beruht.

[3] R. Bultmann, *Geschichte der synoptischen Tradition*[3], (1958), S. 109.

[4] Bultmann, S. 87.

[5] Vgl. Mt. v 8 und siehe Zahn zu dieser Stelle.

[6] Das Logion bildet nicht ,,une petite enclave'' (so Lagrange, *z. St.*).

Auch wenn dieses Wort in seiner aramäischen oder hebräischen Entsprechung den eindeutigen Sinn „unbeschädigt", „fehlerfrei" [1] hat, kommt unzweifelhaft in der griechischen Übersetzung eine Doppelbedeutung zum Vorschein, in der neben dem Sinn der Unversehrtheit derjenige der Ganzheit in der Entscheidung und in der vorbehaltlosen Hingabe mitklingt. [2]

Im Anschluss an das Logion vom Doppeldienst und von diesem beherrscht ist auch das Logion vom Sorgen von Mt. bewusst unter das Thema der Wahl und der unbedingten Hingabe an Gott gestellt. [3] Dies zeigt sich in der zugespitzten Formulierung des abschliessenden Satzes, V. 33. (Der Vers 34, der bei Lk. keine Entsprechung hat, ist wohl ein Sprichwort, das auf Grund von Stichwortverbindung angehängt und seinen Sinn von dem Vorhergehenden erhält, ohne seinerseits zu dessen Inhalt beizutragen. [4])

Die von Mt. vollzogene Zuspitzung von V. 33 besteht einerseits in dem hinzugefügten πρῶτον, welches hier nicht eine Reihenfolge einleitet (erstens — zweitens, zunächst — dann), sondern welches das im Zusammenhang allein Wichtige hervorhebt („vor allem anderen"). [5] Andererseits findet sich bei Mt. die Erweiterung καὶ τὴν δικαιοσύνην αὐτοῦ nach ζητεῖτε τὴν βασιλείαν. Das Wort δικαιοσύνη, das an dieser Stelle — wohl auf dogmatischem Hintergrund — sehr verschieden interpretiert wird, muss im Zusammenhang des Anliegens der Bergpredigt gesehen werden. Die neue Gerechtigkeit, die derjenigen der Pharisäer und Schriftgelehrten gegenübergestellt wird, charakterisiert das von Gott gesetzte und in der Nachfolge des Menschensohnes ermöglichte Leben, in dem der Wille Gottes geschieht. [6] In diesem neuen Leben gewinnt das Gottesreich Gestalt. Dieser Sinn von δικαιοσύνη ergibt sich auch aus den Formulierungen in Mt. v 6 (der vierten Seligpreisung) und vi 10

---

[1] Aram. שְׁלִים, hebr. תָּם, תָּמִים, siehe hierzu Sjöberg, S. 92.

[2] Edlund, S. 104-113. Diese spezielle religiöse Bedeutung von ἁπλοῦς und ἁπλότης findet sich vor allem in den Test XII, s. Edlund, S. 62-78.

[3] Das Wort μεριμνᾶν hat hier die Bedeutung „sich abmühen"; das Logion wendet sich gegen die Doppelarbeit" (J. Jeremias, Die Gleichnisse Jesu⁴, (1956), S. 179 f., s. auch Schlatter z. St.). In der Anordnung bei Mt. ist das Logion kein Aussendungswort mehr, sondern kennzeichnet die Nachfolge.

[4] Bultmann, S. 110 f.; McNeile, z. St.

[5] Vgl. Jos. Ant. 10, 213.

[6] Vgl. die eingehende Analyse bei A. Descamps, Les Justes et la Justice dans les évangiles (1950), S. 176-179. Siehe ferner F. Nötscher, Das Reich (Gottes) und seine Gerechtigkeit (Mt. vi 33 vgl. Lc. xii 31): Bibl. 31 (1950), S. 237-241.

(der zweiten und dritten Bitte des Vaterunsers), Stellen die gleichfalls der Bergpredigt angehören. [1] Die δικαιοσύνη, die in der Nachfolge gefunden werden kann (vgl. ζητεῖν vi 33), ist das Ergebnis und
die Folge der von Jesus erfüllten und verwirklichten δικαιοσύνη —
hier sei auf die Ausführungen des verehrten Jubilars zu Mt. iii 15
πληρῶσαι πᾶσαν δικαιοσύνην verwiesen. [2]

Das Suchen ,,vor allem'', d.h. einzig und allein, nach der dem
Willen Gottes verwirklichenden Lebensform des Gottesreiches bedeutet eine Wahl und eine Entscheidung für das ,,Gott-Dienen'',
die jegliches Sorgen als Dienst den Mächten dieser Welt gegenüber und damit als Abgötterei erscheinen lässt.

Da Mt. vi 19-34 im Zusammenhang der Bergpredigt deutlich als
Jüngerunterricht arrangiert ist, liegt die Frage auf der Hand,
ob sich das gleiche Thema in der Paränese der neutestamentlichen
Briefe oder sonst in den Schriften der alten Kirche findet. Neuerdings zeigt es sich ja in erstaunlicher Weise, wie weitgehend die
Jesusworte der Evangelien sich hinter den unterweisenden Teilen
der Briefe des Neuen Testaments aufspüren lassen. [3] Der unab-
kömmliche Schlusssatz ist, dass die Evangelientradition in ihren
noch nicht fixierten Formen schon früh den lokalen Gemeinden
bekannt war und bei ihnen vorausgesetzt werden konnte. Nach
der schriftlichen Fixierung der Evangelien — wobei besonders das
Matthäusevangelium eine verhältnismässig umfassende Verbreitung gehabt zu haben scheint — war dies natürlich im noch weiteren
Masse der Fall.

Eine deutliche Reminiszenz unseres Abschnittes findet sich
schon bei Paulus, 1 Kor. vii 32. Zwei Motive sind hier kombiniert,
das des Sorgens [4] und das der Entscheidung, nämlich welchem von
zwei Herren man dienen will. Zwar sind die zur Wahl gestellten
Grössen nicht Gott und der Mammon, sondern der Herr (Christus)
und die Welt, aber dies ist eine paränetische Applikation im Hinblick auf das aktuelle Problem. Der Gedanke des Dienens kommt in
neuer Variation zum Ausdruck im V. 35 πρὸς τὸ εὔσχημον καὶ
εὐπάρεδρον τῷ κυρίῳ ἀπερισπάστως, was nach einer bewussten
Anspielung auf die Erzählung von Martha und Maria (Lk. x 38-42),

---

[1] Ferner ist zu vergleichen Mt. xxi, 32.

[2] O. Cullmann, *Die Tauflehre des Neuen Testaments*, (1948), S. 13 ff.;
ders., *Die Christologie des Neuen Testaments* (1957), S. 66.

[3] Hier sei vor allem auf die Untersuchungen von E. G. Selwyn in seinem
Kommentar zu 1 Petr. (1946) verwiesen.

[4] Neben μεριμνᾶν, viermal wiederholt, findet sich ἀμέριμνος.

deren Thema ja auch das der Wahl im Dienen ist, aussieht. [1] Auch
die paulinische Formulierung im V. 31 οἱ χρώμενοι τὸν κόσμον ὡς μὴ
καταχρώμενοι lässt sich am besten als Variation oder Adaption des
Hauptgedankens in unserem synoptischen Abschnitt verstehen. [2]

Eine Voraussetzung, um überhaupt die Thematik der Ausführungen von 1 Kor. vii 32 ff. verstehen und erklären zu können,
ist es, dass schon Paulus die Kombination des Wortes vom Doppeldienst und des Logions vom Sorgen gekannt hat.

Die Art, wie Mt. vi 19-34 von urchristlicher Paränese vorausgesetzt wird und in ihr sozusagen durchschlägt, lässt sich gut
illustrieren an Herm. Vis. 4, 2, 4-6. Das konzentrierte Vorkommen
in diesem Hermastext von Ausdrücken und Themen, die sich in
unserem Abschnitt der Bergpredigt entweder wörtlich finden oder
mit dessen Inhalt übereinstimmen, kann nicht zufällig sein. Wir
zählen kurz die folgenden bemerkenswerten Eigenheiten auf:
ἐπιρίπτειν τὰς μερίμνας ἐπὶ τὸν κύριον (zweimal in abgewandelter
Form) [3], τὴν καρδίαν σου ἤνοιξας πρὸς τὸν κύριον, διψυχεῖν — δίψυχος,
καρδία καθαρὰ καὶ ἄμωμος, δουλεύειν τῷ κυρίῳ ἀμέμπτως, πιστεύειν τῷ
κυρίῳ. [4] Ein ähnliches „Kompendium" bietet Herm. Mand. 5, 2, 1:
δίψυχος, βιωτικὰ πράγματα, ἐδέσματα, δοῦλοι τοῦ θεοῦ, ἀμέριμνος.
Hierzu ist zu bemerken, dass ἁπλοῦς und δίψυχος bei Hermas ein
Kontrastpaar bilden. [5]

Von diesen Beobachtungen aus fällt neues Licht auf 1 Joh.
ii 15-17. Bei näherem Hinsehen stellt sich heraus, dass dieser
Briefabschnitt eine mit johanneischem Vokabular geformte Paränese ist. Wie an der oben behandelten Stelle 1 Kor. vii 31 f. ist
der allgemeinere Begriff κόσμος an der Stelle von μαμωνᾶς verwendet, was als katechetische Applikation bezeichnet werden kann.
Die Wahl des Herrschers, vor die der Mensch gestellt ist, wird als
Entscheidung zwischen der Liebe des Vaters und der Liebe zur
Welt gekennzeichnet. Die Hingabe an die Welt wird mit den

---

[1] Das Verbum μεριμνᾶν kehrt in Lk. x 41 wieder.

[2] In diesem Sinne kann man auch Kol. iii 1 τὰ ἄνω ζητεῖτε . . . τὰ ἄνω
φρονεῖτε, μὴ τὰ ἐπὶ τῆς γῆς als Einleitung der Paränese iii, 5 ff., mit Mt.
vi 24, 33 vergleichen.

[3] Zitat von Ps. liv 23, vgl. 1 Petr. v 7.

[4] Vgl. auch Herm. Vis. . 3, 11, 2 f.: διψυχία, βιωτικὰ πράγματα sowie das
Zitat von Ps. liv 23.

[5] Siehe z.B. Herm. Sim. 9, 21 und 9, 24. — Diogn. 9, 6 περὶ ἐνδύσεως καὶ
τροφῆς μὴ μεριμνᾶν ist wohl an dieser Stelle eine Glosse (siehe hierzu H. G.
Meecham, *The Epistle to Diognetus*, 1949, S. 131), ist aber andererseits ein
Zeugnis für die paränetische Sprache der alten Kirche.

parallelen Ausdrücken ἐπιθυμία τῆς σαρκός, ἐπιθυμία τῶν ὀφθαλμῶν und ἀλαζονεία τοῦ βίου beschrieben. [1] Die beiden letzteren Gliedern lassen sich wohl am besten als katechetische Zuspitzung des Logions vom Auge und vom Sorgen erklären. V. 17 b zeigt dem Sinne nach Berührungspunkte mit Mt. vi 33.

Auffallend ist in diesem Zusammenhang das Wort ἐπιθυμία, das ja sonst in der vorliegenden Bedeutung nicht johanneisch ist. [2] Indessen findet sich dieses Wort in einem Text, der seinerseits in kompendiarischer Form die hier behandelten Themen der Jüngerunterweisung zusammenfasst. Es handelt sich um die prägnante Formulierung in der „Auslegung" des Gleichnisses vom Säemann, und zwar in der Fassung von Mk: οὗτοί εἰσιν οἱ τὸν λόγον ἀκούσαντες, καὶ αἱ μέριμναι τοῦ αἰῶνος καὶ ἡ ἀπάτη τοῦ πλούτου καὶ αἱ περὶ τὰ λοιπὰ ἐπιθυμίαι εἰσπορευόμεναι συμπνίγουσιν τὸν λόγον (Mk. iv 18 f.). Charakteristisch ist hier das Nebeneinander von μέριμναι τοῦ αἰῶνος und ἀπάτη τοῦ πλούτου, wozu bei Mk. noch der Begriff ἐπιθυμίαι gefügt wird. [3] Bei Lk. sind die Formulierungen etwas verschieden aber doch inhaltlich gleichartig: ὑπὸ μεριμνῶν καὶ πλούτου καὶ ἡδονῶν τοῦ βίου . . . συμπνίγονται (Lk. viii 14).

Somit stellt sich heraus, was man als ein Dreieck von Relationen bezeichnen kann: erstens die ausführliche Jüngerunterweisung in einer Reihe von Logien in Mt. vi 19-34, zweitens eine kompendiarische Zusammenfassung der Themen an anderer Stelle in der Evangelientradition (Mk. iv 18 f. parr.), drittens paränetische Variationen derselben Themen in neutestamentlichen Briefen (1 Kor. vii 31 ff., 1 Joh. ii 15-17). Wir werden sehen, dass sich der dritte Punkt noch weiter ausbauen lässt.

Wie haben wir uns indessen das Verhältnis von Mk. iv 18 f. parr. zu den beiden anderen Punkten des Dreiecks vorzustellen? Wie Jeremias gezeigt hat, ist die „Deutung" des Gleichnisses vom Säemann weithin von der Terminologie der Urkirche geprägt [4], und wir müssen damit rechnen, dass die auch in den Briefen zutagetretende Ausdrucksweise der urkirchlichen Katechese und Paränese

---

[1] R. Schnackenburg, *Die Johannesbriefe* (1953), S. 119, hat ganz richtig beobachtet, dass das Wort κόσμος in 1 Joh. ii 15-17 sich von der sonstigen Anwendung des Begriffes bei Joh. unterscheidet, was er auf den Gebrauch des Wortes in altchristlicher Gemeindepredigt zurückführt.

[2] Joh. viii 44 in anderer Bedeutung.

[3] Vgl. Eph. iv 22 τὸν παλαιὸν ἄνθρωπον τὸν φθειρόμενον κατὰ τὰς ἐπιθυμίας τῆς ἀπάτης — τὸν καινὸν ἄνθρωπον τὸν κατὰ θεὸν κτισθέντα ἐν δικαισύνῃ . . .

[4] Jeremias, Gleichnisse, S. 65 ff.

auf den Wortlaut von Mk. iv 13-20 parr. abgefärbt hat. Jedoch
ist noch genauer zu untersuchen, ob nicht die Katechese der
Urkirche ihrerseits schon einige kompendiarische Zusammen-
fassungen [1] aus dem Jüngerunterricht Jesu übernommen und dann
weiter ausgebaut und variiert haben kann. In diesem Falle müsste
man mit noch komplizierteren Relationen rechnen. Jedenfalls stellt
das Nebeneinander von Mk. iv 18 f., 1 Kor. vii 31 ff. und 1 Joh. ii
15-17 Fragen in dieser Richtung. Für die Beantwortung der Frage
nach dem Verhältnis von Mk iv 18 f. parr. und Mt. vi 19-34 ist von
Bedeutung, dass auch in rabbinischem Unterricht die kompendiarische Verkürzung eines Lehrstoffes gebräuchlich war.

Indessen ist es unsere Absicht, das Thema vom Schätzesammeln
und Sorgen in der urchristlichen Paränese noch etwas weiter zu
verfolgen. Bei der Formulierung von Mk. iv 18 f. fällt auf, dass
der Reichtum als Versuchung bezeichnet wird: ἀπάτη τοῦ πλούτου.
Damit tritt eine weitere Variation des Themas hervor. Diese hat
jedoch ihre Entsprechungen auch anderwärtig. Deutlich kommt
dies zum Ausdruck in 2 Clem. 6, 1-7, einer Paränese, die von einem
Zitat und einer Auslegung von Lk. xvi 13 (vgl. Mt. vi 24) ausgeht.
Dieser Äon und der künftige sind Feinde; ersterer sucht den
Menschen zu vier Lastern zu überreden, von denen die beiden
letzten φιλαργυρία und ἀπάτη sind. [2] Andere paränetische Texte
zeigen jedoch, dass die Quelle der Versuchung bewusst als ἀπάτη
bezeichnet wird, was sicher als traditionelle Ausdrucksweise aufzufassen ist: ἀπάτη τοῦ κόσμου καὶ πλάνη Diogn. 10, 7; ἀπάτη τῆς
ἀμαρτίας Hebr. iii 13; πᾶσα ἀπάτη ἀδικίας 2 Thess. ii 10.[3]

Diese Beobachtung veranlasst uns, noch einmal der schon behandelten Stelle 1 Joh. ii 15-17 und deren Kontext einige Aufmerksamkeit zu widmen. Zu V. 14 wird das Bewahren des Wortes (man
vergleiche Mk. iv 18, 20) dem Sieg über den Bösen gleichgestellt.
Und jenseits der anderen Grenze der Perikope, im V. 18, ist vom
Antichrist und seinen Repräsentanten die Rede. Der Doppeldienst
ist eine Versuchung, die diesem Äon angehört. Aber es gilt eben,
sich dessen bewusst zu werden, dass dieser Äon und alles, was die

---

[1] B. Gerhardsson, *Memory and Manuscript* (Diss. Uppsala 1961), S. 136-
148.
[2] In diesen Zusammenhang fällt auch die Gleichsetzung von πλεονεξία
und εἰδωλολατρεία Kol. iii 5, vgl. Eph. v 5 sowie ἀπατᾶν V. 6, fernerhin auch
2 Petr. ii 15.
[3] Vgl. Herm. Sim. 9, 15, 3.

Welt und ihre Begierde vorspiegelt, seinem Ende zugeht (V. 17).
Diese eschatologische Perspektive ist auch in 1 Kor. vii 32 vorhanden. [1] In Tit ii 12 ist die Rede von der im Heilsstande notwendigen Absage (ἀρνεῖσθαι) an den Ungehorsam Gott gegenüber
(ἀσέβεια) und an die Begierden der Welt (κοσμικαὶ ἐπιθυμίαι), [2]
um schon in diesem Äon ein rechtfertiges (δικαίως) Leben führen zu
können, im Warten auf die Parusie.

Von hier aus — und immer wieder mit der Thematik von Mt. vi
19-34 im Hintergrund — lassen sich andere Stellen urchristlicher
Paränese verstehen, an denen das Schätzesammeln und Sorgen
mit dem Gedanken der Versuchung und des Abfalles kombiniert ist.
Ein gutes Beispiel hierfür ist 1 Tim. vi 6-11, wo die Verwendung
traditioneller Terminologie zu greifen ist. Als Kennzeichen christlicher Existenz wird εὐσέβεια μετὰ αὐταρκείας dargestellt. Die Entscheidung für Gott impliziert αὐτάρκεια, den Gegensatz zum Sorgen.[3]
Im Folgenden bezieht sich διατροφαὶ καὶ σκεπάσματα direkt auf Mt.
vi 25, wobei die oft verkannte Eigenart der urchristlichen Predigt
zutage tritt, dass der als bekannt vorausgesetzte Evangelienstoff
nicht wörtlich zitiert sondern paraphrasiert wird. [4] In unmittel-
barem Anschluss wird in V. 9 das Motiv des Reichtums (πλουτεῖν)
aufgegriffen, und zwar in Verbindung mit dem Thema der Versuchung (πειρασμός, παγίς [5], ἐπιθυμίαι). In V. 10 wird der Gedankengang in anderen Wendungen variiert: die φιλαργυρία ist die böse
Versuchung, die zum Abfall und in das Verderben führt. Ist es nur
ein zufälliges Zusammentreffen, wenn der folgende Tugendkatalog
(V. 11) mit den Worten eingeleitet wird: δίωκε δὲ δικαιοσύνην (vgl.
Mt. vi 33)? Im Hinblick auf die πλούσιοι ἐν τῷ νῦν αἰῶνι wird in 1 Tim.
vi 17 f. die Thematik von Mt. vi 19 ff. in metaphorischer Bedeutung
aufgegriffen: πλουσίως, πλουτεῖν ἐν ἔργοις καλοῖς, ἀποθησαυρίζοντας
ἑαυτοῖς θεμέλιον καλὸν εἰς τὸ μέλλον. [6]

Im Jakobusbrief, dessen Paränese ja weithin mit Themen der

---

[1] In Lk. xxi 34 ist der Ausdruck μέριμναι βιωτικαί in der lukanischen
Fassung der synoptischen Apokalypse verwendet.

[2] Vgl. Herm. Sim. 6, 2, 3 and 6, 3, 3 αἱ ἐπιθυμίαι τοῦ αἰῶνος τούτου sowie
2 Petr. i 4.

[3] Vgl. αὐτάρκεια 2 Kor. ix 8 im Zusammenhang mit der Terminologie der
,,Auslegung'' des Gleichnisses vom Säemann.

[4] Vgl. Diogn. ix 6 (oben S. 51, Anm. 5).

[5] Vgl. wiederum Lk. xxi 34.

[6] Zu der (sicherlich auf bewusster Auswertung von Mt. vi 19 beruhenden)
metaphorischen Verwertung des Motives vom Reichtum s. F. Hauck — W.
Kasch, πλοῦτος κτλ.: Theol. Wörterb. zum N.T., Bd. 6. S. 326 f.

Bergpredigt arbeitet, finden sich mehrfache Anspielungen auf
Mt. vi 19-34. Ganz offensichtlich ist dies der Fall in v 1 ff., wo
das Bild vom Schätzesammeln metaphorisch verwertet ist (wie wir
es auch bei 1 Tim. vi 17 f. beobachtet haben). Bis zum Ende von
V. 3 ist der Gedankengang einleuchtend, wobei zu beachten ist,
dass in den letzten Worten der oben erwähnte eschatologische
Gesichtspunkt zum Ausdruck kommt: ἐν ἐσχάταις ἡμέραις. Wie
ist jedoch der Übergang zu V. 4-6 zu erklären? [1] Wenn man voraussetzt, dass Mt. vi 19-34 geläufig war und dass vielleicht sogar das
Gleichnis vom törichten Reichen (Lk. xii 13-20) seinem Inhalt
nach in dem Milieu des Jakobusbriefes bekannt war, lässt sich
die Kette der Assoziationen erkennen. Die apostrophierten Reichen
sind nicht sorglos gewesen wie die Vögel des Himmels, die weder
säen, noch ernten, noch in Scheunen sammeln, und obendrein
haben sie im Verfolg ihrer Habgier andere ausgenutzt und verge-
waltigt. Das Wort θησαυρίζειν am Ende von V. 3 ist das Sprungbrett
der Assoziationen. In V. 7 kommt, im Anschluss an das Vorher-
gehende, der eschatologische Ausblick auf die Parusie. [2]

In Jak. iv 4 wird das Thema der Versuchung angeschnitten, und
zwar besteht die Versuchung in dem Hange zur Welt und deren
Gütern. [3] Mt. vi 24 steht greifbar im Hintergrunde, und deshalb
ist es verständlich, dass im V. 5 f. das Motiv der Habsucht auftritt.
Im V. 7 tritt wieder der Gedanke an die Versuchung in den Vordergrund, und in den Worten ἁγνίσατε καρδίας, δίψυχοι möchte man ein
Anklingen des Logions vom Auge vermuten. [4] Verwandt in Gedankengang mit dieser Perikope ist Jak. i 8-11, wo das Thema
der διψυχία, die die Gefahr des Reichtums ist, mit der Bildsymbolik
von Is xi 6, die ja auch in Mt. vi 30 enthalten ist, kombiniert wird.
In V. 12-16 wird dann das Thema der Versuchung in weiteren
Variationen durchgeführt (ὑπομένειν, πειρασμός, ἐπιθυμία). Deutlich
ist auch in V. 9 die paränetische Kombination mit der Thematik
des Logions vom Erhöhen und Erniedrigen (Mt. xxiii 12; Lk. xiv 11;
xviii 14), die auch in Jak. iv 6 im Zitat von Prov. iii 34 LXX zum
Vorschein kommt.

---

[1] Windisch-Preisker[3], z. St.: *Ein neuer Einsatz.*
[2] Im folgenden klingen wieder Gleichnismotive an (Mk. iv 26-29).
[3] Das Vorkommen des Wortes μοιχαλίς (im metaphorischen Sinne) hier
und Mk. viii 38 deutet seinerseits auf einen Topos der Gemeindepredigt, vgl.
auch 2 Petr. ii 15.
[4] Vgl. andererseits 2 Petr. ii 15.

Im 1. Petrusbrief stossen wir auf eine ähnliche Kombination. Hier ist das Motiv des Erniedrigens mit dem der Freiheit vom Sorgen verbunden. Beide führen auf das Thema der Versuchung hinaus (1 Petr. v 6). [1]

Wenn der Verfasser des Barnabasbriefes unter dem Thema „der Weg des Lichtes" schreibt: ἔσῃ ἁπλοῦς τῇ καρδίᾳ καὶ πλούσιος τῷ πνεύματι (Barn. 19, 2), so lässt sich auf Grund unserer bisherigen Beobachtungen leicht einsehen, dass wir es hier wieder mit solchen Ausdrücken der Gemeindepredigt zu tun haben, die ihren Ausgangspunkt in Mt. vi 19 ff. haben.

Damit kommen wir schliesslich noch einmal zum Begriff der „Einfalt", der ja das im Logion vom Auge (Mt. vi 22 f.) ausgeführte Bild beherrscht. Das Substantiv ἁπλότης hat bekanntlich in der biblischen und pseudepigraphischen Literatur, d.h. in der Septuaginta, den Test XII und den neutestamentlichen Brieten, eine schillernde Bedeutung, die sich zwischen „ungeteilte Aufrichtigkeit" und „Freigiebigkeit" bewegt. [2] Deshalb hat nicht zum mindesten die Auslegung des Begriffes in 2 Kor. viii 2; ix 11, 13 und xi 3 Schwierigkeiten bereitet. Diese lösen sich jedoch beträchtlich, wenn man gewahr wird, dass Paulus das Wort ἁπλότης in 2 Kor. viii-xi unter deutlicher Anspielung auf Mt. vi 22 f. im Zusammenhang von Mt. vi 19-34 gebraucht. [3]

Den Schlüssel zu dieser Lösung liefert uns 2 Kor. ix 10 f. Paulus beginnt mit einer metaphorischen Applikation der Symbolik des Säens und des Brotes auf das christliche Leben: Weil Gott die Aussaat gibt und auch das Brot (so dass der Mensch nicht zu sorgen und sich nicht zu mühen braucht), deshalb ist ein freizügiges Geben berechtigt. Mit ἄρτος εἰς βρῶσιν kommt das Logion vom Sorgen (τί φάγετε, τροφή Mt. vi 25) in das Gesichtsfeld, und damit ist es mehr als wahrscheinlich, dass sich τὰ γεννήματα τῆς δικαιοσύνης ὑμῶν auf Mt. vi 33 bezieht. In V. 11 sehen wir die aus Mt. vi 19-21 übertragene Bedeutung von πλουτίζειν, die wir oben bei 1 Tim. vi 17 f. gefunden hatten, und die Kombination von πλουτίζειν und ἁπλότης setzt ihrerseits das Nebeneinander von Mt. vi 19-21 und vi 22 f. (sowie wohl auch von vi 24) voraus.

---

[1] Die Verbindung von Versuchung und Erniedrigung ist schon Sir. ii 1-5 zu finden.

[2] O. Bauernfeind, ἁπλοῦς, ἁπλότης: Theol. Wörterb. zum N.T., Bd. 1, S. 385 f.; Edlund (S. 47, Anm. 4), passim.

[3] Deshalb lassen sich diese Stellen nicht als Prolegomena zu einer Untersuchung von Mt. vi 22 f. verwenden.

Von hier aus erklärt sich auch die Verwendung von ἁπλότης an den anderen genannten Stellen im 2 Kor. So fällt auch Licht auf den Kontrast zwischen ἁπλότης und Versuchung (ἐξαπατᾶν) in 2 Kor. xi 3. [1] Und ebenso lässt sich vielleicht erraten, warum wir das Wort ὀφθαλμοδουλία als Gegensatz zu ἁπλότης (τῆς) καρδίας sowohl Kol. iii 22 wie auch Eph. vi 5 vorfinden. Das Logion vom Auge hat den Anlass zu der Gedankenassoziation gegeben. [2] Vor allem erklärt Mt. vi 19-34, wieso Paulus mit der doppelten Bedeutung von ἁπλότης an den erwähnten Stellen von 2 Kor. die Prägnanz der Ausdrucksweise erreichen kann. Im Logion vom Auge hat ἁπλοῦς den Sinn von „unversehrt", „ungeteilt", aber die Verbindung dieses Logions mit den Worten vom Reichtum und die metaphorische Invertierung dieses Themas in Hinblick auf den Überfluss des christlichen Lebens als den Gegensatz zum Sorgen lassen auch den Nebensinn „vorbehaltlos", „reichlich" als naheliegend erscheinen. [3]

So zeigt es sich, dass das Thema von Schätzesammeln und Sorgen in den neutestamentlichen Briefen an einer Anzahl von Stellen in Formen hervortritt, die in der Ausdrucksweise derartig verwandt sind, dass man mit einern verbreiteten paränetischen Stil hinsichtlich dieses Themas in der urchristlichen Gemeindepredigt zu rechnen hat. Darüber hinaus ist indessen charakteristisch, dass die Paränese in diesem Falle sich gegen den Hintergrund von Mt. vi 19-34 abzeichnet. [4] Dies ist ein Indizium neben anderen dafür, dass die Paränese schon im apostolischen Zeitalter ihr Komplement und ihre Voraussetzung in der Evangelientradition hatte. Was die Formung der Tradition der Worte und Taten Jesu betrifft, so ist andererseits von Bedeutung, dass man an der „Auslegung" des Gleichnisses vom Säemann (Mk. iv 14-20 parr.) Rückwirkungen des kirchlichen Unterrichtes auf den Wortlaut der Evangelien beobachten kann. Dies braucht jedoch nicht zu bedeuten, dass die Applikation der Symbolik von Saat und Ernte auf

---

[1] Vgl. Herm. Vis. 2, 3, 2: τὸ μὴ ἀποστῆναί σε ἀπὸ θεοῦ ζῶντος — ἡ ἁπλότης σου.

[2] Vgl. die Gegenüberstellung von ἐπιθυμία πονηρά und ἁπλότης Herm. Vis. I, 2, 4.

[3] Vgl. ἁπλῶς Jak. i 5.

[4] Richtiger wäre es, Mt. vi 34 auszuschliessen, da dieser Vers in den behandelten Texten keine Reminiszenzen hinterlassen hat. — Sogar Test Iss. 4 1-4 scheint Mt. vi 19-33 vorauszusetzen und somit eine christliche Interpolation zu sein.

die Nachfolge in der Jüngerschaft an sich nicht schon von Jesus hat
vollzogen werden können. [1]

Eine Frage soll noch schliesslich mehr gestellt als beantwortet
werden. Hat Mt. vi 19-34 als Reflex der Jüngerunterweisung,
so wie sie in der Urkirche aufgefasst und zusammengestellt worden
ist, Berührungspunkte mit den zentralen and authentischen Themen
der Nachfolge? Hier möchten wir den Begriff der Versuchung
nennen, der — wie wir im Vorhergehenden hervorgehoben haben —
ein Leitgedanke bei der Zusammenstellung der verschiedenen
Logien in unseren Abschnitt gewesen zu sein scheint. Hat Mt.
oder die hinter ihm liegende Tradition den Abschnitt als eine
Transposition des Motivs der Versuchung Jesu auf die Ebene der
Jünger betrachtet? Es scheint, als ob sich damit die Verbindung
von Mt. vi 24, dem Worte über die Wahl zwischen Gott und Mammon, mit dem Logion vom Sorgen als noch tiefsinniger herausstellt.
Auch der Jünger wird in der Versuchung vor die Brotfrage gestellt (V. 25). In dieser Sicht lässt sich auch die Einfügung von
δικαιοσύνη in V. 33 noch besser verstehen. So wie das Erfüllen der
von Gott gesetzten δικαιοσύνη von Mt. zum Leitwort des messianischen Ereignisses der Taufe Jesu (und im Anschluss daran der
Versuchung) gemacht worden ist (Mt. iii 15), so wird die Ausrichtung auf die mit der Ankunft des Gottesreiches sich öffnende
Gerechtigkeit zu einem Leitmotiv der Nachfolge des Jüngers.

---

[1] Siehe hierzu unseren Artikel: *Les paraboles dans la prédication de Jésus
selon les traditions synoptique et johannique*, Eglise et Théologie 22, (1959),
S. 21-29.

DIE DEUTUNG DES GLEICHNISSES VOM UNKRAUT UNTER DEM WEIZEN

(Mt. xiii 36-43) [1]

VON

JOACHIM JEREMIAS

Der Abschnitt Mt. xiii 36-43 setzt sich aus drei Komponenten zusammen: 1. Dem Rahmen V. 36-37a, 43b; 2. einer 7-gliedrigen Liste V. 37b-39; 3. einer kleinen Apokalypse V. 40-43a (vgl. 49 f.)[2].

1. *Der Rahmen* (*V. 36. 37a. 43b*)

Der Rahmen weist Wort für Wort die Stileigentümlichkeiten des Matthäus auf: V. 36-37a τότε, ἀφείς ... εἶπεν; V. 43b ὁ ἔχων ... Zu den Belegen, die ich an anderer Stelle gab [3], füge ich ergänzend hinzu: 1. Es entspricht dem Stil des Matthäus, dass er Jesus in direkter Rede um die Deutung eines Gleichnisses gebeten werden lässt (vgl. Mt. xiii 10 mit Mk. iv 10 [indirekte Rede] und Mt. xv 15 mit Mk. vii 17 [ebenfalls indirekte Rede]). 2. Die Wendung φράσον ἡμῖν τὴν παραβολήν [4] kehrt wörtlich Mt. xv 15 wieder und ist hier durch den Vergleich mit Mk. vii 17 als spezifisch matthäisch gesichert. 3. Matthäus bringt als einziger Autor des NT den adnominalen Genitiv τοῦ ἀγροῦ (vgl. Mt. vi 28 [anders Lk. xii 27]; Mt. vi 30 [anders Lk. xii 28]; Mt. xiii 36). 4. Die Wendung ὁ δὲ ἀποκριθεὶς εἶπεν findet sich im NT nur noch bei den Synoptikern, und zwar hat sie Mt. 17-, Mk. 2-, Lk. 3mal.

---

[1] Mit diesem Aufsatz grüsse ich Oscar Cullmann zum 60. Geburtstag, dem wir für das Problem des Christusreiches grundlegende Einsichten verdanken.

[2] Zuletzt M. de Goedt, L'explication de la parabole de l'ivraie (Mt. xiii 36-43), Revue Biblique 66 (1959), S. 32-54, dessen Versuch, aus Mt. xiii 36-43 „Brocken oder Reminiszenzen" (S. 53) an eine auf Jesus selbst zurückgehende Deutung herauszuschälen, allerdings schwerlich geglückt sein dürfte.

[3] Die Gleichnisse Jesu[5], Göttingen 1958, S. 70-72.

[4] Die v. l. διασάφησον ist m. E. trotz relativ guter Bezeugung (B ℵ Θ pc it gegenüber φράσον C D W λ φ 𝔐lat) als frühe Emendation zu beurteilen, weil sie das vieldeutige φράσον durch ein präziseres Verb ersetzt.

2. *Die siebengliedrige Liste V. 37b-39*

Ohne einleitendes Wort (anders Mk. iv 13 par.) setzt die Deutung des Gleichnisses mit einem siebengliedrigen Deutungskatalog ein:

1. ὁ σπείρων τὸ καλὸν σπέρμα   ἐστὶν ὁ υἱὸς τοῦ ἀνθρώπου
2. ὁ δὲ ἀγρός   ἐστιν ὁ κόσμος
3. τὸ δὲ καλὸν σπέρμα   οὗτοί εἰσιν οἱ υἱοὶ τῆς βασιλείας
4. τὰ δὲ ζιζάνιά   εἰσιν οἱ υἱοὶ τοῦ πονηροῦ
5. ὁ δὲ ἐχθρὸς ὁ σπείρας αὐτά   ἐστιν ὁ διάβολος
6. ὁ δὲ θερισμὸς   συντέλεια αἰῶνός ἐστιν
7. οἱ δὲ θερισταὶ   ἄγγελοί εἰσιν

Eindeutig ist κόσμος (Nr. 2 der Liste) Vorzugswort [1] und συντέλεια τοῦ αἰῶνος (Nr. 6 der Liste) Vorzugswendung [2] des ersten Evangelisten.

Aber man wird noch weitergehen müssen. Die Wendung οἱ υἱοὶ τῆς βασιλείας (Nr. 3 der Liste) begegnet im NT nur bei Matthäus (viii 12, xiii 38), jedoch bekanntlich an beiden Stellen mit verschiedenem Sinn. Da die Deutung in viii 12 auf Israel offensichtlich die traditionelle ist, wird man die sekundäre Verchristlichung des Begriffs in xiii 38 als das Verständnis anzusehen haben, das Matthäus mit dem Begriff verband. Seine Hand verrät sich vielleicht direkt im Fehlen eines im jüdischen Sprachgebrauch schwerlich zu entbehrenden [3] Genitivs nach βασιλείας; denn dieser auffällige absolute Gebrauch von βασιλεία in der Bedeutung Gottesherrschaft ist für Matthäus kennzeichnend; er bietet ihn 6 mal (sonst in den Evangelien nur noch Lk. xii 32). Seinem Sprachgebrauch entspricht auch der casus pendens οὗτοι bei Nr. 3 der Liste. Es ist hier nicht nur daran zu erinnern, dass Matthäus den casus pendens häufiger benutzt als Markus und Lukas [4], sondern es ist vor allem bemerkenswert, dass Matthäus ihn an fünf Stellen von sich aus in den Markustext einfügt. An unserer Stelle (Nr. 3 der Liste) ist der casus pendens nicht durch die Absicht einer besonderen Emphase veranlasst, sondern er will (wie Lk. viii 14 f.) die Inkonzinnität

---

[1] Mt. 9-, Mk. 2-, Lk. 3mal.

[2] Nur Mt. (5mal).

[3] G. Dalman, Die Worte Jesu I², Leipzig 1930, 78 f. 94.

[4] Beispiele: Mt. iv 16 (Zitat); v 40, xii 32 (bis), 36, xiii 19, 20, 22, 23, 38, xv 11, xxiv 13, xxv 29, xxvi 23; Mk. vi 16, vii 20, xiii 11, 13; Lk. i 36, vi 47, viii 14, 15, xii 10, 48 (bis), xiii 4, (xxi 6 v. l.), xxiii 50, 52. Lukas ist bestrebt, den casus pendens zu eliminieren, vgl. z.B. Lk. xix 26 mit viii 18. C.F. Burney, The Aramaic Origin of the Fourth Gospel, Oxford 1922, 65; M. Black, An Aramaic Approach to the Gospels and Acts², Oxford 1954, 36. 247.

zwischen dem Singular des Subjekts und dem Plural des Prädikats-
nomens (nur hier in der Liste!) mildern.

Auch die Wendung οἱ υἱοὶ τοῦ πονηροῦ (Nr. 4 der Liste) verrät
die Eigenart des Matthäus. Es ist umstritten, ob der Genitiv τοῦ
πονηροῦ neutrisch oder maskulinisch gemeint ist. Aber die erstgenannte Auffassung [1] scheidet aus sprachlichen Gründen aus: Es
gibt keinen Beleg für υἱοί, τέκνα, b^ene mit nachfolgendem substan-
tiviertem neutrischem Adjektiv im Genitiv. Dagegen wird die
maskulinische Auffassung (οἱ υἱοὶ τοῦ πονηροῦ = „die Söhne des
Teufels") durch Apg. xiii 10 υἱὲ διαβόλου und 1. Joh. iii 10 τὰ τέκνα
τοῦ διαβόλου bestätigt. Die Bezeichnung des Teufels als ὁ πονηρός
aber findet sich in den synoptischen Evangelien nur bei Matthäus
(xiii 19, 38) und ist dadurch als sein Sprachgebrauch gesichert,
dass er sie in xiii 19 für ὁ σατανᾶς des Markus (iv 15) einsetzt. Man
wird daher mit der Möglichkeit rechnen dürfen, dass er die sonst
bisher weder innerhalb noch ausserhalb des NT belegte Wendung
οἱ υἱοὶ τοῦ πονηροῦ als Gegenstück zu dem unmittelbar vorangehenden οἱ υἱοὶ τῆς βασιλείας selbst geprägt hat.

Bei den restlichen drei Deutungen der Liste (Nr. 1, 5, 7) lassen
sich zwar nicht sprachliche Eigentümlichkeiten des Matthäus aufweisen; aber es sei immerhin zu Nr. 1 vermerkt, dass Matthäus
den Titel ὁ υἱὸς τοῦ ἀνθρώπου wiederholt von sich aus setzt [2]; zu
Nr. 5, dass die Bezeichnung des Teufels als διάβολος, die sich bei
Markus noch nicht findet, bei Matthäus die übliche ist; zu Nr. 7,
dass die Engel, auch in ihrer eschatologischen Funktion, im ersten
Evangelium eine grosse Bedeutung besitzen. Kurz, alle Wahrscheinlichkeit spricht dafür, dass ebenso wie der Rahmen auch die
Liste Mt. xiii 37b-39 von Matthäus selbst stammt [3]. Gewiss ist es
durchaus möglich, dass er eine Vorlage, ein lexique préexistant
benutzt [4], eindeutig greifbar wird jedoch eine solche Vorlage an
keiner Stelle der Liste.

---

[1] Zuletzt vertreten von G. Harder, ThWB VI 559 f. s.v. πονηρός und M.
de Goedt, a.a.O. S. 36.

[2] Mt. xvi 13 (Mk. viii 27; Lk. ix 18: ἐγώ); xvi 28 (Mk. ix 1; Lk. ix 27:
τὴν βασιλείαν); xxvi 2 ist sicher Bildung des Matthäus, xxv 31 wahrscheinlich von ihm stilisiert (vgl. J. Jeremias, Die Gleichnisse Jesu⁵, Göttingen
1958, 172); xxiv, 30a ist Ausgestaltung von Mk. xiii 26; vgl. noch xix 28
mit Lk. xxii 30.

[3] In: Die Gleichnisse Jesu⁵, Göttingen 1958, 71 ist nach ὁ κόσμος einzufügen: οὗτοι (casus pendens), dagegen ὁ ἀγρός in V. 38 (nicht in V. 37, s.o.)
zu streichen.

[4] So M. de Goedt, a.a.O. 41.

Wohl aber war dem Evangelisten das *literarische Genus* des
Deutungskataloges vorgegeben. Es ist uralt und findet sich schon
im A.T. (z.B. in der Traumdeutung Gen. xli 26 f.). Das spätantike
Judentum verwendet Deutungskataloge in der apokalyptischen
Literatur (seit Daniel) für die Auslegung von Visionen und Träu-
men [1], ferner ständig für die Schriftexegese (essenische Pescher-
literatur, rabbinischer Midrasch) und für die Gleichnisdeutung [2].
Die älteste Kirche übernahm die Technik des Deutungskataloges
und benutzte sie ebenfalls für die Visionsdeutung (Apk. i 20b), für
die Schriftauslegung (Rm. x 6-8; Gal. iv 24-28) und für die Erklärung von Gleichnissen, wie Mk. iv 13-20 par.; Mt. xiii 37b-39
sowie Joh. xv 1, 5 (zwei sich ergänzende zweigliedrige „Listen")
zeigen.

Fragen wir schliesslich, ob die Liste *die mutmassliche Intention
Jesu* trifft ('Habt Geduld! Seht, wie der Landmann im Gleichnis
das Unkraut nicht vorzeitig ausreisst, sondern geduldig bis zur
Ernte wartet!'), so wird man die Frage für Nr. 6 der Liste (ὁ θερισμὸς συντέλεια τοῦ αἰῶνός ἐστιν) und für Nr. 3 und 4 vorbehaltlos
bejahen dürfen. Ob Jesus darüber hinaus der Ausdeutung des
Feindes (Nr. 5) und der Schnitter (Nr. 7) zugestimmt hätte, ist
schon fraglich. Auf jeden Fall überschreitet die allegorische Ge-
samtauffassung des Gleichnisses seine Absicht. Das gilt vor allem
für die Gleichsetzung des Landmannes mit dem Menschensohn
(Nr. 1). Diese christologische Ausdeutung des Gleichnisses ist sicher
sekundär; denn der Landmann des Gleichnisses ist ein irdischer
Bauer, und es ist das Handeln Gottes selbst, das durch sein Verhalten verdeutlicht wird. Auch die Ausdeutung des Ackers (Nr. 2)
überschreitet die Grenzen des Gleichnisses; in dem Wort ὁ κόσμος,
einem Vorzugswort des Matthäus, kommt dessen universalistische
Einstellung zum Ausdruck.

3. *Die Apokalypse V.* 40-43a

Wie das οὖν in V. 40 zeigt, ist die Liste V. 37b-39 nur Vorbereitung für ihre jetzt folgende, stilgemäss (vgl. Gal. iv 29) mit ὥσπερ
eingeleitete Anwendung. Sie besteht in einer allegorischen Aus-

---

[1] Gelegentlich in der Form einer Folge von Wenn-Sätzen, z.B. 4. Esra
x 40 ff.; xii 10 ff.; xiii 25 ff.; syr. Bar. lvi 3,5.
[2] Beispiele bei Billerbeck I 137 unten (dreigliedrig); 664 f. (zweigliedrig);
665 (zwei zweigliedrige Beispiele); 671 (zweigliedrig, Frageform); 799 (zweigliedrig); 868 (zehngliedrig, Deutungen mit Hilfe von Schriftstellen); IV
499 (zweigliedrig); 588 (fünfgliedrig) u.ö.

deutung von V. 30b, die in Form einer kleinen Apokalypse die eschatologische Aussonderung der Sünder (V. 41) und das gegensätzliche Schicksal von Sündern (V. 42) und Gerechten (V. 43) schildert.

Wieder ist der Abschnitt aufs stärkste durch sprachliche und stilistische Eigenheiten des ersten Evangelisten geprägt [1]. Der eschatologische Abriss der kleinen Apokalypse ist dreistufig und lautet:

1) Königsherrschaft des Menschensohns, 2) Parusie und Endgericht, 3) Königsherrschaft Gottes. Er fusst auf judenchristlicher apokalyptischer Überlieferung. Kennzeichend für Matthäus bei der Wiedergabe und Ausgestaltung dieser Überlieferung ist die Christologie (der Menschensohn ist als der Irdische der Lehrer V. 37, als der Erhöhte der Herr der Kirche V. 41b und als der Wiederkommende der Weltenrichter V. 41a), die Gleichsetzung der Christusherrschaft mit der Kirche (V. 41), die Gerichtsandrohung an die falschen Propheten (τὰ σκάνδαλα V. 41), das Verständnis der Sünde als Verstoss gegen Gottes Gesetz (ἀνομία V. 41) und die paränetische Ausrichtung (ὁ ἔχων ὦτα ἀκουέτω V. 43). Die Verkündigung Jesu selbst spiegelt sich in den Schlussworten der kleinen Apokalypse: τοῦ πατρὸς αὐτῶν.

---

[1] Zur Begründung darf ich wieder auf die Einzelbelege in: Die Gleichnisse Jesu⁵, Göttingen 1958, S. 71 f. verweisen. Neu hinzuzufügen ist οὖν (V. 40), das sich in Verbindung mit anderen Partikeln bei Matthäus 11-, bei Markus 0-, bei Lukas 5mal findet. Zu streichen ist: συλλέγειν (V. 40, 41, weil von den sieben Belegen des Matthäus, wie ich schon S. 71 Anm. 11 betont hatte, sechs in xiii 28-48 stehen) und ἔσται ἐν (V. 40, weil auch lukanisch). Dass der Satz οἱ δίκαιοι ἐκλάμψουσιν nicht dem hebräischen Text von Dan. xii 3, sondern einer Vorform der Übersetzung des Theodotion folgt, spricht für die Zuweisung an Matthäus. Zu τὸ σκάνδαλον (V. 41, von Menschen, die die Rolle eines Verführers spielen, *nur* hier und xvi 23) sei vermerkt, dass es sich Mt. xvi 23 um einen Zusatz des Matthäus zu Mk. viii 33 handelt, womit m. E. der Sprachgebrauch als Eigenart des Matthäus erwiesen ist (gegen M. de Goedt, a.a.O. 38, der Markus von Matthäus abhängen lässt). 'Η βασιλεία αὐτοῦ (scil. des Menschensohnes), im NT nur Mt. xiii 41, xvi 28, ist trotz Lk. i 33, xxii 30, xxiii 42 als Eigenart des Matthäus festzuhalten, weil an den drei Lukasstellen zwar auch von der Christusherrschaft die Rede ist, die Pronomina sich aber nicht auf den Titel Menschensohn beziehen (gegen M. de Goedt, a.a.O. 36 f.). Analog wird die Tatsache, dass von der „Königsherrschaft des Vaters" expressis verbis nur Mt. xiii 43 und xxvi 29 die Rede ist, durch Mt. vi 10 par. Lk. xi 2 „deine Königsherrschaft"; Lk. xii 31 „seine Königsherrschaft" nicht aufgehoben (gegen M. de Goedt 37 f.).

ZWEI EXEGETISCHE PROBLEME
IN DER PERIKOPE VON JESUS IN GETHSEMANE

(Markus XIV 32-42; Matthaeus XXVI 36-46: Lukas XXII 40-46)

VON

J. HÉRING

Die Erzählung von der Versuchung Jesu in Gethsemane, wie sie sich findet bei Markus (xiv 32-42), Matthäus (xxvi 36-46), und zum Teil bei Lukas (xxii 40-46), gilt mit Recht als eine der dramatischsten Szenen des N. T. und vielleicht der ganzen Bibel.

Und doch steckt, wenn man gewisse schwierige Punkte ins Auge fasst, ihre Exegese noch in den ersten Anfängen, weil die meisten Forscher sie so geschickt umgangen haben, dass nicht einmal von einer *Crux exegetarum* die Rede sein kann.

Da ist einerseits (Mk. xiv 38, Matth. xxvi 41; Luk. xxii 40) die merkwürdige Ermahnung an die Jünger „Wachet und betet, damit *ihr* nicht in Anfechtung fallet" (ἵνα μὴ εἰσέλθητε εἰς πειρασμόν). Dieser Vers passt zu der übrigen Perikope wie die Faust aufs Auge. Während das Thema der Erzählung die Versuchung Jesu ist, meldet sich hier plötzlich das Motiv von einer Versuchung der Jünger. Das ist zum mindestens eine Abschweifung vom Thema.

Aber noch erstaunlicher ist, dass wir über den Gegenstand der Anfechtung völlig im Unklaren bleiben. Sie kann doch nicht in der Überwältigung durch Hypnos bestehen. Denn das Wachbleiben wird selbst nur als *Voraussetzung* für den Widerstand gegen die „Versuchung" angegeben, und selbst wenn, wider alle Logik, es sich um den Kampf gegen die Schläfrigkeit handeln sollte, muss es nicht grotesk anmuten, dass bei einer so prosaischen Versuchung das schwere paulinische Geschütz von dem eschatologischen Gegensatz von πνεῦμα und σάρξ aufgefahren wird? — der aber in der Seele und in der Mission des Menschensohns seine gute Stelle hätte? [1]

---

[1] Die Versuchung der Jünger kann auch nicht darin bestehen, dass sie ihren Herrn verlassen könnten. Denn mit dieser traurigen Tatsache hatte sich Jesus (und der Evangelist) schon Mk. xiv 26 und 31 abgefunden. — Dass Vers 38b als Interpolation gestrichen werden müsste, soll Bultmann laut Montefiore (*Synoptic Gospels* I, p. 333, 1927) behauptet haben. Doch brauchen wir diese Hypothese nicht. Die neue englische Übersetzung (Oxford & Cambridge University Press 1961) gibt: „That you may be spared the test" (das Martyrium?). Aber siehe Vers 24!

Wie viel geradliniger und erschütternder würde die Erzählung wirken, wenn wir den Mut hätten (und wir haben ihn) anzunehmen, Jesus habe gesagt: „Wachet und betet, damit *ich* nicht in Anfechtung falle! (ἵνα μὴ εἰσέλθω). Und weshalb ist Jesus über den Schlaf der Jünger verzweifelt? weil er ihr Bittgebet so bitter nötig gehabt hätte!

Man versuche nicht, uns einen Knüppel zwischen die Beine zu werfen durch den Hinweis darauf, dass ja kein einziger Textzeuge diese „Konjektur" rechtfertigt. Denn wir denken ja nicht daran, den Text zu korrigieren. Wir „lassen ihn stehn". Wir behaupten nur, dass er die vorausliegende Tradition nicht mehr richtig wiedergegeben hat. Nach einem halben Jahrhundert formgeschichtlichen Betriebs dürfte wohl eine solche Hypothese nicht zu extravagant erscheinen, zumal das Motiv, das die Entwicklung beeinflusst hat, nicht schwer aufzufinden ist: Es war die Besorgnis, der religiösen Autorität und der übernatürlichen Dignität des Herrn zu nahe zu treten. Dass die Jünger für den Meister beten sollen (anstatt umgekehrt) konnte anstössig erscheinen — und nun gar was über die Schwäche seiner σάρξ gesagt war! Dass es aber eine andere, primäre Tradition gab, die an der Schwäche des Menschensohns keinen Anstoss nahm, sondern sie sogar unterstrich, dafür könnte vielleicht der Hebräerbrief ins Feld geführt werden (v 7 folg.).

Sollte man uns allerdings auffordern, Kronzeugen für unsere Auffassung vorzuladen, so müssen wir bekennen, dass sich nur einer gemeldet hat, aber ein Zeuge von Format: Alfred Loisy, der in seinem Kommentar (*L'Évangile de Marc*, 1912, Seite 415) mit dürren Worten erklärt, in der ursprünglichen Geschichte habe Jesus gesagt „Veillez et priez afin que *je* ne tombe pas en tentation" und hinzufügt „Die Idee von der Versuchung Jesu gehörte viel mehr der Quelle des Markus an als ihm selbst" (ein höflicher Ausdruck für die Verfälschung der Tradition durch den Evangelisten).

Eine zweite irritierende Schwierigkeit, bei der sich die Exegese viel zu wenig aufgehalten hat, liegt in dem Satze περίλυπός ἐστιν ἡ ψυχή μου ἕως θανάτου. (Markus xiv 34 und Parall).

Dass περίλυπος nicht mit „traurig" übersetzt werden sollte, sondern mit „übermässig traurig" oder „von Traurigkeit überwältigt", sei nur nebenbei bemerkt. Aber welches ist der genaue Sinn von ἕως θανάτου?

Die Vulgata sagt: *usque* ad *mortem* (bis zum Tod). Das ist philologisch möglich, gibt aber einen recht trivialen Sinn: Die Traurigkeit wird anhalten bis zu dem (auf alle Fälle nahe bevorstehenden) Tod.

Luther einerseits und die Züricher Bibel andrerseits übersetzen etwas vorsichtiger, aber wenig präzis „bis *an* den Tod". Diese Formulierung könnte die Möglichkeit offen lassen eines *teleologischen* Verständnisses von ἕως: = „zum Tode hintreibend". Aber die wenigen deutschen Exegeten, die diesen Schritt gewagt haben, wurden nicht durch diese Übersetzung angeregt, sondern durch den Urtext.

Wir erwähnen hier vor allem den Altmeister H. A. W. Meyer [1], der schreibt „so dass ich vor Traurigkeit dem Tode nahe bin"; das hat wenigstens Hand und Fuss.

Noch deutlicher äussert sich der katholische Kommentator Knabenbauer [2], (obwohl er den fahlen Vulgata-Text zugrunde legt): „*usque ad mortem, i.e. quae talis sit ut mortem afferre possit; quae sufficeret ad vitam extinguendam*". Wir können diese ἕως beigelegte Bedeutung auch die qualitative oder konsekutive nennen.

Ähnlich erklärt Gould [3] „The sorrow is killing me" und Ch. K. Williams [4] „My soul is sorrow, almost dead with sorrow" — obwohl die offizielle („authorized") englische Übersetzung einfach gab „until death". Aber die neueste englische Übersetzung (*The New English Bible. New Testament*; Oxford University Press und Cambridge Un. Pr. 1961) schreibt „My heart's ready to break with grief". Das gibt einen guten Sinn, wenn es auch nicht der richtige ist.

Von den französischen Bibelübersetzungen sind viele (für unsere Stelle) von der Übersetzung Olivétans abhängig, die ἕως θανάτου in der bekannten farblosen Weise wiedergibt: „jusqu'à la mort". So Osterwald (1724), Stapfer (1899), Version Synodale (noch 1957), Segond (1954), auch Renan [5].

Aber schon der ausgezeichnete Humanist Sébastien Castellion [6]

---

[1] In seinem *Kritisch-exegetischen Kommentar* [5], 1864, Matthäus, S. 558. — Die viel gerühmte Übersetzung von Weizsäcker fällt in die triviale Exegese zurück: „bis zum Tode". (Das *N. T.*, Tübingen, 1914).

[2] Im *Cursus scripturae sacrae*, ad Matthaeum, p. 448 (1885).

[3] Im *International Critical Commentary* St. Mark, 1896, p. 269.

[4] Charles Kingsley Williams, *The New Testament, a new translation in plain English* (1952).

[5] *Vie de Jésus*, 1863, p. 377.

[6] *Evangile bilingue*, français-latin, Basel 1572 (anonym).

übersetzt in Math. und Mk. „J'ai l'âme si triste que j'en meurs" und ad Matth. „in tanto sum animi dolore (ut) emoriar"; ad Marc „prae animi dolore emorior." Ähnlich Goguel et Monnier: „triste à la mort". [1]

Deutlicher Oltramare (1921): „tristesse mortelle", Crampon (1950) und „Bible de Jérusalem" (1956) geben ebenso klar „triste à en mourir". Der R. P. Lagrange übersetzt zwar „jusqu'à la mort", aber in einer Anmerkung erläutert er „triste à en mourir", mit Hinweis auf Jonas. Diese Erklärungen, die zwischen λύπη und θάνατος eine innere Beziehung herstellen, bedeuten einen entschiedenen Fortschritt gegenüber der rein chronologischen Auffassung von ἕως.

Und doch bleiben sie unbefriedigend, da zwischen den beiden möglichen Todesarten, nämlich dem moralisch bedingten Tod und dem Tod am Kreuz keine Beziehung hergestellt wird. Warum wird nur die Furchtbarkeit der todbringenden Trauer unterstrichen? Warum wird dieser Tod nicht als ein Erlöser begrüsst, der Jesum hätte von dem verlogenen Prozess und dem gewaltsamen Tod bewahren können?

Um weiter zu kommen, müssen wir nach Parallelen suchen im A. T. Sie sind nicht schwer zu finden. Da ist zunächst festzustellen, dass περίλυπος ἡ ψυχή μου deutlich anklingt an Psalm xli 6 (LXX): ἵνα τί περίλυπος εἶ, ἡ χυχή μου; (ebenso xli 12). Doch fehlt hier das entscheidende ἕως θανάτου.

Von viel zentralerer Bedeutung ist der Text des 4ten Kapitels der Jonas-Geschichte. Man kennt die Situation: der Prophet ist zu Tode betrübt und ganz zusammengebrochen (ἐλυπήθη λύπην μεγάλην καὶ συνεχύθη, iv 1) [2]. Er bittet Gott, sein Leben ihm zu nehmen, da er lieber tot als lebendig sein will. (iv 3 λάβε τὴν ψυχήν μου ἀπ' ἐμοῦ, ὅτι καλὸν τὸ ἀποθανεῖν με ἢ ζῆν με). Und weiter unten (iv 9) heisst es nach einer kurzen Diskussion mit der Gottheit: σφόδρα λελύπημαι ἕως θανάτου, wo ἕως nach dem Gesagten ganz zweifellos einen *optativen* Sinn hat. Jonas wünscht zu sterben. [3]

Warum sollte ἕως θανάτου in der Gethsemane-Perikope nicht

---

[1] *Le Nouveau Testament.* Traduction nouvelle (1929). Wie bekannt, ist dieser Band eine Art Sonderausgabe der sogenannten „Bible du Centenaire".

[2] Warum? Weil die Niniviten, deren Untergang er sich so sehr gefreut hatte mitanzusehen, sich bekehrt haben.

[3] ἕως θανάτου kommt auch an einigen andern A.T.lichen Stellen vor, z.B. Iudicum xvi : 16 und Jesus Sirach xxxvii : 2. Aber sie führen nicht viel weiter, weil der Sinn von ἕως nicht präzis ist.

denselben Sinn haben? Der immer originelle J. A. Bengel[1] nähert sich der Wahrheit, ohne aber den Weg bis zu Ende zu gehen. Er schreibt nämlich: ,,*talis tristitia communem hominem potuisset ad sui necem adigere*''. Warum diese etwas verklausulierte Erklärung? Weil er den Gedanken eines möglichen Selbstmordes einführt, von dem doch weder im Jonas-Buch noch bei den Synoptikern etwas steht.

Von den modernen Kommentatoren hat Johannes Weiss[2] ins Schwarze gezielt, ohne allerdings abzudrücken. Er gibt zu, dass die angemessenste Übersetzung wäre ,,Ich bin so traurig, dass ich sterben möchte''. Aber er nimmt diese Konzession sofort zurück, weil sonst die das Thema der ganzen Perikope bildende Todesfurcht Jesu nicht mehr verständlich wäre.

Lohmeyer[3] übersetzt zwar ,,bis in den Tod'', was nur eine Umgehung der Schwierigkeit zu sein scheint, kommentiert aber: ,,Was kann das anderes besagen, als dass der Tod hier der *ersehnte* Freund ist, der seine Seele von der Last dieser unmöglichen Trauer befreit?'' Damit hat u.E. der vorzügliche Exeget den Nagel auf den Kopf getroffen. Aber den oben erwähnten Widerspruch hat er doch höchstens implicite gelöst.

Auch Erich Klostermann[4] schreibt ,,dass ich lieber tot sein möchte'', mit treffendem Hinweis auf das Verzweiflungsgebet des Elias III Reg (LXX) xix : 4. Aber auch er hat versäumt, das Pünktchen auf das i zu setzen.

Wir meinen damit, dass wir uns von dem Dilemma freimachen müssen, in das man uns einspannen möchte und das folgendermassen formuliert werden könnte: entweder ἕως hat wirklich einen optativen Sinn, dann kann Jesus nicht versucht worden sein, den Tod abzulehnen (Siehe vor allem Mark. xiv 35, 36); oder ἕως muss einen andern Sinn haben. Dem gegenüber muss klar und deutlich auf die dritte Möglichkeit hingewiesen werden: Jesus hätte, gerade aus Furcht vor dem Kreuzestod, den himmlischen Vater bitten können, seine Seele *hic et nunc*, (in Gethsemane vor der Ankunft der Streitmacht) zu sich zu nehmen.

---

[1] Gnomon, Neudruck von Berlin 1855, p. 100; cf. die deutsche Übersetzung von C. F. Werner³, Basel (ohne Datum), p. 185-186.

[2] *Schriften des N.T.*, 1906 I, p. 794.

[3] *Das Evangelium des Markus* (in Meyers Exeg. krit. Komm.) 1951, p. 314.

[4] *Markus-Evangelium* (in Lietzmann Handbuch zum N.T. III) 1950, p. 151.

Zwar wäre der Tod in diesem Garten keineswegs so idyllisch gewesen wie das Hinscheiden des Gautama im Park von Kusinara [1];
aber es wäre eine Art natürlichen Todes gewesen. Damit löst sich
der angebliche Widerspruch, und zugleich sehen wir völlig klar,
worin die letzte Versuchung Jesu wirklich bestand.

Eine letzte Frage werden allerdings die Leser auf den Lippen
haben: hätte der Vater dem Sohn die Bitte gewährt, wenn er darauf
bestanden hätte? Die Antwort des N.T. scheint uns eindeutig
positiv zu sein. Immer wieder wird erklärt oder vorausgesetzt, vor
allem bei Paulus (Phil. ii 8; Rom. v 19), beim Autor ad Hebraeos
(v 8) und bei ,,Johannes'' (x 18), dass der Kreuzestod ein frei-
williges Opfer war, und ausserdem hat uns Matthäus (xxvi 53) ein
wichtiges und entscheidendes Herrenwort aufbewahrt, das man
nicht beiseite lassen darf.

Eine gewisse vulgäre Interpretation, die manchmal in erbau-
lichen Predigten dargeboten wird, wonach der Wille Gottes unver-
rückbar feststand, so dass nur die Frage übrig blieb, ob Jesus frei-
willig oder gezwungen nach Golgotha gehen musste, scheint uns
völlig unbiblisch.

Es bleibt dabei: der Sohn hätte — mit Einwilligung des Vaters —
das Martyrium umgehen können; aber — ,,das Gesetz und die
Propheten wären nicht erfüllt worden'' (Matth. xx 54) — oder, um
es noch deutlicher zu sagen: die Erlösung der Menschheit wäre in
Frage gestellt worden.

---

[1] Der erste, der u.W. die Parallele und den Gegensatz dieser zwei Gar-
tenszenen gebührend unterstrichen hat, war E. Gilson, in einem vor etwa
40 Jahren in der Sorbonne gehaltenen Kolleg über die Literatur der alten
Kirche.

„FREUND, WOZU DU GEKOMMEN BIST"
(Mt. xxvi 50)

VON

WALTHER ELTESTER

Die düstere Nachtszene der Verhaftung Jesu wird nach den Evangelisten eingeleitet durch den Verrat des Judas. Während bei Markus (xiv 45) Gruss und Kuss des Judas von Jesus schweigend hingenommen werden, stellt Matthäus ein kurzes und dunkles Wort an den Jünger ein, auf das hin erst die Häscher Hand an Jesus legen (xxvi 50): „Freund, wozu du gekommen bist." Auch Lukas (xxii 48) teilt seinen Lesern ein in diesem Augenblick gesprochenes Wort Jesu mit. Aber hier ist die Situation beträchtlich verschoben. Judas nähert sich gerade erst, um Jesus zu küssen. Die Handlung wird nicht mehr vollzogen. Denn bevor sie geschehen kann, sagt Jesus sie dem Jünger auf den Kopf zu: „Judas, mit einem Kuss übergibst du den Menschensohn?" Dann folgt noch nicht die Gefangennahme, sondern erst der Schwertschlag eines der Begleiter Jesu gegen den Knecht des Hohenpriesters, seine nur hier erzählte Heilung durch Jesus, der sich noch frei bewegen kann, und die Ansprache an die ausführlich charakterisierten Führer des „Haufens". Erst das gegenüber Markus zusätzliche Schlusswort xxii 53: „Aber dies ist eure Stunde und die Macht der Finsternis" [1], hat zur Folge, dass Jesus verhaftet und abgeführt wird (v 54). Bei Johannes ist Judas zwar der Führer des zur Aufhebung Jesu bestimmten Kommandos (xviii 3). Aber von Gruss und Kuss ist nicht mehr die Rede: Judas spielt bei der Verhaftung lediglich eine Statistenrolle (xviii 5 c). Dagegen tritt Jesus mit seinem „Wen suchet ihr?" machtvoll in den Vordergrund, und seine Antwort „Ich bin's" gewinnt den Rang einer Epiphanie, vor der die Häscher zurückweichen und zu Boden stürzen (xviii 4-6).

Bei allen Evangelisten ist die Verratsszene mit Erfolg unter die Dominante der Christologie gerückt, so widerspruchsvoll auf den ersten Blick sich die äussere Handlung zu diesem Bemühen verhält.

---

[1] Hier liegt wohl koordinierendes καί (Debrunner § 442, 16) vor, und man übersetzt besser: „. . . Stunde unter der Macht der Finsternis".

Jesus besitzt das sichere Vorwissen der kommenden Ereignisse und
will, dass sie geschehen. Auch die Abweichungen in den Einzelheiten,
und gerade sie, bestätigen dies Interesse. Denn in ihnen zeigt
sich in immer grösserer Steigerung das Bestreben, dem Leser das Geschehene theologisch begreiflich zu machen. Bei Markus sind nach
der Verratsvorhersage durch Jesus (xiv 41) Gruss und Kuss des
Judas noch das Signal, auf das hin die Häscher zur Verhaftung
schreiten. Bei Matthäus tun sie dies erst auf das Wort Jesu an
Judas hin. Bei Lukas ist die Aktivität des Judas eingeschränkt und
durch den Abstand zwischen seinem Auftreten und der Verhaftung
entkräftet. Bei Johannes ist sie eliminiert, allein Jesus beherrscht
die Szene.

Nach dieser Umschau fassen wir Mt. xxvi 50 näher in den Blick.
Jüngst hat Dr. Fr. Rehkopf die vielbehandelte Stelle einer ein-
gehenden Untersuchung unterzogen. [1] Sein streng grammatika-
lisches Vorgehen macht den Eindruck einer fast mathematischen
Objektivität und scheint den Leser zur Zustimmung geradezu zu
zwingen. Das Ergebnis des Aufsatzes besteht darin, dass man in
ἐφ' ὃ πάρει einen relativischen Satzanschluss im Sinne von ἐπὶ
τοῦτο πάρει vor sich hat und diesem ἐπὶ τοῦτο πάρει fragenden Sinn
beilegen muss: ,,Freund, dazu bist du da?''. Die Auffassung als
Frage sei durch den Zusammenhang erfordert, denn ein Ausruf
würde Enttäuschung und Verbitterung ausdrücken, die mit der
Verratsansage Mt. xxvi 20-25, vor allem mit v 24 nicht in Einklang stünde (S. 114). Rehkopf sieht seine Auffassung dadurch
bestätigt, dass auf diese Weise das Wort bei Matthäus eine Parallele
zu dem lukanischen darstellt:

> ,,Freund, dazu bist du gekommen?'' (Mt. xxvi 50)
> ,,Judas, mit einem Kuss verrätst du den Menschensohn?''
> (Lc. xxii 48)

Der Aufsatz endet mit der Feststellung: ,,Der völlig verschiedene
Wortlaut (sc. beider Verse) schliesst eine schriftliche Abhängigkeit
aus. Es kann nur eine — inhaltlich gleiche — mündliche Über-

---

[1] Friedrich Rehkopf, Ἑταῖρε, ἐφ' ὃ πάρει (Mt. xxvi 50), in ZNW 52, 1961,
109-115. In seinem Buch 'Die lukanische Sonderquelle', Tübingen 1959, behandelt Rehkopf u.a. die Gefangennahme nach Lukas unter Vergleich der
Markusdarstellung. Er meint zeigen zu können, dass Lukas xxii 47-53 aus
einer Sonderquelle stammen, d.h. auch das Jesuswort xxii 48 b. Zum Buch
s. H. Conzelmanns Kritik Gnomon 32, 1960, 470 f. — Bibliographie zu Mt.
xxvi 50: Blass-Debrunner-Funk, A greek Grammar of the NT, Chicago
(1961), § 300, 2.

lieferung angenommen werden, die alt sein muss, da die Formulierung des Wortes im Lukasevangelium bereits vorlukanisch ist.''
Der Verfasser meint also, hier vor einer durch zwei unabhängige
Zeugen gesicherten alten mündlichen Überlieferung zu stehen und
mit einem schmerzlich bewegten, aber gütigen letzten Wort Jesu an
Judas rechnen zu dürfen. Wir kennen zwar seinen genauen Wortlaut nicht mehr, können aber über seinen ,,Tonfall'' völlig gewiss
sein (S. 114). Nicht diesem Ergebnis, der Möglichkeit eines letzten
Wortes Jesu an Judas soll hier widersprochen werden, wohl aber
der angewandten Methode, zu historischen Rückschlüssen auf dem
Wege der Quellenanalyse zu gelangen, ohne sich vorher der etwa
vorhandenen theologischen Absichten der evangelischen Berichte
vergewissert zu haben. Es gilt auch hier die Forderung, dass die
Fragen der Kompositionsforschung geklärt sein müssen, bevor sich
die historische Forschung zu Worte melden darf [1]. In diesem Sinne
will die folgende Studie das Thema noch einmal aufgreifen.

<h2 style="text-align:center">I</h2>

Fr. Rehkopf dürfte bewiesen haben, dass man auch bei relati-
vischer Auffassung des ὅ an einen Fragesatz denken kann. Freilich
kennen wir den Tonfall des Sprechenden nicht, der über Frage- oder
Ausrufungszeichen hinter dem Sätzchen ,,dazu bist du gekommen''
entscheiden würde. Aber die Auffassung als Frage ,,liegt verführe-
risch nahe und ist grammatisch nicht unmöglich'' [2]. Jedenfalls sind
wir damit wieder, wenn auch auf anderem Wege, zu der im späteren
christlichen Altertum herrschenden Auffassung zurückgekehrt.
Hiernach gilt einfach das Relativum im Sinne des Interrogativums,
und Mt. xxvi 50 wird verstanden, als stünde ἐπὶ τί πάρει; da. Die
Katachrese des Relativums hat ihr Gegenstück darin, dass das
Interrogativum seinerseits häufig als Relativum verwandt werden
kann [3]. Bekanntlich hat sich A. Deissmann sehr dafür eingesetzt [4],

---

[1] Vgl. meinen Aufsatz 'Lukas und Paulus' in *Eranion, Festschrift für H.
Hommel*, Tübingen 1961, S. 1-17. Ich brauche nicht zu betonen, dass diese
methodische Forderung nicht neu ist, vgl. z.B. M. Dibelius, *Botschaft und
Geschichte*, Bd. 1 Tübingen 1953, 270 f. — Dass selbstverständlich die Frage
nach dem geschichtlichen Vorgang die höchste und letzte bleibt, hatte ich
S. 2 f. hervorgehoben.

[2] So schon Ed. Schwartz in der unten S. 73 Anm. 1 genannten Rezension,
S. 154.

[3] Blass-Debrunner, 1943[1], § 298, 4 m. Anhang und überhaupt § 300 m.A.

[4] *Licht vom Osten*, Tübingen 1923[4], 100-105.

einen solchen volkstümlichen Sprachgebrauch bereits für die neutestamentliche Zeit, und das heisst: für unsere Stelle anzunehmen.
Er hat sich aber nicht durchgesetzt, und sein stärkstes Argument,
eine am Rande umlaufende Becherumschrift des ersten Jahrhunderts: ἐφ' ὃ πάρει; εὐφραίνου, ist von der Philologie als Beispiel
gerade für echten relativischen Gebrauch gegen ihn gewendet worden: εὐφραίνου ἐφ' ὃ πάρει [1]. Auch die weitere Stütze, die A. Deissmann für seine Auffassung beiziehen möchte, die alten Übersetzungen, leistet ihm keinen überzeugenden Dienst. Die Itala-
Handschriften lesen: *amice ad quod venisti* [2]. Ist es sicher angesichts
des ursprünglichen Fehlens einer Interpunktion, insbesondere des
Fragezeichens, dass die alten Schreiber eine Frage meinten? Erst
der aus dem 12. Jahrhundert stammende Colbertinus (c) macht dies
unmissverständlich deutlich, indem er *quid* liest. Aber im übrigen
kann man nur feststellen, dass die alten Handschriften lediglich
die griechische Vorlage genau wiedergeben wollten, wie das auch
für Hieronymus gilt, in dessen Vulgata es ebenfalls korrekt heisst:
amice ad quod venisti. Erst die Clementina hat in *quid* geändert und
interpungiert entsprechend. Auch hier muss man mindestens fragen,
ob Hieronymus *quod* im Sinne des Interrogativums aufgefasst hat.
In seinem Matthäus-Kommentar gibt er uns keine Antwort, da er
bei Behandlung von xxvi 50 nur auf die Anrede *amice* kurz eingeht [3]. Aber dafür, dass die lateinische Übersetzung keineswegs im
Sinne der Frage verstanden werden *muss*, gibt es noch in späterer
Zeit das beachtliche Zeugnis des irischen Texttypus der Vulgata.
Hier lesen die ihn vertretenden wichtigsten Handschriften mull
gat *Q D*: *amice ad quod venisti fac* (*Q* stellt *amice* hinter *venisti*) [4],

---

[1] Ed. Schwartz, Anzeige von Deissmann, Licht v. Osten, *Byz. Ztschr.*
25, 1925, 154 f. Wilh. Spiegelberg, Der Sinn von ἐφ' ὃ πάρει Mt. xxvi 50,
in *ZNW* 28, 1929, 341-343. Martin Dibelius, *Die Formgeschichte des Evangeliums*, Tübingen 1959³, 198 m. Anm. 1. D. Tabachovitz, *Ellips av huvudsatz
i NT = Eranos*, Act. Phil. Suec. 33, 1936, 87-91. Der wichtige, so gut wie
unbekannte Aufsatz kommt meiner Auffassung sehr nahe.

[2] Ad. Jülicher, Itala, Bd. 1 Matthäus, Berlin 1938. Jülicher versteht den
Text als Frage, wie seine Interpunktion zeigt. Einige Handschriften stellen
amice ans Ende. — Ich möchte gleich hier anmerken, dass ich alle die
Itala und Vulgata betreffenden Angaben mit Herrn Dr. Walter Thiele vom
Vetus-Latina-Institut in Beuron durchsprechen konnte und ihm nicht nur für
genaue Information über die Texte, sondern auch für ihre Beurteilung zu
danken habe.

[3] PL 26, 208 A (im Lemma *quid* und *?*), weiteres s.u. S. 81.

[4] mull = Dublin, Trinity Coll. 60, 7. Jh., ed. H. J. Lawlor, *Chapters on
the Book of Mulling*, Edinburg 1897. gat = Paris, Bibl. Nat. Nouv. Acqu.

fassen also *quod* durch den Zusatz *fac* mit Sicherheit relativisch. [1]
Etwas anders ist die Lage in der *syrischen* Übersetzung. Die Vetus
Syriaca, zu Mt. xxvi 50 vertreten nur durch den Sinaiticus, las
ܠܡܢ ܐܬܝܬ ܥܠ = „wozu bist du gekommen", verstand also den
Text als Frage. Dagegen die Peschitto: ܥܠ ܗܘ ܕܐܬܝܬ ܚܒܪܝ =
„dazu, wozu du gekommen bist, mein Freund" sucht offensichtlich
wörtlichen Anschluss an die griechische Vorlage. Man muss aus
ihrer vorsichtigeren Fassung folgern, dass ihr die Auffassung
der altsyrischen Übersetzung zu gewagt war und sie den Frage-
charakter von xxvi 50 nicht empfand. Noch deutlicher tritt für die
relativische Auffassung die *koptische* Übersetzung ein: „(Mein)
Freund, das, weswegen du gekommen bist" (+ „tue es" in einigen
Hss) [2]. Hier taucht in geographisch so extrem sich zueinander ver-
haltenden Ländern wie Irland und Ägypten dieselbe Übersetzung
und ein erweiterndes „Tue es" auf. Bevor wir einen geheimnis-
vollen Zusammenhang in Anschlag bringen oder, um dies vorweg-
zunehmen, richtiger an unabhängige Entstehung denken, wenden
wir uns dem Zeugnis der Kirchenväter zu.

II

Prüft man die Väterexegese, so ergibt sich die überraschende
Tatsache, dass der Vers verhältnismässig selten ausdrücklich erklärt wird. Es dürfte schwer fallen, dafür einen triftigen Grund
anzugeben. Im allgemeinen muss ja überhaupt betont werden, dass
wir nur noch einen Bruchteil der altchristlichen exegetischen
Literatur im Original besitzen, und dass auch die Katenen diesen

---

lat. 1587, 8. Jh., ed. J. M. Heer, *Evangelium Gatianum*, Freiburg 1910.
Q = Dublin, Trinity Coll. 58, the Book of Kells, 7/8. Jh., vgl. Wordsworth-
White I 1889 p. 13; E. A. Lowe, *Codd. Lat. Ant. II*, Oxford 1935 Nr. 274.
D = Dublin, Trinity Coll. 52, 9. Jh., ed. J. Gwynn, *Liber Ardmachanus, The
Book of Armagh*, Dublin 1913. A. Deissmann (s.S. 72 Anm. 4) hatte bereits
auf die zuletzt genannte Handschrift hingewiesen, ihre das Relativum
ernstnehmende Lesart aber als Einfluss aus dem Griechischen erklärt. Hier
werden gleich zwei unbewiesene Voraussetzungen gemacht. Erstens soll der
irische Vulgatatext aus einer griechischen Vorlage geflossen oder doch von
ihr beeinflusst sein, und zweitens soll diese ein in der ganzen sonstigen
griechischen Überlieferung unerhörtes ποίησον als Zusatz gelesen haben.
Damit fällt die Hypothese dahin und ebenso die Behauptung Deissmanns,
dass es sich bei dem relativisch verstandenen ὅ um eine spätere attizistische
Reaktion handeln müsse.

[1] S. dazu auch unten S. 84 Anm. 3 und den Anhang.
[2] Angaben nach Wilhelm Spiegelberg (s.o. S. 73, Anm. 1).

Verlust nicht ersetzen können: ein Blick in das Werk von Joseph
Reuss [1] ergibt für unseren Vers Fehlanzeige. Auch die Durchsicht
der Väter fördert, soweit ich sehe, keine überwältigenden Ergebnisse zutage. [2]

Irenaeus erwähnt den Vers nicht, spricht aber von einem bei den
gnostischen Kainiten gebrauchten Judasevangelium [3]. Judas erhält entsprechend der zugrundeliegenden dualistischen Theorie
positive Vorzeichen. Er steht im Schutz der oberen Macht, der
Sophia, und wird von ihr vor dem Weltschöpfer und seiner Rache
bewahrt:

> „Et haec Iudam proditorem diligenter cognovisse dicunt et solum
> prae ceteris cognoscentem veritatem perfecisse proditionis mysterium:
> per quem et terrena et coelestia omnia dissoluta dicunt" (Irenaeus lat.).
> Καὶ τὸν προδότην δὲ 'Ιούδαν μόνον ἐκ πάντων τῶν ἀποστόλων ταύτην ἐσχη-
> κέναι τὴν γνῶσίν φασι καὶ διὰ τοῦτο τὸ τῆς προδοσίας ἐνεργῆσαι μυστήριον
> (Theodoret).

Worin bestand das „Mysterium des Verrats"? Ist es zu kühn zu ver-
muten, dass diese Gnostiker ein geheimes Einverständnis zwischen
Jesus und Judas annahmen? Judas, um es mit den Worten Pseudo-
Tertullians über die Kainiten zu sagen [4],

> „quia potestates huius mundi nolebant pati Christum, ne humano
> generi per mortem salus pararetur, saluti consulens generis humani,
> tradidit Christum, ut salus, quae impediebatur per virtutes, quae ob-
> sistebant ne pateretur Christus, impediri omnino non posset et ideo per
> passionem Christi non posset salus humani generis retardari". [5]

---

[1] *Matthäus-Kommentare aus der griechischen Kirche aus Katenenhandschriften*, Berlin 1957 (= TU 61).

[2] Vieles findet sich bereits in dem unausschöpflichen Jugendwerk Walter
Bauers, *Das Leben Jesu im Zeitalter der neutestamentlichen Apokryphen*,
Tübingen 1909, S. 173-176.

[3] Iren. Adv. haer. I 31, 1 (= p. 241 f. Harvey). Es wird von Epiphanius
haer, 38, 1, 5; II p. 63, 13 f. Holl und von Theodoret, Haeret. fabul. comp.
l, 15 (PG 83, 368 B) ebenfalls bezeugt. H. Ch. Puech bei Hennecke-Schnee-
melcher, *Ntl. Apokryphen* I, Tübingen 1959³, S. 228 f. vermutet, dass dies
Evangelium zwischen 130 und 170 entstanden sei, und hält es für möglich,
dass es einen Passionsbericht mit der Darstellung des Verrats enthalten habe.
Dies möchte ich stark unterstreichen, denn die Verratsszene musste für die
Kainiten bei ihrer Wertung der Person des Judas grösste Bedeutung haben.

[4] Ps.-Tert. adv. omn. haer. 2; II, 757 f. Oehler = PL 2, 61-74. Nach
Ed. Schwartz, *Zwei Predigten Hippolyts* = Sb. Bayer. Ak. 1936, 3: S.
38-44 ist die Schrift Adv. omnes haer. von dem römischen Bischof Zephyrin
(Anf. 3. Jh.) oder einem Mann seiner Umgebung griechisch verfasst und
von Viktorin von Pettau übersetzt und antiorigenistisch überarbeitet
worden.

[5] Vorher lässt Ps.-Tert. (vgl. Epiph. haer. 38, 3, 3; II 65, 19-66, 2 Holl)
eine erste Gruppe der Kainiten dem Judas dafür danken, dass er Christus

Die Heilsgeschichte gipfelt auch für die Kainiten im Leiden, Sterben und Auferstehen Jesu Christi. Denn in diesem Vorgang vollzieht sich das, was nach dem Judasevangelium die Scheidung von Irdischem und Himmlischem zur Folge hat. Gemeint ist damit im gnostischen Sinne das Ende der Geschichte als Entmischung des Vermischten, als befreiter Aufstieg der durch den Schöpfer in die Erdenwelt gebannten oberen Elemente in ihre himmlische Heimat. Im Mittelpunkt dieses Prozesses steht gewiss Christus, und sein Kreuz ist der Hebebaum, der die Erlösten zu den lichten Höhen aufsteigen lässt. Aber erst Judas setzt alles durch seinen „Verrat" in Bewegung: *per quem et terrena et coelestia omnia dissoluta dicunt.* Nicht Christus wird eigentlich von Judas verraten, sondern die Weltmächte werden durch diesen Verrat getäuscht, so dass sie die Hand zu ihrer eigenen Entmachtung reichen, indem sie Christus ans Kreuz schlagen lassen [1]. In diesem πρῶτον κινοῦν der Passion beruht die Würde des Judas für die Kainiten, und — so dürfen wir vermuten — in dem Einverständnis zwischen ihm und Jesus, im Gruss χαῖρε, ῥαββί und Gegengruss ἑταῖρε, ἐφ' ὃ πάρει liegt für sie das Geheimnis des Verrates, wird insbesondere der Gegengruss Jesu erst voll verständlich: „Ans Werk, mein Freund!"

Ist die Annahme richtig, dass Mt. xxvi 50 in einem gnostischen Evangelium eine entscheidende Rolle gespielt hat, so ist vielleicht verständlich, wenn der kirchlichen Auslegung das Wort unheimlich wurde und sie es in den Hintergrund treten liess. Auch dass Judas den Herrn küssen darf, hat seit Lukas Anstoss erregt. Ohne dass wir in die religionsgeschichtlichen Hintergründe des Kusses zurückzugehen brauchen, genügt es, ihn als Zeichen innigster Gemeinschaft zu verstehen, um das Befremden der späteren Exegeten zu begreifen.

Origenes konnte an alledem nicht ganz vorübergehen, da er bei dem von ihm bekämpften Heiden Celsus auf den Verrat sich stützende jüdische Argumente gegen die Messianität Jesu las.[2] Was er über Judas sagt, ist der Versuch einer psychologischen Aufgliederung: in Judas ringen Ablehnung und Verehrung gegenüber Jesus

---

verriet, weil er verhindern wollte, dass dieser die Wahrheit umstürze. Diese merkwürdige Behauptung würde auf „christliche" Gnostiker hinweisen, die gegen Christus sind.

[1] Über die List als gnostisches Bewegungsprinzip siehe H. Schlier, Das Denken der frühchristlichen Gnosis = *Ntl. Studien f. R. Bultmann*, Berlin 1957², S. 72-76.

[2] C. Celsum 2, 10 f.; 137, 28-140, 16 Koetschau (GCS).

miteinander (p. 138, 29 f.). Ausdruck der letzteren war der Kuss [1]. Diese halbe Ehrenrettung beruht bei Origenes auf dem Wunsch, einen Jünger nicht als völlig verdorben erscheinen zu lassen. An anderer Stelle [2] spricht er über das παραδιδόναι, hinter dem die verschiedensten Urheber stehen, darunter auch Judas, dessen treibendes Motiv die Geldgier war [3]. So umfangreich und vielseitig die Erörterungen über Judas in der nur lateinisch erhaltenen Commentariorum Series zu den verschiedenen Stellen über Judas im Matthäusevangelium sind [4], so mager ist der Ertrag für den uns beschäftigenden Vers. Deutlich ist aber, dass Origenes ihn als Frage versteht. Nicht nur im Lemma (S. 218, 1 ff. Kl.) erscheint er so, sondern auch in der Auslegung (S. 220, 8-13). Das wird deutlich daran, dass Origenes ihn in Parallele zu der Frage Lc. xxii 48 setzt. Aber an dieser Stelle spüren wir das Befremden über die Anrede *amice*. Jesus habe sie gebraucht, um den Judas wegen seines heuchlerischen freundlichen Benehmens mit Gruss und Kuss zu tadeln. Denn *amicus* würde in der Schrift nicht für die Guten, sondern für die Bösen gebraucht. Es folgt (S. 220, 14-24) der Hinweis auf Mt. xxii 12 und xx 13 f., Stellen, die auch heute noch in ähnlicher Weise zur Erklärung des ἑταῖρε herangezogen werden [5]. Es macht Origenes nichts aus, dass er kurz vorher (siehe oben bei Anm. 1) die Meinung anderer Ausleger sich zu eigen gemacht hatte, wonach in dem Kuss des Judas doch ein Rest von Ehrerbietung gegen Jesus stecke.

Der Origenesschüler Dionysius von Alexandrien schildert in seinem Brief an Germanus [6], wie es zu seiner Flucht während der decischen Verfolgung gekommen sei. Er wurde, schon verhaftet, auf dem Transport von seinen Anhängern gewaltsam befreit. Er

---

[1] Vgl. auch In Mt. comm. ser. 100; 219, 18-22 Klosterm. Ebd. 218, 18 ff. beruft sich Origenes auf eine Überlieferung, wonach das „Zeichen" des Kusses nötig gewesen sei, weil Judas von der Fähigkeit Jesu wusste, sich in verschiedener Gestalt zu zeigen. Vgl. dazu die Parallelen bei Klosterm. im Apparat z. St. und zu 219, 28 ff.

[2] In Mt. comm. ser. 75. 78; 176, 13 ff.

[3] Origenes erwähnt neben ihm Gott, den Satan und die jüdischen Oberen.

[4] Man erhält schon aus dem Referat bei W. Bauer (siehe oben S. 74, Anm. 2), S. 173 f., einen anschaulichen Eindruck davon.

[5] K. H. Rengstorf bei Kittel *ThWB* 2, 1935, 698. J. Jeremias, *Die Gleichnisse Jesu*, Göttingen 1958[5], S. 120. Fr. Rehkopf (s. S. 71 Anm. 1), S. 114. Debrunner[7] § 495, 2 — In dem Fragment 440 GCS 41, 184 Klosterm. vertritt Origenes unter Nennung derselben Matthäusstellen diese Meinung nochmals.

[6] The letters and other remains of D. of A., ed. by Ch. L. Feltoe, Cambridge 1904, S. 26 f.

habe diese zunächst für Räuber gehalten, weil er die stürmische Szene missdeutete. Aber τότε συνείς, ἐφ᾽ ᾧ παρῆσαν, habe er sie beschworen, von ihrem Vorhaben abzulassen (p. 27, 4 ff. Feltoe). Der Herausgeber meint zu ἐφ᾽ ᾧ παρῆσαν, hier liege eine Erinnerung an Mt. xxvi 50 vor. Auch wenn diese Vermutung wohl nicht zutrifft, liefert die Stelle doch ein schönes Beispiel für das relativische ἐφ᾽ ὅ (ἐφ᾽ ᾧ begegnet auch als v. l. zu Mt. xxvi 50, und der Unterschied ist für den Sinn bedeutungslos).

Eusebius von Caesarea [1] stellt Mt. xxvi 50 mit Lc. xxii 48 zusammen, versteht den Satz also wie Origenes als Frage. Der Parteigänger des Athanasius im Abendland, Hilarius von Poitiers, könnte für die gegenteilige Auffassung in Anspruch genommen werden. In seinem Erstlingswerk, dem Kommentar zum Matthäusevangelium, wird die Auslegung der Verratsszene an xxvi 47 angeschlossen [2]. Ihr Sinn ist zu zeigen, dass gegen Christus nur der eingreifen konnte, dem er die *potestas* dazu verliehen hatte.

> „In alledem nimmt die Passion ihren (heilsgeschichtlich) bestimmten Lauf. Und sogar im Kuss des Judas lag dieser Sinn: wir sollten durch ihn darüber belehrt werden, alle unsere Feinde . . . zu lieben. Denn der Herr hat seinen Kuss nicht abgewiesen. Was seine Anrede an Judas angeht 'tu was du tust' (Joh. xiii 27), so gibt er ihm mit diesem Wort die Macht, ihn auszuliefern. Denn in wessen Befugnis es lag, gegen die Häscher (*traditores*) zwölf Millionen Engel aufzubieten (Mt. xxvi 53), der hätte mit leichter Mühe gegen die Ränke und Anschläge eines einzelnen vorgehen können. Schliesslich hat Jesus zu Pilatus gesagt: 'Du hättest gegen mich keine Macht, wenn sie dir nicht gegeben worden wäre' (Joh. xix 11). Also verleiht er mit dem Wort 'Tu was du tust' Macht gegen sich selbst: Judas solle, weil ja der verbrecherische Wille an Stelle der hassenswerten Tat gilt, durch die Tat das tun, was er dem Willen nach schon täte."

In unserem Zusammenhang bemerkenswert ist, dass hier die Erzählung über den Verrat nach Matthäus erfolgt, dass aber das angeführte Wort Jesu aus einem ganz anderen Zusammenhang, aus der Verrats a n s a g e bei Johannes, stammt. Allerdings wird nicht wörtlich zitiert: das *citius* fehlt entsprechend der neuen Verbindung,

---

[1] Dem. ev. 10, 3, 8; p. 458, 9-14 Heikel (GCS 23).
[2] PL 9, 1070 f. Der Text, den ich im ganzen übersetze, ist am Anfang und Ende schwierig. Ich schreibe daher die entsprechenden Partien hier aus: *In his omnibus passionis est ordo. Sed in osculo Iudae haec fuit ratio* (v.l. *traditio*): *ut doceremur inimicos omnes etc. . . . Dat igitur in se potestatem dicendo 'Fac quod facis', scilicet quia voluntatis crimen pro facti pensatur invidia, re perageret, quod voluntate iam faceret* (v.l. *fecerat*). Der Satz mit '*scilicet*' ist Erklärung zu *fac quod facis*: der Verrat war von Judas bisher nur geplant, aber der Plan gilt gleich der Tat.

in die das Wort getreten ist. Das Ergebnis dieser Betrachtung des Hilarius kann nur folgendes sein: Hilarius hat eine ausgeprägte theologische Auffassung von der Passion. Jesus ist in allem der Herr der Lage: erst durch ihn selbst können die Judas und Pilatus Gewalt über ihn erlangen. In der Verratsszene benutzt der Verf. Joh. xiii 27 und nicht, obwohl dies dem Zusammenhang nach erforderlich gewesen wäre, Mt. xxvi 50. Hilarius hat also das *amice ad quod venisti* nicht — um ganz behutsam zu formulieren — für einen deutlichen Ausdruck dessen gehalten, was er mit Joh. xiii 27 im Sinne seiner Christologie besser sagen konnte. Hilarius ist ein wichtiger Autor aus der Zeit des altlateinischen Textes. Er folgt nach der Studie von F. J. Bonnassieux[1] als Repräsentant Mittelgalliens einem Text, der uns in Irland wiederbegegnet. Las er also, wie wir folgern müssen, Mt. xxvi 50 in der von den Itala-Handschriften bezeugten Form *amice ad quod venisti*, so würde der im 7./8. Jh. von der irischen Textgruppe repräsentierte (siehe oben S. 73 f.) Text *amice ad quod venisti fac* durch Hilarius um 350 noch nicht bezeugt sein.

In den um 390 von Johannes Chrysostomus in Antiochia gehaltenen Matthäus-Homilien exegesiert der Prediger die Verratsszene etwa wie folgt [2].

Wie kam Judas dazu, den Verrat mit einem Kuss überhaupt zu wagen? Er vertraute auf die Güte (ἐπιείκεια) des Lehrers. Wozu aber überhaupt das Zeichen? Jesus, schon oft von den Juden ergriffen, war durch sie hindurchgeschritten, weil sie ihn nicht erkannten (u.a. dürfte an Joh. x 39 gedacht sein). Das hätte auch jetzt geschehen können, wenn Jesus die Verhaftung nicht gewollt hätte. Um Judas davon zu überzeugen, blendete er auch jetzt die Häscher und fragte selbst: „Wen sucht ihr?" (Joh. xviii 4). Und sie wussten es nicht, obwohl sie mit Leuchten und Fackeln auftraten und Judas bei sich hatten. Auf die Antwort: „Jesus", erwidert er: „Ich bin es, den ihr sucht", und dazu noch: „Freund, wozu (ἐφ' ᾧ) du da bist" [3]. Denn erst nachdem er seine Macht gezeigt hatte, liess er sich abführen. Johannes (gemeint ist Lukas) erklärt dazu, dass er bis zu diesem Augenblick Judas habe sittlich bessern wollen durch die Frage: „Judas, mit einem Kuss übergibst du den Menschensohn?" (Lc. xxii 48). Im folgenden wird nochmals die Freiwilligkeit Jesu betont und ähnlich

---

[1] *Les Evangiles synoptiques de St. Hilaire de Poitiers*, Lyon 1906: vgl. O. Bardenhewer, *Gesch. d. altkirchl. Lit.*, 3, Freiburg 1923², S. 372.

[2] In Mt. lxxxiii 2; PG 58, 747/48 (Montfaucon VII 793 A/B).

[3] Montfaucon setzt Fragezeichen, aber ohne Grund. Die Stelle heisst: εἶτα ἐπειδὴ εἶπον, ᾽Ιησοῦν, λέγει· ἐγώ εἰμι ὃν ζητεῖτε, καὶ ἐνταῦθα πάλιν, ἑταῖρε, ἐφ' ᾧ πάρει; μετὰ γὰρ τὸ δεῖξαι τὴν ἰσχὺν τὴν ἑαυτοῦ, τότε λοιπὸν συνεχώρησεν. Hier bezieht sich τὸ δεῖξαι τὴν ἰσχὺν auf ἐγώ εἰμι und συνεχώρησεν auf ἐφ' ᾧ πάρει. Daher kann letzteres keine Frage sein. So auch E. C. E. Owen, s.u. S. 85, 4.

wie bei Hilarius hervorgehoben, dass die Häscher nichts hätten ausrichten
können, wenn Jesus es nicht zugelassen hätte. Diese Freiwilligkeit Jesu
aber entlaste Judas nicht, sondern im Gegenteil führe sie ihn zu einer um
so schlimmeren Strafe. Daran schliesst der Prediger eine Ermahnung
gegen die Habsucht.

Es scheint mir vollkommen deutlich, dass der Redner ἐφ' ᾧ πάρει
relativisch auffasst. Er kombiniert die Worte mit dem Machtmotiv,
und dies muss dazu führen, an eine Aufforderung zu denken. Wir
hätten somit zu konstatieren, dass sich bei Johannes Chrysostomus
— dank seiner antiochenischen Tradition? — eine von der bisher
durch Origenes beherrschten Exegese freie Auffassung vorfindet [1].
Auch das Motiv des Zeichens durch den Kuss wird nicht wie bei
Origenes mit der Wandlungsfähigkeit der äusseren Gestalt Jesu
erläutert, sondern mit seinem freien Willen, der ihn erst zu der von
ihm bestimmten Zeit sich ausliefern liess. Aber Judas, obwohl nur
Werkzeug, bleibt dennoch verdammenswert.

---

[1] Ich kleide diese Feststellung in den Potentialis, da sich in den gleich
zu nennenden sonstigen Behandlungen der Stelle bei Chrysostomus die
Beobachtung nicht wiederholt. Allerdings handelt es sich bei ihnen um
Texte von zweifelhafter Echtheit. Die Auslegung der Verratsszene in der
Predigt De prod. Iudae, PG 50,718 (Montf. II 722E. 723A), gibt z. St.
neben dem obigen Referat nichts neues her. Mt. xxvi 50 wird als Frage
verstanden. Wenn an der zweiten Stelle (PG 50,718 = 723 A) ἐφ' ᾧ πάρει von
einer Reihe von Imperativen gefolgt ist, so ist deren ironischer Sinn zu
deutlich, um an eine heilsökonomische Auffassung denken zu lassen. — Die
beiden Homilien De proditione Iudae (PG 49,375ff. = II 376ff Montf.)
sind in ihrem literarischen Verhältnis zueinander noch nicht geklärt, auch
ist ihre Echtheit nicht unangefochten. Die Gedanken erinnern stark an das
im Mt.-Kommentar Ausgeführte. Der Prediger beschäftigt sich aber hier
besonders mit der Pädagogik Jesu gegenüber Judas bis zum letzten Abend,
die auch für die Christen bedeutsam sei, weil sie die Busse noch in letzter
Stunde einschärft. Selbst den Häschern gab ihr Zubodenstürzen vor der
Hoheit Jesu noch diese Gelegenheit. Der Vers 50 wird in beiden Homilien
nicht behandelt. — In der Sammlung der Spuria im 8. Bande bei Montf.
(= PG 59) mit besonderer Paginierung steht S. 247 ein Sermon In latronem
et in proditionem servatoris nostri I. Chri. Die Christologie beherrscht die
Ausführungen, denn der Prediger apostrophiert Judas mit der Frage, wie
er es wagen könne, den Herrn der Welt (nach Jes. lxvi 1) verhaften und abführen zu lassen (S. 248 B Montf.). Das ἑταῖρε, ἐφ' ᾧ πάρει wird paraphrasiert: „ἀσπάζομαί σε, Judas, nicht um dir Liebe zu erweisen, die du ja abgelehnt hast, sondern um die verliehene Gnade von dir zu nehmen." Wenn
die Anrede an Judas als G r u s s bezeichnet wird, so könnte das vermuten
lassen, dass unser Redner die Worte ἐφ' ᾧ πάρει nicht als Frage, sondern als
Wunsch empfindet. Aber gleich der anschliessende Satz macht das zum
mindesten nicht klar. Und vorher war davon die Rede, dass sich in dem ἐφ' ᾧ
πάρει die Langmut (ἀνεξικακία) des Herrn ausdrücke, das heisst m.a.W.:
indem er sich so stellt, als müsse er noch fragen, lässt er sich zu dem Verräter, unempfindlich gegen die ihm angetane Schmach, herab.

Mit Hieronymus sei dieser Überblick über die Väterexegese beendet. Es war schon bemerkt worden (siehe oben S. 73), dass er zu Mt. xxvi 50 nur notiert:

> verbum 'amice' κατὰ ἀντίφρασιν intelligendum vel certe iuxta illud, quod supra legimus 'amice, quomodo huc intrasti, non habens vestem nuptialem?'

Er will also die Anrede *amice* hier nicht eigentlich gemeint sein lassen, sondern hält sie für Ironie oder Euphemismus [1], um sie, wie Origenes, schliesslich nach Analogie von Mt. xxii 12 zu verstehen [2].

Diese Überschau hat ergeben, dass alle Väter von der schon in den Evangelien sich formierenden christologischen Exegese der Verratsszene bestimmt sind: Christus wusste das Kommende voraus und wollte es so, wie es kam. Die Problematik, die sich daraus für die Beurteilung des Judas ergibt, wird gesehen. Er tat ja, was der Herr wollte, aber er tat es aus eigenem freien Willen, und das war seine Schuld.

Trotz diesem Vorverständnis ist mit der alleinigen Ausnahme der einen Chrysostomus-Stelle bei keinem der befragten Väter eine wirklich befriedigende Spur der finalen Auffassung des ἐφ᾽ ὃ πάρει vorhanden. Seit Origenes versteht man die Worte als Frage, sofern man den Vers überhaupt erwähnt. Dies Ergebnis überrascht, wenn man die doch sehr andere Lage bei den Übersetzungen vergleicht. Es ist eigentlich nicht verwunderlich, dass der Sinai-Syrer (4. oder 5. Jh.) sich dem einheitlichen Chorus der Exegeten angeschlossen hat. Auf welches Alter der von ihm vertretene Übersetzungstypus zurückgeht, ist freilich auch heute noch nicht entschieden. Verwunderlich ist es vielmehr, dass die Peschitto sich von der Tradition des älteren syrischen Neuen Testaments und von dem Einfluss der Kirchenväter hat freihalten können. Man wird darin das Bestreben nach wörtlicher Wiedergabe der griechischen Vorlage erblicken müssen.

Untersucht man die Meinung der altkirchlichen Exegeten über den Sinn der fragenden Apostrophe Jesu, so sind die Antworten recht verschieden. Warum musste Jesus überhaupt noch fragen,

---

[1] Zu κατὰ ἀντίφρασιν verweisen Liddell-Scott unter anderem auf Porphyrius, Gegen die Christen, frgm. 87 bei A. v. Harnack = Abh. Pr. Akad. Wiss. 1916, I: ἄλλο δὲ τούτου (sc. Ἰησοῦ) πρᾶγμα πολὺ λογιώτερον — κατ᾽ ἀντίφρασιν λέγω — θέμις διασκοπῆσαι.

[2] Die schon PL 26, 202 einsetzende Beschäftigung mit Judas enthält zu den bisherigen in der Auslegung hervorgetretenen Gedanken nichts neues.

da er doch wusste, dass Judas kam, und wozu er kam! Er tat es, um sich als Mensch in seiner scheinbaren Unwissenheit zu erweisen oder um Judas noch im letzten Augenblick Gelegenheit zur Reue zu geben; er tat es aus Güte gegen das Mitglied des vertrauten Jüngerkreises oder umgekehrt, um ihm mit dieser Frage seine Gnade, die in der Wahl zum Jünger lag, zu entziehen. Der Zorn des künftigen Richters wird in der Frage gespürt, und das schauerliche Ende des Verräters steigert nur die Grösse seiner Schuld. So wird der 'Tonfall' der Worte, um mit Rehkopf (siehe oben S. 72) zu sprechen, durch die ganze Skala menschlichen Empfindens hindurchgeführt, ein sicheres Zeichen dafür, dass wir auf diesem Wege nicht zu einer Entscheidung kommen, sondern uns auf dem weiten Felde 'novellistischer' Ausdeutung befinden [1].

Auch die Anrede ἑταῖρε bleibt in der Exegese mit dem Vorzeichen verschiedener Möglichkeiten belastet. Sie gehört mit zu dem Beweis für die Güte Jesu gegenüber Judas noch in diesem Augenblick, sie enthält einen Tadel für das heuchlerische Benehmen des Jüngers, weil dies Wort auch sonst gegenüber schlechten Menschen gebraucht wird. Und schliesslich wird aus dem gleichen Grunde in dieser Anrede schlechtweg bittere Ironie gesehen. Man kann wohl schwerlich diese zum Teil entgegengesetzten Gemütswerte, die in das Wort gelegt werden, vereinigen wollen [2].

III

Fragen wir jetzt, was der E v a n g e l i s t ausdrücken wollte, als er seiner Markusvorlage die Antwort Jesu auf den Gruss des Judas einfügte. Fr. Rehkopf hat in seinem so geschlossen wirkenden Beweisverfahren doch eine Lücke gelassen. Auf S. 111 erwähnt er zwar die grammatische Möglichkeit eines elliptischen Ausdrucks, glaubt sie aber mit einer Handbewegung abtun zu können. Wir müssen sie, meine ich, ernst nehmen. Ellipsen treten auf bei formelhaften Wendungen, die so vertraut sind, dass man die Ergänzung dem Hörer überlassen kann. Der Gruss 'Guten Tag' im Deutschen will zu „Einen guten Tag heute wünsche ich" ergänzt werden. Im griechischen Briefpräskript lautet der Gruss ὁ δεῖνα τῷ δεῖνα χαίρειν

---

[1] M. Dibelius, *Die Formgeschichte des Evangeliums*, Tübingen 1933[2], S. 198 f. Anm. 1.

[2] So Fr. Rehkopf nach dem Vorgang von J. Jeremias "die Anrede ist gütig und vorwurfsvoll zugleich": *l.c.* S. 114. Ähnlich schon A. Deissmann *l.c.* S. 100, 103.

(sc. λέγει). Kann eine ähnliche Ellipse des Gruss-Stils hier in Mt. xxvi 50 vorliegen? Paul Maas, der einstige Berliner und dann Königs-berger, jetzt in Oxford lebende Gräzist, hat in zwei Notizen die Frage bejaht[1]. Es müsse sich um eine Formel handeln, und zwar um einen Gruss etwa des Inhalts: 'Der Herr segne dein Vorhaben!' Mit dieser Formel würde zugleich der Gruss des Besuchers erwidert. Soweit ich sehe, haben sich die Kommentatoren des Matthäus-evangeliums einschliesslich Rehkopfs diese Notizen, die ihnen durch Walter Bauer in seinem Wörterbuch (1958[5] s. ὅς I 2a. bβ. 9b und s. πάρειμι 1a) nachgewiesen waren, entgehen lassen. Sehr zum Schaden der Sache! Denn indem hier auf f o r m e l h a f t e n Grusstil hingewiesen wird, hebt sich diese Ellipse von allen übrigen Vorschlägen ab, die Rehkopf wegen ihrer Verschiedenartigkeit mit einigem Recht gegeneinander ausspielen und als willkürlich ab-lehnen kann. Maas bringt zu Mt. xxvi 50 und zu der Deissmann-schen Becherinschrift folgende Belege bei: Iamblich., Vita Porph. § 145 (ed. A. Nauck 1884): καί τις ἤδη ἐπιβάντι τοῦ πλοίου εἶπεν· ,,ὅσα βούλει, παρὰ τῶν θεῶν, ὦ Θυμαρίδα." καὶ ὅς ,,Εὐφήμει", ἔφη, ,,ἀλλὰ βουλοίμην μᾶλλον ὅσ' ἄν μοι παρὰ τῶν θεῶν γένηται". Ferner aus Plautus: ,,Salve!" — ,,Di dent quae velis!" (Epidicus 6, ähnlich Asinaria 623, Miles 10, 37, Persa 483. 766, Poenulus 687. 1055, Stichus 469, Trinummus 436. 1152, vgl. Horat., Sat. 1, 9, 4). Die Grussformel bei Jamblich würde nach diesen Beispielen voll ausge-schrieben lauten: ὅσα βούλει, παρὰ τῶν θεῶν (γένοιτό σοι).

D i e s e   G r u s s f o r m e l   h a t   m a n   a l s   H i n t e r g r u n d d e s   W o r t e s   M t. xxvi 50 a n z u s e h e n. Der Evangelist lässt bereits Judas sich des griechischen Grusses[2] bedienen: χαῖρε, ῥαββί, wobei nur das ῥαββί seiner Vorlage entstammt. Es ist daher das Nächstliegende, auch bei dem Gegengruss Jesu an eine Stili-sierung des Matthäus und zwar im Sinne der griechischen Formel zu denken. Deren polytheistischen Charakter ins Monotheistische umzudenken, war für einen christlichen Verfasser und seine Leser selbstverständlich. Aber man muss wohl noch weitergehen, will man den vollen Sinn dessen ermitteln, was Matthäus mit der An-wendung der griechischen Grussformel durch Jesus ausdrücken will. Es ist ja keine alltägliche Begegnung, auch kein gewiss das

---

[1] *Byzantinisch-Neugriechische Jahrbücher*, Athen, 7. Band Jahrg. 1928/9, S. 99 und 9. Bd. Jahrg. 1930/31, S. 64.
[2] Über die hebräische (aramäische) Grussformel שָׁלוֹם עָלֶיךָ, bzw. שְׁלָמָא עֲלָךְ s. Billerbeck 1, 380 f.; 2, 584 f.

Gemüt beanspruchender Abschied vor einer Seereise, wie bei dem
gerade an Bord gehenden Thymaridas des Jamblich. Es ist vielmehr
der Augenblick des Beginns der Passion, die sich gerade bei Matthäus
durch höchste christologische Bedeutsamkeit auszeichnet [1]. Wenige
Verse zuvor hat der Evangelist das Gebet Jesu in Gethsemane
geschildert, im wesentlichen sich an Markus anschliessend, aber
dessen Darstellung durch leichte Überarbeitung schärfer betonend.
Am wichtigsten ist in dieser Hinsicht Mt. xxvi 42 b, ein von Matthäus zugefügtes Versstück:

πάτερ μου,
εἰ οὐ δύναται τοῦτο παρελθεῖν,
εἰ μὴ αὐτὸ πίω,
γενηθήτω τὸ θέλημά σου.

Das γενηθήτω τὸ θέλημά σου hat Matthäus hier aus der Bergpredigt
(vi 10b) wiederholt. Die damit gelobte Einordnung in Gottes
Willen v o l l z i e h t nach seinem Bericht Jesus nun gegenüber dem
Verräter und allem, was seiner Tat folgt:

ἑταῖρε, ἐφ' ὃ πάρει (γενηθήτω).

Erst auf dieses Wort hin können die Häscher Hand an ihn legen [2].
Die hinter dieser Schilderung stehende theologische Absicht, Jesus
als den Herrn seines Schicksals zu zeigen, hat die patristische Exegese richtig verstanden, wenn sie auch — eine gewiss merkwürdige
Tatsache! — für das sprachliche Ausdrucksmittel, d.h. den christologisch interpretierten griechischen Gruss, kein Empfinden mehr
hatte [3].

Es gibt, soweit mir bekannt, nur eine genaue Parallele zu unserer
Stelle aus der christlichen Literatur: sie findet sich im Martyrium
der Heiligen Carpus, Papylus und Agathonice. Über die Zeit des
Martyriums und des entsprechenden Berichtes besteht noch keine
Einigkeit: das 2. Jh. (Mark Aurel) oder das 3. Jh. (Decius) kommen

---

[1] M. Dibelius *l.c.* S. 198.

[2] Vgl. oben S. 71. Der Zusammenhang der Verhaftung mit dem Wort
Jesu wird durch den Zusatz τότε προσελθόντες (ἐπέβαλον κτε.) zur Markus-
Fassung von Matthäus deutlich hervorgehoben.

[3] Die obige Ergänzung der Ellipse durch γενηθήτω trifft ganz nahe mit
dem Vorschlag von Ed. Schwartz (o. S. 73 Anm. 1) zusammen, der an γενέσθω
dachte. Die Ergänzung mit ποίησον (siehe Fr. Rehkopf *l.c.* S. 111, Anm. 18)
ist an sich naheliegend, gibt aber den Zusammenhang mit der theophoren
Grussformel auf. Deshalb halte ich das Auftreten von ποίησον bzw. seinen
Entsprechungen in den Übersetzungen (vgl. o. S. 73 f.) für keine Spur des
Ursprünglichen, sondern für Interpretation der voneinander unabhängigen
Übersetzer nach Joh. xiii 27. Vgl. u. S. 91, Dr. Thieles gleiches Urteil.

in Frage. Der Bericht ist griechisch und lateinisch überliefert [1].
Nach dem Zeugentode des Carpus und des Papylus habe sich,
so wird anschaulich und für die Psychologie der Märtyrer aufschluss-
reich geschildert, eine Zuschauerin, Agathonike, zum Martyrium
gedrängt. Als mitleidige Umstehende sie hindern wollten und sie
an ihren Sohn erinnerten, habe sie gerufen (S. 13, 15 ff.):

> Θεὸν ἔχει τὸν δυνάμενον αὐτὸν ἐλεῆσαι, ὅτι αὐτός ἐστιν ὁ πάντων προνοητής·
> ἐγὼ δὲ ἐφ' ὃ πάρειμι —, καὶ ἀποδυσαμένη τὰ ἱμάτια αὐτῆς ἀγαλλιωμένη ἐφή-
> πλωσεν ἑαυτὴν ἐπὶ τὸ ξύλον.
> Bei diesem Anblick seien die Zuschauer in Klagen über den harten
> Gerichtsspruch und die ungerechten Erlasse (der Kaiser) ausgebrochen.
> Sie aber habe, als der Marterpfahl aufgerichtet wurde und die Flammen
> sie ergriffen, dreimal gerufen: „Herr, Herr, Herr, hilf mir, denn zu dir
> nahm ich meine Zuflucht!"

Der Sinn ist auch hier wie Mt. xxvi 50 nicht ohne weiteres klar. Die
früheren Herausgeber haben die Worte ἐγὼ δὲ ἐφ' ὃ πάρειμι als
Frage aufgefasst, und einer von ihnen, G. Rauschen, übersetzt
entsprechend [2]: „Aber ich, was stehe ich hier?" Eine rhetorische
Frage also, zu der man ein „noch" ergänzen könnte, und die etwa
bedeutet, warum zögere ich noch! G. Krüger denkt bei seinem hinter
πάρειμι gesetzten Gedankenstrich wohl an eine Aposiopese mit
ähnlichem Sinn: ἐγὼ δὲ ἐφ' ὃ πάρειμι (τοῦτο ποιήσω). Aber hatte
Agathonike, als sie zur Hinrichtungsstätte kam, die Absicht, sich
den Märtyrern anzuschliessen? Davon sagt der Text nichts, im
Gegenteil, S. 13, 10 ff. wird ein plötzlich sie ergreifender Enthu-
siasmus geschildert, der sie vorwärtstreibt. Also der Entschluss fiel
erst auf der Richtstätte, und dass sich Agathonike hier vorfand,
wird von ihr, die sich vielleicht nur aus Neugier auf den Weg
gemacht hatte, als himmlischer Ruf verstanden. Für das irdische
Dasein ihres Sohnes soll Gott mit seiner Vorsehung sorgen; auch
sie selbst legt ihr Schicksal, zu dem sie sich bestimmt weiss, in seine
Hände: ἐγὼ δὲ [3], ἐφ' ὃ πάρειμι (γενηθήτω μοι) [4]. Hier liegt also ebenso

---

[1] Ich benutze den Abdruck bei R. Knopf-G. Krüger, *Ausgew. Märtyrer-
akten*, Tübingen 1929, S. 8-13.
[2] *Bibl. d. Kirchenväter* Bd. 14, Kempten 1913, S. 316.
[3] Hier ist zu interpungieren; so auch G. Rauschen.
[4] In der Beurteilung des Martyriums, besonders des Verhältnisses der
griechischen und lateinischen Fassung zum vorauszusetzenden ursprünglichen Bericht, folge ich H. Lietzmann, Die älteste Gestalt der Passio SS.
Carpi Papylae et Agathonices = *Kleine Schriften I*, Berlin 1958, 239-250
(TU 67). Eine neue Ausgabe der Texte findet man bei H. Delehaye, Les
Martyrs de Pergame = *Anal. Boll.* 58, 1940, 142-176. Der englische Übersetzer des Martyriums E. C. E. Owen, *Acts of the early Martyrs*, Oxford 1927,

wie Mt. xxvi 50 die griechische Grussformel zugrunde. Je nachdem
ob man meint, dass der Bericht die Worte im Anschluss an den
Evangelisten oder in selbständiger Umformung der Grundlage
wiedergibt, könnte man auch ergänzen wollen (γένοιτό μοι παρὰ τοῦ
θεοῦ).

Fr. Rehkopf hatte seine Auffassung durch die Parallele von Mt.
xxvi 50 mit Lc. xxii 48 stützen zu können gemeint (siehe oben
S. 71). Betrachtet man jedoch bei beiden Verse hinsichtlich i h t e t
F u n k t i o n i m A u f b a u d e r V e r r a t s s z e n e, so kann
man von ihnen nicht als Parallelen sprechen. Matthäus gibt mit
dem Wort Jesu an Judas den A u f t a k t zur Verhaftung. Bei
Lukas dient die den Kuss vorwegnehmende Frage an Judas dazu,
Jesu Allwissenheit hervorzuheben und ihn für Judas unnahbar zu
machen, so dass wir hier Lukas auf dem Wege zur johanneischen
Darstellung sehen, wo die Episode überhaupt gestrichen ist. Parallel
dagegen ist Lukas mit Mt. xxvi 50 an der entsprechenden Stelle
seiner Verratsschilderung, das heisst an ihrem Ende xxii 53 b.
Auch hier bildet ein nicht aus Markus stammendes Wort Jesu den
A u f t a k t zur Verhaftung: „Aber diese Stunde steht in eurer
Gewalt und unter der Macht der Finsternis." Hier wird im Sinne
des lukanischen Gesamtaufbaus der evangelischen Geschichte
festgestellt, dass der mit der Versuchung nach iv 13 ἄχρι καιροῦ
von Jesus gewichene Teufel nunmehr an sein Werk gehen kann.

Der erste und der dritte Evangelist sind sich also in der Auffassung eines heilsgeschichtlichen Ablaufs völlig einig, aber man
kann doch noch eher, wie schon die Kirchenväter, dem Matthäus-
wort von xxvi 50 als die ihm nächstkommende Parallele Joh. xiii 2ä
„Was du tust, das tue bald", zur Seite stellen.

Die Anrede ἑταῖρε = 'Freund' Mt. xxvi 50 hat hier bisher keine
nähere Untersuchung erfahren. Der Ausdruck muss, wenn wir von
der oben (vgl. Seite 75 f.) rekonstruierten Auffassung des Judas-
evangeliums absehen, im Rahmen der christologisch verstandenen

---

hat S. 136 den Zusammenhang zwischen den Worten Agathonikes und
Mt. xxvi 50 gesehen und beide Stellen für Ellipsen erklärt: *J. Theol. Studies*
29, 1928, 384-386. Im Falle der Agathonike wäre der Sinn: 'I (emphatic,
contrasted with 'my son') must do that for which I am here'. Owen zieht
auch die Becherinschrift (o. S. 73) bei und folgert: "The evidence, very
strong otherwise for the sentence in St Matthew being elliptical and not
interrogative becomes in the light of these additional passages conclusive".
Der Sinn bei Mt. komme dem von Joh. xiii 27 nahe. Es handele sich überall
um eine Wendung aus der Umgangssprache, für die weitere Beispiele
sicherlich noch beigebracht werden könnten. Zu dieser Erwartung s.o. S. 83.

Szene auf das stärkste befremden. Die Verlegenheit der Kirchenväter ihr gegenüber ist deutlich (siehe oben S. 82). Schon bei
ihnen begegnet der Versuch, diese vertrauliche Bezeichnung als
Euphemismus nach Analogie des Sprachgebrauches in den Gleichnissen Jesu Mt. xx 13 und xxii 12 anzusehen. Man könnte an das
deutsche Deminutiv 'Freundchen' erinnern, dem ja ebenfalls ein
pejorativer Sinn anhaftet. Aber passt dieser spöttische Ton in den
Zusammenhang? Ich denke, nein Wir müssen also eine andere
Erklärung suchen.

Zunächst sei mit Rengstorf [1] festgestellt, dass sich die Jünger
Jesu nicht, wie es bei den Rabbinenschülern üblich war [2] als ἑταῖροι
bezeichnet haben. Die einzige, von Rengstorf nicht erwähnte, Ausnahme findet sich (vgl. Bauer, in Anm. 2) im Petrus-Evangeli-
um vii 26 (p. 5, 27 Klostermann): ἐγὼ δὲ (sc. Petrus) μετὰ τῶν
ἑταίρων μου . . . Aber diese Ausnahme besagt für den frühkirch-
lichen Sprachgebrauch nichts, denn hier gilt sicherlich Rengstorfs
Satz: Aber auch die Christen (nicht nur die Jünger) haben sich
untereinander nicht als ἑταῖροι, sondern als ἀδελφοί gefühlt [3].

Was aber meint Matthäus, wenn er eine für die frühen Christen
nicht belegbare und in der Verratsszene anstössige Anrede von
Jesus gebraucht sein lässt? Die Antwort knüpft an die längst bekannte Tatsache an, dass Matthäus, wie auch die anderen Evangelisten, aber er in besonderem Masse, sein Evangelium und vor
allem die Passionsdarstellung im ständigen Blick auf das Alte
Testament geschrieben hat [4]. So darf vielleicht zu Mt. xxvi 50 ver-

---

[1] Vgl. seinen Artikel ἑταῖρος bei G. Kittel, *ThWB* II 1935, 697-699. Die
Utrechter phil. Dissertation von J. P. A. Ernstmann, Οἰκεῖος, Ἑταῖρος,
Ἐπιτήδειος, Φίλος, 1932, war mir nicht zugänglich.
[2] Dasselbe gilt für die Philosophenschulen: s. W. Bauer, *Wb*[5] S. 622.
[3] W. Bauer *l.c.* weist für eine a l l g e m e i n e Anwendung von ἑταῖρος
auf Mt. xi 16 hin. Hier findet sich für ἑτέροις die v. l. ἑταίροις in G al vg sy,
und in Θ ist zu ἑταίροις noch αὐτῶν hinzugefügt, ein Zusatz, der auch bei
ἑτέροις in C It pl sy (sämtliche Angaben nach Nestle) begegnet. Die Textent-
wicklung ist klar: aus ἑτέροις entstand durch Itazismus ἑταίροις, und diese
Variante zog das αὐτῶν nach sich, das wiederum sich vielfach mit dem
ἑτέροις des herrschenden Textes verband.
[4] N. A. Dahl, Die Passionsgeschichte bei Matthäus, *New Test. Studies* 2,
1955/6, 17-32, bes. S. 23. Ph. Vielhauer, Gottesreich und Menschensohn, in:
Festschrift f. G. Dehn, 1957, S. 51-79 will die Einführung des Judas in den
Zwölf-Jünger-Kreis als in die engste Umgebung Jesu überhaupt erst auf
Grund von Psalm xli 10 (vgl. Mc. xiv 18; Joh. xiii 18) erfolgt sein lassen,
ohne übrigens die geschichtliche Gestalt des Verräters zu eliminieren (S. 62).
Für diese tritt entschieden ein M. Dibelius, Judas und der Judaskuss,

mutet werden, dass der Evangelist an eine Schriftstelle erinnern wollte. Der Psalmvers xli 10, obwohl er mit seinen Worten ὁ ἐσθίων ἄρτους μου für die Abendmahlsperikope wichtig geworden ist, hat für die Anrede nichts unmittelbar Zügiges, auch nicht Ps. lv 14. Aber schon J. A. Bengel führt in seinem Gnomon in N. T^{um} z. St. Sirach xxxvii 2 an: οὐχὶ λύπη ἔνι ἕως θανάτου / ἑταῖρος καὶ φίλος τρεπόμενος εἰς ἔχθραν; Hier wird neben dem unmittelbaren Zusammentreffen mit der Anrede von Mt. xxvi 50 noch eine zweite Beziehung zur Passionsgeschichte sichtbar: es sind die Worte Jesu in Gethsemane xxvi 38 περίλυπός ἐστιν ἡ ψυχή μου ἕως θανάτου. Sie stammen aus Psalm xlii 6, aber die Worte ἕως θανάτου finden dort keine Deckung. So darf man vermuten, dass dem Evangelisten schon hier Sir. xxxvii 2 vorschwebte, ein Vers, in dem er dann Judas im voraus abgebildet fand.

Soweit ich sehe, wird der Hinweis des alten Bengel in der neueren Literatur nicht beachtet. Geschieht dies, weil der Siracide von zweifelhafter Kanonizität und seine so frühe Verwendung durch Christen nicht bezeugt ist? Immerhin steht Jesus Sirach allen alttestamentlichen Apokryphen an Wertschätzung im palästinischen Judentum voran und hat er innerhalb des Urchristentums bereits durch den Jakobusbrief eine ansehnliche Berücksichtigung erfahren. Bei den hellenistischen Christen galt er seit Clemens von Alexandrien so gut wie eine kanonische Schrift. Es scheint mir demnach nicht ausgeschlossen zu sein, dass er in der Gemeinde des Matthäus, die wir uns als eine zweisprachige palästinische zu denken haben, benutzt worden ist, und dass daher der Evangelist gelegentlich auf ihn zurückgreifen konnte. So mag das ἑταῖρε in xxvi 50 seine einfache Erklärung als Anspielung auf Sir. xxxvii 2 finden.

---

in *Botschaft u. Geschichte* Bd. 1 1953, 272-277. — Paul Winter, *On the trial of Jesus*, Berlin 1961, stellt einleuchtend in dem Kapitel The Arrest (S. 44 ff., vgl. 146 f.) das Vorliegen zweier Traditionen über die Verhaftung fest. Nach der einen, synoptischen, sei Jesus von den Juden, nach der andern, johanneischen, von römischem Militär festgenommen worden. Judas [gehöre zur synoptischen Tradition und] sei bei Johannes ersichtlich zum Zweck der Harmonisierung eingetragen worden (S. 45). Auch wenn die Sachlage so gesehen werden muss, ändert sich an der oben beobachteten Entwicklung der Verhaftungsszene nach dem Prinzip stärkerer christologischer Akzentuierung nichts. Denn gerade wenn auf den Johannestext das Bedürfnis nach Angleichung an die Synoptiker eingewirkt haben sollte, muss die Zurückhaltung bei der Übernahme der Person des Judas erklärt werden. E. Bickermann, Utilitas Crucis, in *Revue de l'Hist. des Religions* 112, 1935, 171-241, will S. 217 keine literarkritische Operation für nötig halten.

Nils Astrup Dahl hat den zweiten Teil seines bereits S. 87 Anm. 4 angeführten Aufsatzes über „die Passionsgeschichte des Matthäus" dem theologischen Anliegen des Evangelisten bei der Darstellung der Passion gewidmet. Aus diesem Zusammenhang (S. 25) seien die folgenden Sätze zitiert: „Überhaupt wird die Freiwilligkeit des Leidens Jesu stark betont. Ein Beispiel dafür ist die Neugestaltung der Gethsemane-Perikope (vgl. besonders xxvi 42). Das Wort Jesu ist das Signal, welches das ganze Geschehen erst in Gang setzt (xxvi 1-2, vgl. 18, 25 und auch das ἐφ' ὃ πάρει bei der Gefangennahme xxvi 50). Das ist alles bekannt; Dibelius hat z.B. gezeigt, wie bei Matthäus Jesus mitten im Leiden der mit Vollmacht ausgerüstete Sohn Gottes bleibt (Formgeschichte 1933², S. 197-199)." In der Tat: das ist alles bekannt! Der vorliegende Aufsatz hat nur den Sinn, gegenüber einer historisierenden Auffassung von Mt. xxvi 50 die christologische Funktion dieses Verses im Ganzen der Passionsgeschichte des Evangelisten durch Aufdeckung des philologischen Sachverhalts und der Geschichte der alten Exegese zu sichern [1]. Es ist sehr zu bedauern, dass Fr. Rehkopf bei seiner gleichfalls philologischen Intention das Theologische ganz beiseitegeschoben und mit keinem Worte seine Leser über den hierin erzielten weitgehenden Konsensus unterrichtet hat [2].

Zum Abschluss sei dieser Konsensus an neueren Bibelübersetzungen kurz erwiesen. Im deutschsprachigen Raum herrscht zwar noch weitgehend die Auffassung von Mt. xxvi 50 als Frage: so im revidierten Luthertext, in der Zürcher Bibel, bei Karl Weizsäcker. Aber schon H. J. Holtzmann [3] hatte von Joh. xiii 27 her hier einen Imperativ „das thue" ergänzt, Julius Schniewind [4] diese Ergänzung erwogen und M. Dibelius sie ausdrücklich in das von ihm

---

[1] Die Auslegungsgeschichte seit der Reformation behandelt unter systematischem Gesichtspunkt Kurt Lüthi, *Judas Iskarioth*, Zürich (1955).

[2] Besonders fällt dies S. 111, Anm. 21 auf. Denn hier wird zwar E. Lohmeyers Übersetzung des Wortes, aber nicht seine tief sich in die Auffassung des Mt. einfühlende Auslegung erwähnt, die in dem Satze gipfelt: „Wozu Judas gekommen ist, darum hat Jesus in mitternächtiger Stunde gerungen und die Gewissheit empfangen: Es ist Gottes Wille, genaht ist die Stunde, genaht der Verräter. Diese Worte setzen das Sigel unter jene Offenbarung Gottes, er selbst setzt das Sigel, er weiss und will und wirkt selbst mit, wozu Judas gekommen ist, er heisst ihn darum seinen Freund" (E. Lohmeyer-W. Schmauch, asD Evgl. des Matthäus, *Kritisch-exeget. Komm.* von H. A. W. Meyer, Sonderband, Göttingen 1956, S. 364). S. auch Bickermann l.c. 240 f.

[3] Die Synoptiker (*Hand-Commentar z. NT* I 1), 1901³, S. 291.

[4] *Das NT deutsch*, Bd. 2, Gött. 1950⁵, S. 263.

und anderen herausgegebene Bibel-Hausbuch aufgenommen [1]. Die neueste englische Bibel [2] hat mit ihrer imperativischen Fassung bereits einen Vorgänger in der Revised Version von 1881, die auch in The World's Classics von 1929 eingegangen ist [3]. Schliesslich hat sich auch die neue von den Jerusalemer Dominikanern veranstaltete französische Bibelübersetzung von der mittelalterlichen lateinischen Bibel, die auf die Übersetzungen in die Nationalsprachen einen grundlegenden Einfluss ausgeübt hat, auch wo diese auf den griechischen Text zurückgriffen, gelöst und versteht unser Textwort imperativisch [4].

Der Konsensus besteht mithin in dem Verständnis des Verses als eines elliptischen Ausdrucks. Dass die Ellipse von Joh. xiii 27 her mit ποίησον ergänzt wird, ist nicht ganz abwegig, weil auch das Jesuswort bei Johannes einen christologischen Hintergrund hat. Aber die Ergänzung entspricht doch nicht der Intention des Matthäus, der von der griechischen Grussformel aus und in enger Zusammenordnung von Gethsemanegebet und Verhaftungsszene einen schlichten Ausdruck für das Aufgehen von Jesu Willen in Gottes Willen geschaffen hat:

ἑταῖρε ἐφ' ὃ πάρει γενηθήτω.

ANHANG

Die Lesart a d q u o d v e n i s t i fac
Auszug aus einem Brief von Dr. Walter Thiele, Beuron

Woher hat der irische Vulgatatext diese Lesart? Für die Evangelien habe ich noch nicht ein so sicheres Urteil wie für Act, Paul, cath, Apc; in diesen Teilen des NT sind die Abweichungen der irischen Vulgatazeugen vom richtigen Vulgatatext zum grossen Teil zurückzuführen auf Reste der Vetus Latina, die sich 'in dieser Ecke'

---

[1] *Das Ewige Wort*, Gotha 1941, S. 338: „Tu, wozu du kamst, Gesell!"

[2] *The New English Bible*: New Test., Oxford 1961: „Jesus replied, 'Friend, do what you are here to do' ". In der grossen Ausgabe wird noch die Frageform der älteren englischen Übersetzungen erwähnt, in der kleinen nicht.

[3] Hier heisst es: „Friend, do that for which thou are come." In der amerikanischen Revised Standard Version von 1946 wird z. St. angemerkt, dass die im Text stehende Frage auch wiedergegeben werden könne durch „do that for which you have come".

[4] *La Sainte Bible traduite en français sous la direction de l'Ecole Biblique de Jérusalem*, Paris 1956: „Ami, fais ta besogne." In der Anm. lehnt der Übersetzer (P. Benoit) die Auffassung als Frage ab.

länger erhalten haben als etwa in Gallien oder Italien. In Apc kann
man diesen „altlateinischen” Charakter auch nachweisen ohne
direkte altlateinische Bezeugung, das heisst also, D vertritt in Apc
einen Vetus-Latina-Typ, der sonst nicht greifbar wird. Auch für die
Evangelien ist dieser altlateinische Einfluss als das Hauptmoment,
das den irischen Vulgatatext geprägt hat, anzunehmen. Aber ob er
für jede Einzellesart anzunehmen ist? . . . Für Mt. xxvi 50 ist die
Vetus Latina eigentlich recht breit vertreten, aber *fac* oder ein
entsprechendes Wort, das den Relativcharakter von *quod* herausstellen würde, ist nicht bezeugt. Es könnte dieser Zusatz also
auch erst im Laufe der Vulgataüberlieferung entstanden sein. Aber
gleich, ob Vetus Latina oder Vulgata: wenn einmal *quod* (nicht
quid) gelesen wird, liegt ein Verbum als Ergänzung nahe; Wordsworth-White machen auf Joh xiii 27 aufmerksam: *quod facis fac
citius.* — An eine gelehrte Entstehung der Variante durch direkte
Einflüsse aus dem Osten glaube ich nicht: die ist sonst im NT für
den irischen Vulgatatext nicht nachzuweisen, und der irische
Vulgatatext hat eigentlich durchgehend (jedenfalls im zweiten Teil
des NT, den ich genauer kenne) den gleichen Charakter. Ich frage
mich auch, ob die Lesart Mt. xxvi 50 wirklich „typisch” irisch ist
(wenn die Bezeugung auch auf die irische Gruppe beschränkt ist).
'gat' ist in Tours geschrieben; vielleicht also doch Zeuge eines
genuinen gallischen Textes (nicht nach Gallien importierten
irischen Textes), und dann ist Beeinflussung aus dem griechischen
Osten, die doch eigentlich nur bei „typisch” irischer Lesart in
Erwägung gezogen werden könnte, jedenfalls nicht anzunehmen.
Aber beweisen kann ich die Annahme, im Grunde handle es sich um
eine aus Gallien nach Irland gekommene Lesart, noch nicht. —
Ich halte also den Zusatz *fac* für eine nach *quod* naheliegende
innerlateinische Variante. Sie ist nur in der „irischen” Gruppe
vertreten, aber diese Gruppe ist gekennzeichnet durch starke
Beimischung von Vetus Latina und hat oft sogar Lesarten, die
sicher altlateinisch sind, aber in den typischen Vetus-Latina-
Zeugen (die ja nur noch ein kleiner Rest sind) nicht erhalten
sind. *fac* könnte eine solche Lesart sein. Sie kann aber auch
erst in der Vulgataüberlieferung entstanden sein. Ob sie *typisch*
irisch ist, bezweifle ich, da sie auch in 'gat' bezeugt ist.

LES OUTRAGES À JÉSUS PROPHÈTE
(Mc xiv 65 par.)

PAR

PIERRE BENOIT O.P.

Les quatre évangiles parlent d'outrages infligés par les juifs à Jésus durant sa Passion. Mais ils diffèrent en maint détail, de temps, de lieu, de description. Mc. xiv 65 se situe entre la séance nocturne du sanhédrin et les reniements de Pierre. On est encore dans le palais du grand prêtre (xiv 53-54) et ce sont les sanhédrites eux-même, semble-t-il, qui, après avoir jugé Jésus digne de mort, s'abaissent à le maltraiter, imités en cela par les valets [1]. — En Mt. xxvi 67-68 les circonstances sont les mêmes et il n'est pas douteux cette fois que les sanhédrites du v. 66 sont sujets des verbes du v. 67; par ailleurs οἱ δέ suggère moins nettement deux catégories d'offensants: les gifles (ἐρράπισαν) peuvent venir simplement d'autres sanhédrites. — En Lc. xxii 63-65 au contraire, ceux-ci ne sont pas en cause. Ils ne tiendront séance qu'au matin. On est encore, la nuit, dans la cour du grand prêtre (xxii 54-55), où Pierre vient de renier son maître (56-62), et ce sont les gardes de Jésus, ceux qui l'ont arrêté sans doute, qui passent le temps à se moquer de lui. — Jn. xviii 22-23 peut paraître ne pas entrer en ligne de compte, et cependant cette gifle, donnée durant la même nuit par un valet du grand prêtre Anne mérite d'être versée au dossier.

Si nous passons à la nature concrète des outrages, d'autres ressemblances ou divergences apparaissent. Celui de Jn. xviii 22 est le plus réduit et le mieux motivé: une gifle donnée à pleine main

---

[1] Mc. distingue nettement deux catégories, les τινες et les ὑπηρέται, les premiers étant normalement pris des πάντες du verset précédent, c'est-à-dire des sanhédrites. Certains commentateurs en ont pris occasion pour accabler ces graves personnages, mais beaucoup ont pressenti qu'il y a ici invraisemblance et maldonne. De fait, nous verrons que la scène d'outrages a précédé la séance du sanhédrin au lieu de la suivre, si bien que la séquence des vv. 64 et 65 n'a qu'une valeur rédactionnelle, non chronologique. — Les ὑπηρέται mentionnés ici par Mc., et ailleurs encore par lui, Mt. et surtout Jn., semblent être des appariteurs-huissiers-exécuteurs du sanhédrin, à distinguer de la police du Temple; cf. J. Blinzler, *Der Prozess Jesu*, 3e éd., 1960, 84-86.

pour punir Jésus d'une réponse jugée impertinente. Chez les synoptiques, les coups sont plus détaillés: aux soufflets, Mc. et Mt. ajoutent
des gifles [1] et des crachats [2]; Lc. emploie d'autres termes: on se
joue [3] de Jésus, en le frappant. Chez Mc. Mt. on croit sentir un
débordement de haine de la part des juges qui viennent de con-
damner Jésus; chez Lc., ce sont seulement des sous-ordres qui
cherchent à passer le temps durant la longue veillée. Enfin, ces
brutalités sont combinées chez tous avec une mise en scène qui varie
en chacun: selon Lc., on recouvre Jésus d'un voile[4] et on lui demande
de ,,prophétiser'': qui est-ce qui t'a frappé? selon Mc. (du moins dans
le texte ordinairement adopté), le visage est également voilé, mais
on demande seulement de prophétiser, sans dire quoi; selon Mt., le
visage n'est plus voilé et pourtant Jésus doit deviner, comme chez
Lc., qui l'a frappé.

Si l'on se rappelle en outre que, plus tard dans la Passion, d'autres
outrages assez semblables se produiront, soit chez Hérode Antipas
de la part de ses gens (Lc. xxiii 11), soit chez Pilate de la part des
soldats romains, durant le procès (Jn. xix 1-3) ou après la sentence
finale (Mc. xv 16-20 par. Mt. xxvii 27-31) [5], on aura remis devant
ses yeux les divers éléments d'une question qui a depuis longtemps
préoccupé les exégètes: où, quand et comment Jésus a-t-il été mal-

---

[1] Plutôt que ,,frapper avec une verge'' (en ce sens ῥαβδίζειν Act. xvi 22;
2 Cor. xi 25), ῥαπίζειν signifie ici ,,frapper la joue avec la main ouverte''
(cf. Mt. v 39; Bauer, Wört. s.v.). Κολαφίζειν est frapper le visage avec le
revers de la main ou la main fermée (cf. Théophylacte, dans le Thesaurus
d'Estienne). Pratiquement ces deux termes sont presque synonymes, comme
le sont les traductions françaises que j'adopte: ,,gifler'' et ,,souffleter''.

[2] Les crachats, geste d'opprobre, pouvaient prendre la valeur d'un
symbole, voire d'un rite; cf. Num. xii 14; Deut. xxv 9; Sénèque, Ad Helviam
de consolatione 13, 7: un Athénien crache au visage d'Aristide [conduit au
supplice.

[3] ἐμπαίζειν se retrouve en particulier dans la troisième prédiction de la
Passion (Lc. xviii 32 par. Mc. x 34 et Mt. xx 19), dans les outrages chez
Hérode (Lc. xxiii 11 seul), dans les outrages des soldats romains (Mc. xv 20
par. Mt. xxvii 31, omis par Lc.), enfin au pied de la croix de la part des
juifs (Mc. xv 31 par. Mt. xxvii 41) ou des romains (Lc. xxiii 36).

[4] περικαλύπτειν signifie: couvrir de toute part (cf. Ex. xxviii 20; Heb. ix 4),
envelopper comme d'un vêtement (cf. Jos., B.J., II § 148). Il faut donc
moins songer à un bandeau sur les yeux qu'à un grand voile jeté sur le
patient. Même Hénoch 19, 3 περικεκαλυμμένοι τὴν ὄψιν s'explique bien d'un
voile de deuil qui recouvre tout le corps en même temps que le visage,
celui-ci étant pour cette raison explicité dans le texte.

[5] Voir aussi au pied de la croix: railleries des juifs (Mc. xv 29-32 par. Mt.)
et des soldats (Lc. xxiii 36-37; Mc. xv 35-36 par. Mt.).

traité et tourné en ridicule au cours de sa Passion ? que signifient ces scènes de violence ?

Le temps n'est plus où l'on résolvait de tels problèmes par voie d'harmonisation forcée, ou de multiplication indéfinie des faits au gré des divergences littéraires. C'est à une critique littéraire et historique qu'on demande de retrouver la ou les traditions primitives dont est sortie la présentation polymorphe actuelle. Plusieurs travaux récents se sont appliqués à distinguer les diverses couches traditionnelles de la Passion, même et d'abord chez Mc.; c'est dans cette perspective que je me propose de réfléchir à nouveau sur la scène d'outrages de Mc. xiv 65 par. [1]

La comparaison des trois récits synoptiques fait surgir une double difficulté, de forme et de fond, ou mieux de critique littéraire et de critique historique.

La première concerne les interdépendances des évangiles et elle porte elle-même sur deux points: 1) si Mt. suit Mc., ainsi qu'on l'admet communément, comment a-t-il pu omettre le trait du visage voilé, au risque de rendre incompréhensible la question des moqueurs: „qui t'a frappé?" Klostermann [2] pense qu'il a jugé le voile incompatible avec les crachats et les coups; c'est peut-être lui prêter trop d'attention au détail. Lagrange [3] voit ici un nouveau cas où Mt. ne dépend pas de Mc.; cette thèse, qui a pour elle de sérieux arguments en d'autres parties de l'évangile, paraît moins valable pour les récits de la Passion, où la dépendance de Mt. par rapport à Mc. est particulièrement frappante. [4] Ici même on reconnaît la façon ordinaire dont Mt. récrit Mc.: addition de τότε (cf. Mt. iii 5, 13, iv 1, viii 26, ix 6, etc. et les parallèles de Mc.), suppression de ἄρχεσθαι (cf. les par. Mt. à Mc. iv 1, v 17, vi 2, 7, 55, etc.), correction du vulgarisme (latinisme?) [5] ῥαπίσμασιν αὐτὸν ἔλαβον, remise en ordre qui groupe les voies de fait au v. 67 avant le jeu du v. 68. — 2) L'autre difficulté est dans l'accord de Mt. et Lc. contre Mc. par l'addition de τίς ἐστιν ὁ παίσας σε. On sait le problème que repré-

---

[1] Je suis heureux de m'associer ainsi à l'hommage que ses collègues, admirateurs et amis offrent au Professeur Cullmann, dont les travaux ont tant apporté aux études du Nouveau Testament et du Christianisme primitif.

[2] *Mt.*³ (1938) 215.

[3] *Mt.*³ (1927) 509.

[4] Cf. N. A. Dahl, „Die Passionsgeschichte bei Matthäus", dans *NTSt.* II (1955/6) 17-32.

[5] Cf. Blass-Debrunner, *Gramm.*⁹ § 198, 3. Discussion assez détaillée dans Taylor, *Mc.* 571.

sentent ces accords entre deux évangiles qui semblent bien s'ignorer l'un l'autre et ne se rejoindre, en matière de récits, que par leur source commune Mc.

Sur cette difficulté littéraire se greffe la difficulté de fond. Ainsi diversement présentée, la scène prend différents sens, qui ne sont pas également clairs. En Lc., les choses s'entendent assez bien : étant recouvert d'un voile, Jésus ne peut savoir qui l'a frappé sans une devinette dont ses bourreaux font une divination prophétique. Il y a bien des formes possibles à ce divertissement de tous les temps, dont on a trouvé des attestations dans l'antiquité : selon Pollux [1], le patient, les yeux fermés, doit deviner qui l'a touché ou ce qu'on lui a présenté, jusqu'à ce qu'il tombe juste ; ou bien il se couvre les yeux de la main et celui qui le frappe lui demande de quelle main il l'a frappé. Il y avait encore d'autres variantes.

Chez Mt. la situation est déjà moins claire. Si Jésus n'a pas les yeux bandés, on comprend mal ce qui l'empêche de dire sans ,,prophétie" qui l'a frappé. [2] Certes il lui faut bien deviner, s'il doit dire le nom personnel de l'agresseur [3] ; mais rien dans le texte ne suggère cette précision. Serait-ce alors que les coups et les crachats ont suffi à l'aveugler [4] ? En le supposant, on a encore l'impression d'ajouter au texte. Il vaut mieux peut-être avouer que Mt. est maladroit, surtout si cette maladresse peut s'excuser par une préoccupation théologique qu'il nous faudra préciser.

Avec Mc. on ne voit même plus ce que Jésus doit prophétiser, et le voile sur le visage, dont l'absence en Mt. gênait, paraît ici superflu. Les exégètes entendent communément qu'il ne s'agit plus de deviner quelque chose de précis, mais en général de ,,faire le prophète". Prenant occasion de la parole de Jésus sur le Temple, la valetaille le provoque par ironie à exercer son rôle de prophète [5], ou veut par ces

---

[1] Onomasticon, IX, 113 et 129, cité par W. C. Van Unnik, ,,Jesu Verhöhnung vor dem Synedrium (Mc 14, 65 par.)", dans ZNW XXIX (1930) 310-311. Le texte assez rugueux de Pollux 113 s'éclaire par celui d'Hésychius, Lexicon, s.v. : μυΐνδα παιδιά τις οὕτω καλουμένη ἀπὸ τοῦ συμβαίνοντος· καταμύων γάρ τις τὸ ἐρωτώμενον ἀποφαίνεται σχεδιάζων ἕως ἂν ἐπιτύχῃ· ἐὰν δὲ ἁμαρτὼν ἀναβλέψῃ, πάλιν καταμύει.

[2] C'est précisément en cela que consiste l'outrage, propose subtilement Lohmeyer, Mt. (1956) ad loc. : on lui demande de ,,prophétiser" pour une chose qui ne le requiert nullement.

[3] B. Weiss, Lagrange, ad loc.

[4] Lagrange, ad loc.

[5] Par ex. Loisy, Evg. syn., II, 614 ; Klostermann, Mk.[3] (1936) 157 ; Dibelius, Die Formgesch. d. Evg.[2], 193 n. 1 ; Taylor, Mk. (1952) 571.

coups lui en ôter l'envie [1]. Et ici encore on peut invoquer un parallèle dans le monde profane: cet épisode raconté par Diodore [2] d'un esclave révolté qui se croit prophète et dont ses maîtres s'amusent en lui faisant dérouler ses rêves prophétiques. Quant au voile sur la tête, il pourrait s'expliquer, pense-t-on, comme un accoutrement caractéristique du devin. [3]

A travers ces diverses présentations et ces diverses explications, il n'est pas aisé de savoir ce qui s'est réellement passé. Aussi bien, plus d'un critique y renonce-t-il par principe. Sans nier qu'il se soit passé quelque chose, ils pensent que la formulation dépend avant tout des Écritures [4]. Les évangélistes se sont moins souciés de raconter exactement les détails d'un événement précis — leurs divergences le prouvent — que de montrer une fois de plus l'accomplissement des Écritures dans la Passion. Divers textes bibliques se présentent alors à l'esprit. 3 Reg. xxii 24 n'offre à vrai dire que l'intéressant parallèle d'un prophète insulté et questionné sur sa qualité même de prophète; rien ne suggère que ce texte ait été présent à l'esprit des évangélistes. On en peut dire autant de Michée iv 14, qui parle certes de coups frappés sur la joue du ,,juge d'Israël'', mais qui ne semble avoir fourni au récit évangélique aucun élément de vocabulaire [5]. Il en va autrement d'Isaïe l 6. Ici les analogies de la situation et même du langage sont frappantes. Quand on songe à l'influence des chants du Serviteur sur le formation et la formulation de la première théologie chrétienne, on ne peut guère douter qu'ici aussi elle a joué. Cela ne signifie pas nécessairement que les premiers chrétiens auront entièrement inventé cet épisode pour

---

[1] Wellhausen, *Mc.* (1903) 133; Hauck, *Mk.* (1931) 179; etc.

[2] Diod. Sic., Bibl., XXXIV (XXXV) 2, utilisé par G. Rudberg, ,,Die Verhöhnung Jesu vor dem Hohenpriester'', dans *ZNW* XXIV (1925) 307-309. En fait la situation est assez différente. L'esclave Eunus d'Apamée est tourné en dérision mais non maltraité, et sa guerre des esclaves devait dévaster la Sicile et le faire roi, jusqu'au jour où les armées romaines en eurent raison.

[3] On renvoie communément à Wellhausen, *Reste arabischen Heidentums*[2] (1897) 135, parlant du *kâhin* arabe. — En revanche le recours à Balaam (Num. xxiv 3-4) est peu frappant, car fermeture et ouverture des yeux (le texte est d'ailleurs incertain) y sont métaphoriques. — Les commentateurs rejettent avec raison toute relation de notre scène avec l'ancienne coutume romaine de voiler la figure du crucifié (Cicéron, pro C. Rabirio, 4, 13 et 5, 16).

[4] Entre autres Dibelius, *Formg. d. Evg.*[2], 193 n. 1; ,,Die alttestamentlichen Motive in der Leidensgeschichte des Petrus- und des Johannes-Evangeliums'', *Beih. z. ZAW* 33 (1918) 125-150, aux pp. 131 et 144.

[5] Les LXX n'ont même pas ,,le Juge'' mais les ,,portes'' ou les ,,tribus'' d'Israël.

trouver à l'oracle un accomplissement; ici comme en maint autre endroit de la Passion, ils auront seulement retenu de préférence un fait qui pouvait recevoir une valeur typologique et ils l'auront raconté de façon à faire sentir cette valeur. [1]

Pour excellente qu'elle soit, cette dernière explication ne suffit pourtant pas à rendre compte de tout le détail de nos textes. Outre qu'elle ne vaut guère pour Lc., qui ne reprend pas les termes d'Isaïe, elle laisse en dehors certains traits importants de Mc. et de Mt. Ce n'est pas sans artifice que Lohmeyer [2] fait dériver le visage voilé de ,,je n'ai pas soustrait ma face aux outrages et aux crachats'' (Is. 16) [3] et la provocation à prophétiser de ,,tous les matins il éveille mon oreille'' (Is. l 4). Is. liii 3 selon les versions grecques [4] offre du visage voilé une explication déjà plus plausible, mais qui ne s'impose pas. Le rapprochement avec Ps. lxviii (lxix) 8 est encore moins significatif.[5]

Les précédents prophétiques ne suffisant pas plus que les précédents historiques à justifier tout le détail de la scène évangélique, la solution ne sera-t-elle pas de les combiner, en faisant dériver de ces diverses sources divers courants de tradition dont la fusion aura produit le donné complexe actuel? Avant d'y venir, il convient toutefois d'affirmer la base de la discussion en assainissant les textes mêmes qui en sont l'enjeu. Trop souvent on opère avec un texte qu'on juge solide, parce qu'il est adopté par l'ensemble des éditions critiques [6], alors qu'en réalité il est branlant et demande révision. Il se pourrait que l'une ou l'autre de nos difficultés soit liée à une corruption du texte et disparaisse avec sa correction.

Il s'agit en fait de Mc. Deux variantes importantes affectent ce seul verset.

I) Les mots ἐμπτύειν αὐτῷ καὶ περικαλύπτειν αὐτοῦ τὸ πρόσωπον

---

[1] Cf. Dibelius, *Formg. d. Evg.*[2] 188 s.

[2] *Mc.* (1951) 330.

[3] οὐκ ἀπέστρεψα, plutôt que הסתרתי du TM, paraît supposer הסירותי de 1QIs[a]; cf. R. H. Gundry, ,,LMṬLYM. 1QIsaiah *a* 50, 6 and Mark 14, 65'', dans la *Revue de Qumrân*, II, 4 (nov. 1960), 559-567, à la p. 561.

[4] TM: ,,devant qui on se voile la face''; mais LXX: ὅτι ἀπέστραπται τὸ πρόσωπον αὐτοῦ; Aquila: ὡς ἀποκεκρυμμένον πρόσωπον αὐτοῦ; Vulg.: quasi absconditus vultus eius. Cf. W. Brandt, *Die evg. Gesch. u. d. Ursprung d. Christentums* . . ., 1893, 70.

[5] Car là c'est la honte qui couvre le visage de façon métaphorique; il est vrai cependant que le contexte parle d'opprobre et que ce Psaume est un de ceux qui ont été appliqués le plus volontiers à la Passion.

[6] Ainsi Westcott-Hort, Tischendorf, von Soden, Nestle, Merk, Legg, Vogels, Bover.

sont remplacés par ἐμπτύειν τῷ προσώπῳ αὐτοῦ en D a f (syrsin). [1] Et cette leçon reçoit encore l'appui indirect de Θ 700 565 Pesh Arm Geo, qui présentent une leçon double: ἐμπτύειν τῷ προσώπῳ αὐτοῦ (ou αὐτοῦ τῷ προσώπῳ) καὶ περικαλύπτειν αὐτοῦ τὸ πρόσωπον. Ce dernier texte est un cas typique de leçon „confluente", qui juxtapose, donc suppose et confirme, deux leçons anciennes et rivales. A sa lumière, le texte de Nestle etc. paraît lui aussi résulter d'une „confluence", encore que plus dissimulée par la retouche élégante qui n'a gardé qu'un seul πρόσωπον. Dès lors, il faut choisir entre les deux leçons simples, et l'hésitation n'est guère possible [2]. Outre la quantité et la qualité des témoins (recensions occidentale et césaréenne) qui recommandent ἐμπτύειν τῷ προσώπῳ αὐτοῦ [3], la valeur intrinsèque de cette leçon plaide en sa faveur: avec elle disparaît la difficulté d'une omission surprenante en Mt.; celui-ci n'a pas „omis" le trait du visage voilé, s'il ne le lisait pas chez Mc., où il ne sera entré qu'ul-térieurement, par la main des copistes, harmonisant avec Lc. [4] A l'intérieur même de Mc., la suppression de περικαλύπτειν κτλ. procure un arrangement meilleur. Autant cette mention du voile vient à point chez Lc., après les coups et juste avant le „prophétise" qu'elle explique, autant elle est maladroite là où des témoins l'introduisent

---

[1] Syrsin suppose ἐμπτύειν αὐτῷ.

[2] Pour l'omission de περικαλύπτειν κτλ.: Streeter, *The Four Gospels*, 326; Turner, *JTS* XXIX (1928) 10 s.; Schmid, *Matthäus und Lukas*, 157 s.; Kilpatrick, *JTS* XLIV (1943) 30; Taylor, *Mk.* 571; Gundry, *Rev. de Qumrân*, II 4, 563-565, qui donne de ce problème la discussion la plus récente et la plus détaillée. — Lagrange (*Mc.*, 404; *Crit. Text.*, 44) attribue l'omission au désir de „supprimer une difficulté d'interprétation", à savoir les soufflets donnés à un visage voilé; mais les copistes avaient-ils de tels scrupules? B. Weiss (*Mk.*, 1901, 227), J. Finegan (*Die Überlieferung der Leidens- und Auferstehungsgeschichte Jesu*, 1934, 21) expliquent l'omission par harmo-nisation avec Mt.; mais les copistes harmonisent en ajoutant plutôt qu'en retranchant, ici ils auront ajouté à partir de Lc.

[3] On pourrait même se demander si la leçon primitive n'était pas ἐμπτύειν αὐτῷ, attestée soit seule (syrsin), soit suivie de περικαλύπτειν κτλ. (ff l q vg k syrhcl sah boh). Mais avec elle on ne comprendrait pas la répétition mala-droite de πρόσωπον dans la leçon confluente de Θ etc. Cette leçon ἐμπτύειν αὐτῷ s'explique peut-être par assimilation à Mc. x 34, ou mieux par un phénomène de traduction; elle ne se rencontre en effet que dans des versions.

[4] Non satisfait de cette explication spontanée et courante, R. H. Gundry, *loc. cit.*, 565 s., imagine que l'idée du voile a été suggérée aux correcteurs de Mc. par le texte de Is. l 6 lu selon 1QIs[a] *lmṭlym* (TM: *lmrṭym*) et interprété à tort par quelque tradition juive comme participe hiphil du verbe *ṭll* : *lmṭlym* = (j'ai prêté mon visage à) „ceux qui ombragent", „qui couvrent". C'est trop compliqué pour être vraisemblable. — On n'hésitera pas moins à envi-sager, avec F. Gils, *Jésus Prophète*, 1957, 24, que ce soit Lc. qui ait tiré le détail du voile du texte de Mc. „déjà précisé en ce sens par un glossateur"!

chez Mc., entre les crachats et les coups comme si l'on pouvait facilement gifler quelqu'un qui a la tête voilée, et assez séparée du „prophétise" pour n'avoir plus avec lui de connexion directe[1]. Quant au changement de sens qu'entraîne chez Mc. la suppression du visage voilé, nous y reviendrons plus loin, après avoir discuté l'autre variante.

2) Celle-ci consiste dans l'addition chez Mc., après προφήτευσον, des mots (ἡμῖν Χριστέ) τίς ἐστιν ὁ παίσας σε par d'assez nombreux témoins qui appartiennent aux trois grandes recensions [2]: surtout la césaréenne, W Θ 700 565 067 fam. 13 1424 517 1675 954 349 1188 U X 1071 Σ N 157 713 1012 Γ Syrhcl Arm Géo Eth, mais aussi l'alexandrine, 33 892 579 Δ Sah(cod.) Boh, et l'occidentale, Augustin dans le De consensu evangelistarum[3]. Cette leçon aurait le gros avantage de faire disparaître la deuxième difficulté littéraire signalée plus haut: un accord de Mt. et Lc. contre Mc. Si Mc. lui-même a eu ces mots, leur présence en Mt. et Lc. s'explique à travers lui, comme en tant d'autres cas, sans plus rien qui surprenne. Et quant au fond, cette variante, combinée avec la précédente, rendrait le texte de Mc. substantiellement semblable à celui de Mt., ne requérant pour tous deux qu'une seule explication du sens de la scène.

Ce sont là des avantages, mais la leçon est-elle critiquement défendable? Kilpatrick le pense [4] et la compare à d'autres cas, notamment à Mc. ii 22. Il faut pourtant reconnaître que là l'omission de ἀλλὰ οἶνον νέον εἰς ἀσκοὺς καινούς en Mc. n'est soutenue que par quelques témoins de la recension occidentale, tandis que la masse des témoins lit en Mc. ces mots qui expliquent en effet les textes de Mt. et de Lc. Ici la situation est inverse. L'omission qui crée notre embarras est soutenue par l'ensemble des meilleurs témoins, tandis que les autorités qui lisent en Mc. les mêmes mots qu'en Mt. (et Lc.) sont, malgré leur nombre relativement considérable, de qualité secondaire: on ne trouve parmi eux ni les plus grands représentants

---

[1] S'il est vrai que περικαλύπτειν suffit pour désigner un enveloppement de tout le corps qui voile entre autres le visage (cf. supra p. 93 n. 4), l'addition de πρόσωπον en Mc. s'explique moins comme une précision nécessaire (n'aurait-on pas attendu plutôt καλύπτειν τὸ προσ.?) que par la combinaison du προσώπῳ primitif de Mc. avec le περικαλύπτειν de Lc.

[2] Streeter, *The Four Gospels*, 326.

[3] Lib. III ch. 6 (*CSEL* XLIII, 292): et sequitur Matthaeus: ... dicentes: prophetiza nobis, Christe, quis est qui te percussit? hoc dicit et Marcus; commemorat etiam quod ei faciem velaverunt. de his Lucas quoque testatur.

[4] *JTS* XLIV (1943) 29 s. Voir aussi, sans trop s'embarrasser de critique textuelle, Lietzmann, *Der Prozess Jesu*, 7 note 1; Finegan, *op. cit.*, 21.

du texte alexandrin, ni l'ensemble des témoins occidentaux, ni même
pour la recension césaréenne l'importante fam. 1. D'ailleurs, et c'est
le plus grave, la leçon longue est tellement suspecte d'être harmoni-
sante qu'il faudrait des raisons très fortes pour l'accepter. Aussi la
quasi totalité des critiques la refusent-ils, quand ils ne jugent pas
inutile de la mentionner et de la discuter. Il faut dire toutefois
qu'ils n'offrent pas pour autant une explication de l'accord Mt.-Lc.
contre Mc. Streeter propose bien d'éliminer ces mots du texte même
de Mt., où ils auraient été introduits par harmonisation avec Lc. [1];
mais cette conjecture que n'appuie aucune attestation textuelle,
est une solution désespérée. Dahl la traite justement comme ,,eine
reine hypothetische Möglichkeit'', sans offrir lui non plus une explication positive. [2]

Les textes de Mt. et de Lc. ne présentent pas de variantes importantes, voici donc les trois structures qui semblent critiquement
solides et qu'il s'agit d'expliquer:

Mt.	*Mc.*	*Lc.*
crachats	crachats	moqueries et coups
soufflets	soufflets	
gifles		
		voile
prophétise	prophétise	prophétise
Christ		
qui t'a frappé?		qui t'a frappé?
	gifles	

La comparaison doit porter d'abord sur Mc. et Lc. Il était naguère
accoutumé d'expliquer celui-ci par celui-là. De même qu'en tant
d'autres endroits de son évangile, Lc. dépendrait ici de Mc., le
corrigeant et le complétant: il aurait évité les expressions trop
brutales de sévices, substitué des sbires aux sanhédrites parce qu'il
rejetait au matin la session du sanhédrin et voulait par ailleurs
ménager les chefs juifs, peut-être aussi parce qu'il se proposait

---

[1] Streeter, *The Four Gospels*, 327, suivant lui-même Turner. Approbation
de Burkitt dans *JTS* XXVI (1925) 294. J. Schmid, *Matthäus und Lukas*,
158 s. penche dans le même sens. Ce qui me paraît décisif contre cette hypothèse, c'est la présence des mots ἡμῖν Χριστέ chez Mt. seul, dont nous verrons
l'importance et qui donne à cette leçon de Mt. une valeur originale qui ne
peut être le fait d'un copiste.
[2] *NTSt* II (1955/6) 21.

d'omettre l'autre scène d'outrages par des soldats (Mc. xv 16-20 sans parallèle dans Lc.), enfin il aurait explicité la ,,prophétie" sibylline de Mc. par la question ,,qui t'a frappé", soit qu'il ait tiré ceci de son imagination, soit plutôt (à cause de la présence de ces mots chez Mt.) qu'il ait utilisé une tradition existante. Mais même en admettant ce dernier point, on ne mettait guère en doute que Lc. ne fût fondé sur Mc. pour l'essentiel. [1]

Depuis quelque temps, on a pris mieux conscience que le récit lucanien de la Passion utilise de façon considérable une source propre [2], tantôt la combinant avec Mc., tantôt la présentant seule. Cette dernière possibilité semble se réaliser dans notre épisode. Le texte de Lc. ne dépend en rien de celui de Mc. Les acteurs sont différents, leurs actes sont différents. Une fois éliminé, pour des raisons extrinsèques légitimes, le περικαλύπτειν κτλ. du texte de Mc., il ne reste plus de commun que le προφήτευσον. Or Lc. n'a pas eu besoin de l'emprunter — et cela seulement! — à Mc., car il l'aura trouvé dans sa propre source où il apparaît mieux motivé que chez Mc., comme élément d'un jeu connu.

Aussi bien, les travaux modernes ne manquent-ils pas, où Lc. xxii 63-65 est considéré comme un récit parallèle et indépendant de Mc. [3] Mais ces mêmes travaux semblent ne pas mettre en question

---

[1] Ainsi, avec des nuances variées: Dibelius, *Die alttest. Motive* . . . 131 et 144; Lagrange, *Lc*[4] 570 s.; Lietzmann, *Der Prozess Jesu*, 3 s.; Hauck, *Lk.* ad loc.; Finegan, *op. cit.*, 24; Goguel, *Jésus* (1950) 438; K. L. Schmidt, dans ,,Aux sources de la tradition chrétienne" (*Mélanges Goguel*), 1950, 219. — Le jugement de Bultmann (*Gesch. d. syn. Trad.*[3], 293) est complexe: Lc. devrait son v. 63 à sa source propre, où il suivait peut-être l'arrestation, il aurait tiré son v. 64 de Mc., avec addition de τίς ἐστιν ὁ παίσας σε d'après Mt., et le v. 65 serait rédactionnel (cf. Lc. iii 18; xxi 37 s.). Cette analyse suppose que le voile est original en Mc.

[2] Cf. J. C. Hawkins, dans *Oxford Studies in the Synoptic Problem*, 1911, 76-94; A. M. Perry, *The Sources of Luke's Passion Narrative*, 1920; B. H. Streeter, *The Four Gospels*, 1924, 202; V. Taylor, *Behind the Third Gospel*, 1926, 33-75; E. Osty, ,,Les points de contact entre le récit de la Passion dans saint Luc et saint Jean", dans *Rech. de Sc. Rel.* XXXIX (1951) I, 146-154; L. Vaganay, *Le problème synoptique*, 1954, 307-311; W. E. Bundy, *Jesus and the First Three Gospels*, 1955, 480 s.; J. B. Tyson, ,,The Lukan Version of the Trial of Jesus", dans *Nov. Test.*, III (1959) 249-258; Fr. Rehkopf, *Die lukanische Sonderquelle*, 1959; I. Buse, ,,St John and the Passion Narratives of St Matthew and St Luke", dans *NTSt* VII (1960/1) 65-76 aux pp. 68-76.

[3] Cf. V. Taylor, *Behind the Third Gospel*, 49 s.; *The Gospel According to St. Mark*, 571: ,,The basis of the story is assured by two independent narratives. Of these that of Luke stands nearer to the actual facts"; P. Winter, *On the Trial of Jesus*, 1961, 21.

le récit de Mc.: il représenterait lui aussi une présentation homogène et cohérente de l'épisode. On peut se demander pourtant s'il n'est pas composite et si, même dans sa brièveté, il ne recèle pas le désordre et la surcharge résultant d'une combinaison de traditions. On n'ose reconnaître en καὶ λέγειν αὐτῷ le procédé de suture par ailleurs bien attesté chez Mc. [1], car le cas est ici différent et la formule parfaitement en place. Mais c'est καὶ οἱ ὑπηρέται ῥαπίσμασιν αὐτὸν ἔλαβον qui, venant trop tard dans le récit [2], donne l'impression d'une ajoute. Quand on songe que προφήτευσον est bien en place, mieux étoffé, chez Lc., que Jn. xviii 22 parle en situation excellente d'un ὑπηρέτης donnant un ῥάπισμα, enfin que le début du verset évoque Is. l 6, on se demande si Mc. ne représente pas le confluent de deux ou même trois traditions différentes: l'une qui décrivait les outrages infligés à Jésus selon la typologie du Serviteur, l'autre (représentée par Lc.) qui en faisait une scène de moquerie en exploitant un jeu connu de divination, une troisième qui rappelait et amplifiait légèrement (par le simple pluriel) un fait concret de cette nuit-là, une gifle donnée par un valet au cours de l'interrogatoire chez Anne. [3]

Ce peut paraître une gageure de supposer une combinaison de traditions dans un texte aussi court que Mc. xiv 65. Je n'y aurais jamais songé pour ma part [4], si je n'avais observé à plusieurs reprises un phénomène analogue dans le proche contexte. On admet de plus en plus dans la Passion de Mc. deux couches entre lesquelles

---

[1] Cf. Mc. ii 27, iv 13, 21, 24, vi 10, vii 9, ix 1.

[2] Pour répondre à cette difficulté, plusieurs exégètes (Meyer, B. Weiss, J. Weiss, Wohlenberg, Rawlinson, etc.) entendent ῥαπ. αὐτὸν ἔλαβον comme une conclusion de la scène d'outrages: ils le prirent (en garde), c'est-à-dire le remmenèrent, avec des coups. Exégèse peu naturelle et généralement abandonnée.

[3] Loisy, *Evg. syn.*, II 612 n. 3: „Le soufflet unique de Jn. xviii 22, dérive de Mc. 65; l'idée d'un rapport inverse est contraire à toute vraisemblance." J. Weiss (*Das älteste Evangelium*, 320), à qui s'oppose ce verdict absolu, voyait ici une interpolation du „Bearbeiter" de Mc. à partir de Jn., en faisant observer justement que ὑπηρέτης est un terme plus fréquent chez Jn. que chez Mc. G. Bertram (*Die Leidensgeschichte Jesu und der Christuskult*, 1922, 60) tient encore Jn. pour dépendant de Mc. Mais les modernes sont plus prudents (P. Borgen, „John and the Synoptics in the Passion Narrative", dans *NTSt* V (1958/9) 246-259 à la p. 257), voire disposés à invoquer Jn. xviii 22 pour reconstruire „an earlier form of the tradition" (P. Winter, *op. cit.*, 22).

[4] J. Blinzler (*Der Prozess Jesu*[3], 1960, 116 note) envisage lui aussi la combinaison de „zwei Fassungen (xiv 65 a + b)" d'un même événement.

on répartit les divers épisodes. [1] Il me semble que ce juste discernement peut se poursuivre à l'intérieur même des épisodes. [2] J'en donnerai brièvement trois exemples.

Un article, insuffisamment remarqué semble-t-il, de K. G. Kuhn [3] a discerné dans l'Agonie à Gethsémani deux traditions différentes, Mc. A et Mc. B [4], l'une centrée sur le thème christologique de l'Heure du Fils de l'Homme, l'autre développant le thème parénétique de la prière et de la vigilance nécessaires au temps du πειρασμός. Lc. représenterait une troisième tradition, parallèle mais différente de Mc. A et de Mc. B. On peut préciser ou modifier l'analyse de Kuhn sur quelques points. Ainsi je pense que Lc. se rattache particulièrement à la tradition B, et ne paraît s'en écarter qu'en vertu de retouches dues à Mc. [5] ou à Lc. lui-même [6]. D'autre part les caractéristiques johanniques de la tradition A ne se limitent pas aux thèmes de l'Heure et de l'incompréhension des disciples (Kuhn 274), mais engagent le détail littéraire. [7] Mais si ces remarques nuancent l'analyse de détail [8], elles ne font que confirmer dans son

---

[1] V. Taylor, *Mk.*, 653-664; I. Buse, ,,St John and the Marcan Passion Narrative'', dans *NTSt* IV (1957/8) 215-219; S. Temple, ,,The Two Traditions of the Last Supper, Betrayal, and Arrest'', dans *NTSt* VII (1960/1) 77-85.

[2] Taylor lui-même répartit certains épisodes entre ses deux couches, par exemple l'arrestation Mc. xiv 43-46 et 47-52; mais il ne le fait pas pour l'Agonie, ni pour les Outrages juifs, ni pour les Reniements.

[3] ,,Jesus in Gethsemane'', dans *Evangelische Theologie*, 12 (1952/3) 260-285.

[4] Mc. A: 32, 35, 40 sans πάλιν, 41 sans ἔρχεται τὸ τρίτον. — Mc. B: 33-34, 36-38.

[5] Si Lc. n'a pas les trois disciples privilégiés de 38, c'est que ceux-ci sont dus au rédacteur plutôt qu'à sa source B. Car cette notation des trois intimes est une préoccupation propre à Mc. Outre ix 2 (qui entraîne les parallèles Mt. et Lc.) et v 37 (qui entraîne Lc. viii 51 mais non Mt.), i 29 et xiii 3 sans parallèles témoignent de cette préoccupation.

[6] L'absence du logion esprit/chair (Mc. 38 b) s'explique, ainsi que Kuhn 284 l'a noté, par une conception différente, plus chrétienne, du pneuma, donc peut être une omission de Lc. Cette omission aura été favorisée par le procédé lucanien, attesté par ailleurs (cf. Lyder Brun, ,,Engel und Blutschweiss Lc 22, 43-44'', dans *ZNW* XXXII, 1933, 265-276 aux pp. 273-275), d'abréger sa source (ici Mc. B) pour y introduire des matériaux nouveaux (ici 43-44, tiré d'une tradition parallèle à Jn. xii 28-29). Par d'autres retouches encore, Lc. est moins primitif que Mc. B: remplacement de Gethsémani par τόπος (cf. Jn. xviii 2), conformation plus nette de 42 b à une formule du Pater (Mt. vi 10), qualification indulgente du sommeil ,,par tristesse'' (cf. Lc. xxiv 41).

[7] Comparer ,,mon âme est triste'' (Mc. 34) à Jn. xii 27; ,,levez-vous, allons'' (Mc. 42) à Jn. xiv 31.

[8] Rattacher 34a (mon âme est triste) à A plutôt qu'à B; tenir 39 et 42,

ensemble l'hypothèse très suggestive de Kuhn. Si on l'adopte, Mc. apparaît combinant deux traditions, dont l'une est proche de Lc. et l'autre de Jn. La situation est analogue à celle que nous pressentons pour les outrages de Mc. xiv 65.

Un deuxième exemple nous est fourni par les reniements de Pierre et l'analyse qu'en a proposée Ch. Masson. [1] Ici encore, on devrait admettre deux traditions sous-jacentes à Mc., dont la combinaison a produit les étrangetés du texte actuel, en particulier cette sortie du v. 68 qui, définitive dans la première forme du récit, est devenue une fausse sortie quand on a rajouté la deuxième forme. D'où un chant du coq redoublé; d'où trois reniements au lieu d'un. de même qu'à Gethsémani la prière est devenue triple. Je ne puis que renvoyer à Ch. Masson pour le détail de son argumentation, mais j'estime que son hypothèse mérite sérieuse considération. [2] Cette fois Lc. reste hors de cause, car il reflète un état plus évolué où les étrangetés de Mc. ont disparu. Mais ce qui importe, c'est que nous croyons constater à nouveau le caractère composite d'un épisode de la Passion de Mc.

Nous trouvons un dernier exemple dans la session du sanhédrin. Mc. semble en connaître deux; ou, plus exactement, il décrit avec quelque détail une session durant la nuit (xiv 55-64) et il évoque de nouveau, au petit matin, une réunion (xv 1), dont on ne voit clairement ni l'objet ni la relation avec la session de nuit. Lc., au contraire, ne parle que d'une session, au matin, qui répond en substance à celle que Mc. place la nuit (Lc. xxii 66-71). Bien des critiques ont compris qu'il y a doublet chez Mc. et qu'il n'y eut en

---

non pour des sutures rédactionnelles comme fait Kuhn, mais pour des parties intégrantes de A (42) et de B (39). On peut aussi considérer 40-41 comme une contamination de A par B, car le thème du sommeil relève bien du thème de la vigilance (B) mais non de celui de l'Heure du Fils de l'homme (A). En résultat on aurait: l'Introduction en A = 32a, 34b, 32b, et en B = 33, 34ac; la Prière en A = 35, et en B = 39, 36; la Parole en A = [40-41a], 41b, 42, et en B = 37-38. J'ai discuté de tout ce problème avec mon collègue, le P. Boismard, que je remercie de ses suggestions.

[1] „Le reniement de Pierre. Quelques aspects de la formation d'une tradition", dans la *Rev. d'Hist. et de Phil. Rel.*, XXXVII (1957) 24-35.

[2] L'analyse de Masson trouve une confirmation intéressante dans le fait littéraire (non relevé, me semble-t-il, par Masson) que Jn. raconte les reniements en deux fois: un (xviii 15-18), puis deux (xviii 25-27), séparés par l'interrogatoire d'Anne. Cette séparation énigmatique ne s'explique-rait-elle pas par deux traditions distinctes? surtout s'il est vrai que le premier reniement de Jn. présente des affinités avec le premier de Mc. xiv 66-67: sur ce dernier point, cf. I. Buse, „St John and the Marcan Passion Narrative", dans *NTSt* IV (1957/8) 215-219 à la p. 217.

réalité qu'une seule session, au matin comme il est normal. Je m'en suis suffisamment expliqué moi-même pour n'avoir pas à y revenir ici. [1] Le résultat est que Mc., une fois encore, juxtapose deux traditions, dont l'une — la meilleure — est représentée par Lc. [2]

Munis de ces expériences et revenant à Mc. xiv 65, nous ne trouverons plus rien d'insolite à ce que ce texte quelque peu désordonné suggère un mélange de traditions, dont l'une est représentée de façon plus pure et plus cohérente par Lc. Bien entendu, l'analyse littéraire ne peut pas isoler nettement les divers courants qu'elle pressent ainsi. Les avatars de la tradition orale et l'activité rédactionnelle des évangélistes ont travaillé à supprimer les hiatus, atténuer les heurts, réordonner les matériaux. Ici pourtant les six derniers mots du verset, avec leur caractère de reprise et de redite, laissent reconnaître l'emprunt à une tradition différente, johannique semble-t-il. C'est d'autant plus remarquable qu'une relation du même ordre nous est apparue probable dans les récits de l'Agonie et des Reniements. Quant à la première partie du verset, son rapport avec la tradition de Lc. est plus malaisée à caractériser. Le seul terme commun est le ,,prophétise''. On ne peut guère imaginer que Mc. l'a emprunté à la tradition pré-lucanienne, car on ne voit pas pourquoi il n'aurait pas pris en même temps le τίς ἐστιν ὁ παίσας σε qui lui est si étroitement lié. Tout suggère plutôt qu'il a connu ce προφήτευσον dans une tradition différente de Lc., parallèle mais indépendante, qui négligeait l'élément badin du jeu pour insister sur l'allusion au Serviteur souffrant. Comment expliquer, par delà les exploitations littéraires différentes, ce trait commun du ,,prophétise'', sinon par la réalité historique concrète? Il ne faut pas, en admettant une large liberté dans la présentation des faits, renoncer pour cela systématiquement à l'histoire. Ici rien n'empêche que l'on se soit réellement moqué de Jésus ,,prophète'' [3], et que ce souvenir soit à l'origine des élaborations ultérieures, celle du Serviteur

---

[1] ,,Le Procès de Jésus'', dans la *Vie Intellectuelle-Revue des Jeunes*, février-avril 1940; ,,Jésus devant le sanhédrin'', dans *Angelicum*, XX (1943) 143-165. Ces deux travaux ont été repris dans le recueil *Exégèse et Théologie*, 1961, I, 265-289 et 290-311.

[2] Ceci n'exclut pas que, dans sa rédaction de xxii 66-71, Lc. n'utilise Mc. xiv 55-64; mais il s'en écarte assez pour qu'on puisse admettre, même alors, l'influence de sa propre tradition.

[3] Mais sans référence précise à la Parole sur le Temple, si l'on admet que la séance du sanhédrin n'eut lieu qu'au matin, donc *après* les outrages. On se rappellera d'ailleurs que Lc. a omis cette parole dans son récit de la séance.

bafoué et celle du jeu de divination. Le terme προφήτευσον apparaît alors comme l'élément fondamental et commun des diverses traditions.

Mt. semble, du moins au premier regard, le plus étrange. Il utilise Mc., comme dans le reste de la Passion, et a l'intérêt de souligner à sa façon le désordre composite de ce dernier quand il reporte les gifles (οἱ δὲ ἐρράπισαν) après les soufflets et avant le „prophétise". [1] Le même souci de remise en ordre apparaît bien, et pour les mêmes causes, dans les épisodes de l'Agonie et des Reniements. Mais la présence chez lui des mots τίς ἐστιν ὁ παίσας σε semble indiquer qu'il a eu aussi accès, sinon à Lc. lui-même, chose par ailleurs improbable [2], du moins à une source commune. [3] Or cette source devait aussi parler du voile, et Mt. l'a pourtant omis! Le résultat est assez maladroit, car sans le voile de Lc. et sur l'arrière-fond du Serviteur de Mc., le „prophétise: qui t'a frappé?" devient ambigu. Si Mt., plus théologien que conteur, a négligé la vraisemblance concrète, ne serait-ce pas qu'il se souciait moins de l'incident vécu que d'un certain enseignement doctrinal? C'est ici qu'un trait propre à Mt. prend toute son importance. Avant les mots τίς ἐστιν κτλ. il ajoute ἡμῖν, Χριστέ. [4] Il y a là plus qu'un écho matériel du Χριστός du v. 63. En répétant ce titre juste avant l'appel à prophétiser, Mt. ne fait-il pas un rapprochement significatif qui suggère son intelligence de la scène? [5]

Dans un article récent [6], G. Friedrich a revalorisé, à la lumière des écrits de Qumrân, un sens de „Christ" trop peu considéré, celui de Messie non royal mais sacerdotal. Il le retrouve en maint endroit des évangiles synoptiques et pense en particulier que la question de

---

[1] Cet ordre meilleur de Mt. n'est pas pour autant original, comme le veut Wellhausen, *Mt.*, 142.

[2] Loisy, *Évg. syn.*, II, 613 n. 2, envisage en sens inverse une influence de Mt. sur Lc.

[3] B. de Solages, *Synopse grecque des évangiles*, 1958, 1065, range cet accord Mt.-Lc. parmi ceux „quae probabilius ex alio communi fonte fluere videntur".

[4] Ces mots manquent dans Lc., et ne sont introduits dans Mc., avec τίς ἐστιν κτλ., que par quelques témoins peu importants.

[5] Lohmeyer, *Mt.* ad loc., observe: „Nur hier wird in den Evangelien Jesus als Christus angeredet". Cette interpellation est donc lourde de sens; elle ne peut être le fait de quelque copiste, mais manifeste une intention de Mt. lui-même.

[6] „Beobachtungen zur messianischen Hohepriestererwartung in den Synoptikern", dans *Z.f. Th.u.K.* 53 (1956) 265-311.

Caïphe et l'affirmation de Jésus (Mc. xiv 61 s. par.) visent sa dignité de Grand Prêtre eschatologique, prétention blasphématoire de détruire le Temple et d'instaurer un culte nouveau qui le fait juger digne de mort. Ce serait cette même prétention qui expliquerait, chez Mt., la provocation moqueuse ,,Christ, prophétise!'', car la prophétie était un don reconnu au Grand Prêtre (cf. Jn. xi 51). La suggestion est intéressante. La référence du Χριστέ du v. 68 au Χριστός du v. 63 ne vaut certes que sur le plan rédactionnel de Mt. qui, à la suite de Mc., a placé la séance du sanhédrin avant les outrages. Mais sur ce plan elle peut exprimer une intention théologique, mieux mise en relief par Mt., et qui motive peut-être son indifférence pour le détail seulement descriptif du voile exigé par le jeu.

Ainsi la présentation matthéenne nous ferait rejoindre le sens profond de l'épisode, ce qui l'a fait retenir et raconter par la tradition. Tandis que Lc. rend mieux la technique du jeu [1], et que Mc. pense davantage au prophète outragé que fut le Serviteur, Mt. montre en Jésus le Christ Grand Prêtre et Prophète rejeté par son peuple. Derrière ces trois présentations se devine une scène dont il est malaisé de préciser le détail concret, mais qui a dû tourner autour de ce titre de ,,Prophète'' qui a retenu l'attention de la première communauté et fécondé sa réflexion. On ne voit d'ailleurs aucune raison de refuser que cette épithète ait été l'occasion d'un jeu de dérision qui aura occupé cette nuit de veille, ainsi que le présente Lc.

Avant de quitter cette scène, et pour mieux assurer sa réalité et son sens, il nous reste à la situer, au moins brièvement, par rapport aux scènes analogues qui s'échelonnent au long de la Passion. De nombreux critiques estiment en effet que ces diverses scènes ne sont que la multiplication littéraire d'une scène historique unique. [2] Une des preuves en serait que l'annonce de la Passion en Mc. x 34

---

[1] Encore est-il que προφήτευσον, moins naturel pour un tel jeu que μάντευσον par exemple, apporte une nuance biblique voulue. Les ,,blasphèmes'' du v. 65 contribuent encore à envelopper la scène d'une atmosphère théologique.

[2] Voir en dernier lieu P. Winter, *On the Trial of Jesus*, 1961, 100 s., 105 s. Observant à bon droit que la scène de moquerie n'a pas dû se reproduire cinq fois (Mc. xiv 65; Lc. xxii, 63-65, Lc. xxiii 1; Jn. xix 2-3; Mc. xv 16-20), il en conclut un peu vite qu'elle n'a eu lieu qu'une fois. Il y a un moyen terme entre ces deux extrêmes.

par. ne parle que d'une scène d'outrages où Jésus sera tourné en dérision, couvert de crachats, flagellé, et cela de la part des ἔθνη, c'est-à-dire des Romains. Cette prédiction viserait les outrages de Mc. xv 16-20, seule scène historique, dont les outrages de Mc. xiv 65 ne seraient qu'un doublet.

Il faut certes concéder la possibilité de contaminations dans la formulation littéraire de ces différentes scènes, ainsi le détail des crachats dans les outrages romains qui a pu venir des outrages juifs, s'il n'est pas venu directement d'Is. l 6. Encore faut-il se rappeler que les façons d'insulter un homme, et de raconter ces insultes, sont limitées et comportent facilement la répétition des mêmes termes. En fait, d'ailleurs, la présentation des scènes, et le sens qui en découle, sont profondément différents. [1] En Mc. xiv 65 par. Jésus est bafoué comme Prophète par les Juifs; en Mc. xv 16-20 par. il est bafoué comme Roi par les Romains. [2] Ce sont là deux aspects distincts, et qui correspondent trop bien aux deux phases, juive et romaine, du procès pour ne pas rejoindre la vraisemblance historique. On pourrait certes objecter que ces aspects divers, centrés sur des titres différents de Jésus, sont précisément le fruit d'une réflexion théologique qui d'une seule scène d'outrages en a tiré plusieurs pour le montrer rejeté par les hommes selon toutes ses dignités. [3] Et l'on pourrait évoquer encore Jn. xix 13 comme une troisième scène où il est rejeté comme Juge. [4] Mais justement, même si l'on admet que Jn. a voulu suggérer cela on sent chez lui l'artifice d'une présentation littéraire qui relève davantage d'un motif théologique que de la réalité historique. Au contraire, à moins qu'on ne mette en doute toute la conduite du procès de Jésus, ces deux phases qui le caractérisent, d'abord juive puis romaine, fournissent un excellent *Sitz im Leben* aux deux scènes d'outrages: dans chaque cas Jésus est bafoué pour le motif qui intéresse ses bourreaux: c'est comme Christ Grand Prêtre et Prophète que les

---

[1] Cf. K. L. Schmidt, „'Ιησοῦς Χριστὸς κολαφιζόμενος und die 'colaphisation' der Juden", dans „Aux sources de la tradition chrétienne" (*Mélanges Goguel*), 1950, 218-227, à la p. 220, où il cite dans le même sens M. Goguel.

[2] Opposition bien marquée dans Mt., où Jésus est interpellé respectivement comme Χριστέ et comme βασιλεῦ τῶν Ἰουδαίων.

[3] P. Winter, *op. cit.*, 104 s., 136, imagine que le motif de „prophétiser" s'est attaché aux outrages de Mc. xv 16-29 par voie de „tradition secondaire" orale, et que ce développement théologique évoquant Is. l 6 s'est projeté dans une nouvelle scène, avec les juifs pour acteurs.

[4] Cf. I. de la Potterie, „Jésus Roi et Juge d'après Jn 19, 13. Ἐκάθισεν ἐπὶ βήματος", dans *Biblica*, 41 (1960) 217-247.

Juifs l'ont rejeté, mais c'est comme prétendant dangereux à la royauté qu'ils l'ont traduit à la justice romaine et que celle-ci l'a condamné. [1]

Nous parlons de deux scènes d'outrages et non de cinq. Il faut reconnaître en effet que leur multiplicité apparente est due aux diverses présentations rédactionnelles. Autant la mascarade de Mc. xv 16-20 est vraisemblable en soi, en relation avec le procès chez Pilate, autant elle surprend après la flagellation, c'est-à-dire au moment où, la sentence une fois rendue, tout le monde est pressé d'en finir. Les juifs ont hâte de célébrer la Pâque, Pilate et ses hommes sont las des tergiversations; la flagellation est administrée comme prélude normal à la crucifixion, mais après elle rien ne doit différer la marche vers le Calvaire. Au cours du procès, au contraire, pour occuper le temps pendant une de ces passes d'armes qu'échangent Pilate et les juifs, ou même en vue d'obtenir une solution de pitié, la mascarade qui aboutit à l'*Ecce Homo* trouve une place bien meilleure. C'est celle que lui assigne Jn. xix 1-5, — tout en lui joignant à tort la flagellation de la fin [2] —, et c'est aussi celle que suggère Lc. xxiii 11, en racontant quelque chose de tout à fait semblable qui, commencé chez Hérode, a bien pu se prolonger parmi les soldats du prétoire. [3]

Quant aux outrages des juifs, leur place vraisemblable est durant la nuit, à la suite de l'interrogatoire par Anne et avant la session du Sanhédrin [4], ce qui dispense de prêter aux dignitaires de cette assemblée une conduite si étrange. Cette fois encore, c'est Luc qui nous donne, grâce à sa source propre, la meilleure information [5]; et avec lui Jean, qui nous rend sans doute à l'état brut le fait qui est à l'origine de la scène [6]: une gifle donnée par un valet d'Anne, qu'auront suivie dans la cour des sévices du même goût. [7]

---

[1] Quant à Mc. x 34, rien n'oblige à rapporter ces outrages exclusivement aux ,,païens''; ils peuvent valoir de toutes les autorités hostiles du v. 33. Et dans la mesure où ils semblent davantage attribués aux païens, ainsi que Mt. et Lc. l'ont compris, on ne peut s'étonner que ce raccourci s'en tienne aux sévices des principaux exécuteurs, les Romains.

[2] Par un phénomène d'agglutination analogue à celui qui a associé inversement chez Mc. les outrages à la flagellation.

[3] Sur tout ceci, cf. *Exégèse et Théologie*, I, 270-272.

[4] *Ibid.*, 297.

[5] Contre J. Blinzler, *Der Prozess Jesu*[1], 116, 120 s.

[6] Dans cette perspective il n'est pas sans intérêt que Lc. xxii 63 emploie le même verbe δέρειν que Jn. xviii 23. Finegan, *op. cit.*, 45, croit savoir que c'est Jn. qui l'a emprunté à Lc.

[7] P. Winter, *op. cit.*, 104 conteste que la scène ait pu être rapportée par des

Selon les moments que nous leur assignons ainsi, l'une et l'autre scène d'outrages se placent avant la sentence, respectivement juive et romaine, et non après elle comme dans Mc.Mt. Ce n'est pas une difficulté. Le titre de Christ-Prophète couvre bien toute la phase juive du procès, de même que celui de Roi commande toute la phase romaine. Les outrages se seront produits chaque fois comme un intermède. En les plaçant comme ils l'ont fait, Mc. et Mt. ont souligné leur portée. Par leur ordre comme par leur présentation ils rejoignent bien la vérité substantielle. Mais, en ce point comme en d'autres de la Passion-Résurrection [1], il est permis de recueillir chez Lc. et chez Jn. des traditions meilleures, que la critique ne saurait négliger sans dommage.

---

témoins oculaires, sous prétexte que la cour du grand prêtre était moins accessible au public que la caserne romaine du Prétoire. Les coutumes respectives de Rome et de l'Orient permettent de penser le contraire. En tout cas l'Évangile lui-même nous montre Pierre et l'autre disciple pénétrant dans la cour du grand prêtre (Mc. xiv 54 par.; Jn. xviii 15 s.), tandis que les juifs se refusent à entrer dans le Prétoire (Jn. xviii 28).

[1] Cf. P. Benoit, ,,Marie-Madeleine et les disciples au tombeau selon Joh 20, 1-18'', dans *Beih. z. ZNW* 26 (*Festschrift J. Jeremias*), 1960, 141-152.

JOHANNESEVANGELIUM UND QUMRANTEXTE [1]

VON

K. G. KUHN

1. Wenn wir uns klar werden wollen über die Bedeutung, die den in den letzten zwölf Jahren gefundenen hebräischen Handschriften vom Toten Meer für das Verständnis und die religionsgeschichtliche Einordnung des Johannesevangeliums zukommt, so müssen wir zunächst einmal die ganz besondere Struktur und theologische Eigenart des vierten Evangeliums herauszuarbeiten versuchen. Dass das Johannesevangelium im Stil ebenso wie in seiner Theologie etwas anderes ist als die drei anderen Evangelien des Matth., Mark. und Luk., spürt jeder sofort, der es einmal im Zusammenhang liest. Die synoptischen Evangelien stehen sich trotz Verschiedenheiten im einzelnen sehr viel näher und haben sehr viel mehr gemeinsam als ihnen gegenüber das Johannesevangelium. Der Grundriss im ganzen ist zwar gleich: ein ausführlicher erster Teil, der von der Wirksamkeit Jesu, seinem Predigen und seinen Wundern berichtet, und als abschliessender zweiter Teil der Bericht vom Leiden, Kreuzestod und von der Auferstehung Jesu. Aber schon bei den Wundergeschichten zeigt sich der Unterschied. Nur ein kleiner Teil der johanneischen Wundergeschichten findet sich ähnlich auch in den drei anderen Evangelien. Gerade die wichtigsten joh. Wunderberichte sind gegenüber den synoptischen Evangelien neu und singulär. So die Hochzeit zu Kana (Joh. ii), die Heilung des 38 Jahre lang Kranken am Teich Bethesda (Joh. v), die Heilung des Blindgeborenen (Joh. ix) und vor allem die Auferweckung des Lazarus (Joh. xi). Ebenso gross ist der Unterschied bei den Worten Jesu. Im Johanesevangelium sind es grossangelegte Reden Jesu, jeweils über ein bestimmtes Thema, wobei diese Reden häufig an eine Wundergeschichte oder eine ähnliche Erzählung angeknüpft sind. So z.B. die Rede vom Brot des Lebens (Joh. vi) im Anschluss an die Geschichte von der Speisung der 5000. Zwar finden sich auch, speziell in der Komposition des Matthäusevangeliums grosse Reden, wie vor allem die Bergpredigt (Matth. v-vii), aber sie haben doch ganz andere Struktur und anderen Inhalt als die

---

[1] Der Beitrag wurde ursprünglich als Rundfunkvortrag abgefasst und ist hier in Form und Stil unverändert gedruckt.

joh. Reden. Insbesondere ist im Johannesevangelium der Gang
der Passionsereignisse durch den umfangreichen Komplex der
Abschiedsreden an seine Jünger (Joh. xiv-xvi) und das Hoheprie-
sterliche Gebet (Joh. xvii) unterbrochen, wozu die synoptischen
Evangelien keine Parallele bieten.

Noch tiefgreifender ist der inhaltliche Unterschied. In den synoptischen Evangelien ist das zentrale Thema der Verkündigung Jesu
die Botschaft vom Hereinbrechen der kommenden Herrschaft
Gottes, des „Himmelreichs", wie es in Luthers Übersetzung heisst;
das Generalthema der joh. Jesusreden ist die Heilsbedeutung Jesu
selbst, sind seine Ich-Worte: „ich bin das Brot des Lebens", „ich
bin der Weg, die Wahrheit und das Leben", „ich bin das Licht der
Welt" u.s.w. Die Verkündigung, dass er, Jesus, der bei Gott im
Himmel von Anfang an praeexistente Gottessohn ist, der nun
herabgekommen ist auf die Erde, „Fleisch", d.h. Mensch geworden
ist und durch Kreuz und Auferstehung hindurch wieder zu seiner
himmlischen Herrlichkeit eingeht, die Botschaft, dass seine *Menschwerdung* das Heil Gottes für die Welt ist, ist im Grunde das eine,
einzige Thema des Johannesevangeliums; das gibt ihm seine gross-
artige Monotonie. Damit trägt es zugleich einen grundlegend
anderen Akzent als die synoptischen Evangelien. Noch deutlicher
wird der theologische Unterschied zu den anderen Evangelien,
wenn man beachtet, dass diese johanneische Botschaft vom Heilsgeschehen der Menschwerdung eingebettet ist in eine dualistische
Denkweise, die sich so bei jenen nicht findet. Zwar ist das Johannesevangelium gewiss darin ausgesprochen *nicht* dualistisch, dass es
den biblischen Gedanken festhält, dass die Welt und die Menschen
als Ganzes Schöpfung Gottes sind, oder genau gesagt, dass alles geschaffen ist durch den Logos, jenes geheimnisvolle Wort, mit dem
das Evangelium anhebt als Prädikation Christi. Er, der Logos,
der eins ist mit Gott, hat alles geschaffen. Aber schon dieser Hymnus
auf den Logos, der wie eine mächtige Ouvertüre gleich zu Anfang den Grundton des Johannesevangeliums anschlägt, sagt
vom Wirken des Logos: „das *Licht* scheint in der *Finsternis*, aber
die Finsternis hat es nicht begriffen", oder wie vielleicht besser zu
übersetzen ist, „aber die Finsternis hat das Licht nicht zu über-
wältigen vermocht". Dieser Dualismus von Licht und Finsternis
durchzieht das ganze Evangelium. Auf der einen Seite steht Jesus
als „das Licht" und die Jüngergemeinde, die an Ihn glaubt, als die
„Söhne des Lichts". Alle anderen, die nicht glauben, sind Finsternis-

leute, sie sind von unten, sie sind Kinder des Teufels. Denn der Teufel ist der Herrscher der Welt. Die einen, die glauben, sind aus Gott, die anderen sind aus der Welt, vom Teufel. Er, Jesus, und die Seinen sind aus der Wahrheit, die anderen sind nicht aus der Wahrheit, wie ja auch ihr Vater, der Teufel, der Erzlügner ist. Darum ist die Situation der Gläubigen der Kampf: Es gilt, die Welt zu besiegen, so wie Jesus sie durch seinen Tod und seine Auferstehung besiegt hat. Dieser dualistische Grundgegensatz, der durch die Welt geht und die Menschen teilt in die beiden antithetischen Gruppen der Leute aus Gott und derjenigen aus dem Teufel, hat dabei zugleich — wiederum ganz spezifisch für das Johannesevangelium — einen praedestinatianischen Zug, d.h. die Zugehörigkeit zu der einen oder anderen Gruppe beruht auf göttlicher Vorherbestimmung. „Wer aus der Wahrheit ist, der höret meine Stimme", heisst es im Johannesevangelium. Nicht etwa: wer mein Wort hört und es befolgt, der wird ein Mensch der Wahrheit, sondern wenn er *aus* der Wahrheit *ist*, dann kann er überhaupt nur hören. Wer von unten ist, *kann* gar nicht hören, *kann* nicht glauben, sondern nur widerspenstig sein gegen die Botschaft vom Heil Gottes in Jesus. Was der Mensch ist und was er tut, das ist bestimmt durch sein Woher, entweder von unten oder von oben.

2. Es ist nun die grosse Frage aller Auslegung des Johannesevangeliums: wie ist die für dieses Evangelium so bezeichnende dualistische Denkweise zu erklären? Woher stammt sie? Sie kann nicht aus dem Alten Testament stammen. Denn das alttestamentliche Denken ist durchaus anders strukturiert. Sie kann aber auch nicht aus der Verkündigung Jesu stammen, so wie sie uns die synoptischen Evangelien berichten. Da findet sich kaum etwas, was auch nur als Ansatz für diesen johanneischen Dualismus gedeutet werden könnte. Diese religionsgeschichtliche Frage nach der Heimat des vierten Evangeliums beschäftigt die neutestamentliche Forschung seit langem. 1902 hat Adolf Schlatter in einer Schrift „Sprache und Heimat des vierten Evangelisten" dargelegt, dass durch die griechische Sprache des Evangeliums eine ursprünglich semitische Sprachstruktur noch durchleuchtet. Er hat das gezeigt an Sprachparallelen zu dem Hebräischen und Aramäischen der pharisäisch — rabbinischen Literatur. Seitdem hat sich immer wieder bestätigt, dass jedenfalls manche Abschnitte und Sätze des Johannesevangeliums, Quellenstücke nämlich, ursprünglich in hebräischer oder aramäischer Sprache abgefasst

waren. Aber was Schlatter nicht belegen konnte, das war die Herkunft eben gerade des spezifisch johanneischen Dualismus. Denn dafür bietet auch die pharisäisch — rabbinische Literatur keine Parallelen.

Heute finden viele neutestamentliche Forscher die religions-gesichtliche Heimat des vierten Evangeliums in der *Gnosis*. Entscheidend dafür ist der Kommentar zum Johannesevangelium von Rudolf Bultmann 1941, ein in seiner Gesamtanlage und Durchführung grossartiges wissenschaftliches Werk. Auch für den, der den religionsgeschichtlichen und den hermeneutischen Konsequenzen Bultmanns nicht zuzustimmen vermag, ist es die selbstverständliche und unentbehrliche Grundlage der exegetischen Arbeit an diesem Evangelium.

Hier muss nun in aller gebotenen Kürze darüber gesprochen werden, was Gnosis heisst. Gnosis ist eine in der Spätantike weitverbreitete Religion oder Frömmigkeit oder genauer noch ein bestimmtes Seinsverständnis, das — was die mythische oder gedankliche Entfaltung im einzelnen anbelangt — in sehr vielen verschiedenen, oft schillernden Formen begegnet. Quellenmässig ist die Gnosis mit Sicherheit zu belegen vom 2. Jahrhundert n. Chr. an. Aber viele und vor allem Bultmann selbst setzen schon ein früheres, ja ein bereits vorchristliches Vorhandensein des gnostischen Denkens voraus. Der Grundgedanke der Gnosis ist immer der Dualismus, d.h. ein grundlegender ‚Welt und Sein bestimmender Gegensatz zwischen der göttlichen Lichtwelt und unserer Welt hier als Finsterniswelt. Für das gnostische Denken ist der Kosmos nicht mehr, wie im alten griechischen Denken, die gefügte, gestaltete und sinndurchwaltete Ordnung des Seienden, sondern er ist etwas Widergöttliches, und zwar schon durch seine Materie, durch seine Substanz. Die Erschaffung von Erde und Menschen war nicht eine Tat Gottes, des höchsten in der Lichtwelt thronenden Wesens, sondern die Tat einer gottfeindlichen oder jedenfalls gottfremden Macht wider Gott. Allerdings war die Schöpfung nur dadurch möglich, dass göttliche Elemente, Teilchen aus der Lichtwelt, mit dabei verwendet wurden. Denn das Widergöttliche, die Finsternis für sich allein, ist nur Chaos, nur „Urklumpen''. Es entstand nun — ich erzähle ganz kurz den gnostischen Mythus in einer seiner bekanntesten Formen — längst vor Erschaffung der Welt zwischen den beiden getrennten Bereichen, hie Lichtwelt, hie Finsterniswelt, ein Kampf, der einen Einbruch von Lichtteilen in die Finsternis brachte, der unter verschiedenen Formen vorgestellt werden konnte. Die geläufigste ist die, dass man von einem Wesen der göttlichen Lichtwelt mit dem Namen ,,Urmensch" sprach, das im Auftrag der Lichtwelt auszog, die Finsterniswelt zu bekämpfen, aber von ihr besiegt wurde. Und nun war es entweder seine Rüstung oder es waren seine zerstückelten Glieder, die unten in der Finsterniswelt als ,,Lichtfunken" festgehalten wurden. Unter Benutzung dieser Lichtfunken vermochten die Finsternismächte die Materie, das Chaos zum Kosmos zu gestalten, Welt und Menschen zu erschaffen.

Dieser Mythus dient der Gnosis nur dazu, zu erklären, dass unsere Welt, dass wir Menschen durch unseren Leib, der Materie ist, hier jetzt zur Finsternis gehören, dass aber Lichtfunken in uns sind aus jenem Uranfang her, die hier eingesperrt sind — die Seele — und die danach trachten sollten, wieder hinauf zu Gott in die Lichtwelt zu kommen, wo ihre Heimat ist. Die Seele braucht sich also nur ihres Ursprungs zu *erinnern*, um zu *wissen*, dass sie hier nicht zu Hause ist und sich heraussehnt. Der Weg dazu ist die körperliche Askese und damit die innere Loslösung von aller Materie, sodass nach dem Tode die Seele in die Lichtwelt eingeht. Das Sich-erinnern an die eigentliche Herkunft und das eigentliche Wohin der Seele, das ist eben *Gnosis*, zu deutsch: *Erkenntnis*. Im Erkennen des wirklichen Woher und Wohin der Seele liegt das Heil und die Rettung. So sagt das jetzt auch das neugefundene Koptisch-gnostische ,,Evangelium der Wahrheit" an einer Stelle: ,,Wer auf diese Weise erkennen wird, weiss, woher er gekommen ist und wohin er geht. Er weiss, wie einer, der betrunken war und sich von seiner Trunkenheit abwandte, der sich sich selbst zuwandte und sein Eigentum in Ordnung brachte".

Weil diese Gnosis, das Sich-erinnern der eigentliche Erlösungsvorgang ist, braucht das gnostische Denken an sich keine personale Erlösergestalt. Aber in den meisten Formen der Gnosis ist es so vorgestellt, dass die Menschen so tief in den Schlaf des Vergessens versunken, der Trunkenheit verfallen sind, dass aus der Lichtwelt von dem höchsten Wesen ein Erlöser geschickt werden muss, der sie aus dem Schlaf aufweckt, der sie aus der Trunkenheit herausruft, der sie also *die Gnosis lehrt*, die Erkenntnis, was ihr wahres Woher und Wohin ist. Im Bereich der christlichen Gnosis erscheint natürlich stets Jesus als dieser himmlische Lehrer der Gnosis. Der Erlöser geht dann wieder zurück in die Lichtwelt und bahnt damit den erweckten Seelen den Weg. Denn — darin zeigt sich wieder der radikale Dualismus von Finsterniswelt hier und Lichtwelt dort — die Finsternismächte haben Sperren angelegt, damit kein von ihnen festgehaltenes Lichtteilchen, keine Seele herauskommen kann hinauf zur Lichtwelt. Und sie haben Wächter eingesetzt, die diese Sperren sichern. Nun hat der Erlöser die Sperren durchbrochen, den Weg nach oben gebahnt. Und auf ihm folgen ihm seine gläubigen Gnostiker.

In dieser gnostischen Gedankenwelt sehen heute viele Neutestamentler, vor allem Rudolf Bultmann selbst, die religionsgeschichtlichen Wurzeln des johanneischen Denkens: Der Dualismus im Johannesevangelium stammt aus dem gnostischen Dualismus von Lichtwelt und Finsternismaterie. Und ebenso hat die spezifisch johanneische Darstellung der Heilstat Gottes für die Menschen in der Menschwerdung Jesu ihre Wurzeln im gnostischen Erlösermythus. In der Tat, wenn Jesus sagt (Joh. xii 32): ,,Wenn ich (nämlich ich als der präexistente Gottessohn, der nun Fleisch geworden ist) von der Erde weg erhöht werde, werde ich euch alle zu mir ziehen", ist das nicht der gnostische Gedanke von dem Erlöser, der den Rückweg zur himmlischen Welt durch die Sperren hindurch bricht und so die Gläubigen nach sich zieht?

Freilich müssen dabei auch die Unterschiede zwischen dem gnostischen und dem johanneischen Denken gesehen werden. Der Dualismus der Gnosis meint einen Gegensatz der Materie, einen Substanzdualismus, einen physischen Dualismus. Es ist im Grunde die alte Frage der griechischen Philosophie nach der Ursubstanz alles Seienden, die das gnostische Denken bewegt, die die Gnosis allerdings völlig anders als die alten Griechen, nämlich pessimistisch, eben dualistisch beantwortet. Der Dualismus des Johannesevangeliums ist ganz anders. Hier ist keine Spur von Substanzdenken. Der Dualismus von Licht und Finsternis im vierten Evangelium ist zugleich der von Wahrheit und Lüge und der von Gerechtigkeit — Gesetzlosigkeit im Sinne des Rechthandelns gegenüber dem Sündetun. In Joh. iii 19 heisst es: ,,Das Licht ist in die Welt gekommen, aber die Menschen *liebten die Finsternis und nicht das Licht*; denn — und diese Begründung ist bezeichnend — ihre Taten waren böse. Denn jeder, der Schlimmes tut, hasst das Licht. Wer aber die Wahrheit tut, der kommt zum Licht." Die dualistischen Kategorien beziehen sich hier also auf das, was der Mensch *tut*, worauf er mit seinem Willen aus ist, entweder die Wahrheit, das Licht, oder das Böse, die Finsternis. Licht und

Finsternis meinen also menschliche Existenzweisen, und nicht wie in der Gnosis, substanzmässige Bestandteile der Physis von Welt und Mensch. Sie bezeichnen nicht die Natur des Menschen, sondern *sein Verhältnis zu Gott*, und zwar sein personhaftes Verhältnis zu dem ihn anredenden persönlichen Gott. Sie sind darum notwendig ethische Kategorien. Sie bezeichnen des Menschen gehorsames oder ungehorsames Verhalten gegenüber Gott, sein „Tun der Wahrheit" oder sein Sündigen. Und darum kann auch im Johannesevangelium der Glaube an Jesus, d.h. die Umkehr des Menschen zum Ja zu Jesus, dem Fleischgewordenen, das Kriterium der Zugehörigkeit zu einer der dualistischen Gruppen sein.

Ein zweiter Unterschied zur Gnosis kommt hinzu. Der johanneische Dualismus hat seine Grenze an dem im Einklang mit der ganzen biblischen Tradition unbedingt festgehaltenen monotheistischen Gedanken von Gott als dem Schöpfer aller Dinge und aller Menschen, der Finsternisleute ebenso wie der Lichteskinder.

Niemand sieht diese Unterschiede besser als Rudolf Bultmann selbst. Den zweiten Unterschied erklärt er damit, dass es der Evangelist war, der dem aus der Gnosis stammenden Dualismus die ihm aus seiner alttestamentlichen jüdischen Tradition vertraute Aussage vom Schöpfergott vorordnete. Der erstgenannte Unterschied, die verschiedene Struktur des Dualismus, ist ihm besonders wichtig. Hier ist seiner Meinung nach der gnostische Dualismus der Materie umgedeutet und verstanden worden als Dualismus der Existenz, als Entscheidungsdualismus, auf den hin jedoch bereits der gnostische Mythus in seiner Intention angelegt war. Der gnostische Mythus ist also hier im Johannesevangelium „entmythologisiert".

So logisch eindrücklich diese religionsgeschichtliche Konstruktion ist, so ist sie doch mit zwei problematischen und heftig umstrittenen Voraussetzungen belastet. Einmal mit der Annahme eines bereits vorchristlichen Vorhandenseins der Gnosis und zum anderen mit der Annahme der grundlegenden Umwandlung des physischen Dualismus der Gnosis in den ethischen, den Existenzdualismus des Johannesevangeliums.

3. Gegenüber diesem Stand des Problems setzen uns nun die neugefundenen Handschriften vom Toten Meer in eine neue Situation. Diese Texte, die wir heute nach dem arabischen Namen ihres Fundortes als die Qumrantexte bezeichnen, stammen nicht aus einer der beiden uns aus dem Neuen Testament geläufigen reli-

giösen Gruppen des Spätjudentums, weder von den Pharisäern, noch von den Sadduzäern, sondern stammen von einer dritten Gruppe, die bei Philo und Josephus die Essener oder Essäer genannt werden. An dieser Identifizierung ist heute wissenschaftlich ernsthaft kein Zweifel mehr möglich. Die Essener waren strenge Juden, noch strenger in der Gebotserfüllung als die Pharisäer, bildeten aber im Unterschied zu jenen einen festen, hierarchisch gegliederten Orden, der sich von der Aussenwelt abschloss und besondere, im sonstigen Judentum nicht vorhandene Geheimlehren und Kulthandlungen hatte, über die wir nun aus ihren aufgefundenen Schriften Genaueres erfahren. Hier interessiert uns heute allein die Besonderheit ihrer Theologie.

In ihrer, 1947 gefundenen, „Gemeinderegel" ist ein ganz kurz gehaltenes Kompendium dieser ihrer Theologie enthalten, aus der ich einige wichtige Sätze zitiere (1 Q S 3, 15 ff.): „Von dem Gott des Wissens kommt alles, was ist und was sein wird. *Vor* ihrem (der Menschen) Sein hat er festgesetzt all ihr Sinnen und Denken. Und *bei* ihrem Sein . . . erfüllen sich ihre Taten, *unabänderlich* . . . Und (Gott) versorgt sie mit allem, was sie brauchen, und er hat den Menschen geschaffen zur Beherrschung der Erde. Und er hat ihm gesetzt zwei Geister, um in ihnen (oder: durch sie) zu wandeln bis zu dem Zeitpunkt, wo (Gott) ihn (im Endgericht) heimsucht. Das sind *die Geister der Wahrheit und des Frevels*. In der Quelle des Lichts (entspringen) die Geschlechter der Wahrheit und aus der Quelle der Finsternis die Geschlechter des Frevels. In der Hand des Fürsten der Lichter ist die Herrschaft über alle Söhne der Gerechtigkeit, die (demgemäss) in den Wegen des Lichts wandeln. Und in der Hand des Engels der Finsternis ist alle Herrschaft über die Söhne des Frevels, die (demgemäss) in den Wegen der Finsternis wandeln. Aber durch den Engel der Finsternis geschieht (auch) das Irren aller Söhne der Gerechtigkeit und all ihr Sündigen und ihre Übertretungen und ihre Verfehlungen und ihre Sündentaten unter seiner Herrschaft . . . und alle ihre Schläge und die Zeiten ihrer Bedrängnis unter der Herrschaft seiner Feindschaft. Und alle Geister seines Loses sind darauf aus, die Söhne des Lichts zu Fall zu bringen. Aber der Gott Israels und sein Engel der Wahrheit hilft allen Söhnen des Lichts. Und *er hat die (beiden) Geister des Lichtes und der Finsternis geschaffen* und auf sie hat er alles Tun gegründet. . . . Den einen (Geist) liebt Gott in alle Ewigkeit, und an all seinen Handlungen hat er Wohlgefallen auf immer; den anderen (Geist) dagegen, dessen Gemeinde verabscheut er, und all seine Wege hasst er auf ewig."

Wie man sofort sieht, ist der Grundzug dieses Denkens der Dualismus. Gott steht gegenüber dem Teufel, der in diesen Texten Belial heisst. Und so stehen auch die beiden Geister der Wahrheit und des Frevels, oder wie sie auch genannt werden, die beiden Geister des Lichts und der Finsternis gegeneinander. Oder, wie es auch anders ausgedrückt werden kann, auf der einen Seite der Fürst der Lichter, auf der anderen Seite der Engel der Finsternis. Die Welt steht unter der Herrschaft des Teufels. Die Menschen unter dieser Herrschaft, die Geschlechter des Frevels, stammen aus der Quelle der Finsternis. Sie sind, wie in diesen Texten immer wieder in festgeprägten Termini gesagt wird, „die Söhne der Finsternis", oder die „Leute des Frevels", „die Leute der Lüge", die „Gemeinde Belials", des Teufels, die „Leute des Loses Belials", des „Loses des Zornes Gottes". Ihnen gegenüber bezeichnen sich die Angehörigen dieses essenischen Ordens, die sich als ausschliessliche Heilsgemeinde Gottes verstehen, als die „Söhne des Lichts", als die „Söhne der Gerechtigkeit", d.h. des Rechthandelns entsprechend dem Willen Gottes, als die „Leute der Wahrheit". Sie sind die „Auserwählten Gottes".

Dieser Dualismus der Qumrantexte zeigt aber keine Spur eines Denkens in Substanzen, in Materie, keinen physischen Dualismus, wie er für die Gnosis so charakteristisch ist. Dieser Dualismus ist vielmehr ethisch. Es ist ein Dualismus der Existenz. Er liegt im Handeln des Menschen, in dem, was er gemäss der in ihm angelegten Ausrichtung seines Willens tut, entweder Frevel und Lüge, widergöttliche Taten oder Wahrheit und Recht, das, was Gott will. Der dualistische Kampf beider Mächte vollzieht sich also durch das Rechthandeln oder Sündigen der Menschen.

Nach den Qumrantexten beruht der Dualismus auf einer uranfänglichen Determination alles Seins. Am Anfang steht der Gegensatz der beiden Geister des Lichts und der Finsternis. Und dementsprechend sind auch alle Menschen von Anfang her als einer der beiden Abteilungen oder, wie es auch heisst, Parteien, entweder den Söhnen des Lichts oder den Söhnen der Finsternis, zugehörig vorherbestimmt, prädestiniert.

Diese dualistische Denkweise ist dem alttestamentlichen Denken fremd, kann also von daher nicht erklärt werden. Sie ist auch dem ganzen sonstigen Judentum fremd, ist eben die spezifische Be-

sonderheit dieser essenischen Sondergemeinde, die in der Zeit
von etwa 150 v. Chr. bis 70 n. Chr., also über zwei Jahrhunderte
in Palästina bestand. Ich habe an anderer Stelle gezeigt, dass
der Dualismus in den Qumrantexten aus dem Dualismus der iranischen Religion, angefangen von den Gathas des Zarathustra,
religionsgeschichtlich herzuleiten ist. Auch dort handelt es sich,
wie hier, um einen ethischen, einen Existenzdualismus, nicht um
einen Dualismus der Materie. Im iranischen Denken beruht die
Bestimmtheit menschlicher Existenz als Zugehörigkeit zur einen
oder anderen Seite, entweder zu den Leuten der Wahrheit oder zu
denen der Lüge, auf einer schon vor ihrem Sein, in ihrer vorgeburtlichen Existenz von ihnen getroffenen Wahl. Es ist also ein
recht konsequent durchgehaltener Entscheidungsdualismus. Aber
gerade an diesem Punkt zeigt das dualistische Denken der Essener
eine wichtige Korrektur, die sie als dem Glauben ihrer Väter treue
Juden erweist. Der ethische Dualismus ist in den Qumrantexten
verbunden mit dem alttestamentlichen monotheistischen Gottes-
begriff, d.h. mit dem Schöpfungsgedanken. „*Gott* hat die beiden
Geister des Lichts und der Finsternis *geschaffen*", heisst es in
unserem vorhin zitierten Text. So ist der dualistische Widerstreit
von Gut und Böse hier nicht, wie in der iranischen Religion, ur-
zeitliche *Wahl* der beiden Geister, sondern Gottes *Schöpfungstat*.
Und dementsprechend ist die dualistische Bestimmtheit der
Menschen als entweder zu den Söhnen des Lichts oder zu den
Söhnen der Finsternis gehörig, nicht in einer vorgeburtlichen
Wahl, sondern in Gottes schöpferischem Handeln begründet, ist
göttliche *Prädestinastion*: Gott hat für jeden Menschen *vor* seinem
Sein die Zugehörigkeit zur einen oder anderen Seite bestimmt. Und
demzufolge tut der Mensch *bei* seinem Sein seine Taten.

4. Hier, in der dualistischen Theologie der Qumrantexte
finden wir also alle Elemente beieinander, die wir vorhin als
charakteristisch für den johanneischen Dualismus herausge-
stellt haben, und in denen sich das johanneische Denken von
dem Dualismus der Gnosis gerade *unterscheidet*.Es ist in den
Qumrantexten wie im Johannesevangelium ein *Existenzdualismus*,
der sich erweist in dem vom Willen des Menschen bestimmten
Handeln, in seiner Entscheidung. Und die Ausrichtung dieses
Willens, entweder auf das Rechte oder auf das Böse, ist bestimmt
durch Gottes Prädestination. Und wenn in den Qumrantexten gesagt wird, dass die beiden gegensätzlichen Gruppen der Menschen,

entweder *aus* der Quelle des Lichts oder *aus* der Quelle der Finsternis entspringen, so zeigt sich daran, dass auch nach diesen Texten wie im Johannesevangelium das *Sein* des Menschen bestimmt ist durch sein *Woher*.

Die Qumrantexte sind alle bereits vorchristlich. Das ist nicht eine Vermutung, sondern eine erwiesene Tatsache. Und die Essener, deren Gemeindeschriften diese Texte waren, lebten in unmittelbarer zeitlicher und örtlicher Nachbarschaft zu Johannes dem Täufer und der sich um ihn bildenden Täufergemeinde, ebenso wie zu Jesus und der ältesten christlichen Gemeinde. Die Herleitung der dualistischen Denkstruktur des Johannesevangeliums aus dem die gleiche Struktur zeigenden Dualismus der Essener ist also hinsichtlich der zeitlichen Ansetzung ohne weiteres möglich. Es bedarf nicht mehr wie bei der gnostischen Ableitung des johanneischen Denkens der schwierigen Annahme eines bereits vorchristlichen Vorhandenseins der Gnosis. Es bedarf auch nicht mehr der schwierigen Annahme der tiefgreifenden Umwandlung des gnostischen Dualismus der Materie in den Entscheidungsdualismus des Johannesevangeliums durch den Vorgang einer Entmythologisierung, und dies bereits in einem hypothetischen Frühstadium der Gnosis, *vor* ihren schriftlichen Quellen. Die Herleitung des johanneischen Dualismus von den Qumrantexten bietet demgegenüber keine Schwierigkeit, weil ja *hier* wie *dort* die *gleiche* Grundstruktur des Dualismus vorliegt. Viel eher lässt sich das Entstehen der Gnosis als erst nachchristlich, nämlich vom Anfang des 2. Jahrhunderts n. Chr. an, verstehen, und zwar als der Vorgang einer sekundären *Mythisierung* des Dualismus, für den alle möglichen mythischen Motive, sowohl der Griechen wie der orientalischen Religionen verwendet wurden. Schliesslich lässt sich auch jene für das vierte Evangelium so charakteristische Überlagerung des Dualismus durch den Glauben an Gott als den Schöpfer von Welt und Menschen, die Bultmann dem Evangelisten selbst als dessen jüdische Tradition zuschreibt, bei der Herleitung vom dualistischen Denken der Qumrantexte einfach erklären. Denn diese Überlagerung liegt in den Qumrantexten bereits vor, ist also im Johannesevangelium einfach übernommen.

Eigentlich müsste hier nun der ins einzelne gehende Nachweis am Text des Johannesevangeliums von Stelle zu Stelle folgen, *wie* zahlreich die Parallelen, und zwar in der Sache ebenso wie in der theologischen Ausdrucksweise sind, die sich von den Qumrantexten her ergeben. Dieser Einzelnachweis ist es ja, der das, was hier in grossen Zügen dargestellt wurde, erst wissenschaftlich beweiskräftig macht. Doch ist das im Rahmen eines solchen kurzen Aufsatzes unmöglich. Wir können hier auch nicht mehr eingehen auf die Frage der johanneischen *Christologie,* d.h. der besonderen Form, in der das Johannesevangelium die Heilsbedeutung Jesu aussagt. Wir hatten sie ja zu Anfang kurz skizziert. Ihren knappsten Ausdruck hat sie in dem Vers Joh. 16, 28 gefunden, wo der johanneische Jesus sagt: ,,Ich bin ausgegangen vom Vater und in die Welt gekommen. Nun verlasse ich wieder die Welt und gehe zum Vater.'' Die johanneische Christologie ist ja das *eigentlich Neue* im Johannesevangelium, zu dem es in den Qumrantexten schlechterdings keine Parallelen gibt. Ich will aber nicht verschweigen, dass die Ableitung der johanneischen Christologie vom gnostischen Erlösermythus meiner Meinung nach nicht erwiesen und auch nicht richtig ist, dass sie vielmehr an bestimmte spätjüdische — und zwar nichtessenische — Vorstellungen, vor allem die Menschensohnvorstellung, anknüpft. Aber das ist ein Problem für sich, das wir hier nicht mehr behandeln können.

SAINT JEAN, LA SAGESSE ET L'HISTOIRE

PAR

le R. P. FRANÇOIS-MARIE BRAUN, O.P.

Parmi les sources du quatrième évangile — s'il est permis de parler ainsi d'une œuvre aussi originale — la littérature de sagesse est celle qui nous permet le mieux d'en pénétrer les arcanes.

Depuis l'étude de Rendel Harris sur l'origine du Prologue johannique [1], l'identification du *Logos* avec la *Sophia* hypostasiée (telle que nous la trouvons décrite, soit dans les prosopopées de Pr. viii 22-31 et de Si. xxiv 3-22, soit dans l'éloge du pseudo-Salomon en Sg. vii 22-viii), n'a cessé de se faire de nouveaux adeptes. Sur la question de savoir si le Prologue johannique dépend oui ou non d'un hymne indépendant à la *Sophia* [2] ou au *Logos* [3], on peut différer d'opinion; quoi qu'il en soit, c'est assurément dans le domaine fort étendu du judaïsme sapiential que, de préférence à tout autre, il faut chercher son arrière-fond.

Sans doute, le mot σοφία ne se lit nulle part dans les écrits de Jean. Pourquoi lui avoir substitué celui de λόγος? De vrai, le passage d'un terme à l'autre était naturel. En Sg. ix 1 s.: „*Dieu des Pères, Seigneur de miséricorde, toi qui par ta parole* (ἐν λόγῳ σου) *as fait l'univers, toi qui par ta Sagesse* (τῇ σοφίᾳ σου) *as formé l'homme*'', ils paraissent interchangeables. [4] Le second, λόγος, néanmoins, pourrait-on penser avec Rendel Harris, se recommandait en raison de son genre masculin, comme mieux adapté à la

---

[1] Cf. R. Harris, *The Origin of the Prologue to St John's Gospel*, Cambridge, 1917.

[2] *Ibid.* pp. 6 ss.

[3] Cf. Ch. Masson, *Le Prologue du quatrième évangile*, dans *Revue de théologie et de philosophie* XXVIII, 1940, pp. 275-288; R. Bultmann, *Das Evangelium des Johannes*, Goettingue, 1940, pp. 5 ss.; R. Schnackenburg, *Logos-Hymnus und johanneischer Prolog*, dans *Biblische Zeitschrift* NF I, 1957, pp. 69-109; S. Schulz, *Die Komposition des Johannesprologs*, dans *Studia Evangelica*, Berlin, 1959, pp. 351-362; H. Schlier, *Le temps de l'Eglise*, (Cahiers de l'actualité religieuse 14), Tournai, 1961, pp. 18.

[4] C. Larcher, *La Parole de Dieu en tant que Révélation dans l'Ancien Testament*, dans *La Parole de Dieu en Jésus-Christ*, (Cahiers de l'Actualité réligieuse 15), Tournai, pp. 64-67.

personne de Jésus. [1] D'aiutre part, il faut tenir compte du fait
que les spéculations sur le rôle joué par la *Ḥokmâ* dans la création
se rattachent au récit de la Genèse où il n'est question que de la
Parole de Yahwé: *Dieu dit.* Que Jean ait jeté son dévolu sur la
Parole plutôt que sur la Sagesse pourrait dès lors être le signe de
son attachent aux textes classiques. [2]

Dans le quatrième évangile, comme dans tout le christianisme
primitif, le terme λόγος enfin est l'expression en quelque sorte
consacrée pour signifier le Kérygme du salut. Ce λόγος, dans lequel
nous devons (viii 31) et qui doit demeurer en nous (1 Jn. ii 14),
que nous sommes tenus de garder (viii 51, xiv 23) pour avoir la
vie (v 24, 38 ss.), c'est en dernière analyse la Parole de Dieu, dont
Jésus est le Révélateur (iii 34, xii 48 s.). [3] Mais, au regard de l'évangéliste, Jésus est lui-même ce qu'il nous apporte. Pour peu qu'on y
songe, fait observer O. Cullmann, on ne sera pas étonné de le voir
affirmer qu'il est la Parole, de même qu'il est le Pain de vie (vi 51),
la Lumière (vii 12, ix 5), la Vérité (xiv 6) et la Vie (xi 25). [4]

Si Jean, qui paraît avoir élaboré ou remanié son Prologue dans
l'évocation de la Sagesse, y parle du λόγος plutôt que de la σοφία,
plusieurs raisons on le voit ont pu concourir. Je ne rejette pas
la possibilité d'une influence hellénistique, à laquelle ferait penser
par exemple le *corpus hermeticum.* [5] Mais, étant donné la forte im-
prégnation biblique de l'auteur, elle ne saurait être que secondaire;
en toute hypothèse l'on peut être sûr que Jean ne l'a pas subie
servilement.

La représentation de Jésus comme λόγος-σοφία ne se limite d'ailleurs pas au Prologue. D'un bout à l'autre de l'évangile, c'est en
cette qualité que le Sauveur adjure les hommes de l'écouter. [6] De

---

[1] *Op. cit.* p. 12.

[2] Cf. E. Tobac, *La notion du Christ-Logos dans la littérature johannique,*
dans *Revue d'Histoire ecclésiastique,* XXV, 1929, pp. 213-238; G. Kittel, art.
λέγω, dans *TWNT* IV, p. 135; O. Cullmann, *Christologie du Nouveau Testament,* (Bibliotèque théologique), Neuchâtel-Paris, 1958, pp. 220-223.

[3] Cf. J. Dupont, *Essai sur la Christologie de saint Jean,* Bruges, 1951, pp.
17-22; C. H. Dodd, *The Interpretation of the Fourth Gospel,* Cambridge, 1953,
pp. 265-268; O. Cullmann, *op. cit.* pp. 225-228; J. Giblet, *La théologie johannique du Logos,* dans *La Parole de Dieu en Jésus-Christ,* pp. 88-105.

[4] *Op. cit.* p. 225.

[5] Cf. notre *Hermétisme et Johannisme* II, dans *Revue thomiste* LV, 1955,
pp. 259-299.

[6] A ce sujet, voir A. Feuillet, *Les thèmes bibliques majeurs du discours sur
le pain de vie. Contribution à l'étude des sources de la pensée johannique,* dans
Nouvelle Revue théologique, LXX, 1960, pp. 809-814; 918-930; 1043-1053.

même que la Sagesse habite dans les cieux (Si. xxiv 4; cf. Jc. iii 15-17), Jésus est d'en haut (iii 13, 31, viii 23), où l'homme de lui-même ne saurait s'élever (iii 13, vii 34, viii 21). C'est pourquoi il révèle les choses célestes, opposées aux terrestres. L'idée, voire les mots, paraît inspirée de Sg. ix 16-17: ,,*Nous avons peine a deviner ce qui est sur la terre . . . qui donc a pu découvrir ce qui est dans les cieux . . .*'' Elle revient avec insistance au ch. vi à propos du Pain de vie (ou vivant), descendu du ciel (33, 38, 41 ss.): il s'agit de la Parole vivifiante.

Tout comme la Sagesse presse les hommes de se rendre à son festin (Pr. viii 19, ix 5; Si. i 16, xiv 19), Jésus ne parle du Pain céleste que pour nous exhorter à nous approcher de lui: ,,*Celui qui vient a moi n'aura plus faim, et celui qui croit en moi n'aura plus jamais soif*'' (vi 35). Tel le thème central de l'entretien avec la Samaritaine: ,,*Quiconque boit de cette eau aura encore soif; au contraire, celui qui boira de l'eau que je lui donnerai n'aura plus jamais soif*'' (iv 13). Ces paroles rappellent étrangement Si. xxiv, 21: ,,*Ceux qui me mangent auront encore faim, ceux qui me boivent auront encore soif.*'' Au premier abord on aurait l'impression qu'elles en sont le contresens. En fait, l'idée fondamentale est la même: d'une part, les produits de la Sagesse sont tellement délicieux qu'on voudrait en avoir toujours davantage; de l'autre, ce que Jésus offre aux siens est de nature à les satisfaire pleinement.

Encore faut il qu'après avoir répondu à ses appels, ils se fassent et demeurent ses disciples. Étranger au vocabulaire sapiential, le mot μαθητής est l'un de ceux dont Jean use le plus fréquemment. Néanmoins, en xiii 33 (cf. 1 Jn. ii 1, 12, 28; iii 7, 18, iv 4; v 21), les disciples sont nommés τεκνία, à la manière de Pr. viii 32: νῦν οὖν, υἱέ, ἄκουέ μου, et de Si. iv 11: ἡ σοφία υἱοὺς ἑαυτῇ ἀνύψωσεν. Le texte qui commence ainsi mérite d'être cité:

> La Sagesse élève ses fils,
> et prend soin de ceux qui la cherchent.
> Celui qui l'aime aime la vie,
> ceux qui la cherchent dès le matin seront remplis de joie . . .
> Car d'abord elle marchera avec lui par des détours,
> elle amènera sur lui craintes et frayeur,
> elle le tourmentera par sa discipline,
> jusqu'à ce qu'elle ait confiance en son âme,
> et elle l'épprouvera par ses préceptes.
> Puis elle reviendra par le droit chemin et le réjouira,
> et lui révélera ses secrets.

Pour devenir disciple de la Sagesse, il faut donc commencer par la chercher quand il en est temps. Cette condition première est couramment posée par les sages, sous forme, tantôt négative (Pr. i 8: *ils me chercheront et ne me trouveront pas*), tantôt positive (Pr. viii 17: „*Qui me cherche avec empressement me trouve.*" Cf. Sg. vi 12-14). Du reste, la Sagesse prévient ceux qui la désirent, et va au devant de leurs pensées (Sg. vi 16). Le premier contact établi, commence l'œuvre de leur éducation, qui peu à peu les élève jusqu'auprès de Dieu:

> Car son commencement le plus sûr, c'est le désir de s'instruire,
> vouloir s'en instruire, c'est garder ses lois;
> obéir à ses lois, c'est s'assurer l'incorruptibilité,
> et l'incorruptibilité donne place auprès de Dieu (Sg. vi 17-19).

Les disciples de Jésus sont soumis à une progression analogue. Ils vont à lui poussés par leur mouvement intérieur (i 37-51); la première question que le Sauveur leur pose est „*Que cherchez-vous?*" En revanche, faute de s'être décidés à temps, les Juifs qui n'ont pas en eux l'amour de la vérité (iii 21, v 44) sont dans l'incapacité de le trouver. L'initiative n'en revient pas moins au Maître. Tout comme la Sagesse qui se fait entendre sur les places publiques (Pr. i 20-21), au croisement des chemins et près des portes de la cité (Pr. viii 1-3), il lance à pleine voix dans le parvis du Temple: „*Si quelqu'un a soif, qu'il vienne à moi et qu'il boive*" (vii 37; cf. viii 12). Quant aux disciples, c'est lui qui les choisit (vi 70, xv 16), après s'être montré à eux.

Pourtant, ce n'est point du premier coup que leur sont dévoilés ses secrets. De même que la Sagesse commence par éprouver les siens par la rigueur de sa discipline (Si. vi, 17), ainsi les purifie-t-il tout d'abord par sa parole (xiii 10, xv 37). Ensuite, seulement, il s'ouvre à eux, ἐν παρρησία, de ce qu'il tient de son Père (xv 15; cf. i, 18), et dont nul ne peut parler si ce n'est celui qui est descendu du ciel (iii 12, 31-32). Les disciples dès lors sont traités en amis: ὑμᾶς δὲ εἴρηκα φίλους (xv 15). Ils ont prouvé leur amour en observant les commandements (xiv 21-24, xv 10); le Père le leur rend bien: αὐτὸς γὰρ ὁ πατὴρ φιλεῖ ὑμᾶς, ὅτι ὑμεῖς ἐμὲ πεφιλήκατε (xvi 27). Cf. Pr. viii 17: ἐγὼ τοὺς ἐμὲ φιλοῦντας ἀγαπῶ. Aussi Jésus leur promet-il qu'il viendra avec le Père pour faire en eux leur demeure: ἐάν τις ἀγαπᾷ με . . . ἐλευσόμεθα καὶ μονὴν παρ' αὐτῷ ποιησόμεθα (xiv 23). Ainsi était-il dit de la Ḥokmâ qu'elle se répand dans les âmes saintes (Sg. viii 27). Autre promesse fortement soulignée: l'envoi de l'Esprit Saint (xiv 26) ou de vérité (xiv 17, xv 26, xvi 13), qui achèvera leur formation en les menant dans toute la vérité (xvi 13). Le pseudo-Salomon parle d'un esprit saint, étroitement associé à la Sagesse, et qui joue un rôle analogue d'éducation (i 5) et de révélation (ix 17).

Ces quelques parallèles, auxquels les écrits de la mer Morte fourniraient de curieux compléments, suffisent à nous foire constater que là où l'on a cru déceler des indices de dépendance du quatrième évangile par rapport au gnosticime grec, nous avons affaire à un climat authentiquement judaïque. Les recherches sur les affinités des textes johanniques avec la littérature de Qumrân, nous ont fait apparaître la haute vraisemblance d'un contact indirect de l'évangéliste avec ce milieu. [1] Quoi qu'il en soit, au regard de Jean, Jésus avait accompli les œuvres de la Sagesse. Comme elle, il avait communiqué aux hommes l'ἀλήθεια, à laquelle nul ne peut prétendre si elle ne lui est manifestée d'en haut. [2] A cet égard, la section viii 21-47 est tout à fait significative : Jésus a été envoyé par le Véridique pour proclamer dans le monde ce qu'il a appris de Lui (viii 26) ; il a dit la Vérité (τὴν ἀλήθειαν λελάληκα) entendue de Dieu (viii 40).

La déclaration de iii 11 (ἀμὴν ἀμὴν λέγω σοι ὅτι ὃ οἴδαμεν λαλοῦμεν καὶ ὃ ἑωράκαμεν μαρτυροῦμεν) va dans le même sens. En xviii 37, l'ἀλήθεια est précisément l'objet du témoignage pour lequel le Sauveur affirme être venu en ce monde. Par ailleurs, voir, entendre, témoigner, ces trois verbes apparaissent juxtaposés en iii 12 : ὃ ἑώρακεν καὶ ἤκουσεν τοῦτο μαρτυρεῖ : ils ont pour objet les ἐπουράνια (iii 12), dont seul l'envoyé céleste, ὁ ἐκ τοῦ οὐρανοῦ ἐρχόμενος, plus haut que tout ἐπάνω πάντων (iii 31), est en mesure de parler. Opposés aux ἐπίγεια (iii 12), ce sont les mystères cachés, avant tout celui de Dieu, que le Monogène a révélés (i 18).

A cette Révélation d'en haut, correspond, dans sa montée vers la certitude absolue, la connaissance de foi, signifiée, soit par πιστεύειν, soit par λαμβάνειν, ἀκούειν, ὁρᾶν, ἐλθεῖν, ἔρχεσθαι, ἀκολουθεῖν, γινώσκειν, εἰδέναι. Avant tout, les disciples de Jésus doivent croire à sa Parole. Qu'en la recevant ils se laissent enseigner par Dieu (vi 45), qu'elle pénètre et demeure en eux (v 24, 38, viii 31 ss.), c'est tout ce qui leur est demandé. Car, encore une fois, Jésus parle, non de lui-même (vii 17 ; xiii 10), mais de ce qu'il a entendu, appris, et

---

[1] Voir notre *Jean le Théologien* (Études bibliques), Paris, 1959, pp. 310-314 ; bibliographie, n. 1 de p. 310.

[2] Cf. Y. de la Potterie, *L'arrière-fond du thème johannique de vérité*, dans *Studia Evangelica*, pp. 277-294.

reçu du Père (xvii 8). A tout moment, on croirait entendre l'écho
de la déclaration : ἡ ἐμὴ διδαχὴ οὐκ ἔστιν ἐμὴ ἀλλὰ τοῦ πέμψαντός με.
(vii 16). Croire ou ne pas croire à ce que Dieu nous dit dans son Fils,
c'est l'alternative dont dépend le salut.

Par le fait, les disciples de Jésus sont dans la situation des
disciples de la Sagesse par rapport à elle. Dans le livre du pseudo-
Salomon, fait remarquer G. Ziener [1], le péché capital est beaucoup
moins la transgression des commandements que le manque de foi
à la _Ḥokmâ_. En elle, Dieu se révèle à ceux qui ne lui refusent pas
leur foi (i 2) : il leur découvre ses μυστήρια (ii 22), les introduit dans
dans la connaissance de l'ἀλήθεια (iii 9), verse dans leurs cœurs une
espérance pleine d'immortalité (iii 4), leur donne l'assurance qu'ils
demeureront auprès de lui dans l'amour (iii 9). Que les impies pré-
fèrent leurs faux calculs (ii 20), dédaignent les chemins de l'ἀλήθεια
(v 6), voient sans comprendre (iv 14, 17), prétendent ne pas connaître (xii 27, xvi 16), et se vouent par là à l'impitoyable courroux
(iii 10-12, V 17-23 ; xix 1) : ce contraste a pour but d'opposer le sort
des uns et des autres, selon le jugement qui s'opère _ipso facto_, de
par l'attitude adoptée vis-à-vis de la Sagesse. Nous ne sommes pas
loin de la notion du κρίμα (ou de la κρίσις) johannique : ὁ πιστεύων
εἰς αὐτὸν οὐ κρίνεται· ὁ μὴ πιστεύων ἤδη κέκριται (iii 18, v 24, ix 39).

Sans nous avancer au delà de ce que les textes suggèrent, nous
pouvons conclure qu'aux yeux de l'évangéliste Jésus, de plein droit,
avait accompli les fonctions dévolues à la Sagesse. En son temps,
l'identification de la _Ḥohmâ_ avec la _Tôrâ_ était chose faite. Ben Sira
(Si. xxiv 23 ss.) et l'auteur de l'écrit sapiential de Baruch (Ba. iv
1 ss.) en sont les premiers témoins. De leurs attestations concor-
dantes, on est en droit d'inférer que les scribes ne s'étaient pas
arrêtés dans cette voie. Aussi bien la _Tôrâ_ était-elle devenue à son
tour une sorte d'hypostase : la première des créatures, l'instrument
par lequel Dieu avait fait le monde, la lumière et la vie : sur ces
différents thèmes les midraches sont intarissables. [2] En fait, ceque
les docteurs du judaïsme n'avaient pas craint d'attribuer à la Loi de
Moïse ne s'était réalisé que dans la personne du Sauveur : lui seul
était la Sagesse descendue du ciel parmi les hommes, plein de

---

[1] Cf. G. Ziener, _Weisheitsbuch und Johannesevangelium_ II, dans _Biblica_,
XXXIX, 1958, p. 50-57.
[2] Cf. F. G. F. Moore, _Judaism in the First Century of the Christian Era,
the Age of the Tannaim_ I, Cambridge, 1950, pp. 264-269; Strack-Billerbeck
II, pp. 353-358; G. Kittel, _art. cit._ pp. 138 s.; W. D. Davies, _Paul and
Rabbinic Judaism_, Londres, 1948, pp. 170-172; C. H. Dodd, _op. cit._ pp. 82-86.

grâce et de vérité (i 17), pour leur apporter les biens éternels et les introduire dans le monde d'en haut, en les rendant amis de Dieu.

La question dès lors se pose de savoir si, contrairement aux Synoptiques, et vraisemblablement en réaction contre certains courants ébionites, le quatrième évangéliste ne s'était pas proposé plus ou moins consciemmench de composer une sagesse chrétienne. A supposer que tel fut son projet, de graves appréhensions seraient permises concernant son sens historique. Même lorsqu'ils font effort pour s'intégrer l'histoire d'Israël, les ḥakâmîm ne songent qu'aux signes par lesquels, la Ḥokmâ manifeste ici-bas son opération transcendante. La section du *Siracide* (xliv 1-l 29), généralement appelée „Éloge des ancêtres", est à cet égard caractéristique: on y voit défiler nombre de personnages illustres, mais chacun d'eux n'apparaît à son tour que pour porter témoignage sur ce que la Sagesse a fait de lui.[1]

Le raccourci historique du pseudo-Salomon (x 1-xix 22), qui débute par les mots: „*C'est elle qui protégea le père du monde*", accorde plus de place aux événements de l'Exode. Ceux-ci pourtant ne sont évoqués, avec abondance de détails midrachiques, que pour nous rendre attentifs à ce que, selon leurs dispositions inverses envers elle, la Sagesse réserve aux justes et aux impies. Suivant le procédé, dont il ne se départit pas, et qui sans ses applications inattendues deviendrait vite lassant, l'auteur nous fait passer des réalités terrestres aux célestes. Étant donné que la Ḥokmâ opère aux deux plans du visible et de l'invisible, on suppose qu'ils correspondent. Le pseudo-Salomon a donc vu dans les *mirabilia* du désert autre chose que des prodiges passés. A son avis, ce sont les *sémeia* de ce que, toujours bienveillante envers les hommes, la Sagesse est disposée à refaire aujourd'hui et demain pour les rendre amis de Dieu: φίλους θεοῦ (Sg. vii, 27).[2]

Dans un cas comme dans l'autre, on serait pourtant en peine de relever le moindre indice, soit d'un enchaînement des faits, soit d'un progrès quelconque vers un terme donné: tout se passe dans une durée dépourvue de finalité; le temps n'est plus que la trame de nos existences limitées; il importe d'en profiter le mieux possible, car la mesure est courte, non pour en profiter au maximum à la façon des

---

[1] Cf. E. Jacob, *L'histoire sainte d'Israël vue par Ben Sira*, dans *Mélanges bibliques rédigés en l'honneur d'André Robert*, Paris, pp. 288-291.

[2] Cf. G. Ziener, *Weisheitsbuch und Johannesevangelium* I, dans *Biblica*, XXXVIII, 1957, pp. 399-418.

impies (Sg. i 16-ii 24), mais pour se décider en faveur de l'éternelle Sagesse, et acquérir ainsi le vrai bonheur.

Que, malgré ses profondes attaches sapientiales, Jean se soit fait du temps historique une autre notion, c'est cependant indéniable: sa théologie a pour unique fondement, non une idée ou une théorie abstraite, mais l'événement un et multiple, dont il se porte garant: ἐθεασάμεθα. Incarnation du Logos et habitation nouvelle de Dieu parmi les hommes (i 14); manifestation de la δόξα dans l'humanité de Jésus (i 14, ii 11); mystère de la croix manifesté par le sang et par l'eau (xix 34); l'objet de son témoignage est toujours un donné expérimental.

Or, l'apparition du Christ dans le temps, à l'heure voulue, a eu pour conséquence que l'espoir séculaire d'Israel était à tout jamais réalisé: „*Celui dont ont parlé Moise et les prophètes, nous l'avons trouvé*" (i 45). Bref, Jésus est le Messie attendu, ὁ Μεσσίας (i 42, iv 25 s.), ὁ Σωτὴρ τοῦ κόσμου (iv 42). Poursuivant un dessein moins formellement apologétique que celui des ses devanciers, il n'avait pas à multiplier les *testimonia* proprement dits. Dans son évangile, la route parcourue par les patriarches et par les prophètes n'en est pas moins rigoureusement jalonnée: Abraham (viii 56), Moïse (v 48), Isaïe (xii 41), Zacharie (xii 15, xix 37), et pour finir Jean-Baptiste (i 6-8, 15, 26-34, iii 22-30): tous tendent leur regard dans la même direction.

Mais, parallèlement au langage des oracles, il y a celui des choses: personnes ou épisodes du passé. Nous notions à propos du pseudo-Salomon que l'usage qu'il en fait s'inspire du rapport supposé entre le visible et l'invisible. Autre est le sens typique fondé sur la correspondance entre un type et un antitype ayant chacun leur situation dans l'histoire. [1] Du point de vue d'où il se plaçait, et auquel il faut se mettre pour comprendre son mouvement de pensée, le scribe alexandrin était d'autant moins disposé à y recourir que la Sagesse telle qu'il l'entendait était au-dessus du temps, et que la seule ouverture qu'il semble s'être ménagé sur l'avenir était celle d'un monde où, l'on ne sait par quelle attraction, toutes les nations se trouveraient rassemblées (iii 8), à la clarté impérissable de la Loi (xviii 4).

Dans le quatrième évangile, il en va différemment. Sans doute les

---

[1] Cf. P. Benoit, *La plénitude de sens des Livres Saints*, dans *Revue biblique*, LXVII, 1960, pp. 176-182.

sémeia johanniques et sapientiaux ont-ils en commun de nous faire passer du terrestre au céleste : le changement de l'eau en vin signifie le grand renouveau opéré d'en haut : ἄνωθεν ; la multiplication des pains, le mystère du Pain de vie ; la guérison de l'aveugle-né, celui de la Lumière venue en ce monde ; ainsi de suite. Mais, on ne peut l'oublier, lorsque Jean nous élève ainsi au-dessus de ce monde-ci, son point de départ est toujours le fait brutal de l'Incarnation. [1] S'il nous est donné d'accéder là où aucun mortel ne peut pénétrer (iii 3, 13), c'est que le Logos en est descendu (i 14, iii 13, vi 32 ss.). Les sages en avaient dit tout autant de la *Ḥokmâ* et de la *Tôrâ* ; mais ce n'étaient que fictions poétiques plus ou moins prises au sérieux, tandis que l'assertion : ὁ λόγος σὰρξ ἐγένετο exprime une donnée, qui dans l'esprit de l'évangéliste n'était certes pas un mythe. [2]

Jean, pourtant a repris à son compte quelques figures de l'Ancien Testament que le pseudo-Salomon avait interprétées en fonction de la Sagesse. Seulement, et ceci est capital, il les a invariablement rapportées à Jésus, dans le temps historique. C'est ainsi que le Serpent d'airain est le signe du Christ crucifié (iii 14 s.), et que la manne est mise en relation avec la multiplication des pains (vi 30 ss.). Aussi, contrairement aux sages, trop prompts à lâcher le sol, Jean a-t-il fait de la typologie proprement dite un usage raisonné. Figurée par les types de l'Exode, tout comme elle avait fait l'objet des promesses aux patriarches et des oracles prophétiques, la venue du Sauveur avait donc derrière elle une longue période préparatoire : de toute façon, elle se situe au cœur de l'histoire.

Comment concevoir alors, que, s'étant mis à l'école des sages jusqu'à s'approprier leur notion de λόγος-σοφία, Jean ne se soit pas détaché de la tradition historico-prophétique ? En fait, les courants messianique et sapiential représentent les deux lignes de force de la Bible. D'abord indépendants, peu à peu ils s'étaient rapprochés. Il y avait cependant un point sur lequel leur accord paraissait impossible. Jamais les prophètes ne renoncèrent à projeter leur espoir sur l'événement qui se produirait un jour ; jamais les sages ne cessèrent de

---

[1] Cf. D. Mollat, *Le semeion johannique*, dans *Sacra Pagina. Miscellanea biblica congressus internationalis catholici de re biblica*, Paris, 1959, pp. 209 ; J.-P. Charlier, *Le notion de signe* (σημεῖον) *dans le IVe Évangile*, dans *Revue des Sciences Philosophiques et Théologiques*, XLIII, 1959, pp. 434-448.

[2] Cf. A. Richardson, *An Introduction to the Theology of the New Testament*, Londres, 1958, pp. 162 s.

s'en remettre à la Sagesse qui trône dans les cieux. Nous ne pouvons qu'enregistrer le fait: ces deux courants, qui dans l'Ancien Testament coulent parallèlement, l'évangeliste les a assumés l'un et l'autre. Il l'a fait probablement sur la base de son expérience, ayant compris que ce qui avait été annoncé au sujet du Roi davidique et que ce qui était attribué à la Sagesse, que tout cela s'était accompli en Jésus supérieurement.

Sans doute avons-nous affaire à une intuition plutôt qu'à un travail de méditation, lequel serait intervenu par après. En tout état de cause, Jean ne s'est pas contenté de juxtaposer deux conceptions antinomiques, dans le va-et-vient dialectique. Ce qui en effet est le plus remarquable, c'est l'aisance avec laquelle il est parvenu à les harmoniser, sans préjudice de l'une au profit de l'autre. Parce que, dans son *incognito*, Jésus est le λόγος-σοφία (ce que l'on n'était certes pas autorisé à soutenir de la *Tôrâ*), Jésus nous confronte à la Parole, qui se laisse atteindre par la foi, et confert à tous les croyants le pouvoir de renaître d'en haut, enfants de Dieu (i 12, iii 3-6). Parce que, en tant que λόγος-σάρξ, il est le Messie attendu, et que par lui l'acte salvifique (dont l'universalité de la Rédemption, nous oblige à dire qu'il exerce son action en avant et en arrière) est devenu une réalité, l'événement indivisible (Incarnation-Crucifixion-Résurrection) se situe sur la ligne de l'histoire, entre le passé qui le préparait et l'époque dernière de l'eschatologie inaugurée.

Cette représentation linéaire, et la distinction qu'elle implique entre le temps antérieur à Jésus et celui qui prend son départ avec lui, O. Cullmann nous en a donné l'aperçu le plus éclairant dans son beau livre: *Christ et le temps*. Nous ne pourrions y contredire sans mettre en péril le réalisme de l'évangéliste, ni briser les fortes charnières qu'il voulut établir entre les deux Testaments. Mais, s'il est vrai que le propre des grandes œuvres est de stimuler la réflexion, si de plus le lien amical qui fait communier le lecteur à la pensée de l'auteur nous invite au dialogue, il doit nous être permis de lui demander pourquoi l'événement christologique a eu pour effet l'anticipation de l'ἔσχατον.

A vrai dire, l'Ancien Testament n'était pas plus unanime sur l'attente eschatologique que sur la valeur du temps et le sens de l'histoire du salut. Selon la tradition prophétique, la *Heilsgeschichte* correspond à la durée dont Dieu se sert en vue du règne messianique. Dans l'esprit des sages, il suffit de répondre aux avances de la

Ḥokmâ pour que tout ce qu'il est permis d'espérer nous doit donné déjà maintenant. Par rapport au Nouveau Testament, cette vue des choses comportait deux imperfections: la première était de supposer que la Sagesse interpelle les hommes de ses hauteurs, sans médiation humaine; la seconde, qu'il est en leur pouvoir de lui donner audience, comme si la foi n'était pas elle-même un don de Dieu. En revanche, le messianisme davidique, avec ce qu'il impliquait de visées nationalistes, était sublimé dans une souveraineté transcendante.

En faisant la synthèse de la dualité dont l'Ancien Testament n'était pas parvenu à triompher, saint Jean ne fournirait-il pas la réponse à notre question? Pour autant que je le comprenne, il y a le monde d'en bas et il y a le monde d'en haut: deux sphères, ressortissant respectivement à l'ordre des réalités divines et des choses humaines, qui se sont touchées dans la personne du Sauveur. [1] Que les biens de l'éon considéré comme futur (ʿolam ha-bâ), dont la ζωὴ αἰώνιος est le principal, et qui dans le fait dépendent du monde d'en haut, nous soient offerts dès à présent, c'est la conséquence du mystère de l'Incarnation. S'il était vrai, — et l'on ne saurait être trop reconnaissant à O. Cullmann d'en avoir établi la démonstration détaillée, — qu'en inaugurant la période de l'eschatologie commencée, l'événement du Calvaire a scindé la ligne de l'histoire en deux parties symétriques, celles-ci n'en seraient donc pas pour autant au même niveau. De la première, il faudrait dire qu'elle est encore ἐκ τῆς γῆς; de la seconde, qu'elle participe déjà à la condition de l'éternelle Sagesse, ἐκ τοῦ οὐρανοῦ.

---

[1] Cf. F. Mussner, ZΩH. Die Anschauung vom ,,Leben" im vierten Evangelium, unter Berücksichtigung der Johannesbriefe, (Münchener Theologische Studien), Munich, 1952, pp. 52-74; D. Mollat, Le vocabulaire spatial du quatrième évangile, dans Studia Evangelica, pp. 325-328.

THE PROPHECY OF CAIAPHAS
John xi 47-53

BY

C. H. DODD

The passage to be considered, while it purports to recount an historical incident, has also (*more Johanneo*) theological content. The significance attaching to it in the great argument ot the Fourth Gospel is apparent from the position which the evangelist has given to it. In xi 1-44 Christ is set forth as the Resurrection and the Life, who giyes life to dead Lazarus. In order to do so, he enters the place where his own life is in danger (xi 8, 16); the evangelist, after his manner, hints that Christ must die in order to give life to men. This theme is elaborated in the discourse, xii 23-33, ending with the words, τοῦτο δὲ ἔλεγεν σημαίνων ποίῳ θανάτῳ ἔμελλεν ἀποθνῄσκειν, and thus the way is prepared for the Passion narrative which is to follow. The intervening passages make the transition. In xi 47-53 Jesus is devoted to death by the authorities of his nation. In xii 1-8 he is anointed for burial. His final triumph (after death) is symbolized by his acclamation as King of Israel, which (says the evangelist) was a tribute to his victory over death in the raising of Lazarus [1]. The short *pericopé*, therefore, with which we are concerned, has profound theological significance. It not only establishes the fact that Jesus is to die, but it also states the purpose and the effect of his dying: he dies "to gather into one the scattered children of God." Similarly in xii 32 by dying Christ will draw all men to himself, and in x 15-16 (by clear implication if not *totidem verbis*) he dies to bring in his other sheep, not of this (the Jewish) fold, so that there may be one flock as there is one Shepherd. Our *pericopé* therefore brings us near to the centre of Johannine theology. We are in the presence of one of the most characteristic and distinctive ideas of this evangelist, without precise parallel elsewhere in the New Testament [2].

---

[1] See C. H. Dodd, *The Interpretation of the Fourth Gospel* (C.U.P. 1953) pp. 366-371).

[2] The idea that the great eschatological Event (however conceived) includes the gathering of the people of God (Israel, or the elect) has deep roots; Is. xi 12, xliii 5 *et passim*, Ezek. xxviii 25, etc., Mk. xiii 27, 2 Thess. ii 1;

But the words in which this idea is expressed, ἵνα καὶ τὰ τέκνα τοῦ θεοῦ ... συναγάγῃ εἰς ἕν, (52), are introduced as a corollary to a proposition which is very far from suggesting any such idea: ἔμελλεν Ἰησοῦς ἀποθνήσκειν ὑπὲρ τοῦ ἔθνους (51). The transitional phrase, οὐχ ὑπὲρ τοῦ ἔθνους μόνου, is palpably designed to give the desired turn—a quite arbitrary turn—to a maxim which is not itself congenial to this evangelist. It is therefore improbable in the extreme that the composition of the *pericopé* is the original work of the writer who added the corollary (the writer whose theology dominates the whole work). He must be supposed to have received, from some source or other, the account of the prophecy of Caiaphas, and to have turned it adroitly to account by the introduction of the words of verse 52. What then was the source from which he drew this remarkable account? Even the most resolute advocate of the view that John was dependent on the Synoptics will hardly argue seriously that Jn. xi 47-53 is an expansion of Mt. xxvi 3-5, even though that passage contains the name Caiaphas and the words ἐβουλεύσαντο ἵνα ... ἀποκτείνωσιν, which occur also in John. It seems that we must look elsewhere.

We may first see whether anything can be learnt from the structure or pattern of the passage, assuming that it ended (before it was handled by our evangelist) with verse 51. It has a certain general resemblance to a class of *pericopae* in the Synoptic Gospels for which perhaps the best label is Vincent Taylor's "pronouncement story", since that is descriptive and comprehensive and begs no question. Like other *pericopae* of the class it opens with a concise setting of the scene (συνήγαγον οἱ ἀρχιερεῖς καὶ οἱ φαρισαῖοι συνέδριον). A brief dialogue follows (47-48), and this leads up to a pregnant saying, (50), to which is annexed an interpretative comment (51) [1]. So far, the passage looks like a fairly typical unit of tradition, and it contrasts with this writer's more usual manner. It would be a reasonable hypothesis that he is here incorporating a piece of tradition more or less as it reached him. This hypothesis must now be tested.

The passage is exceptional in that the pregnant saying is not uttered by Jesus, who indeed is absent from the whole scene. In

---

but the close connection of this with the death of Christ is specifically Johannine.

[1] Cf. Mk. ii 15-17, 18-20, 24-28, iii 31-35, ix 33-35, x 13-16, xii 13-17; Lk. xiii 31-33.

the Synoptic Gospels there is no "pronouncement story" in which a speaker other than Jesus utters the pronouncement for the sake of which the story is told, and there is no scene between the Baptism and the Crucifixion in which he is not the central figure—with one exception, the death of the Baptist in Mark vi 17-29. Other exceptions are apparent rather than real. The account of the proceedings of the hierarchy in Mk. xiv 1-2, and of their corrupt compact with Judas in xiv 10-11 (originally, probably, continuous, but separated by Mark's characteristic method of "sandwiching") has nothing of the form of a traditional unit of narrative; it is simply part of the introduction to the Passion narrative, and is similar in character to the *Sammelberichte* which often serve to connect narrative *pericopae* [1]. The little paragraph about Herod's judgment on Jesus in Mk. vi 14-16 is in no sense an independent unit; it serves merely as introduction to the passage about the death of the Baptist [2]. So far as the Synoptic Gospels are concerned we may fairly say that such a unit as appears to lie behind Jn. xi 47-53 would be alien to the tradition which they follow, in spite of a general resemblance of form.

Then is there any evidence to suggest that the Fourth Evangelist worked with a tradition which, while broadly similar in formation, did not adhere so rigidly to the canon which appears to have governed the formation of the Synoptic tradition, viz. that at all times Jesus should be clearly portrayed in speech or action? Certainly there are several scenes in which Jesus does not appear in person. In iv. 28-29, 41-42, the Samaritan woman converses with her fellow-

---

[1] The verbs ἐζήτουν, ἔλεγον, (1-2), are in the "continuous" tense, as is usual in such summary passages, describing the situation as it was over a period rather than any particular incident. The treachery of Judas is recorded in aorists, but the passage again reverts to the imperfect ἐζήτει in 11 to describe the situation as it was after that fatal step had been taken. Matthew xxvi 3-5 has substituted for Mark's summary with verbs in the imperfect a narrative with verbs in the aorist, but these verbs, be it observed, come out of Psalm xxx (xxxi) 14 (a *testimonium* which may also have influenced the language of Jn xi 47, 53). The use of testimonies, and the introduction of the proper name, may point to development in oral *didaché* rather than to a mere "editing" of Mark. But the passage can hardly be described as a typical narrative unit, to the extent to which that description would fit the Johannine *pericopé*.

[2] It has been surmised that vi 14-15 is a mere duplicate of viii 28, and that vi 16 was originally the introduction to a story about what Herod did. But all this is conjecture. No doubt there has been a good deal of editorial work hereabouts, but in any case vi 14-16 provides no exception to the rule that in narrative *pericopae* in the Synoptic Gospels Jesus always speaks or acts.

townsmen in the absence of Jesus; in vii 40-52, xi 56-57, the Jerusalem public and the authorities discuss his claims, but in neither case have we anything remotely resembling the compact unit of narrative which has been noted in xi 47-51. The dissimilarity is the more marked because vii 47-52 and xi 47-51 both deal with a judgment upon Jesus by the Jewish authorities, but in widely different ways. The passages referred to are examples of a typically Johannine technique: a dramatic scene is distributed between two stages (as it were) [1]; comment on the back stage elucidates action on the front stage. More important is the long and elaborate trial scene of ix 13-34, in which Jesus does not appear at all. But this is in any case unlike any other passage in the gospels, and there is nothing to compare it with; it has no resemblance to the passage we are considering. It is only in the *coda*, ix 39-41, where Jesus appears in order to dismiss the whole scene with a pregnant saying, that we have once again something approximating to a traditional unit.

There remains the passage, iii 25-30, which has something of the aspect of a traditonal "pronouncement story". The scene is concisely laid: ἐγένετο ζήτησις κ.τ.λ. (25). A brief dialogue follows, leading up to a parable (29) which is interpreted in a pregnant saying, ἐκεῖνον δεῖ αὐξάνειν ἐμὲ δὲ ἐλαττοῦσθαι (30). In spite of some elaboration in obviously Johannine language, this might well be accepted as a not impossible unit of tradition of typical form. But the pregnant saying is attributed to the Baptist and not to Jesus. However, it seems clear that the primitive tradition did contain sayings of John the Baptist as well as sayings of Jesus, and there is no reason why iii 23-29 should not have come down by such tradition. But we are still very far from a real parallel to xi 47-52, where the pregnant saying to which the dialogue leads up is assigned to an enemy of Jesus, and yet is accepted as an important doctrinal pronouncement, and accepted not only by the evangelist (in an arbitrary sense), but also, it appears, already in the story as it reached him.

The conclusion appears to be that while we cannot safely attribute the passage we are considering to the general body of oral tradition, which, so far as we know it, is shaped by the motive of presenting Jesus himself in significant speech and action, yet the

---

[1] See C. H. Dodd, *Interpretation of the Fourth Gospel*, pp. 347-348.

form it has taken does seem to imply some affinity with that tradition, sufficient, perhaps, to encourage an enquiry into a possible *milieu* in which it might have taken shape.

The passage culminates in the pronouncement, συμφέρει ὑμῖν ἵνα εἷς ἄνθρωπος ἀποθάνῃ ὑπὲρ τοῦ λαοῦ καὶ μὴ ὅλον τὸ ἔθνος ἀπόληται. It is in form a general maxim: the sacrifice of an individual is never too high a price to pay for national security. But this is immediately given a precise application (the application obviously indicated by the context): ὅτι ἔμελλεν Ἰησοῦς ἀποθνήσκειν ὑπὲρ τοῦ ἔθνους. (The words following, καὶ οὐχ ὑπὲρ τοῦ ἔθνους μόνου, as we have seen, are a part of the evangelist's "re-interpretation" of the saying). The death of Jesus is regarded as a means by which the Jewish nation may be saved from disaster; it is a λύτρον for Israel. It is the same conception that underlies Mark x 45, only treated in a purely secular spirit, and looked at from the opposite side: in Mark the λύτρον is willingly offered, in the pronouncement of Caiaphas it is exacted by means of a judicial murder; whereas in Mark it is (vaguely) ἀντὶ πολλῶν, in John it is (precisely) ὑπὲρ τοῦ ἔθνους [1]. So Caiaphas says; but what is more important is that the comment, from the authority (whoever he may have been) for the form of tradition which John follows, accepts the statement: Jesus was indeed to die for Israel—no doubt in a more profound sense than Caiaphas dreamed of, but still, ὑπὲρ τοῦ ἔθνους. In what circle was the λύτρον-concept of the death of Christ likely to be thus restricted to Israel? It can hardly have been other than a Jewish Christian circle still acutely conscious of its solidarity with the "commonwealth of Israel" as a whole.

But we have yet to consider the most remarkable feature of the passage: the pregnant utterance of Caiaphas is inspired prophecy, for Caiaphas, ἀρχιερεὺς ὤν . . ., ἐπροφήτευσεν. The implication, no doubt, is that he spoke more truly then he knew; he was prophesying without being aware of it. Unconscious prophecy is recognized in Jewish sources cited by Strack-Billerbeck *ad loc*. But that is a minor matter. Whether consciously or unconsciously, the high priest is a prophet *jure dignitatis*: this is an essential element in the passage as it came down to the evangelist.

---

[1] Πολλοί is vague; there is nothing to show whether (in the tradition behind Mark) it was conceived to include Gentiles or only the totality of Israel. Nor does reference to Is. liii 11-12 settle the question, for various interpretations are possible, according as the Servant is thought of as an individual or as the nation (or its faithful remnant) collectively.

The priest is also prophet: commentators cite in illustration Philo, *De Spec. Leg.* IV 192, ὁ πρὸς ἀλήθειαν ἱερεὺς εὐθύς ἐστι προφήτης. It will be well to complete the quotation: ὁ πρὸς ἀλήθειαν ἱερεὺς εὐθύς ἐστι προφήτης, οὐ γένει μᾶλλον ἢ ἀρετῇ παρεληλυθὼς ἐπὶ τὴν τοῦ ὄντος θεραπείαν, προφήτῃ δὲ οὐδὲν ἄγνωστον, ἔχοντι νοητὸν ἥλιον ἐν ἑαυτῷ καὶ ἀσκίους αὐγάς, εἰς ἐναργεστάτην κατάληψιν τῶν αἰσθήσει μὲν ἀοράτων διανοίᾳ δὲ καταληπτῶν. Philo is speaking, not of empirical priesthood, such as that of the temple at Jerusalem, but of ideal priesthood, *scil.* that of the enlightened soul able to contemplate the κόσμος νοητός. The perfect example of such priesthood is Moses, who by divine providence became βασιλεύς τε καὶ νομοθέτης καὶ ἀρχιερεὺς καὶ προφήτης (*De Vit. Mos.* II, 3); who possessed four prerogatives, τέταρτον δὲ ἀρχιερωσύνην δι' ἧς προφητεύων ἐπιστημονικῶς θεραπεύσει τὸ ὄν (*De Praem.* 53-56 *et simm. passim*). In this Moses is a type of the Logos: ὁ προφήτης λόγος, ὄνομα Μωυσῆς (*De Congressu* 170 *et alibi*). The Logos is the true priest-prophet: προστέτακται τῷ ἱερεῖ καὶ προφήτῃ λόγῳ τὴν ψυχὴν ἐναντίον τοῦ θεοῦ στῆσαι ἀποκαλύφῳ τῇ κεφαλῇ (*DeCher.* 17, referring to Num. v 19). These are only a few out of numerous passages in Philo to similar effect. It is clear that our present passage is moving in a different world of thought. There is no hint here of the Logos doctrine; nothing about contemplation of the unseen or worship of τὸ ὄν: it is no ideal priest-prophet that utters the oracle in Jn. xi 50; it is the all too earthy Caiaphas, high priest in Jerusalem under Pontius Pilate. Nor is it the evangelist, with a philosophy akin to Philo's, who speaks here; it is a tradition much nearer to popular Judaism.

There is evidence that in popular belief prophetic powers were associated with the office of high priest. Josephus tells the story that when Alexander the Great was approaching Jerusalem and there was panic in the city, the High Priest Jaddua received an oracle in a dream: ἐχρημάτισεν αὐτῷ κατὰ τοὺς ὕπνους ὁ θεὸς θαρρεῖν καὶ στεφανοῦντας τὴν πόλιν ἀνοίγειν τὰς πύλας καὶ ... ποιεῖσθαι τὴν ὑπάντησιν μηδὲν προσδοκοῦντας πείσεσθαι δεινόν. And so it turned out: Alexander received the high priest with all honour (*Antiq.* XI 327 *sqq.*). Hyrcanus, again, was at once civil ruler, prophet and high priest: τρίων τῶν μεγίστων ἄξιος ὑπὸ τοῦ θεοῦ κριθείς, ἀρχῆς τοῦ ἔθνους καὶ τῆς ἀρχιερατικῆς τιμῆς καὶ προφητείας. As prophet he foresaw the future and predicted the fortunes of his two eldest sons (*Ib.* XIII, 299-300). Josephus indeed himself pretended to prophetic powers [1], and apparently he thought, or at least wished his readers to think, that this was an attribute of the priestly character which he possessed by descent. He does not actually say so; what he does say is that as a priest he was familiar with Old Testament prophecy, and that this in some way enabled him to interpret the oracular dreams with which he was favoured—very conveniently favoured, since they furnished an apology for his desertion to the Romans in the Jewish War [2]. We need not take all this too seriously, but in the background hovers the belief that prophecy and priesthood went together. That prophecy might be expected of a high priest, in particular, is confirmed also by a passage (cited by Schlatter, *Der Evangelist Johannes, ad loc.*) in *Tosephta Sota* 13, 5-6, referring to Hyrcanus and Simon the Just. We are therefore justified in concluding that the words of Jn. xi 51, ἀρχιερεὺς ὢν ἐπροφήτευσεν, echo a popular belief of first-century Judaism.

It would appear, then, that the circle in which the tradition represented by Jn. xi 47-51 was handed down stood very close to Jewish circles in which this belief was alive. A Christian circle it must have been, in which a saying which could be taken as expressing the interpretation of the death of Jesus as λύτρον was welcome. Equally clearly it was Jewish, for such a valuation of the office of high priest, even when its occupant was unworthy, could hardly have persisted among Christians already aware of a distance between them and the Jewish community. The words of Caiaphas are accepted as true prophecy, and this is taken so seriously that they occupy the place in a "pronouncement story" which is normally given to a *Herrnwort*. Behind all this we seem to discern an early Palestinian Jewish Christianity still within the body of the Jewish nation, and sharing in general its beliefs and religious attitudes, including the *mystique* of the Jerusalem priesthood and temple, which in the main line of Christian thought faded rapidly

---

[1] B.J. III 351, 399-408.

[2] B.J. III 352-3: ἦν δὲ καὶ περὶ κρίσεις ὀνείρων ἱκανὸς συμβαλεῖν τὰ ἀμφιβόλως ὑπὸ τοῦ θείου λεγόμενα· τῶν γε μὴν ἱερῶν βίβλων οὐκ ἠγνόει τὰς προφητείας ὡς ἂν αὐτός τ' ὢν ἱερεὺς καὶ ἱερέων ἔγγονος. ὢν ἐπὶ τῆς τόθ' ὥρας ἔνθους γενόμενος καὶ τὰ φρικώδη τῶν προσφάτων ὀνείρων σπάσας φαντάσματα προσφέρει τῷ θεῷ λεληθυῖαν εὐχήν—in which he professed, ὡς οὐ προδότης ἀλλὰ σὸς ἄπειμι διάκονος. The inspiration of the moment came (if we construe the genitive in the only way which seems possible with ἔνθους) out of the scriptures with which he was familiar. But the language seems studiously inexplicit. He clearly wished to suggest, without actually saying it, that as a priest he had experience of prophetic inspiration.

before the concept of the spiritual temple and the high priesthood of Christ.

Such is the inference to which we seem to be led by an examination of the crucial pronouncement in which the passage culminates. We may further ask whether there is anything inconsistent with such a *provenance* for the *pericopé* as a whole. That there should be traces of re-writing in the author's highly individual style is to be expected. There are few passages in the gospel, whatever their sources may have been, which do not in this way betray the hand of the evangelist. But the Johannine stamp on the language of this passage is not in any case deep, and in fact two significant terms, λογίζεσθαι and προφητεύειν are, as it happens, ἅπαξ λεγόμενα in the Johannine writings. But the locutions ποιεῖν σημεῖα, πιστεύειν εἰς [1], ἀφ' ἑαυτοῦ [2], are characteristic of this author. The expression ἀρχιερεὺς τοῦ ἐνιαυτοῦ ἐκείνου, which occurs also in xviii 13, must probably be put to his account. It appears on the face of it to imply that the high priesthood at Jerusalem was, like many priesthoods in Greek cities, an annual appointment [3]. This would scarcely be possible in any early Palestinian Jewish source, though the rapidity with which some Roman governors transferred the office might excuse the mistake in a writer working, at a distance, on material received, without personal experience of conditions before the fall of the temple. Similarly the use of the term φαρισαῖοι, as if it denoted an "estate" of the Sanhedrin, collateral with the ἀρχιερεῖς,

---

[1] Ποιεῖν σημεῖα, 14 times in John, not elsewhere in the gospels. Πιστεύειν εἰς extremely common in John, once only in Synoptics, Mt. xviii 6 (and as f.l. in Mk. ix 42). So far, therefore, the comments of members of the Sanhedrin are clearly of Johannine mintage. Is the continuation, ἐλεύσονται οἱ Ῥωμαῖοι καὶ ἀροῦσιν ἡμῶν καὶ τὸν τόπον (*scil.* the temple) καὶ τὸ ἔθνος, also to be assigned to the evangelist, who knew that in A.D. 70 the Romans had destroyed the temple and abolished the Jewish national state? Possibly, but it is not necessarily a case of "hindsight". It did not require special inspiration to see whither things were tending during the last half century before the great rebellion, and in fact it is clear from Josephus's account that the hierarchy was constantly apprehensive of the consequences that might ensue if the "national resistance movement" were given its head. Josephus calls the "resistance fighters" λῃσταί, and according to Mk. xiv 48 Jesus protested that he was being treated as a λῃστής.

[2] Ἀφ' ἑαυτοῦ, six times in John, mostly with λέγειν, εἰπεῖν, λαλεῖν, once in Luke (ἀφ' ἑαυτῶν, xii 57), as f.l. in Ac. xxi 23, otherwise unknown in N.T. Perhaps ἀφ' ἑαυτοῦ οὐκ εἶπεν (= he spoke by divine inspiration) is the evangelist's paraphrase of ἐπροφήτευσεν.

[3] Attempts to evade this implication I find more ingenious than convincing.

seems to imply a misconception which runs all through this gospel. The Pharisees formed a voluntary association, or group of associations (חבורות), for the furtherance of certain religious principles, and these had no standing as an organ of constitutional government or administration. Possibly our evangelist confused φαρισαῖοι with γραμματεῖς. Most γραμματεῖς, apparently, though certainly not all, were in fact adherents of the Pharisaic party, and γραμματεῖς *were* an "estate" of the Sanhedrin. But the misconception could hardly have arisen in an early Palestinian Jewish environment.

If we make so much allowance for re-handling, there does not appear to be any cogent reason against the *prima facie* conclusion that we have here, substantially, material which goes back to early Jewish Christianity. There are in various places of this gospel some further hints that the author was drawing upon material of this kind.

(i) It is significant that among the predictions of persecution in store for the disciples of Jesus, which have a place in all gospels, the Fourth Gospel has nothing parallel to the Synoptic forecasts of trials before βασιλεῖς καὶ ἡγεμόνες (i.e. provincial governors), or of witness to the Gentiles [1]. They must be prepared for death at the hands of those who believe themselves to be serving God, i.e. fellow-Jews. Next to death, the worst they have to fear is expulsion from the synagogue [2]—a fate which would hold no terrors for any but Jewish Christians, and such of them as valued their continued membership of the Jewish community.

(ii) The account of the examination of Jesus before the high priest (xviii 19-23), unlike that in Mark (xiv 53-64), is entirely non-theological in character. There is nothing about the threat to destroy the temple [3], nothing about messianic claims, nothing about blasphemy. The high priest simply interrogates his Prisoner περὶ τῶν μαθητῶν αὐτοῦ καὶ περὶ τῆς διδαχῆς αὐτοῦ. This fits in well with the account given in *Bab. Sanh.* 43, that Jesus was condemned because he "incited" and "thrust away" Israel (הסית והדיח את ישראל). The verbs סות and נדח are those employed in Deut. iv 19, xiii 7, xxx 17 of

---

[1] Mt. x 18; Mk. xiii 9-10; Lk. xxi 12.

[2] Jn. xvi 2.

[3] In Mk. xiv 57-58 the false witnesses quote an alleged saying of Jesus in which he threatens to destroy the temple. In Jn. ii 19 he offers to restore the temple after its (hypothetical) destruction. The latter version of the saying is perhaps more likely to have come down by a tradition formed in a Jewish Christian environment where reverence for the temple was still alive.

inducement to idolatry. According to the official Jewish tradition, therefore, Jesus was arraigned as a false teacher who was leading people to apostasy. If so, then it was quite in order for the high priest to investigate the nature of his teaching and the extent of his following.

(iii) The same tractate dates the execution of Jesus to the Eve of Passover (ערב הפסח) which is exactly represented by παρα-σκευὴ τοῦ πάσχα in Jn. xix 14[1]. The date notoriously conflicts with that of the Synoptics. Whether rightly or wrongly, an identical date is given by the Fourth Gospel and by the tractate *Sanhedrin*, representing Jewish tradition on the subject.

The list might be extended. The conclusion seems to be justified, that the Fourth Evangelist was in a position to draw, directly or indirectly, upon a source of information deriving from a very early Jewish Christian circle still in close association with the synagogue.

---

[1] Attempts to make this mean something else, e.g. "Friday in Passover", are unconvincing.

THE SIGNIFICANCE OF THE FOOT-WASHING

BY

J. A. T. ROBINSON

The story of the washing of the disciples' feet in John xiii 1-17 is a test-passage for the exegesis of the fourth Gospel. It has divided commentators from the earliest times [1] into those who see in this incident simply a lesson in humility and those who view it as but thinly veiled instruction about the meaning of the Christian sacraments.

The former view, which was that of Chrysostom, is upheld in the most recent study of the passage by J. Michl [2]. But in the latter camp Professor O. Cullmann [3] (following in the tradition of A. Loisy [4] and W. Bauer [5]) interprets the words of Jesus to Peter, 'He who has bathed does not need to wash, except for his feet, but he is clean all over' (v. 10), to mean that he who has been baptized needs only the eucharist for post-baptismal sin.

On one point, I believe, it is possible to be reasonably certain, and that is that there is no reference to the eucharist in the words εἰ μὴ τοὺς πόδας. As Professor R. Bultmann justly comments [6], 'It is grotesque that the Lord's supper should be represented by the foot-washing, especially when the setting of the incident is already that of a meal'. There is, however, no *a priori* reason why Jesus should not have been alluding to Christian baptism—he was after all more than alluding to the eucharist in the same context. I have myself suggested in an earlier article [7] that, if there is any sacramental reference, the 'bathing' is to be seen as the act of universal baptism [8] that Jesus is about to accomplish in his death, which in

---

[1] *Vide* E.C. Hoskyns and F.N. Davey, *The Fourth Gospel, ad loc.*

[2] 'Der Sinn der Fusswaschung', *Biblica* XL (1959), 697-708.

[3] *Les sacrements dans l'évangile johannique*, pp. 73-6. He is followed by A. J. B. Higgins, *The Lord's Supper in the New Testament*, pp. 84 f.

[4] *Le quatrième évangile, ad loc.*

[5] *Das Johannes-Evangelium, ad loc.*

[6] *Das Evangelium des Johannes, ad loc.*

[7] 'The One Baptism', *Scottish Journal of Theology* VI (1953), 264.

[8] So excellently brought out by Cullmann in his *Baptism in the New Testament*.

turn is to be the ground of the Church's sacramental action (the 'washing') and will make it sufficient for salvation. I would certainly not rule out this meaning as an overtone (and an important overtone) of the passage. Nevertheless, it is not by any means what on the surface the passage is about, and no sacramental teaching is drawn from the incident in Jesus' subsequent comment in vv. 12-17 (in marked contrast with the eucharistic discourse of chapter vi).

Indeed, one suspects that the sacramental reference would not have been found neccessary were it not that the purely exemplary explanation offered in v. 15 ('I have given you an example (ὑπό-δειγμα), that you also should do as I have done') seems such a weak point after the momentous introduction to the story in vv. 1-3. Not does it apparently account in any way for the mysterious conversation with Peter in vv. 6-10, and in particular for the *necessity* of the washing if he is to have any part or lot with Jesus.

My own view is that the primary explanation of the incident *is* to be found within the context of Jesus' ministry rather than in that of the Church's life, but that to see it as purely exemplary, as an object lesson in humility, is to miss its deepest significance. The clue, I suggest, lies in recognizing this passage as the Johannine equivalent of Mark x 32-45.

Jesus is trying to show the disciples what his going up to Jerusalem, his going to the Father, really means. They suppose that he is going to glory, and so he is. They call him 'Teacher' and 'Lord', and they do well. But if they are to have any part with him it can only be as they are prepared to drink the cup that he drinks and be baptized with his baptism. The disciple cannot be greater than his master; he must follow in his path of humiliation: only so can he hope to share in the blessedness of the coming age (John xiii 15-17). For Jesus' glory means the glory of the servant, the δοῦλος: the world's notions of κυριότης (John xiii 14; Mark x 42) and ἐξουσία (John xiii 3; Mark x 42) must be turned completely upside down. Can the disciples accept and themselves share in this reversal? That is the question posed by the conversation of Mark x and, more dramatically, by the symbolic action of John xiii.

That this comparison between the two passages is not arbitrary is borne out by the fact that Luke also has his parallel to Mark x 41-5 at the Last Supper, in xxii 24-7. The whole passage, Luke xxii 14-38, contains much independent and apparently old tradition and supports the supposition that some such discussion took place in the Upper Room. Indeed, Luke xxii 27,

> For which is the greater, one who sits at table or one who serves? Is not the one who sits at table? But I am among you as one who serves,

might have been specifically written as commentary on the foot-washing [1], and Luke's narrative contains other echoes of Johannine themes.

In particular, it helps to throw light on the conversation with **Peter**, which occurs at this point in both Gospels, whereas in Matthew and Mark it takes place in Gethsemane. Peter first protests strongly (as at Caesarea Philippi [2]), and then offers to go the whole way. His reply in John xiii 9, 'Lord, not my feet only but also my hands and my head', is to be interpreted in line with xiii 37, 'Lord, why cannot I follow you now? I will lay down my life for you', and Luke xxii 33, 'Lord, I am ready to go with you to prison and to death'. Jesus' answer in v. 10, 'He who has bathed does not need to wash, except for his feet [3], but is clean all over', is a dissuasive couched in the perfectly straight-forward observation that the man who has had a bath before he goes out to dinner needs only, as we should say, to wash his hands. In other words, Jesus is saying to Peter, 'I am not asking you to follow me to death (cf. xviii 8 f.); for where I am going you cannot follow me now—though you shall follow afterwards (xiii 36; cf. xxi 18 f.). I am asking only that you should all identify yourselves with me in the cup I must drink and

---

[1] It has led to the (to me completely improbable) suggestion that the whole incident of the foot-washing is a Johannine construction spun out of this Synoptic saying (e.g. C. K. Barrett, *The Gospel According to St. John.*, p. 363). If the story had occurred in Luke and the saying in John, priority would undoubtedly have been given to the story, and the saying taken as evidence that John used Luke. In fact I am convinced that there is no literary dependence in either direction.

[2] Mark. viii 31-8 is in its turn closely parallel to Mark x 32-45.

[3] The shorter reading, which omits εἰ μὴ τοὺς πόδας, is, I am inclined to think, simply a mistake. If τοὺς πόδας alone were missing it would make sense to say that 'he who has had a bath only needs to wash', but to say that 'he has no need to wash' cannot be squared in the context with Jesus' insistence on the absolute necessity of the washing (v. 8). The longer reading has now the further support of 𝔭. 66 (which makes the point even more strongly by adding μόνον, with D). It is evidence of the wishful thinking of those in the Bultmann tradition (who would like to excise all sacramental references in the fourth Gospel) that E. Lohse, 'Wort und Sakrament im Johannesevangelium', *N.T.S.* VII (1961), 113, can actually write, 'The addition εἰ μὴ τοὺς πόδας is also missing from 𝔭. 66!'.

the baptism I must undergo'. And just as he presses upon them the cup at supper (Mark. xiv 23; Matt. xxvi 27; Luke xxii 17), so he asks them all to submit to the washing.

But in particular he makes a bid for Simon's faith. Hence the strange alternation of singular and plural in Luke xxii 31, 'Simon, Simon, behold Satan demanded to have you [plural] that he might sift you like wheat, but I have prayed for you [singular] that your faith may not fail', and in Mark xiv 37, 'And he came forward and found them sleeping, and he said to Peter, "Simon, are you asleep [singular]? Could you not watch one hour? Watch [plural] and pray that you may not enter into temptation"'. So in John xiii the unspoken challenge to all the disciples is focussed upon Peter (v. 6). Jesus knows that his faith and knowledge are bound to fail in the immediate instance; but in each tradition there is the promise that he will come through to a different and a deeper understanding: 'What I am doing you do not know now, but afterward you will understand' (John xiii 7); 'When you have turned again, strengthen your brethren' (Luke xxii 32).

Jesus' washing of the disciples' feet is therefore to be interpreted as a bid for their solidarity with him as he goes to his death, putting to them, and to Peter in particular, the challenge, 'Are you able to be baptized with the baptism with which I am baptized?' For without that they can have no part with him, no share in his glory. Unless they are prepared to bear his cross—which is the same as to bear his love—they cannot be his disciples. And they can prove this only by themselves accepting the role of the servant: 'By this all men will know that you are my disciples, if you have love for one another' (John xiii 35). The foot-washing is the ὑπόδειγμα of this love—to the uttermost—by virtue of the fact that it is also the ὑπόδειγμα of the one, final baptism of the Cross (cf. the εἰς τέλος of xiii 1 with the τετέλεσται of xix 30). There is for the disciple no share in Christ without it, just as later there is to be no incorporation without the washing of the Church's sacramental act.

„PENDANT QUARANTE JOURS"

(Actes i 3)

PAR

PHILIPPE H. MENOUD

Si l'on admet communément que le livre des Actes est la suite du troisième évangile et provient du même auteur, on reste perplexe lorsqu'on lit à la suite la dernière page de l'Evangile et la première des Actes. L'auteur commence son second livre par un bref résumé du premier (Ac. i 1-2), selon l'usage, puis, au lieu d'avancer dans son récit, il revient en arrière et donne des derniers entretiens du Ressuscité avec ses disciples et de son ascension (i 3-12) une version en partie nouvelle par rapport à celle qui figure à la fin de l'Evangile (Lc. xxiv 44-53). En effet, ces deux passages parallèles renferment, à côté de motifs théologiques identiques — présence du Ressuscité au milieu des siens, son enseignement à ses futurs témoins, l'annonce du don de l'Esprit et de la mission aux Juifs et aux païens — des données différentes sur la durée des christophanies et sur le lieu de l'ascension. Ce dernier point n'a pas une importance capitale: que le Ressuscité emmène les siens „vers Béthanie" (Lc. xxiv 50) ou sur „la montagne des Oliviers" (Ac. i 12), peu importe, puisqu'il fallait traverser cette montagne pour se diriger vers ce village. Le noeud du problème, c'est le verset i 3: „C'est à ses apôtres qu'il se présenta vivant après sa mort, en de nombreuses démonstrations; pendant quarante jours il leur apparut et leur parla du royaume de Dieu". Le chiffre de quarante jours est nouveau par rapport à Luc xxiv qui ne précise pas la durée des christophanies et qui témoigne à cet égard de la même indifférence que les autres textes du Nouveau Testament et que les écrivains ecclésiastiques des trois premiers siècles. Que signifie cette notice des quarante jours? Est-elle une précision chronologique ou a-t-elle une portée essentiellement théologique? D'autre part, quelle est l'origine de cette notice: est-elle une invention de Luc, ou une tradition que Luc n'aurait connue qu'après avoir écrit son évangile, ou encore une addition d'une autre main? C'est à ces deux questions que nous voulons essayer de répondre [1].

---

[1] Disons d'emblée que nous nous proposons par le présent travail de corriger les vues que nous avons proposées sur le même sujet, il y a huit ans, dans

I

Occupons-nous d'abord de la signification des quarante jours. Trois faits conduisent à donner de cette notice chronologique une interprétation essentiellement théologique.

1. Le Ressuscité s'adresse ici à ses onze apôtres et non pas à un cercle plus vaste de disciples comme dans Luc xxiv.

Dans 1 Cor. xv 3-11 l'apôtre Paul, citant et développant des données traditionnelles, distingue implicitement deux cercles parmi les bénéficiaires des christophanies: d'abord eux qui ont vu le Christ vivant et qui peuvent attester la réalité de sa vie divine; ensuite ceux qui, au cours de leur rencontre avec le Ressuscité, ont été appelés par lui à l'apostolat. Car il est évident que ,,tous les apôtres'' (v. 7), destinés à prêcher l'évangile au monde (cf. v. 10-11), constituent un cercle plus petit que celui des ,,cinq cents frères'' (v. 6).

Luc fait explicitement la même distinction. Il connaît d'une part les douze apôtres choisis par Jésus durant son ministère (Lc. vi 12-16; Ac. i 2) et destinés à être ses ,,témoins'' par excellence (Ac. i 8), et à côté d'eux d'autres disciples, qui se trouvent avec les Onze lors des apparitions de Jésus (Lc. xxiv 9, 33), mais qui ne sont pas appelés comme eux à l'apostolat. Cette distinction entre simples témoins oculaires (αὐτόπται) et témoins au sens fort du terme (μάρτυρες) apparaît avec toute la netteté désirable dans l'épisode de Matthias. Au moment où il est présenté au lecteur (Ac. i 23), Matthias appartient déjà aux cercle large de ceux qui ont vu le Ressuscité (cf. i 21 s.). Mais il doit être l'objet d'une élection par le Seigneur pour entrer dans le cercle des Douze et être institué comme eux ,,témoin de le résurrection'' (i 22) au sens fort de l'expression.

Luc met en scène simultanément les deux cercles de témoins, quand il veut insister avant tout sur la résurrection de Jésus. Tel est le cas dans Luc xxiv, où nous lisons, trois fois de suite, que Jésus est ,,ressuscité le troisième jour'' (v.7, 21, 46). L'Evangile doit s'achever en laissant au lecteur la certitude que Jésus est vraiment entré dans la vie divine, réalisant ainsi ses propres prédictions (v. 7) et celles de l'Ecriture (v. 46). Cette certitude se fonde d'autre part sur les attestations du plus grand nombre d'hommes possible, les

nos *Remarques sur les textes de l'ascension dans Luc-Actes*, Neutestamentliche Studien für Rudolf Bultmann (*BZNT*, 21), 1954, p. 148-156.

Onze et leurs compagnons (v. 9, 33) et les pélerins d'Emmaüs (v. 35).

C'est une préoccupation différente qui anime Luc. quand il écrit la première page des Actes, comme le montre le fait suivant. Dans le résumé qu'il donne du premier livre, il limite délibérément le nombre de ceux qui ont vu Jésus au cercle des apôtres (i 2). Eux seuls bénéficient des quarante jours d'apparitions et d'enseignements (i 3) et sont solennellement institués ,,témoins'' (μάρτυρες) de Jésus (i 8). Pour que le lecteur ne s'y trompe pas, Luc. dresse à nouveau la liste de ces onze hommes (i 13), qu'il a déjà donnée dans l'Evangile. La perspective de Ac. i 1-13 est rectiligne, et elle est autre que celle de Luc. xxiv. L'accent majeur ne porte plus sur la réalité de la résurrection et par conséquent sur le grand nombre de disciples qui ont vu Jésus vivant. L'accent porte sur l'institution d'un petit groupe de témoins chargés d'annoncer l'évangile au monde et par conséquent sur les révélations exceptionnelles que ces témoins ont reçues de leur Maître ,,pendant quarante jours''. Si Luc. insiste dès les premières lignes sur l'autorité ainsi conférée à ces témoins, c'est que le livre des Actes est consacré avant tout à l'œvre de ces douze hommes, représentés par Pierre, leur chef, et des deux autres ,,témoins'' que le Christ appellera par la suite, Etienne et Paul[1]. Ce sont les entreprises des témoins qui forment la ligne de faîte du récit; ce sont les discours des témoins qui scandent la marche de l'évangile, car eux seuls ont assez d'autorité pour que leurs prédications missionnaires méritent d'être rapportées.

Bref, en insérant dans le début des Actes la notice des quarante jours, Luc. obéit à un motif théologique en parfait accord avec l'ensemble du livre: montrer dans les témoins de la première heure les dépositaires authentiques de la pensée du Ressuscité.

2.   Le chiffre de quarante jours a une portée symbolique.

Il ressort du texte et du contexte de Ac. i 3 que ce sont les apôtres qui ont besoin de ces quarante jours d'apparitions et d'enseignements, et non pas Jésus lui-même[2], qui est ,,entré dans sa

---

[1] Cf. P. H. Menoud, *Jésus et ses témoins*, Eglise et Théologie, Bulletin de la Faculté de théologie protestante de Paris, 23, 1960, p. 7-20.

[2] Cette dernière opinion est cependant soutenue par certains auteurs. M. Goguel (*La foi à la résurrection de Jésus dans le christianisme primitif*, 1931, p. 354) estime que Jésus, qui s'est préparé à son ministère terrestre par les quarante jours au désert, doit se préparer aussi à son ministère céleste. Mais cela ne nous explique pas pourquoi cette préparation serait nécessaire au Ressuscité. On tirerait plutôt de la comparaison de Lc. iv 2 et Ac. i 3 que les apôtres doivent être préparés à leur ministère de témoins comme Jésus a dû se préparer à son ministère messianique. F. Dornseiff (*ZNW*, 35, 1936,

gloire'' dès le moment de sa résurrection (Lc. xxiv 26). Il faut souligner aussi que Luc. n'entend pas parler d'un séjour continu du
Ressuscité parmi les apôtres [1], mais d'une série d'apparitions
s'étendant par intervalles à une durée totale de quarante jours [2].
Ce qui revient à dire que Jésus est apparu à ses futurs témoins et les
a enseignés quarante fois.

Quarante est un nombre cyclique commun à tout l'ancien Orient
et qui, en Israel, délimite des périodes à part, de jours ou d'années,
dans la vie des serviteurs et du peuple de Dieu. On en connait de
très nombreux emplois [3]. Sa fréquence même témoigne qu'il est un
,,chiffre rond'' à portée symbolique plus que strictement chronologique. Quarante jours est en particulier le temps que Moïse a passé
sur le Sinaï au moment de la conclusion de l'alliance (cf. Ex. xxiv 18;
34, 38), et ce laps de temps est resté dans la tradition comme la période normative des révélations divines. C'est ainsi que les rabbins,
commentant les textes de l'Exode, écrivent que Moïse, ayant passé
quarante jours sur la montagne, a reçu les paroles de la loi de la
bouche même de Dieu [4]. On peut voir une influence de la même
idée dans la pratique des rabbins de répéter quarante fois leur
enseignement à leurs élèves afin que ceux-ci le sachent par cœur
et puissent à leur tour le transmettre en totalité et sans altération [5].

---

p. 136) met en parallèle Jésus, qui reste quarante jours ,,entre deux mondes''
et Moïse qui passe quarante jours avec Dieu sur le Sinaï. Ce parallèle est
boiteux; Moïse était là pour recevoir la loi de Dieu et revenir auprès du
peuple, alors que Jésus, au terme des quarante jours, demeurera auprès du
Père, loin des siens. Selon J. Manek (*The New Exodus in the Books of Luke*,
Nov. Test., II, 1957, p. 8-23), Jésus, nouveau Moïse, passe quarante jours
entre sa résurrection et son ascension, comme Israël, guidé par Moïse, a passé
quarante ans entre la délivrance d'Egypte et l'entrée dans la terre promise.
Mais les deux faits comparés n'ont en commun que le chiffre de quarante, ce
qui ne signifie rien, vu le large emploi de ce chiffre cyclique.

[1] S'il s'agissait d'un séjour continu, on attendrait plutôt les mots ἡμέρας
τεσσαράκοντα (cf. Mt. iv 2). En outre l'expression ἐν πολλοῖς τεκμηρίοις ne
s'entend que d'une série de christophanies.

[2] En ce sens déjà Chrysostome et la grande majorité des commentateurs.

[3] Th. Zahn (*Die Apostelgeschichte des Lucas*, 1919, I, p. 42, n. 1), M. S.
Enslin (*The Ascension Story*, JBL, 1928, p. 64-66) et. V. Larrañaga (*L'Ascension de Notre-Seigneur dans le Nouveau Testament*, 1938, p. 174-207)
entre autres ont dressé la liste de ces périodes dans l'Ancien Testament, la
littérature juive et le Nouveau Testament.

[4] Cf. les textes cités par Strack-Billerbeck, *Kommentar zum Neuen Testament*, III (1926), p. 511 et 530; IV (1928), p. 440.

[5] Cf. B. Gerhardson, *Memory and Manuscript. Oral Tradition and Written
Transmission in Rabbinic Judaism and Early Christianity*, 1961, p. 105, n. 9,
119 et 135. Gerhardson renvoie lui-même à J. Bergmann, *Die runden und
hyperbolischen Zahlen in der Agada*, Monatsschr. f. Gesch. u. Wiss. d. Judentums, 82 (1938), p. 370 s.

Cette pratique, attestée par plusieurs passages du Talmud, remonte certainement à une époque ancienne, puisqu'elle présuppose une transmission essentiellement orale de la tradition.

Il est très vraisemblable que Luc a connu par ses sources palestiniennes d'information ces applications du chiffre symbolique. De toute manière elles fournissent les parallèles les plus proches de son texte. Car Luc. entend bien souligner, en parlant des quarante jours, que les apôtres ont reçu, touchant leur mission, les révélations même du Ressuscité et qu'ils ont vu et entendu leur Maître assez souvent pour avoir retenu ses enseignements et pour être capables de les transmettre en toute fidélité.

3. Le quarantième jour après la résurrection n'est une date chrétienne ni pour Luc. ni pour l'Eglise des trois premiers siècles.

Dans la péricope Ac. i 1-12, la notice des quarante jours n'est pas jointe au récit même de l'ascension, où on s'attendrait à la trouver, si elle avait une portée chronologique; elle aurait pu figurer au v. 12 à côté de l'indication géographique. Au contraire Luc est d'une précision exemplaire quand il s'agit de dater la résurrection et le don de l'Esprit. Dans l'Evangile il mentionne trois fois que Jésus est ,,ressuscité le troisième jour'' (Lc. xxiv 7, 21, 46), en accord avec la plus ancienne tradition (cf. 1 Cor. xv 4). Dans Ac. ii 1 il place le don de l'Esprit cinquante jours après Pâques et non pas dix jours après l'ascension. Luc, et déjà la tradition palestinienne dont il dépend [1], sait que ce ,,cinquantième jour'' est, comme son nom l'indique, le terme des Semaines qui le rattachent à la fête de Pâques, dont il est l'aboutissement [2]. En fait de chronologie, Luc. ne tient pas la résurrection, l'ascension et le don de l'Esprit pour trois dates placées sur une même ligne. Il distingue, au contraire. Il reprend deux données traditionnelles et proprement chronologiques, la résurrection au troisième jour et le don de l'Esprit au cinquantième jour, toutes deux reliées entre elles par leur dépendance commune du cycle pascal juif. Par contre la notice des quarante jours n'est rattachée expressément ni à la Pâque ni à la Pentecôte; elle flotte dans l'intervalle des cinquante jours. C'est encore un indice qu'elle

---

[1] Cf. G. Kretschmar, *Himmelfahrt und Pfingsten*, ZKG, 66 (1954-55), p. 211 s et 244.

[2] La formule de Luc en Ac. 2, 1 ne signifie pas que ,,le jour de la Pentecôte arrive à son terme'', puisqu'il ne fait que commencer (cf. v. 15). Ce sont les semaines post-pascales qui s'achèvent par l'arrivée du jour de Pentecôte proprement dit (cf. les commentaires de Lake-Cadbury et de J. Dupont).

a une autre signification et une autre origine que les deux données proprement chronologiques.

Cette chronologie lucanienne à deux étapes, Pâque et Pentecôte, sans date intermédiaire catégoriquement fixée de l'ascension, est celle de l'Eglise durant les trois premiers siècles. Les Pères de cette période [1], à une exception près, ne se réfèrent pas à la notice des quarante jours [2] et placent l'exaltation de Jésus le jour même de la résurrection ou le jour de la Pentecôte ou encore à une date indéterminée entre ces deux termes. On peut en déduire qu'ayant lu le texte de Ac. i 3, ils ne l'ont pas interprêté comme une donnée chronologique, autrement dit, qu'ils l'ont compris conformément à l'intention de Luc.

Cette conclusion se trouve confirmée si l'on se tourne vers le seul écrivain ecclésiastique qui, avant le quatrième siècle, cite et commente Ac. i 3. Il s'agit de Tertullien. Dans l'*Apologeticum* (XXI, 23) [3] il s'exprime comme suit: ,,Jésus passa jusque quarante jours avec quelques disciples . . . leur enseignant ce qu'ils devraient enseigner (*docens eos quae docerent*). Puis, leur ayant confié la mission de prêcher par toute la terre, enveloppé d'un nuage, il fut enlevé au ciel". Tertullien interprête donc le v. 3 en ce sens que les quarante jours sont un temps d'enseignement destiné à faire des apôtres les porte-parole qualifiés du Christ, et il mentionne l'ascension sans la rattacher aux quarante jours. Quelques années plus tard, dans le *De baptismo* (XIX, 2) [4], il désigne du nom de Pentecôte les cinquante jours qui suivent Pâques et qui constituent ,,un seul jour de fête" rempli par les christophanies, le don de l'Esprit, l'ascension et la promesse de la parousie, qui doit se produire, comme l'ascension, à la Pentecôte. Cette coïncidence de la Pentecôte et de l'ascension est un autre aspect du problème et nous ne pouvons

---

[1] Sur les témoignages des Pères, cf. entre autres M. S. Enslin, *op. cit.*, p. 66-78; M. Goguel, *op. cit.*, p. 352-355; K. Lake, *The Beginnings of Christianity*, V (1933), p. 18-21; V. Larrañaga, *op. cit.*, p. 492-589; P. Benoît, *L'Ascension*, RB, 1949, p. 169-172.

[2] Justin Martyr, *Apol.* 50, 12 (coll. Hemmer et Lejay, p. 102) et Irénée, *Adv. haer.* II, 32, 3 (PG, VII, 1, col. 828) en particulier résument la fin de Luc et le début des Actes sans mentionner les quarante jours. Rappelons aussi que dans un texte aussi tardif que le symbole des apôtres, toutes les étapes de la vie du Christ glorifié sont rattachées à la résurrection ,,au troisième jour", sans addition d'autre précision chronologique. L'ascension au quarantième jour n'est pas devenue objet de foi.

[3] Ed. J. P. Waltzing (coll. G. Budé), p. 52.

[4] Coll. Sources chrét. (35), p. 94.

l'aborder ici. Retenons seulement que Tertullien rapporte l'ascension et les paroles des anges aux apôtres dans les termes de Ac. i 11, en détachant l'évènement de la donnée des quarante jours plus nettement encore que dans l'*Apologeticum*. Mais, par cela même, il confirme l'interprétation qu'il a donnée là des quarante jours, à savoir qu'ils sont relatifs à l'enseignement que les apôtres ont reçu et ne déterminent pas la date de l'ascension de Jésus [1].

Ainsi donc, le dessein de Luc. de faire des Douze les seuls témoins de Jésus dûment instruits et investis en les isolant des autres disciples des origines, la portée symbolique du chiffre de quarante jours, et l'absence dans l'Eglise des trois premiers siècles d'une commémoration cultuelle du quarantième jour après Pâque, tout permet de conclure que, dans la pensée de Luc. que Tertullien a fort bien comprise, la notice des quarante jours a une valeur théologique et non pas chronologique. Elle est destinée à garantir à l'avance l'autorité du témoignage apostolique et non pas à fixer la date de l'ascension de Jésus.

II

La question de l'origine de la notice peut être tranchée assez rapidement. En effet, si le chiffre de quarante jours a bien le sens que nous proposons de lui donner, il est facile de choisir entre les trois possibilités qui théoriquement s'offrent à nous: 1. cette notice serait une addition faite à l'œuvre de Luc.; 2. elle serait une tradition que Luc n'aurait connue qu'après avoir achevé l'Evangile; 3. elle serait tout simplement de Luc. lui-même.

1. L'hypothèse que les quarante jours auraient été introduits après coup dans les Actes, dont le début aurait été remanié, se présente, on le sait, sous deux formes différentes. Ou bien l'on suppose que le récit de l'ascension dans Ac. i 2-12 (14) est, en tout ou en partie, une interpolation [2]. Ou bien l'on suppose que Luc. avait écrit un ouvrage d'un seul tenant, qui fut divisé en deux livres au deuxième siècle lors de la constitution du canon; dans l'œuvre primitive Lc. xxiv 49 était suivi de Ac. i 6; les deux parties de

---

[1] Notons que les spéculations des gnostiques étendant la durée des christophanies à 545 et 550 jours et même à onze ou douze ans (cf. M. Goguel, *op. cit.*, p. 354 s.; G. Quispel, *Zeitschr. für Religion- und Geistesgeschichte*, 1954, p. 291), donnent aussi à cette période une signification théologique et non pas chronologique.

[2] Cf. W. G. Kümmel, *ThR*, 17 (1948-49), p. 9 qui cite à ce propos E. Meyer, M. Goguel, H. W. Beyer, O. Bauernfeind et E. Hirsch.

l'œuvre étant indépendantes, on dut ajouter une conclusion à l'Evangile (Lc. xxiv 50-51) et une introduction aux Actes (i 1-5)[1]. Certes, on peut avancer en faveur de cette hypothèse quelques arguments lexicographiques: le style de Ac. i 1-5 est particulièrement embarrassé et renferme quelques phénomènes linguistiques qui étonnent sous la plume de Luc. Mais le texte incriminé est trop court, et la langue de Luc trop irrégulière pour que ces observations de style, si exactes qu'elles soient, puissent prévaloir contre la cohérence théologique de l'ensemble formé par Luc. xxiv et Actes i. De plus l'hypothèse du remaniement, se heurte à deux objections décisives. Il est invraisemblable que l'interpolation de la notice des quarante jours ou la division en deux de l'œuvre primitivement une de Luc. aient pu se faire, au deuxième siècle, sans laisser de traces dans les manuscrits [2]. L'insertion de la notice des quarante jours dans l'œuvre de Luc. au deuxiéme siècle reste inexpliquée; en effet, de deux choses l'une: ou bien cette notice a été ajoutée parce qu'elle avait du poids; mais alors pourquoi ne la retrouve-t-on pas ailleurs dans les écrits de l'époque? Ou bien cette notice n'est pas citée ailleurs, parce qu'elle n'avait pas de poids; mais alors, pourquoi l'introduire dans l'œuvre de Luc.? On le voit, cette hypothèse ne résoud rien.

2.   L'hypothèse que Luc. aurait recueilli la donnée des quarante jours après avoir achevé l'Evangile [3], n'est pas plus vraisemblable. Que Luc. n'utilise pas ce chiffre quand il écrit son premier livre, ne signifie pas qu'il l'ignorait à ce moment là. C'est tout simplement que cette notice n'avait pas d'emploi dans la conclusion d'un évangile [4]. D'autre part cette hypothèse est portée par la présupposition que la tradition sur les quarante jours a une valeur chronologique. Mais alors on vient butter devant la même difficulté que dans le cas de l'hypothèse précédente: où Luc aurait-il bien pu trouver cette tradition, puisqu'il est notoire que l'ancienne Eglise ne s'est pas préoccupée de la durée exacte des christophanies?

---

[1] Cf. H. Sahlin, *Der Messias und das Gottesvolk. Studien zur protolukanischen Theologie*, 1945, p. 11-18; P. H. Menoud, *Remarques sur les textes de l'ascension dans Luc-Actes*, Neutestamentliche Studien für Rudolf Bultmann, 1954, p. 148-156; E. Trocmé, *Le „Livre des Actes" et l'histoire*, 1957, p. 30-34.

[2] E. Haenchen, *Die Apostelgeschichte* (Meyers Kommentar, III, 12. Aufl.), 1959, p. 115.

[3] Cf. entre autres Wendt, Reicke, Williams dans leur commentaire des Actes, et P. Benoît, *op. cit.*, p. 193; G. Staehlin, *Interpretation*, 1956, p. 294, n. 11; C. F. D. Moule, *ExpT*, 68 (1956-57), p. 205 et *NTS*, 4 (1957-58), p. 60.

[4] Cf. E. Haenchen, *op. cit.*, p. 114.

3. L'explication qui nous paraît s'imposer est que la notice des quarante jours a son origine dans les réflexions de Luc. lui-même sur l'autorité exceptionnelle qui doit être reconnue aux premiers témoins du Ressuscité. Cette notice, en effet, illustre et colore son portrait du ,,témoin'' de Jésus au sens spécifique du terme.

Les évangiles rapportent que les disciples de Jésus se posaient parfois la question de savoir lequel d'entre eux était le plus grand. La même question agita plus encore l'Eglise du premier siècle. A qui appartient la prééminence? Aux Douze que Jésus a choisis durant son ministère, ou à Jacques, frère du Seigneur, à cause des liens du sang, ou aux spirituels? Paul s'est efforcé de mettre de l'ordre en cette affaire en distinguant au moins deux catégories d'apôtres: les ,,apôtres de Jésus-Christ'', qui ont vu le Ressuscité et reçu de lui leur mission, et les ,,apôtres des Eglises'', apôtres d'institution humaine.

En usant d'une autre terminologie, Luc. fait une distinction parallèle, nous l'avons dit plus haut. Il parle d'une part des ,,témoins de Jésus'' au sens spécifique, qui ont vu le Ressuscité, qui ont été appelés par lui à prêcher l'évangile et qui, en conséquence, ont l'autorité nécessaire pour que Luc tienne à rapporter leurs discours missionnaires dans les Actes. Luc parle d'autre part des simples témoins occulaires, qui n'ont pas reçu la même vocation que les Douze, et des missionnaires, tels que Barnabas et Philippe, qui n'ont pas vu le Ressuscité, qui n'ont pas l'autorité d'hommes envoyés directement par lui, et dont les discours missionnaires ne sont pas cités dans les Actes.

Pour légitimer pleinement l'autorité des ,,témoins de Jésus'', Luc donne une expression nouvelle à l'idée traditionnelle que les christophanies ont été accompagnées d'enseignement du Ressuscité. C'est à ses ,,apôtres'' que Jésus vivant s'est surtout révélé; ce sont ses ,,témoins'' qui l'ont entendu assez souvent pour être les dépositaires fidèles de sa pensée et ses porte-parole qualifiés. La manière la plus simple et la plus directe de dire tout cela, c'était de recourir à la formule qu'offrait le judaisme du temps. C'était d'écrire: ,,Il leur apparut et il leur parla du royaume de Dieu pendant quarante jours''.

„TU NE CONVOITERAS PAS"
(Rom. vii 7)

PAR

S. LYONNET

Dans les versets de l'épître aux Romains où S. Paul analyse le rôle de la loi, passage si controversé et dont l'exégèse est si lourd d'incidences théologiques, les plus récents commentateurs semblent s'accorder de plus en plus à reconnaître que l'Apôtre s'est à tout le moins inspiré du récit de la Genèse où est décrit le premier péché [1]. Notamment F. J. Leenhardt [2] a souligné avec insistance les ressemblances qui nous paraissent également indéniables [3]: „La parenté des v. 7 à 12 avec Gen. iii montre que l'apôtre a pensé la scène qu'il construit, à partir du personnage . . . d'Adam" (p. 106). De même, à propos du v. 8: „La pensée de Paul se reporte à la condition décrite dans Gen. iii: l'homme Adam est confronté avec la parole de Dieu. La situation est identique grâce à la loi et c'est la raison profonde qui amène l'apôtre à décrire le rôle de la loi dans des termes visiblement empruntés au récit de la Genèse" (p. 107). Au v. 9 il voit dans l'image utilisée par Paul du „péché qui prend vie" [4]

---

[1] Ainsi A. Feuillet, *Rev. Bibl.* 57 (1950) 369 s. et plus nettement *Lumière et Vie* nr 14 (1954) 222; O. Michel, *Römerbrief* (1955) qui écrit, v.g. à propos du v. 7: „Es scheint so, als wenn Pls die Sündenfall Geschichte immer wieder vor Augen hätte" (p. 147) et interprète notamment le ἔζων de la vie d'Adam avant son péché (p. 148); C. K. Barrett, *Romans* (1957); K. Prümm, *Die Botschaft des Römerbriefs* (1960). Ce fut, on le sait, l'interprétation proposée par „la plupart des anciens" (cf. K. H. Schelkle, *Paulus Lehrer der Väter*, p. 238 ss.) et par nombre de modernes comme P. Feine, M. Dibelius, H. J. Holtzmann, Ad. Jülicher, H. Lietzmann. Ce fut celle qu'a toujours maintenue le P. Lagrange, en dépit des critiques (cf. la note ajoutée à la 3e édition, 1930). — En sens opposé, voir entre autres W. G. Kümmel, *Römer 7. und die Bekehrung des Paulus* (1929), p. 86 s. et passim; G. Schrenk, dans le *ThWNT*, II, p. 546 (s.v. ἐντολή). O. Kuss, *Römerbrief* (1959) estime que les allusions au récit de la Genèse ne sont pas suffisamment claires (non plus d'ailleurs que celles à la loi mosaïque! cf. p. 449 et 467).

[2] *L'épître de Saint Paul aux Romains* (Commentaire du N.T., VI), 1957.

[3] Cf. J. Huby, *L'épitre aux Romains*, nouvelle édition 1957, p. 599-604, ainsi que l'édition en fascicules de la *Bible de Jérusalem* (in Rom.vii), 2ᵉ éd. 1959.

[4] C'est ainsi en effet que F. J. Leenhardt traduit ἀνέζησεν dans son commentaire, avec raison, je pense (de même O. Michel, O. Kuss, etc.); mais

une ,,allusion au serpent qui s'anime et commence à jouer son rôle dans la scène d'Eden'' (p. 108). Quant au v. 11, ,,l'allusion à la Genèse est encore évidente, où la femme se plaint du serpent en termes semblables ... Le rôle du péché (c'est-à-dire du serpent) consiste à déformer ce que Dieu a dit'' (p. 108).

Les adversaires de cette exégèse ont coutume de lui opposer la citation du v. 7: ,,Tu ne convoiteras pas'', empruntée non à la loi du Paradis, mais à celle de Moïse. C'est, par exemple, pour W. G. Kümmel, la difficulté fondamentale: si Paul avait voulu évoquer le récit du premier péché, il n'aurait pas écrit: οὐκ ἐπιθυμήσεις qu'on lit en Ex. xx 17, mais: οὐ φάγεσθε ou bien μὴ ἄψησθε qu'on lit effectivement en Gen. iii 3 [1].

De fait, l'objection, de prime abord, semble décisive. Et cependant il se pourrait que cette citation, examinée de plus près, notamment à la lumière de ce que nous savons que les Juifs et Paul lui-même entendaient par ,,convoitise'', loin de constituer un obstacle insurmontable à l'exégèse en question, lui fournît un nouveau point d'appui et non peut-être le moins solide. C'est ce que nous voudrions brièvement exposer ici, espérant apporter ainsi notre modeste contribution à l'intelligence d'un passage qui a toujours joué un rôle important dans les problèmes oecuméniques si chers à celui auquel ces pages sont précisément dédiées.

1. Si la citation est littéralement empruntée au Décalogue (Ex. xx 17; Deut. v 21 [LXX] ou 18 [T.M.]), il faut noter cependant non seulement que S. Paul ,,abrège la formule mosaïque'', mais qu'il le fait ,,pour lui donner une portée générale et radicale'' [2]. La ,,défense de la convoitise'', selon F. J. Leenhardt caractérise même si peu exclusivement la loi mosaïque, qu'elle constitue ,,l'essence de la

en note il explique que ἀναζῆν signifie ,,reprendre vie'', car ,,la particule ἀνα- doit garder sa valeur'' (p. 108 n. 1). Mais ἀνα- dans les verbes composés n'a pas toujours le sens du préfixe français ,,re-'': on cite en général ἀνα-βλέπειν, dit de l'aveugle-né en Jo. ix 11, 15, 18; on pourrait citer bien d'autres verbes, ainsi, dans le seul N.T., ἀνα-βοᾶν (Mt. xxvii 46), ἀνα-κράζειν (Mc. vi 31), ἀνα-κύπτειν (Lc. xxi 28), ἀνα-παύεσθαι (Mc. vi 31), ἀνα-πίπτειν (Mc. vi 40), ἀνα-τρέφειν (Jo. ii 15), etc. Il se pourrait d'ailleurs qu'ici, comme en d'autres cas (v.g. celui de ἀναβλέπειν), le préverbe garde le sens physique de l'adverbe ἀνώ, ,,en haut'': Paul évoquerait l'image du Péché assimilé au serpent qui soudain ,,se dresse plein de vie''.

[1] W. G. Kümmel, *op. cit.* p. 86 s.; de même F. Godet, *Romains*, p. 106: ,,La citation expresse du 10° commandement (v. 7) montre bien que Paul pense au code du Sinaï, et non à la défense faite dans le paradis''.

[2] Cf. O. Michel: Du fait que Paul omet de spécifier l'objet de cette convoitise, ,,der Sinn radikalisiert wird'' (p. 147 n. 5).

loi", c'est-à-dire dans sa pensée de toute loi, et la description qu'il en donne correspond très exactement au précepte du Paradis: „Lorsque la loi intervient pour interdire la convoitise, elle oblige l'homme à choisir de vivre par Dieu et pour Dieu, et, au lieu de se faire ses dieux et sa vie, de se soumettre à Dieu et de recevoir de lui sa vie" (p. 107). De même, pour ne citer qu'un autre exemple, C. K. Barrett estime également que, si Paul a réduit le précepte du Décalogue à ces deux seuls mots, ce n'est ni par négligence ni par souci d'abréger, mais parce qu'il entendait parler de „la convoitise en elle-même, indépendamment de l'objet convoité": or celle-ci exprime fondamentalement cette „exaltation du moi qui constitue l'essence du péché": en fait, „convoiter" c'est vouloir être par soi, refuser d'être „créature", de dépendre de Dieu, de recevoir de lui la vie (p. 114), bref se substituer à Dieu, le péché même d'Adam (cf. p. 37 et 111 auxquelles renvoie précisément Barrett).

2. Mais ni l'un ni l'autre n'ont noté que la formule choisie par S. Paul se trouvait déjà à la lettre dans le Targum: lui aussi considère la convoitise „en elle-même, indépendamment de l'objet convoité", comme le péché par excellence, source de tous les malheurs. On en jugera [1]. Targ. Ex. xx 17: „O mon peuple, fils d'Israël, ne convoitez pas et ne vous associez pas à ceux qui convoitent! Qu'on ne convoite pas dans l'assemblée d'Israël avec ceux qui convoitent, afin que vos fils après vous ne se lèvent pas ni ne s'enseignent mutuellement à aller avec ceux qui convoitent. Que l'homme ne convoite pas la femme de son prochain ni la servante de son prochain, etc.; car c'est à cause du péché de convoitise que les gouvernements font la guerre aux fils des hommes". En Deut. v 21, outre les guerres, est mentionnée la famine: „Car c'est à cause du péché de convoitise que les nuages s'élèvent (sans produire de pluie), que la rosée ne tombe pas, que la famine vient sur le monde et que les royaumes font la guerre aux fils des hommes, convoitent leur mort et les tuent".

---

[1] Traduction d'après la recension palestinienne du codex *Neofiti* n⁰ 1 de la Bibliothèque Vaticane. Sur cette recension, voir A. Diez Macho, *The Recently Discovered Palestinian Targum, its Antiquity and Relationship with the other Targums*, dans *Vetus Testamentum*, Supplement VII (Congrès d'Oxford), Leiden 1960, p. 222-245. A propos de ce Targum, P. Grelot a excellemment montré que les leçons longues (v.g. celles que rapportent les marges, comme c'est le cas pour Ex. xv 2) ne sont pas du tout nécessairement secondaires et plus récentes; voir son article: *Sagesse* x, 11 *et le Targum de l'Exode*, dans *Biblica* 42 (1961) 49-60 (cf. p. 56).

On remarquera non seulement l'emploi absolu du terme, mais aussi le fait que le Targum (du moins dans la recension du codex Neofiti) a généralisé la racine *ḥmd* — comme d'ailleurs les LXX ont généralisé ἐπιθυμεῖν [1] — et surtout peut-être l'expression ,,ceux qui convoitent'' qui semblent bien désigner purement et simplement les païens, ces ,,pécheurs'' par excellence.[2]

3. Que pour S. Paul le péché de ,,convoitise'' constitue ,,le péché'' sans plus et n'évoque point du tout une simple violation d'un précepte de la loi mosaïque comme telle, il semble qu'on en ait une nouvelle preuve dans la façon dont l'Apôtre en parle en 1 Cor. x 6. Là encore le verbe ἐπιθυμεῖν est employé absolument pour désigner ,,le péché'' d'Israël au désert: καθὼς ἐπεθύμησαν. D'autant plus que, selon la remarque de S. Jean Chrysostome reprise par les commentateurs modernes [3], les ,,exemples'' de péchés particuliers signalés ensuite: idolâtrie (v. 7), fornication (v. 8), tentation du Seigneur (v. 9), murmures (v. 10) constituent simplement des expressions variées de ce péché source de tous les autres qu'est la ,,convoitise''.

Or Paul évoque un épisode très concret de l'histoire d'Israël, auquel l'A.T. donnait déjà un relief singulier: Deut. ix 22 le mentionne aussitôt après celui du veau d'or; l'une des étapes de la marche au désert portera son nom en souvenir du châtiment dont il aura été puni: ,,les sépulcres de la convoitise'' (Num. xi 34; LXX: ἐπιθυμία; Targ.: racine *ḥmd*); surtout le récit du livre des Nombres révèle clairement ce que fut en réalité cette ,,convoitise'' qu'on ne saurait évidemment assimiler à un simple péché de ,,gourmandise'' ou de ,,gloutonnerie'': Israël en est à regretter les ,,nourritures'' de l'Egypte — la terre où l'on ne pouvait adorer Yahvé (cf. Ex. iii 18; v 1, 3) mais seulement les idoles du paganisme (cf. Jos. xxiv 14), le pays d'où Dieu l'a délivré — et à la manne fournie miraculeusement par Yahvé, Israël préfère un mets de son choix (Num. xi 4-6), de même qu'il avait demandé à Aaron de lui fabriquer un dieu qu'il

---

[1] Le T.M. emploie en Deut. v 18 outre *ḥmd* également la racine *'wh*, celle qu'il offre aussi en Num. xi 34 pour désigner les ,,sépulcres de la convoitise'', tandis que le Targum, là encore, emploie *ḥmd*, comme les LXX ἐπιθυμία.

[2] Comme aux yeux des Juifs les païens sont essentiellement des ,,idolâtres'' (cf. Rom. i 23), la convoitise se trouve ainsi par le fait même assimilée à l'idolâtrie. D'ailleurs Paul identifie expressément idolâtrie et πλεονεξία (Col. iii 5; Eph. v 5), qui se rapproche étrangement de la ,,convoitise'', telle que la comprend le Targum.

[3] Ainsi F. Godet, R. Cornely, E. B. Allo, etc.

pût mener où il voudrait (cf. Ex. xxxii 1), au lieu d'être contraint de se laisser guider par Yahvé (cf. Ex. xl 36-38); il refuse de se plier à ce qui dans la pensée de Dieu devait constituer l'expérience spirituelle du désert (Deut. viii 3; cf. Mt. iv 4); en fait, comme Adam, il veut substituer ses voies à celles de Dieu.

4. Il y a plus. De tous les termes formant ce qu'on pourrait appeler le „vocabulaire du péché", celui de „convoitise" — chose surprenante peut-être, mais incontestable — est le seul que l'on rencontre dans le récit du premier péché, présenté pourtant par la Bible comme le prototype de tous les autres. Non seulement aucun des mots hébreux que les LXX ont traduit par ἁμαρτία ne s'y retrouve, mais non pas même ces expressions qui désignent encore plus clairement, si possible, ce que nous appelons „pécher", telle que „faire le mal aux yeux de Yahvé".

Par contre, en Gen. iii 6 apparaît le terme de „convoitise"; il joue même dans le récit, tout le monde le reconnaît, un rôle essentiel; la chose est encore plus manifeste dans le Targum (recension du codex Neofiti) qui réduit à deux les trois expressions du T.M. et au lieu d'écrire que „l'arbre était bon à manger, séduisant à voir et désirable pour acquérir l'intelligence", traduit simplement: „la femme vit que l'arbre était bon à manger et que l'arbre était désirable (toujours racine ḥmd) aux yeux pour devenir sage par lui". C. K. Barrett a noté, mais en passant seulement, le rapprochement avec Rom. vii 8. Il nous semble s'imposer et expliquer précisément le relief donné à cette „convoitise" dans la description de Paul. On remarquera en particulier la succession: précepte — convoitise — péché — mort, identique dans les deux cas.

5. Un dicton rabbinique montre d'ailleurs assez clairement l'importance que le Judaïsme attribuait à ce premier péché relativement à la „convoitise": il y voyait précisément l'origine même de cette „convoitise" qui depuis n'avait cessé de dominer le monde et dont Israël avait été délivré au Sinaï, évidemment par le don de la loi. Le dicton est cité trois fois dans le Talmud, aux traités Shabbath, Yebumoth et 'Abodah Zarah, pratiquement dans les mêmes termes; P. Billerbeck [1] l'a signalé à propos de Rom. i 27 (péchés sexuels contre nature) et M. D. Hooker [2] pour expliquer

---

[1] Strack-Billerbeck, III, p. 71. Il s'agit en effet directement du désir sexuel (racine zhm); mais H. Freedman (éd. Epstein, p. 738) n'a pas tort de rappeler la doctrine bien connue selon laquelle Dieu a donné la loi comme remède au „cor malignum" (v.g. Kidduschin 30 b).

[2] M. D. Hooker, Adam in Romans I, dans N.T. Studies 6 (1959-1960) 303.

Rom. i 23, 25 (idolâtrie attribuée par Paul aux premiers hommes);
mais il semble apporter encore plus de lumière à Rom. vii 7, surtout rapproché des textes reproduits ci-dessus.

Voici la traduction du passage dans Shabbath 145 b-146 a:
,,Pourquoi les *goyim* convoitent-ils (sexuellement)? Parce qu'ils ne
se trouvaient pas au Sinaï. En effet, quand le serpent s'approcha
d'Eve, il injecta en elle la convoitise. Mais la convoitise des Israélites
cessa au Sinaï [1]; quant aux *goyim* qui ne s'y trouvaient pas, leur convoitise ne cessa pas'' [2]. Le sens est clair: depuis l'épisode du premier
péché [3], l'humanité est sous l'empire de la convoitise, mais au Sinaï
le peuple juif a reçu avec la loi un antidote qui lui permet d'y
résister. Pour Paul cet antidote est l'Esprit-Saint qu'a donné le
Christ par sa mort et sa résurrection (Rom. viii 2-4) et non pas
Moïse. Quant au règne de la convoitise, il n'a certes pas commencé
avec Moïse, mais bien avec le péché d'Adam. L'allusion de Paul à la
,,convoitise'' ne détournait donc pas la pensée autant qu'on le dit,
du récit de la chute, bien au contraire.

6. Au reste, le Judaïsme opposait beaucoup moins que nous
Sinaï à Eden: le Siracide, par exemple, en décrivant au début du
c. xvii l'histoire de l'humanité d'Adam à Moïse, non seulement passe
insensiblement du précepte paradisiaque à la loi sinaïtique, mais
paraît vouloir assimiler l'un à l'autre: au v. 7 il énonce le précepte du
Paradis dans les termes mêmes dont en Deut. xxx 15 et 19 Moïse
résume la loi du Sinaï: ,,Il mit sous leurs yeux (ὑπέδειξεν) le bien et
le mal'' [4]; au v. 11 pour désigner le don de la loi au Sinaï, il recourt à
des expressions qui rappellent de fort près les deux arbres du jardin
d'Eden: ,,Il leur accorda encore la connaissance et la loi de la vie'';
enfin le commandement énoncé au v. 12 entend visiblement non
seulement résumer la loi mosaïque, mais englober tous les préceptes
donnés par Dieu à l'humanité depuis les origines.

---

[1] On notera que jusqu'au Sinaï Israël est donc pleinement assimilé aux
païens, selon d'ailleurs ce que suppose l'A.T., v.g. pour l'époque ancienne:
Jos. xxiv 2, 14; Ez. xvi 3; pour celle qui a précédé immédiatement le don de
la loi: Jos. xxiv 14; Ez. xx 7-8.

[2] Voir aussi *Yebamoth* 103 b et ʿ*Abodah Zarah* 22 b, où le dicton est attribué à R. Johanan (mort en 279).

[3] Il suggère même que cette ,,convoitise'' n'a pas Dieu pour auteur (comme
d'autres textes le supposent), mais le serpent. L'allusion au ,,cor malignum''
que ,,portait'' le premier Adam selon 4 Esdr. iii 21, ne permet pas de décider
(cf. J. Huby, *Romains*, éd. 1957, p. 449 n. 1).

[4] Cf. J. Huby, *Romains*, éd. 1957, p. 600 où l'on trouvera signalé un
passage significatif de S. Justin (*I Apol.*, 44, 1).

C'est qu'en fait, si la loi mosaïque demeurait pour tout Juif la loi par excellence, tout précepte donné par Dieu à l'homme pour que celui-ci en l'observant obtînt la justification méritait également le nom de loi — telle semble être la définition de la notion juive de la loi contre laquelle précisément combat S. Paul —: aussi n'éprouvaient-ils aucune difficulté à admettre que cette loi avait été observée bien avant Moïse, sans qu'on doive leur attribuer la naïveté d'avoir imaginé une sorte de révélation anticipée du „code mosaïque". Or tel n'était pas seulement le cas d'Abraham qui „observa la loi du Très-Haut" (Sir. xliv 20); c'était aussi très certainement le cas d'Adam. Le Targum n'hésite même pas à déclarer qu'il fut mis au jardin d'Eden non „pour le cultiver", mais „pour pratiquer la loi" (Targ. Gen. ii 15) [1] et, après avoir au cours du récit symboliquement attribué à l'arbre de vie des dimensions gigantesques, à l'identifier purement et simplement avec la loi: „Car la loi est l'arbre de vie pour tous ceux qui l'observent et en accomplissent les préceptes; ils vivront et demeureront comme l'arbre de vie dans le monde à venir; la loi est bonne à observer en ce monde, comme le fruit de l'arbre de vie" (Targ. Gen. iii 23) [2].

Dans ces conditions, il était naturel que Paul voulût redresser les idées juives sur ce point: de même qu'au c. iv il avait choisi l'exemple d'Abraham, type de la justification par la loi au regard des Juifs, afin de prouver par l'Ecriture sa doctrine de la justification par la foi, de même au c. vii, pour illustrer la véritable fonction de la loi au regard de Dieu, il choisit l'exemple d'Adam. D'après l'Ecriture, où se trouve précisément consigné le jugement de Dieu, Adam, non plus qu'Abraham, ne tenait de la pratique de la loi une „justice" ou une „vie" que l'un et l'autre possédaient déjà (cf. Rom. iv 10 et vii 9). A en juger d'après le récit de la Genèse, la loi joua même un rôle fort différent: loin de conférer à Adam la „vie", elle fut l'instrument dont se servit le serpent pour la lui ôter!

Il s'ensuit que cette page décrit bien „l'histoire du salut": Paul

---

[1] La leçon est ancienne: on la retrouve chez les premiers Pères de l'Eglise, tel Théophyle d'Antioche dont la théologie est si influencée par le Judéo-christianisme (cf. v.g. J. Daniélou, *Théologie du Judéo-christianisme*, 1958, p. 124): Voir PG 6, 1092; éd. *Sources chrétiennes*, nr 20, p. 160.

[2] Parmi les multiples interprétations que signale Philon, c'est une interprétation fort semblable qu'il juge être „celle des meilleurs": „ils ont dit que l'arbre de vie était la vertu la plus parfaite, la piété, qui seule peut donner l'immortalité" (*Quaest. Gen.*, I, 108, cité par J. Daniélou, *Philon d'Alexandrie*, 1958, p. 116). Cf. d'ailleurs 4 Esdr. VIII 52.

pense „heilsgeschichtlich", comme on l'a dit justement [1], et notamment dans l'épître aux Romains [2]. Seulement cette histoire ne commence pas avec le péché d'Adam, comme si la première étape en avait été la période d'Adam à Moïse, „l'humanité avant le régime de la loi" mosaïque [3], et la seconde depuis le Sinaï jusqu'à Jésus-Christ: pour Paul comme pour l'A.T., l'histoire de l'humanité débute avec la création du premier couple humain, et la première période est celle où il vivait dans la familiarité divine au Paradis avant le péché [4]. C'est elle que Paul peut évoquer avec l'évidente nostalgie qu'exprime le cri: „Ah! je vivais sans loi naguère!", et dont il peut dire en toute vérité, sans qu'on doive équivoquer sur les mots, que c'était une période où l'homme „était en vie" [5]. Et si, au ch. précédent, dans le verset qui précisément annonce les développements du c. vii, il a pu définir le chrétien comme un homme „sous la grâce et non sous la loi" (Rom. vi 14), on ne s'étonnera pas outre mesure qu'il déclare en parlant d'Adam au Paradis avant son péché: „Ah! je vivais *sans loi* naguère!" [6]. En fait, c'est au moment où le serpent par son intervention suggère à Eve le désir — la convoitise — d'être comme Dieu, que la défense divine contrecarrant

---

[1] E. Stauffer, *ThWNT*, II, p. 356 (s.v. ἐγώ); *Theol. d. N.T.*, p. 254, note 239.

[2] Cf. v.g. i, 18 ss.; v, 12 ss.; ix-xi.

[3] *Bible de Jérusalem*, éd. en un volume, *in* Rom. vii 9 (mais non dans l'éd. en fascicules).

[4] Gen. ii 15 ss. Peu importe d'ailleurs sa durée. Selon Jubilés III 17, elle fut de plus de sept ans! Sans doute Paul ne fait-il jamais de spéculation sur cette condition d'Adam, à la façon de Philon ou plus tard d'Origène; mais ce n'est pas une raison pour qu'il dût s'abstenir d'en tenir compte en décrivant l'histoire de l'humanité, comme paraît le supposer O. Kuss (*Römerbrief*, p. 448).

[5] Ainsi O. Michel: „Es gab im Paradies eine Zeit ummittelbaren Lebens und Fruchtbringens" (p. 148). Aussi ne voit-on pas pourquoi „le propos aurait quelque chose d'ironique", comme le voudrait F. J. Leenhardt. Car ni Paul ni la Genèse ne se représentent Adam avant son péché comme quelqu'un qui „vit une existence sans qualité, sans authenticité". Encore bien moins se trouvait-il dans „la situation de pécheur innocent indiquée dans v, 13" (p. 107 et n. 4), sans compter que, pour l'Apôtre, la condition de l'humanité non seulement depuis le Sinaï mais depuis le péché d'Adam jusqu'à J.C. (au sens de „sans J.C.") est précisément celle-là que décrit Rom. vii 14 ss.

[6] Il ne semble donc pas nécessaire de supposer, par exemple avec le P. Lagrange, entre le moment où Dieu „mit l'homme dans le Paradis" (Gen. ii 15) et la promulgation du précepte (Gen. ii 16), „un temps, il est vrai indéterminé, où il n'y avait aucune loi positive". De même, aux yeux de Paul, ce n'est certainement pas avec cette promulgation que cesse pour l'homme le temps de la „liberté paradisiaque", comme le pense O. Michel, mais bien avec son péché.

cette ,,convoitise" apparaît à sa conscience comme un précepte ,,s'imposant de l'extérieur".

Mais ces considérations dépassent l'objet de cet article. Il se proposait simplement de montrer que, si, pour illustrer le véritable rôle de la loi et son rapport avec le péché, S. Paul a cité comme exemple entre tous les préceptes de Dieu celui qui interdit la ,,convoitise", ce choix ne prouve pas qu'il n'a pas eu l'intention de se référer à ce que lui enseignait précisément l'Ecriture sur ce point dans le récit du premier péché, type de tous les autres [1]. Bien au contraire, si Paul voulait signaler un précepte qui englobât pour ainsi dire tous les autres et notamment celui du Paradis, il ne pouvait guère, ce semble, choisir une formule plus appropriée.

---

[1] C'est également sur un enseignement de l'Ecriture que Paul s'appuie, pensons nous, en Rom. v 13-14, et non pas sur la simple constatation de l'expérience commune, ainsi qu'on le suppose souvent, comme s'il avait seulement voulu affirmer que la mort (biologique) n'avait pas plus épargné les hommes avant Moïse qu'après lui.

THE INTERPRETATION OF ROMANS viii 28

BY

M. BLACK

The interpretation of Romans viii 28 has occupied the attention of exegetes since early patristic times. The most widely adopted rendering makes πάντα the subject of συνεργεῖ and reads (as in the English Revised Version): 'And we know that to them that love God all things work together for good . . .': this is also the interpretation of the Vulgate (*omnia cooperantur*), and of the English Authorised Version (as it was earlier that of Tyndale, the Great Bible and the Genevan Bible).

An alternative reading inserts ὁ θεός after συνεργεῖ: ὁ θεός is inserted in brackets in the Westcott-Hort (and Nestlé) text on the authority of BA, the Sahidic, Palestinian Syriac and Armenian versions, now further supported by P 46, and was the reading adopted by Sanday in his commentary on Romans. This longer reading is favoured by the Revised Standard Version: 'We know that in everything God works for good with those who love him . . . The Revised Version margin had given this alternative reading ('God worketh all things with them for good'); the Revised Standard Version gives as marginal alternatives ['Some ancient authorities read] *in everything he works for good*' or '*everything works for good*'. The first of these RSV marginal alternatives is also the reading of the Peshitta: ܒܪܡ ܟܠ ܡܕܡ ܠܠܐ ܐܠܗܐ ܡܥܕܪ ܕܪܚܡܝܢ ܠܗ [ܝܕܥܝܢ] ܕܝܢ ܠܗܢܘܢ ܕܡܢ ܩܕܡ ܗܘܘ ܐܬܩܪܝܘ.

The Moffatt translation follows the first alternative of the RSV margin, but in a free translation: 'We know also that those who love God, those who have been called in terms of his purpose, have his aid and interest in everything.' In the first edition of his Moffatt Commentary Professor C. H. Dodd has written: 'In verse 28 Dr. Moffatt has corrected a serious mistranslation in the Authorised Version, which even the Revisers have not corrected in the text, though in the margin they cite a variant reading in some MSS which puts us on the track of the true meaning. But whichever reading he adopted, the familiar translation is not an admissible rendering of the Greek. Paul did not write: 'All things work together for good to them that love God.' The literal translation is: 'With those who love God He (or according to the other reading 'God') cooperates in all respects for good.' Dr. Moffatt has paraphrased this, somewhat freely, but with fidelity to the meaning.'

The reasons which Dr. Dodd gives for rejecting the familiar view in favour of his alternative are set out in the two following paragraphs of his commentary: 'No doubt many readers will regret the loss of a text which expresses the truth in a form so congenial to the 'modern mind', which thinks so much of the universe as an orderly system of laws, and likes to believe that 'it will all come right in the end'. But we must be quite clear that this is not the attitude of Paul or of any other New Testament writer.'

Professor C. K. Barrett seeks to defend the more familiar interpretation in his recent commentary: 'We have to choose between two different ways of taking the sentence. (i) With those who love him God co-operates in all things for good. (ii) For those who love God, all things cooperate for good. The latter, the construction of the AV, has been attacked as attributing to Paul an evolutionary optimism foreign to his thought; but it is less harsh as a rendering of the Greek, and though Paul was not an evolutionary optimist, he did believe that Christ had overcome and was overcoming (vv. 35, 38 f.; 1 Cor. xv 24-28; Col. ii 15) the powers of evil, and that the last period of world history was speeding to a close which could bring salvation to the elect (xiii 11).'

In this Dr. Barrett appears to be following W. L. Knox: 'With the reading τοῖς ἀγαπῶσι τὸν θεὸν πάντα συνεργεῖ εἰς ἀγαθόν, the meaning must be that all things work together for good for them that love God; I cannot believe that it is possible to extract ὁ θεός understood as the subject of the sentence. πάντα as the subject makes perfectly good sense, though with a formal inconsistency in so far as here all things help, whereas in v. 38 we find that they are unable to hinder. Dodd in Moffatt's Commentary ad loc. objects that the traditional reading finds in Paul an evolutionary optimism, which he rightly sees is no part of the Pauline outlook. But it is not a question of evolutionary optimism but of the powers of evil being comquered. The variant ὁ θεός seems extremely difficult in view of τὸν θεόν preceding. Sanday and Headlam ad loc. prefer ὁ θεός as the harder reading; it should be noted that while Origen appears to imply the reading ὁ θεός (in Ev. Jo. 20.20, Lommatsch 2.250) he follows the traditional reading in his commentary on Romans. (In *Ep. ad Rom. Comm.* 7.7, where even the Spirit of God is reckoned among 'all things', and 9); but this may represent a revision by Rufinos. Is it possible that the reading of the Chester-Beatty Papyrus τὸν θεὸν πᾶν συνεργεῖ ὁ θεός represents an original τὸν θεὸν τὸ πᾶν συνεργεῖ, 'the Universe co-operates with those who love God? τὸ πᾶν in this sense is not found in the New Testament but is common in Philo.' [1]

It is true that to take πάντα as the subject is less harsh as a rendering of the Greek than the alternative construction, but, as W. L. Knox himself recognises, the kind of evolutionary optimism which this understanding of the text implies is no part of the Pauline outlook; and it still seems to me to remain a foreign body in Pauline thought, even if we further interpret in terms of known Pauline eschatology—the powers of evil being conquered—to which, in any case, there is no explicit reference in the context. Many will still feel that the RSV is right in giving this familiar meaning the last place in its marginal alternatives.

At the same time, there are possibly even just as serious objections to the translation which the RSV adopts, assuming, as it does, the originality of ὁ θεός after συνεργεῖ. The longer text has, no doubt, impressive MS support, now reinforced by P 46: it was a very early reading of the Egyptian text. It is an extremely difficult reading, however, in view of the preceding τὸν θεόν: St. Paul was not so poor a stylist as to write ὁ θεός immediately after the words τοῖς ἀγαπῶσι τὸν θεόν. It seems best explained as an insertion by a scribe who interpreted the text by understanding ὁ θεός as its subject, yet felt the need for an expressed subject in the sentence: the addition of ὁ θεός is an amelioration of the difficult words πάντα συνεργεῖ.

Until quite recently there has remained one further alternative only, viz., to understand ὁ θεός as the subject of συνεργεῖ: if we do so we are not bound to take συνεργεῖ (with Sanday) as transitive and render 'causes all things to work etc.' If πάντα is understood as an internal accusative 'in all things', the meaning is 'works for good in all things for those who love God' [2]. Πάντα, of course, in this meaning

---

[1] *St. Paul and the Church of the Gentiles*, p. 105 n. 2.

[2] This meaning for συνεργεῖ seems on the whole preferable to the usual 'works together with' (Vgl. *cooperantur*). Cf., however, Bauer ad verb. Cf. also Th. Zahn, *Der Brief des Paulus an die Römer* (Leipzig 1910), p. 414, n. 38: 'Die Übersetzungen von συνεργεῖ *procedunt* (d, Abstr., Lucifer 146, 5), *concurrunt* (Ambros. exam. 6, 46 p. 237, 17) sind frei, aber sachlich zu-treffender als *cooperantur* (Vulg., Aug. meistens, g neben *procedunt*); denn

is by no means usual (Zahn argued that if this was St. Paul's meaning he would have written ἐν πᾶσιν [1], and this still remains a difficulty.

A further and most attractive possibility of interpretation is
given in the translation of the New English Bible, which takes τὸ
πνεῦμα understood as the subject of the verb συνεργεῖ: (v. 26 f.) 'In
the same way the Spirit comes to the aid of our weakness. We do
not even know how we ought to pray, but through our inarticulate
groans the Spirit himself is pleading for us, and God who searches
our inmost being knows what the Spirit means, because he pleads
for God's own people in God's own way; and in everything, as we
know, he co-operates for good with those who love God and are
called according to his purpose.' This interpretation is discussed by
Professor C. H. Dodd in the most recent edition of his Moffatt Commentary: 'In verse 28 the AV has 'All things work together for good
to them that love God'. The Moffatt version represents another
way of construing the Greek: literally, 'With those who love God
he co-operates in all things for good.' Some MSS insert 'God' as the
subject of the verb; but it is also possible that the subject is 'the
Spirit'—the dominant subject of verbs in the preceding verses.
Either construction could claim some support from parallels in
Greek writers, but it seems more consonant both with Paul's
argument here and with the general tendency of his thought to
affirm the co-operation of God, or of the Spirit, than of 'things'.'

It seems surprising that this possibility has received so little
attention in the interpretation of the passage: it has been argued in
recent years (Dr. Dodd kindly informs me) in a note by the Rev.
J. P. Wilson in the *Expository Times* (January 1949, Vol. LX, 4,
p. 110 ff.) and is attributed in Cramer's Catena to Theodore the
Monk.

This patristic evidence has never been fully examined in this
connection: thus one learns from Staab [2] that, in fact, this interpretation was probably not that of Theodore of Mopsuestia himself

---

wie in συνήδομαι (s. oben S. 359 zu 7, 22) drückt συν in diesem Verb häufig
nicht die Gemeinsamkeit mehrerer Subjekte in gleichem Handeln, sondern
die durch einseitiges Handeln eines Subjekts betätigte Anteilnahme an dem
anderen aus, hier also die den Liebhabern Gottes zu gute kommende, sie
auf dem Weg zum guten Ziel fördernde Wirkung aller ihrer Erlebnisse.'

[1] Comm., l.c.
[2] *Paulus kommentare aus der griechischen Kirche aus Katenenhandschriften
gesammelt in Neutest. Abhandlungen*, Band XV, p. xxv and pp. 95, 141.

(though attributed to him in one MS), but comes from his master
Diodorus of Tarsus. The two main passages occur in the *Catenae* of
Diodorus and Theodore respectively, as alternative commentaries
to the text of the MSS on Romans viii 28-30; where the usual interpretations are given: thus at p. 95: Ἦ καὶ οὕτως: Διὰ τοῦτο, φησί,
συνεργεῖ τὸ πνεῦμα τοῖς κατὰ πρόθεσιν κλητοῖς, ὅτι αὐτοὺς προέγνω ὁ
θεὸς ἀξίους τῆς τοῦ πνεύματος βοηθείας. So also ad p. 141: Ἦ τὸ πνεῦμα
συνεργεῖ, ὅ ἐστι συμπράττει εἰς τὸ ἀγαθὸν τοῖς ἀγαπῶσιν τὸν θεόν κ.τ.λ.
Staab comments on these Scholia (p. 140): '(Cod.) M f. 93^{rv} bringt
zu Rom. viii. 26 nachstehendes Scholion mit dem Lemma Θεοδώρου
Μοψ[υεστιας]. Es scheint aber unecht zu sein, da Theodor zum
gleichen Vers kaum eine doppelte Erklärung gegeben haben dürfte,
und das obere Scholion als sicher authentisch zu betrachten ist.
Dagegen zeigt dieser Text einen etwas anderen Character. Vielleicht ist es Eigentum Diodors, da im Codex M noch öfters Exe-
gesen des Lehrers unter dem Namen des Schülers erscheinen'.

Later in the same passage at Staab, p. 141, the alternative is
given πάντα συνεργεῖ εἰς τὸ ἀγαθὸν ὁ θεος.

There is much to be said in favour of this interpretation. It remo-
ves the difficulty of understanding ὁ θεός in a context where τὸν
θεόν immediately precedes. Secondly, it seems at least to be less
difficult to understand τὸ πνεῦμα since this is in fact the subject of
the sentences preceding in the immediate context. The Rev. J. P.
Wilson adduces some further persuasive theological considerations:
'. . . is not ὁ θεός itself, whether expressed or understood, rather
disputable in this particular clause? Is it not quite inferior to τὸ
πνεῦμα as interpreting the Apostle's mind? In his use of the terms
Θεός and Πνεῦμα throughout this chapter he makes a clear distinction between their respective spheres of action and defines their
relationship within the Godhead. Professor Dodd aptly states the
position (p. 136): 'The Spirit stands for the immanent Divine, but
its correlative is the transcendent Divine for whom Paul in the
main reserves the name "God". Prayer is, indeed, the activity of
the Divine Spirit within us, but it would lose its significance for
Paul if it did not ascend to God above us. In the verses which now
follow he emphasises the transcendence of God, His absolute
sovereignty and unconditioned will, as the ultimate basis of all our
hopes of salvation.' Would the Apostle then have meant ὁ θεος to
be supplied as subject of συνεργεῖ—and not rather τὸ Πνεῦμα?
Consider how the passage runs: 'The Spirit assists our weakness—

the Spirit pleads for us with inarticulate groanings, and He that searcheth the hearts knoweth what the Spirit means, because according to the will of God he pleads for the saints. And we know that with those who love God he (i.e. the Spirit) co-operates for good, namely, with those who according to Divine purpose are "the called".' If according to God's will (κατὰ θεόν) the Spirit pleads for the saints, it is with the lovers of God that the Spirit may be expected to co-operate for a good end.—Professor Dodd goes on to say (p. 139): 'we observe that Paul promises God's co-operation "to those who love God" for which he then immediately substitutes "those who have been called in terms of his purpose."' He is quoting Dr. Moffatt's version. The Apostle's words are τοῖς κατὰ πρόθεσιν κλητᾶς οὖσιν, and the phrase undoubtedly refers to the gracious purpose of the transcendent God, which is unfolded in detail in the succeeding verses. There is no co-operation here but sovereign activity. Indeed ὁ θεός is never said in the New Testament to co-operate with man. The nearest approach to such co-operation is in [Mk.] xvi 20 τοῦ Κυρίου συνεργοῦντος, where Κυρίου obviously refers to the Risen Lord, not to the transcendent God. Man may co-operate with 'God', but not 'God' with man. Reverence forbids such equalisation.'

The following parallel from the Testaments of the Twelve Patriarchs (Gad 4) supports this interpretation (cf. Sanday and Headlam's *Romans*, p. 215): τὸ γὰρ πνεῦμα τοῦ μίσους διὰ τῆς ὀλιγο-ψυχίας συνεργεῖ τῷ Σατανᾷ ἐν πᾶσιν εἰς θάνατον τῶν ἀνθρώπων· τὸ δὲ πνεῦμα τῆς ἀγάπης ἐν μακροθυμίᾳ συνεργεῖ τῷ νόμῳ τοῦ Θεοῦ εἰς σωτηρίαν ἀνθρώπων.

It would be impossible to deny the existence of difficulties, of which the use of the πάντα as internal accusative is one: another, possibly greater objection, is that, if τὸ πνεῦμα is the subject, one would expect it to have been expressed. This has led Mr. Wilson to suspect a textual corruption and to venture a textual emendation: 'All ambiguity would be avoided if the words τὸ Πνεῦμα stood in the original text πάντα is possibly unsound and may be a mistake for τὸ Πνεῦμα. Palaeography is not unfavourable to the supposition. The scribe may have misread ΤΟΠΝΑ, i.e., τὸ Πνεῦμα, as commonly contracted in old MSS. Compare 1 Co. 9.23, where Codd. A B and others have πάντα δὲ ποιῶ, while the Textus Receptus has τοῦτο instead of πάντα. In the case before us there is no MS authority for the change, which involves of course the deletion of πάντα. But is

πάντα required by the sense? Surely the fact, not the extent, of the
Spirit's co-operation is the essential point, and the word πάντα may
be dismissed without regret as the source of the ambiguity which has
beset this famous passage, as seems likely, from the primitive period
till the present day.' The only additional fact since these words
were written which might support this suggestion of a primitive
error is the reading πᾶν for πάντα of P 46. W. L. Knox has suggested
that what stood in the original was τὸ πᾶν in the sense of 'the Universe co-operates with those who love God': τὸ πᾶν, however, in this
sense is not found in the New Testament, and, in any case, such a
thought seems un-Pauline. It is possible, however, that an original
contraction of πνεῦμα vid. Π̅Ν̅Α led to the primitive error ΠΑΝ
out of which comes the πάντα of all the other MSS. The use of
πνεῦμα absolutely for 'the spirit' is not found in Paul, but occurs at
Jn. vii 39, xx 22, Jude 19. But the original may have read ΤΟΠ̅Ν̅Α,
τὸ πνεῦμα.

Even without τὸ πνεῦμα as the expressed subject the understanding of it as the subject of συνεργεῖ may be considered as on the
whole less difficult than to supply ὁ θεός, and the resultant meaning
has very much to be said in its favour: 'we know that for (with)
those who love God the Spirit works for good in all things'.

DIE TAUFTERMINOLOGIE IN 2 KOR. i 21 f.

VON

ERICH DINKLER

Bei unserer Stelle ist allgemein anerkannt, dass es sich um einen Rekurs des Apostels auf die in der Taufe gesetzte neue Wirklichkeit des Christen handelt. Offen ist lediglich die Frage, wie prägnant oder wieweit überhaupt präzisierbar die vier als Partizipien gesetzten Verben: βεβαιοῦν, χρίειν, σφραγίζεσθαι und διδόναι von Paulus gebraucht werden. Offen ist ferner, ob hiermit in eigener Formulierung die Sache des Taufaktes zur Sprache kommt, oder ob bereits in der Taufterminologie vorgeprägte, einander zuzuordnende und sich ergänzende Worte aufgenommen werden. Da im NT nirgends eine Tauflehre im eigentlichen Sinne entfaltet wird, allerorts aber die Praxis der Taufe auf Christus vorausgesetzt ist, so müssen wir versuchen, durch genaue exegetische Analysen zur Erhebung des theologischen Sinnes der Terminologie zu gelangen.

1) Die hier aufgegriffenen 2 Verse beschliessen einen Abschnitt, der mit i 15 einsetzt und gegenüber Vorwürfen aus der korinthischen Gemeinde zum Ausdruck bringt, dass die Änderung der Reisepläne in keiner Weise die Zuverlässigkeit des Apostels infrage stellen könne [1]. Es geht Paulus um die ungebrochene Eindeutigkeit und Bewährung seiner Beziehungen zur Gemeinde. Da zumindest von der gegnerischen Gruppe innerhalb der korinthischen Gemeinde Kritik geübt wurde, fühlt sich der Apostel zur Selbstrechtfertigung verpflichtet. Von theologischer Bedeutung ist dabei, dass die Rechtfertigung der Entscheidung über die Reisepläne nicht mit neuen Situationen oder psychologischen Argumenten geschieht, sondern: a) unter apodiktischem Abweis 'fleischlicher Gesichtspunkte' (17 b), so dass (konsekutives ἵνα — vgl. Blass-Debrunner

---

[1] Zu den chronologischen und geographischen Fragen der Reisepläne vgl. H. Windisch, *Der zweite Korintherbrief*, 1924, 60 f. Zum Gedankengang der Stelle vgl. bes. den fruchtbaren Aufsatz von W. C. van Unnik, ,,Reisepläne und Amen-Sagen, Zusammenhang und Gedankenfolge in 2 Kor. i 15-24'' (*Studia Paulina in honorem J. De Zwaan*, 1933, 215-234). Über die Einleitungs- und literar.-kritischen Fragen siehe meinen Beitrag ,,Die Korintherbriefe'' in *RGG³*, IV, 17-23 und jetzt G. Bornkamm, ,,Die Vorgeschichte des sog. zweiten Korintherbriefes''. *Sitzungsberichte der Heidelberger Akademie der Wiss.*, Phil.-hist. Klasse, 1961.

§ 391, 5) sein Wort [1] Ja *und* Nein bedeuten könne [2]; b) durch die
mit Schwurformel [3] geschehende Berufung auf Gott als Zeugen
(18). Dann schliesst eine 'theologische' Widerlegung an (19-22).
Erst i 23-ii 4 werden die Gründe nachgetragen, die zur Änderung
des Planes Anlass gaben.

Die Kritik der Korinther an dem Apostel richtete sich auf sein
'weltliches' Verhalten. Das darf dem Vorwurf in x 2 und der Verteidigung in i 12 (οὐκ ἐν σοφίᾳ σαρκικῇ) entnommen werden. Innerhalb dieser grundsätzlichen Kritik an Paulus war die Änderung
der Reisepläne ein von den Gegnern aufgenommener konkreter
Beleg. Gerade die Benutzung persönlicher Kritik zur Infragestellung
der sachlichen Wahrheit, die er verkündigt, führt Paulus offenbar
dazu, ganz grundsätzlich zu antworten, die konkrete Verteidigung
aber wie einen Nachtrag erst am Schluss zu bringen. Denn: zuerst
müssen die Korinther einsehen, dass und wie sie mit Paulus im Glauben verbunden und durch die Taufe in Christus vereint sind, müssen
sie auf das sie zur Einheit mahnende 'Geschehen' erneut hingewiesen
werden. Dann erst können konkrete Gründe sprechen und wird sich
das menschliche Verstehen von selbst ergeben. — Die Zusammenhänge der Argumentation von i 12-ii 4 zeigen, dass die Verse i 19-22
entscheidendes Gewicht haben und für die Gedankenführung des
Paulus haben müssen. Hier intendiert er, das über alle Zweifel
erhabene, auch von den Kritikern wohl zu bejahende 'Objektive'
der Gemeinsamkeit zu nennen. Dieses ist in Gottes Handeln im
Christusgeschehen und in dem es bestätigenden 'Amen' der Ge-

---

[1] W. G. Kümmel in H. Lietzmann, *An die Korinther* I, II, 4. Aufl. 1949,
197 f. will ὁ λόγος ἡμῶν . . . . οὐκ ἔστιν ναὶ καὶ οὔ in Übereinstimmung mit
dem sonstigen Sprachgebrauch des Paulus (vgl. 1 Kor. ii 4) seine 'Missionspredigt' bezeichnen lassen. Aber das passt m.E. nicht in den Zusammenhang, da ja die Reisepläne und das Wort des Paulus hierüber zunächst den
kontroversen Punkt bilden und erst mit V. 19, durch das γάρ deutlich gemacht, die Missionspredigt als Beginn der Begründung erscheint.

[2] Die Lesung τὸ ναὶ ναὶ καὶ τὸ οὔ οὔ hat mancherlei Anstoss erregt und zu
Konjekturen wie auch Hss-Varianten geführt. Kümmel *a.a.O.* 197 folgt der
kürzeren LA: τὸ ναὶ καὶ τὸ οὔ, die durch p⁴⁶ min vg bezeugt wird. Mir
scheint die kürzere LA eine Angleichung an V. 19 zu sein, nicht aber die
Verdoppelung der längeren eine Aufnahme von Mt. v 37. Zum verdoppelten
,,Ja, Ja'' und ,,Nein, Nein'', vgl. ausser Jak. v 12 auch slav. Henoch 49, 1;
St. Billerbeck I, 337. Für verdoppeltes Ja und Nein in V. 17 entscheidet
auch van Unnik, *a.a.O.* s. 219.

[3] Da ein ὅτι Satz von πιστὸς δὲ ὁ θεός abhängt, ist nicht in der Linie von
1 Kor. i 9; x 13; 1 Thess. v 24; 2 Thess. iii 3 (vgl. 1 Joh. i 9) als 'Gott ist
treu' zu übersetzen, sondern als Schwurformel: 'Gott ist mein Zeuge,
dass . . .', später aufgenommen durch die Beteuerungsformel V. 23.

meinde gegeben, sowie im Teilnehmen der Christen am Christusgeschehen durch die Taufe. Freilich sollte unser Ausdruck 'das
Objektive' nicht dahin verstanden werden, als wolle er die Interpretation der erst zu untersuchenden Taufterminologie prae-
judizierend einengen. Er trägt vielmehr der Tatsache Rechnung,
dass Paulus — wie der Gedankengang zeigt — in einer grundsätzlichen Besinnung die Basis herausstellen will, aufgrund deren
Missverständnisse unmöglich sind.

2) Die Exegese der Verse 21-22 muss von den Versen 19 und 20
ausgehen. Das Ja *und* Nein von 17 f ist der Anknüpfungspunkt.
Es geht um die Zuverlässigkeit einer von Paulus gegebenen Zusage.
Das eigentliche Argument des Apostels seinen Kritikern gegenüber
ist: 'Wer in Christus ist, der ist eben darum als in Christus Be-
festigter zuverlässig; sein Ja ist eindeutiges Ja, weil Christus das Ja
Gottes ist'. Damit wird das Ja oder Nein, bzw. das vorgeworfene
Ja *und* Nein im Verhalten des Paulus, durch einen Rekurs auf ein
Geschehen erhellt und dem Zweifel entzogen, das Geschehen nämlich,
das Gottes Ja zu seinen ἐπαγγελίαι offenbar macht und zwar im
Handeln, das ἐν αὐτῷ γέγονεν (19c). Die Kritik am λόγος ἡμῶν (v. 18)
wird der Dialektik des ναὶ καὶ οὔ entnommen, weil in Christus das Ja
ist, nicht etwa weil er es spricht! Die Nebeneinanderstellung in
v. 19 von οὐκ ἐγένετο ναὶ καὶ οὔ, ἀλλὰ ναὶ ἐν αὐτῷ γέγονεν spricht in
der Negation (οὐκ ἐγένετο) von der *Sendung* Jesu Christi als Sohn
Gottes und von der Verkündigung dieses Ereignisses durch Paulus,
Silvanus und Timotheus, während die positive Aussage (γέγονεν)
im ἀλλά—Satz von der *Gegenwart in der Gemeinde* handelt. Die
Gemeinde hat das Ja, das in diesem Geschehen *ist*, selbst aufgenommen in dem 'Amen', das sie Gott darbringt, ja τῷ θεῷ πρὸς
δόξαν spricht. So sehr auch dieses 'Amen' im liturgischen Brauch
bereits verwurzelt ist (vgl. 1 Kor. xiv 16) und mit der von Paulus
selbst verwendeten Gebetsformel διὰ τοῦ κυρίου ἡμῶν Ἰησοῦ Χριστοῦ
(vgl. Röm. i 8, vii 25) verbunden wird [1], so ist doch hier nicht nur
Aufnahme eines liturgischen Brauches, sondern betonte Setzung
gerade des ein bindendes Bekenntnis bekräftigenden 'Amen' anzunehmen, wie bes. van Unnik gezeigt hat. Und da 'Amen' eben auf

---

[1] Die Intercessionsformel διὰ τοῦ κυρίου ἡμῶν ist hier durch δι'αὐτοῦ aufgenommen. Natürlich ist damit nicht an eine mystische Gegenwart des die
Gebete inspirierenden Christus gedacht, wie H. Windisch, *Der zweite Korintherbrief*, 1924 z. St. interpretiert. Vielmehr ist Christus in dem Sinne von
Röm. v 2 Intercessor, d.h. als der, der dem Betenden Zugang — προσ-
αγωγή — zu Gott eröffnet.

אמן = feststehen zurückgeht (im Pi 'befestigen', im Hi 'glauben'),
da auch der Begriff אמת = Wahrheit im 'Amen' mitschwingt[1], so
ist an unserer Stelle die liturgische Form nicht nur 'Ja, so ist es',
sondern dazu noch 'und in uns befestigt'[2].

Würde Paulus seine Begründung hier bereits abbrechen, so wäre
der Hinweis auf die Zustimmung der Gemeinde zu Gottes Handeln
im bekennenden 'Amen' zu schwach. Er muss für seine Argumentation auf die ihn und die Gemeinde verbindende ontische
Einheit hinaus, die in dem Ja Gottes wurzelt. Darum folgt nun die
eigentliche Begründung seiner Widerlegung in den Versen 21 und
22, in denen sachlich gesagt wird: Das Ja Gottes in Christus hat uns,
die wir Christen sind und den Geist haben, zu Teilnehmern am Ja
gemacht, an Gottes eschatologischem ναί zu seinen Verheissungen.
Also ist ein κατὰ σάρκα βουλεύεσθαι (v. 17) ausgeschlossen! — Die
theologische Begründung des Abweises einer Kritik seiner Gegner
schliesst von dem Geschehen, besser: von der theologischen Interpretation des Heilsgeschehens, auf die Teilnahme des Apostels
und der Gemeinde an diesem Geschehen. Da diese Einbeziehung ins
Christusgeschehen, das Anteilhaben am Ja, in der Taufe sakramental
geschieht, muss Paulus für die eigentliche Begründung auf die
Taufe und ihren Sinn rekurrieren. Ganz folgerichtig ist es, dass
der Gedanke des wirklichen Teilhabens, ausgesprochen im ἡμᾶς
σὺν ὑμῖν εἰς Χριστόν und am Anfang der Aussage betont mit ὁ
βεβαιῶν verbunden, bei jedem folgenden Verb aufgenommen wird:
ὁ χρίσας ἡμᾶς — ὁ σφραγισάμενος ἡμᾶς — ὁ δοὺς . . . . . ἐν ταῖς καρδίαις
ἡμῶν. Die neue, durch Anteilhabe am Christusgeschehen gegebene,
Einheit von Apostel und Gemeinde in Christus ist also der entscheidende Skopus[3]. Weiter ist zu beachten, dass θεός Prädikat
(wie in iv 6 und v 5) und zu übersetzen ist: ,,Gott aber ist es selbst,
der uns mit euch in Christus festgemacht hat''. Die neue Einheit des
Apostels und der Gemeinde als in Christus befestigt geht auf
Gottes Bestimmung zurück.

Nun wird diese Aussage erweitert durch drei weitere Partizipien,

---

[1] Vgl. H. Schlier, in *Kittel* I, 341.

[2] Vgl. H. v. Soden, "Was ist Wahrheit?" in: *Urchristentum und Geschichte* I (1950) s. 7 ff. — Kaum zu rechtfertigen ist G. Ebeling's Versuch
in *ZThk* 55 (1958) s. 100 f., das ἀμήν unserer Stelle als Personifikation Jesu
zu verstehen und auf den Gebrauch des ἀμήν in der Verkündigung des
historischen Jesus zurückzuführen.

[3] Falsch wäre es, wollte man das zweimalige ἡμᾶς nur auf Paulus und seine
Mitarbeiter beziehen. In ihm ist vielmehr das σὺν ὑμῖν jeweils mitaufge-
nommen, ebenso wie die καρδίαι ἡμῶν die Herzen aller Christen bezeichnen.

die im Unterschied zum ersten, das im Präsens spricht, im Aorist
gesetzt sind. Das βεβαιοῦν bezeichnet somit eine unabgeschlossene
Handlung Gottes mit Apostel und Gemeinde, die Aoriste der
Verben χρίειν, σφραγίζειν und διδόναι hingegen abgeschlossene
Handlungen [1]! Obgleich man der Satzkonstruktion nach geneigt
ist, zwei Verbpaare gegenüber zu stellen, und z.B. βεβαιοῦν und
χρίειν als unsichtbares Handeln Gottes durch σφραγίζειν und διδόναι
als sichtbares erläutert und konkretisiert sein zu lassen, so ist doch
eben der Gegenüberstellung von Präsens und Aorist zu entnehmen,
dass die letzten drei Aorist-Partizipien zusammengehören und auf
das einmalige Eingegliedertsein ins Heilsgeschehen weisen, dessen
Effekt das fortdauernde eschatologische βεβαιοῦν ist. Daraus ist
weiter zu folgern, dass mit βεβαιοῦν umfassend genannt wird, was an
anderer Stelle ἐν Χριστῷ εἶναι oder die prägnanten Substantive
ἁγιασμός (1 Kor. i 30, vgl. vi 11) oder mit χάρισμα (Röm. vi 23 als
Zusammenfassung des ganzen Kapitels) [2] bezeichnet werden kann,
die *Wirkung* der Taufe nämlich. Mit den drei folgenden Aorist-
Partizipien von χρίειν, σφραγίζειν und διδόναι [τὸ πνεῦμα] wird dann
an den *Vollzug* des Taufens und seinen sakramentalen Sinn erinnert.

3) Kann die philologische Analyse durch eine semasiologische
Untersuchung gestützt werden? Und ferner: Vermag letztere
sicheren Grund zu geben für eine terminologische Differenzierung
der von Paulus gesetzten Verben?

a) β ε β α ι ο ῦ ν wird in der Profangräzität wie im NT in Bezug
auf Sachen wie Personen gebraucht und hat bes. in der Aussage
über Sachen juristische Bedeutung. Diese bleibt auch, zumindest
als Connotation, bei Verwendung für Personen bestehen, ebenso wie
beim אמן. Nahezu synonym wird in der Gräzität und bes. in der
Koine στηρίζειν gebraucht [3]. Die Vulgata übersetzt entsprechend
in der Regel *beide* Verben mit confirmare [4], selten mit stabilire [5].
Wenn nun an unserer Stelle ausgesagt ist, dass Gott es ist, der 'be-

---

[1] Hierauf verweist auch G. W. H. Lampe, *The Seal of the Spirit*, London
1951, S. 5., ohne freilich die Folgerungen daraus zu ziehen.

[2] Sehr schön 1 Kor. i 6 f., wo βεβαιοῦν und χάρισμα verbunden werden und
anschliessend i 8 deutlich das Verb innerhalb eines Zusammenhanges zeigt,
der auf das Taufgeschehen implicite verweist.

[3] Vgl. Hebr. xiii 9 gegen 2 Thess. ii 17 und bei Paulus den betonten
Gebrauch in Röm. i 11, xvi 25, ähnlich 1 Thess. iii 2, 13).

[4] Vgl. u.a. für στηρίζειν = confirmare: Röm. i 11; xvi 25; 1 Thess. iii 2,
13; 2 Thess. ii 17; für βεβαιοῦν = confirmare: Röm. xv 8; 1 Kor. i 6, 8;
2 Kor. i 21; Kol. ii 7; Hebr. ii 3; βεβαίωσις = confirmatio: Phil. i 7.

[5] z.B. Hebr. xiii 9.

festigt' εἰς Χριστόν, so wird die Zugehörigkeit zu Christus und
das Bestimmtsein durch ihn ausgesprochen und damit die Rechtsterminologie aufgenomen, die durch Deissmann[1], Mitteis-
Wilcken [2], Preisigke [3] und Schlier [4] ausreichend belegt und behandelt worden ist. Interessant ist nun, dass offenbar in der orientalischen *Gnosis* die Rechtsbegriffe βεβαιοῦν und στηρίζειν für
theologisch-soteriologische Aussagen über Personen eingeführt
wurden [5]. Wenn es in den Oden Salomonis 38, 6 heisst: 'Ich
ward gefestigt und gewann Leben und Erlösung, mein Fundament
war gegründet zur Seite des Herrn', so ist hier ein soteriologisch-
eschatologisches Gefestigtwerden durch einen Rechtsterminus
wiedergegeben. Wie diese Sprache dann später in der Valentinianischen Gnosis zur festen Taufterminologie geworden ist, das hat
bereits Karl Müller in seinen Beiträgen unter Hinweis auf des
Irenäus Excerpte der Weihehandlung gezeigt [6]. Als Beispiel für
diesen Zusammenhang mag die einem gnostischen Ritus ent-
nommene und griechisch überlieferte Antwort des Geweihten nach
der Taufe [7] dienen: Ἐστήριγμαι καὶ λελύτρωμαι καὶ λυτροῦμαι τὴν
ψυχήν μου ἀπὸ τοῦ αἰῶνος τούτου καὶ πάντων τῶν παρ' αὐτοῦ ἐν τῷ
ὀνόματι τοῦ Ἰαώ, ὃς ἐλυτρώσατο τὴν ψυχὴν αὐτοῦ εἰς ἀπολύτρωσιν ἐν τῷ
Χριστῷ τῷ ζῶντι. Hier wird στηρίζειν in die rechtliche Späre des
λυτρεῖν hineingenommen und erweist sich das Verb als terminus
technicus der Valentinianischen Gnosis, gleichbedeutend mit
καθαρίζειν, καταρτίζειν, ἀναπαύεσθαι τελέως, also als soteriologischer
Ausdruck für ἀπολύτρωσις [8]. Zu vermuten ist, dass auch dem
Sprachgebrauch bei Paulus die Aion-Vorstellung zugrundeliegt, die

---

[1] A. Deissmann, *Bibelstudien*, 1895, 100 ff., bes. 104 f.

[2] L. Mitteis-U. Wilcken, *Grundzüge und Chrestomathie der Papyruskunde*
II, 1 (1912) 188 ff.

[3] F. Preisigke, *Girowesen im griech. Ägypten*, Strassburg 1910, vgl. bes.
322, 343, 360 u.a.m., sowie das Material bei Preisigke, *Wörterbuch der griech.
Papyruskunde* I (1925), 262-264.

[4] H. Schlier, bei *Kittel* I, 600-603. — Weiteres Material jetzt bei F.
Pringsheim, *The Greek Law of Sale*, Weimar 1950, S. 56 u. 310 ff.

[5] Darauf hat bereits H. Schlier, *ibid.* s. 602 aufmerksam gemacht.

[6] *Nachrichten der Ges. d. Wissensch. zu Göttingen*, Phil.-Hist. Klasse 1920,
s. 190.

[7] Irenäus, Adv. haereses I, 21, 3.

[8] K. Müller, *a.a.O.*, s. 191. Dass diese Terminologie, bes. der Gebrauch von
στηρίζειν den Ursprung in Stellen wie Röm. xvi 25 und 2 Petr. i 12 haben
könnte, wie Müller vorsichtig erwägt, halte ich für wenig wahrscheinlich.
Vielmehr greift Paulus selbst auf eine bereits vorliegende Terminologie
zurück. Auf die Auswechselbarkeit von ἀπολύτρωσις und στήριγμα bei den
Mandäern wies bereits H. Gressmann in *ZKG* 1922 NF 4 p. 169 hin.

explicite im Irenäuszitat erschien: Christus ist der Aion, in den die Taufe den Glaubenden hineinstellt und juristisch festmacht. Die Stelle 1 Kor. i 8 lässt im Vergleich mit Kol. ii 6 f. diesen Hintergrund noch erschliessen. Weiter darf nicht übersehen werden, dass auch in die Mandäischen Schriften mit *qaiām* nicht nur das Festigen und Sichern, sondern auch Taufen bezeichnet und die Festigung *qaiamtā* neben der Gemeinschaft mit dem Leben als primäre Folge der Taufe angesehen wird [1]. Nun ist für den paulinischen Sprachgebrauch von βεβαιοῦν bzw. βεβαίωσις ein Doppeltes charakteristisch: einmal die *Verbindung mit soteriologischen Begriffen*: εὐαγγέλιον (Phil. i 7), ἐπαγγελία (Röm. iv 16; xv 8), μαρτύριον τοῦ Χριστοῦ (1 Kor. i 6), sowie die eschatologische Ausrichtung: ἐλπίς (2 Kor. i 7); βεβαιοῦν . . . ., ἕως τέλους ἀνεγκλήτους ἐν τῇ ἡμέρᾳ τοῦ κυρίου ἡμῶν ᾽Ιησοῦ Χριστοῦ (1 Kor. i 8); sodann aber die *Verbindung mit juristischen Begriffen*: ἀπολογία (Phil. i 7) und an unserer Stelle — 2 Kor. i 22 — mit ἀρραβών, der offenbar als Begriff in der Verbindung mit πνεῦμα (vgl. 2 Kor. v 5 und auch Eph. i 14) durch den Rechtsbegriff der βεβαίωσις als rechtsgültiger Garantie erst seine besondere Stellung im paulinischen Sprachgebrauch erhielt [2].

Gerade diese Doppelung des Sprachgebrauches von βεβαιοῦν — die im Hebräerbrief ihre Analogie hat — ergibt, dass die Absicht dahingeht, die im Taufakt vollzogene Eingliederung des Neophyten in Christus in ihrer nicht magischen und doch bindenden 'Objektivität' zu fixieren, d.h. aber die eschatologische Gewissheit des Heils ἕως τέλους bei allem Noch-nicht des In-der-Welt-lebens auszudrücken. Diese Sinndominante des βεβαιοῦν und des στηρίζειν ist nur von der Gnosis her verständlich und wird aus dieser Umwelt von Paulus aufgenommen sein [3]. Dass gerade Ignatius diesen Sprachgebrauch weiterführt, ist kennzeichnend für die bei ihm zu grei-

---

[1] Vgl. jetzt das übersichtlich geordnete und verarbeitete reiche Material bei K. Rudolph, *Die Mandäer* II (1961) s. 95 f.

[2] Hinzu kommt ferner noch σφραγίζειν, wie sich unten zeigen wird.

[3] Schlier, *a.a.O.* s. 603 erwägt, ob der Begriff ἀρραβών als juristischer Terminus das βεβαιοῦν herangezogen habe, und zwar als synonymes Verb anstelle des weniger juristischen, aber in der Gnosis eindeutigeren στηρίζειν. Das ist m.E. wenig wahrscheinlich, da 1.) βεβαιοῦν und στηρίζειν *beide* juristische Bedeutung haben und beide in der Taufterminologie wurzeln und deshalb auswechselbar sind: vgl. 2 Thess. ii 17 mit Hebr. xiii 9 und 1 Kor. i 8 mit Od. Sal. 38, 16.—2.) βεβαιοῦν bei Paulus einen festeren Platz in der Bezeichnung der Folge der Taufe hat, als etwa ἀρραβών für die Taufgabe des Geistes. — Zum Problem der beiden Begriffe vgl. auch E. Käsemann, *Leib und Leib Christi*, 1933, s. 147 und 180.

fenden gnostischen Züge wie für sein gutes Verständnis des Paulus [1].

b) χρίειν. Die philologische Analyse zeigte, dass mit den im Part. Aorist gegebenen Verben, die mit [ὁ] χρίσας ἡμᾶς (2 Kor. i 21) einsetzen, mit grösster Wahrscheinlichkeit die *Handlung* der Taufe und deren Sinn bezeichnet werden soll. Was soll dann konkret mit χρίειν bezeichnet werden? Die Schwierigkeit der genaueren Bestimmung erhellt sofort dadurch, dass Paulus das Verb nur an unserer Stelle aufnimmt und hier ein Gesalbtsein aller Glaubenden voraussetzt, und die übrigen neutestamentlichen Schriften nur ein Gesalbtwerden Jesu zum Christus kennen (Apg. iv 27; x 38; Luk. iv 18 und Hebr. i 9). Dabei nimmt Lukas im Evgl. iv 18 den LXX Text von Jes. lxi auf und bietet vielleicht ebenfalls Apg. x 38 eine Anspielung auf diese Stelle. Da überall Gott der Salbende ist, explicite auch 2 Kor. i 21, ist eine übertragene Redeweise naheliegend[2]. Anderseits ist aber Gott ja auch dann Subjekt, wenn ein Täufer unter Anrufung von Gottes oder Christi Namen salbt, sodass diese Beobachtung allein nicht Ausschlag geben kann. Wichtiger ist vielmehr, dass erst am Ende des 2. Jh.'s bei Theophilus von Antiochien [3] erstmalig eine Ölsalbung im Zusammenhang mit der Taufe in der Kirche des Ostens bezeugt zu sein scheint. Bekannt sind die Hinweise auf postbaptismale Salbung bei Tertullian und Origenes [4]. Dieser gibt direkt eine Definition: καὶ ἔχρισά σε ἐλαίῳ: χρίσμα ἐστὶν ἐνοίκησις τοῦ ἁγίου πνεύματος ἐν γνώσει τῆς ἀληθείας, womit also gesagt werden soll, dass die Salbung das 'Innewohnen des Hl. Geistes in der Gnosis der Wahrheit ist'. D.h. aber, dass die Geistgabe letztlich durch die Salbung, nicht durch Untertauchen oder Begiessung durch den Täufer vermittelt wird. — Auch wenn Jakobus v 14 eine Ölung von Kranken 'auf den Namen des Herrn', von Presbytern zu vollziehen, kennt und empfiehlt, so ist dies doch keine 'Salbung', sondern ebenso wie Mk vi 13 ein mit einer Ölung vollzogener Exorzismus [5]. Es gibt im NT und bei den apostolischen Vätern nirgends eine mit der Taufe verbundene Öl-salbung. Damit wird auch 2 Kor. i 21 dieser Brauch als höchst

[1] Vgl. H. Schlier, *Religionsgesch. Untersuchungen zu den Ignatiusbriefen*, 1929, 86 f. Zum Paulus-Verständnis des Ignatius: R. Bultmann, „Ignatius und Paulus", *Studia Paulina f. De Zwaan*, 1953, 37-51.

[2] So, sehr eindeutig, W. Bauer, *Wörterbuch* s.v.

[3] Vgl. Migne, PG 6, 1041: Schreiben an Autolykus I, 12. Die Stelle ist auch von Bedeutung für die Zusammenhänge von Χριστιανοί — Χριστός — χρίειν.

[4] Tertullian, De baptismo 7 = Corp. Christ. Ser. Lat. I, 1 (1954) 282; Origenes, Selecta in Ezech. XVI, Migne PG 13, 812.

[5] Vgl. M. Dibelius, *Der Brief an Jakobus*, 9. Aufl. 1957, 232 f.

unwahrscheinlich zu gelten haben, wenn nicht gar auszuschliessen sein. Was aber ist dann in der 'übertragenen' Redeweise gemeint? — Die älteste Salbung im AT ist die Königssalbung, die in nachexilischer Zeit auf den Hohenpriester und später auf alle Priester übertragen wurde (Ex. xxix 9; xxviii 41). Die Ölung entnimmt den Gesalbten der Welt des Profanen, gibt göttliche Kräfte und bewirkt eine Heiligung. Für den christlichen Sprachgebrauch ist die Idee des Messias als des eschatologischen Gesalbten Voraussetzung. Jesu Salbung zum Christos in der Taufe des Johannes verbindet das βαπτίζεσθαι mit dem χρίειν. Die Folge ist, dass historisch nachweisbar sowohl im Christentum wie in den mandäischen Schriften die Salbung mit *Wasser* die älteste Stufe ist, die erst später abgelöst oder auch ergänzt wird durch die Salbung mit Öl [2]. Die Salbung der Glaubenden im Taufakt kann demnach nur auf eine Begiessung mit Wasser verweisen, deren Wirkung die Eingliederung der Gesalbten in die Gemeinschaft mit *dem* Gesalbten ist, und die die Heiligung der Gesalbten durch Gott selbst heraufführt [3]. Wenn also Paulus an unserer Stelle das Wort χρίειν aufnimmt, so wird von ihm der Tauf*akt* beschrieben und zwar hinsichtlich der von Gott bewirkten Aufnahme des Täuflings in die eschatologische Gemeinschaft der ἅγιοι. Auf das ἀπολούσασθαι des Täuflings und die Sündenvergebung (1 Kor. vi 11, vgl. Eph. v 26; Apg. xxii 16 und bes. Barn. xi 11) ist hier garnicht reflektiert. Es ist vielmehr der Blick auf die Salbung für das *Amt* des an Christus Glaubenden, auf das ein χάρισμα schenkende χρίειν gerichtet [4]. In der Sache ist also das Handeln

[1] Vgl. M. Noth, *Amt und Berufung im AT*, 1957, s. 15.

[2] Auf die komplizierte Geschichte der Salbung vor der Taufe (vgl. z.B. Ps. Clem. Rec. II, 67) und Ölung nach der Taufe kann hier nicht eingegangen werden. Nur die Vermutung soll ausgesprochen werden, dass die Identifizierung von σφραγίς mit βάπτισμα sich dahin ausgewirkt hat, in 2 Kor. i 21 f. die Reihenfolge von 1.) Salbung 2.) Taufe 3.) Geistgabe durch Ölung offenbart zu sehen. — Zur Scheidung der Traditionen von Wasser- und Öl-Salbung in der mandäischen Literatur vgl. K. Rudolph, *a.a.O.* II, 174.

[3] F. M. Braun (*Rev. Bibl.* 62, 1955 s. 22 f.) will bereits in der Sektenrolle und Damascusschrift die Anhänger *des* Gesalbten als *die* Gesalbten erkennen. Auf die hier naheliegende Problematik von Χριστιανοί und Χριστοί einzugehen, verbietet hier der Raum. Vgl. jetzt dazu E. Peterson, Christianus (*Frühkirche* etc. s. 64-87) und die dort angegebene Literatur, sowie die Notiz oben s. 180 Anm. 3.

[4] Die Pseudoclementinen unterscheiden die eschatolog. Salbung, die die wahre prophetische Gabe und Unsterblichkeit gibt, von der zeitlichen (Recogn. I, 44 f.). Die eschatologische Salbung geschieht im Zusammenhang mit der Taufe und zwar mit Öl. Recogn. III, 68 nennen das Gebet, das über dem Öl der Taufe gesprochen wird.

Gottes im Taufakt bezeichnet, dessen Wirkung 1 Joh. ii 20, 27 mit χρῖσμα angegeben ist, wobei freilich dieser Begriff stärker auf die in der Taufe erhaltene Gabe des Geistes abhebt [1]. Ausgeschlossen ist für Paulus wie für das ganze Urchristentum eine Zweiteilung des Initiationsaktes in Taufakt und Ölsalbung, wie es in gnostischen, mandäischen [2] und auch nestorianischen [3] Kreisen später der Fall war. Eine Äusserung, wie sie jetzt im Philippus-Evangelium von Nag Hamadi erscheint [4]: 'Die Salbung (χρῖσμα) ist der Taufe (βάπτισμα) überlegen . . .' wäre für die Zeit des NT ausgeschlossen, weil hier das χρίειν inhaerenter Teil der Taufe ist! In den Thomas-akten werden Öl-Salbung und Taufe verbunden, derart freilich, dass die Öl-Begiessung vorangeht und der Taufakt in einer Quelle folgt (§ 121); auch in der Pistis Sophia wie im Buche Jeû ist die Verknüpfung derart, dass ein bereits fester liturgischer Brauch anzunehmen ist [5].

Die Interpretation von χρίειν sprach von einem *Übergiessen mit Wasser*, das als Handlung der Kraftübertragung exorzistische Motive nicht ausschliesst, aber den Akzent auf die Kraft zur

[1] Siehe R. Bultmann, *NT-Theologie* s. 434 f. — Vgl. ferner W. Nauck, *Die Tradition u. der Charakter des ersten Johannesbriefes*, 1957, s. 94 f. u. Exkurs 2, s. 147 ff. — Zu spät wurde meine Aufmerksamkeit auf den Aufsatz von I. de la Potterie, S.J.: L'Onction du chrétien par la foi (*Biblica* 40, 1959, 12-69) gelenkt, um ihn einarbeiten zu können.

[2] Vgl. jetzt K. Rudolph, *a.a.O.* Bd. II bes. s. 165.

[3] Das hier in Betracht kommende Quellenmaterial ist bei H. Lietzmann aufgearbeitet: Ein Beitrag zur Mandäerfrage, *SBA* 1930, 596-608 = *Kleine Schriften* I (1958) bes. s. 131 ff. (*TU* 67). Vgl. im übrigen G. Diettrich, *Die nestorianische Taufliturgie*, Giessen 1903, und für die mandäische und nesto-rianische Frage: E. Segelberg, *Maṣbūtā, Studies in the Ritual of the Mandaean Baptism.* Uppsala 1958.

[4] H. M. Schenke, *ThLZ* 84 (1959) Sp. 18 (Spruch 95). Das Evangelium wird als Zeugnis valentianian. Gnosis beurteilt.

[5] Die Frage, wann in der Kirche eine Ölsalbung mit der Taufe verbunden wurde, ist noch nicht eindeutig geklärt. *Möglich* ist, dass bereits im ur-sprünglichen Text von Didache 7 von einer Salbung vor und nach der Taufe die Rede war und, wie E. Peterson mit guten Gründen erwägt (Über einige Probleme der Didache-Überlieferung, in: *Frühkirche, Judentum und Gnosis*, 1959 s. 158 ff.), eine novatianische Recension für die auch an anderen Stellen nachweisbaren Eingriffe im heute üblichen Bryennios-Text die Verant-wortung trägt. Anders urteilt Th. Klauser, Doctrina duodecim apostolorum (*Florilegium Patristicum* I, 1940 s. 25 Anm.). D. van den Eynde, *Les rites liturgiques latins de la confirmation* (La Maison-Dieu 54, 1958, 53-78) will bereits vor 130 im Westen einschliesslich Nordafrika die drei Folgen von: unctio, manuum impositio und consignatio wahrscheinlich machen. Vgl. auch den Aufsatz desselben Autors: Baptême et Confirmation, Recherches des Sciences relig. 1937, s. 196 f. — A. Adam, setzt die Anfänge der Öl — Weihe bald nach 200 (*ZKG* 68, 1957 s. 16), was mir spät erscheint.

Heiligung rückt. Wir setzen hierbei voraus, was nicht allerorts geschieht, dass in der urchristlichen Kirche nicht durch einfaches selbsttätiges Untertauchen und Auftauchen das Taufen vollzogen wird, sondern dass die ins Wasser Eingetretenen eine *perfusio* durch den Taufenden unter Anrufung des 'Namens' erhielten [1]. Die Annahme, dass die älteste Taufe, des Johannes wie der Christen, ein völliges Untertauchen als Ritus voraussetze, wird voreilig aus Röm. vi 4 und aus dem Grundbegriff βάπτειν = tauchen im Verb βαπτίζειν und seinem neutestamentlichen entscheidenden Genus βαπτίζεσθαι erschlossen. Die Tatsache aber, dass im christlichen Taufvollzug immer ein Täufer die Handlung durchführt, der zumindest die Anrufung des 'Namens' und später der trinitarischen Formel vollzieht, spricht gegen eine in vollem Untertauchen gegebene 'Selbsttaufe' mit begleitender Stimme des Täufers. Das Normale wird im neutestamentlichen Zeitalter der Ritus sein, bei dem der Täufling ins fliessende Wasser tritt und die eigentliche Taufhandlung mit einer *Perfusio* vollzogen wird [2]. Mit grösster Wahrscheinlichkeit ist dieser Brauch auch für das χρίειν an unserer Stelle nazunehmen. — Bildliche Vorstellung von einer Öl-salbung als Perfusio vermag die Darstellung in der Synagoge von Dura-Europos zu geben, die Davids Salbung im Rahmen seiner Brüder durch Samuel zeigt [3].

c) σφραγίζειν. Die exegetische Frage ist zunächst, ob das Verb die Taufe mit einem zweiten Terminus neben χρίειν bezeichnet und zwar hinsichtlich der Übereignung des Täuflings, unter Nennung des ὄνομα Χριστοῦ, oder ob es eschatologischer terminus technicus in der Linie von Ezech. ix 4 ff.; Psalmen Salom. 15, 8, 10; 4. Esra ii 5 f.; viii 51 ff. und Apc. vii 2 ff. ist und durch das Siegel des neuen Eigentümers für die σωτηρία determiniert. — Dass in der Zeit des Pastor Hermae (Sim. IX, 16, 3-5) mit σφραγίς die Taufe bezeichnet wurde, ist gesicherte Ansicht der Forschung: ἡ σφραγὶς οὖν τὸ ὕδωρ ἐστίν

---

[1] Die in der Regel neben Röm. vi 4 noch herangezogenen Stellen, die ein Untertauchen bezeugen sollen: Apg. viii 36; Hebr. x 22 und Barn. 11, 11 — sagen gerade das Entscheidende, das Untertauchen nämlich, nicht.

[2] Vgl. hierzu die beiden Aufsätze von E. Stommel: Das 'Abbild seines Todes' (Röm. vi 5) und der Taufritus, *Röm. Quartalschr.* 50, 1955, 1-21; Christl. Taufriten und antike Badesitten, *Jahrb. f. Antike u. Christentum* 2, 1959, 5-14. In dem letztgenannten Aufsatz schwächt der Verf. leider seine Beweisführung durch die an sich garnicht notwendige Bezugnahme auf die Proselytentaufe, die er unkritisch als Anknüpfungspunkt der Jordantaufe des Johannes voraussetzt.

[3] C. H. Kraeling, *The Synagogue of Dura Europos, Final Report*, VIII, I (1956) Tafel 66.

(ibid. 4). Die stärker christianisierte und der liturgischen Sprache angepasste Version derselben Taufstelle in der Petrus Apocalypse setzt für σφραγίς: βάπτισμα[1]. Im 2. Clem. 7,6; 8, 6 ist ebenfalls die Gleichung Versiegelung = Taufe eindeutig[2]. Ist nun damit der eschatologische Sinn des Versiegelns als eines Übereignens an den κύριος Χριστός für den Tag des Heils (Eph. iv 30: ἐν ᾧ ἐσφραγίσθητε εἰς ἡμέραν ἀπολυτρώσεως), als einer eschatologischen Markierung für den Gerichtstag und des Schutzes durch den Kyrios bis dahin, in 2 Kor. i 22 ohne Belang? Ist sie der Metapher 'durch die Taufe Eigentum Christi und Glied am Leibe Christi werden' gewichen? Das würde doch heissen, dass hier die juridische Bedeutung von σφραγίζειν, die eindeutig die ältere ist, die jüngere eschatologische, die aber bereits vorchristlich nachweisbar ist, verdrängt hätte. Gewiss ist das Verb eingerahmt von zweifelsfrei juristischen Begriffen wie βεβαιοῦν und dem nachfolgenden ἀρραβών und ist der ausschliesslich juristische Begriff der Profangsprache in der oft diskutierten Stelle Röm. xv 28 noch erweisbar[3]. Der Besitzer versiegelt seinen Besitz und setzt sich für dessen Schutz ein. Wie sich in der Profangräzität im σφραγίς-Begriff der Eigentumsgedanke (mit dem Korrelat von κύριος und δοῦλος) vielfach verbindet, dafür haben Heitmüller, Dölger, Lilliebjörn und Andere ausreichende Materialien vorgelegt, sodass ein Verweis auf die Literatur hier genügen kann. [4] Mit der Übernahme des Begriffes σφραγίς durch Paulus wird sowohl an die pagane Rechtsterminologie angeknüpft, als auch an die andere Linie, die der kultischen Signierung in Israel[5]. Die Aufnahme der letzten Linie in die eschatologische Sprache durch das Judentum ist weitgehend beeinflusst von Ezechiel ix 4 ff. und wirkt auf die frühchristliche Taufsprache ein. Die Frage ist nur, ab wann diese Eschatologisierung des juristischen

---

[1] Vgl. M. R. James, The Rainer-Fragment of the Apocalypse of Peter, *Journal of Theol. Studies* 32, 1931, 270 f.

[2] Beachtenswert die Auswechselbarkeit von τηρεῖν τὸ βάπτισμα in 6,9 und τηρεῖν τὴν σφραγῖδα in 8, 6.

[3] L. Radermacher in *ZNW* 32 (1933) 87-89.

[4] W. Heitmüller, ΣΦΡΑΓΙΣ (*Neutestamentl. Studien f. G. Heinrici*, 1914, 40-59; F. J. Dölger, *Sphragis*, 1911, weitere Beiträge dazu in: *Antike und Christentum*, Bände I-IV; H. Lilliebjörn, *Über religiöse Signierung in der Antike*, Uppsala 1933.

[5] Der Einfachheit halber darf ich hier auf meine beiden Aufsätze: Zur Geschichte des Kreuzsymbols (*ZThK* 48, 1951, 148-172) und: Jesu Wort vom Kreuztragen (*Neutestamentl. Studien für R. Bultmann*, 1954, 110-129) und die dort gegebenen Belege verweisen.

Versiegelungsbegriffes (in Anlehnung an Ez. ix 4 ff. und an seine
Aufnahme in der jüdischen Eschatologie wie Apokalyptik) mit
Sicherheit zu erweisen ist. Und weiter: Wurde bei der Aufnahme
des Gedankens einer Versiegelung für die Endzeit die juristische
Begrifflichkeit verdrängt oder ergänzt? Sicheren Boden bietet
zunächst Eph. i 13 f. Hier ist das 'Versiegeln' auf Christus, d.h. auf
seinen 'Namen', in dem ἐν ᾧ ausgesprochen und wird die Einmalig-
keit der Handlung durch den Aorist der Verbs angezeigt. Die
rechtliche Seite der Übereignung zeigt sich darin, dass die Geistgabe
als ἀρραβὼν τῆς κληρονομίας (i 14) interpretiert wird; eigentlich
begründet die Geistgabe nicht das Erbe, sondern ist sie *Folge* und
Zeichen der Einsetzung zum Erben durch die rechtliche Übereignung des Täuflings an Christus. Anderseits wird man σφραγίζειν
im Epheserbrief auch wieder nicht zu stark von der Bindung an die
Geistgabe ablösen dürfen, da iv 30 von einem Versiegeltsein *im* Hl.
Geist Gottes spricht. Nun hat es den Anschein, als würde im
Epheserbrief eine bereits gefestigte Taufterminologie aufgenommen
und mit σφραγίζειν der *gesamte* Akt der Taufe und nicht etwa *ein*
Motiv innerhalb desselben genannt. Die Verbfolge im Eph. i 13 f.:
ἀκούειν — πιστεύειν — σφραγίζεσθαι weist auf eine Folge hin, die
ähnlich Apg. viii 12: εὐαγγελίζεσθαι — πιστεύειν — βαπτίζεσθαι
und implicite Apg. viii 35 ff.: εὐαγγελίζεσθαι — πιστεύειν — βαπτίζεσθαι — πνεῦμα κυρίου begegnet [1]. Der Sprachgebrauch ist also im
Epheserbrief undifferenzierter, summarisch wird das eigentlich
Soteriologische in der Taufhandlung durch die rechtliche *und*
eschatologische Wirkung zum Ausdruck gebracht. Dass an beiden
Epheserstellen liturgisch vorgeprägte Terminologie aufgenommen
ist, darf bei aller Offenheit der Einzelfragen als gesichert angesehen
werden [2]. — Da Paulus nur 2 Kor. i 22 den Terminus σφραγίζειν
im Taufzusammenhang gebraucht, wird man zu einer eng ein-
grenzenden Definition schwer gelangen können. Aber ist sie gänzlich
ausgeschlossen? Zunächst bieten sich beide Sinn-Komponenten, die
juristische und die eschatologische, aus dem Textzusammenhang an
und besteht deshalb die Wahrscheinlichkeit, dass der Apostel
beides, den Akt der rechtlichen Übereignung an Christus und damit
zugleich eine eschatologische 'Signierung' des Täuflings für die

---

[1] Vgl. H. Schlier, *Der Brief an die Epheser*, 1957, s. 69.
[2] Vgl. G. Schille, *Liturg. Gut im Epheserbrief*, Göttingen 1952 (Diss.
Masch.); M. Dibelius-H. Greeven in: *Handb. z. NT* 12; 3. Aufl., 1953 E.
Käsemann, s.v. 'Epheserbrief', *RGG³*, II, 517-520.

Endzeit zum Ausdruck bringen will. Allerdings legt des Paulus Argumentation im Zusammenhang des Abschnitts i 15 ff. auf das juristisch Bindende stärker den Nachdruck; benötigt er doch zur Überzeugung der Korinther gerade hier beim Rekurs auf das Taufgeschehen die Herausarbeitung der rechtlich unumstösslichen Gewissheit und Einheit des neuen Seins in Christo.

Damit stellt sich aber sofort die Frage, ob mit σφραγίζειν in 2 Kor. i 22 in Abgrenzung gegen das vorangehende χρίειν und gegen das folgende διδόναι des Geistes auf eine schon zu des Paulus Zeit anzunehmende kultische Eigentums-Signierung hingewiesen sein könnte. Darf man aus der seit dem 2. Jh. belegten Bezeichnung [1] der Taufe als ἡ ἐν κυρίῳ σφραγίς schliessen, dass auch bei Paulus für σφραγίζειν das für βαπτίζεσθαι bereitstehende εἰς τὸ ὄνομα Χριστοῦ (aus 1 Kor. i 13, 15 zu erheben, explicit Apg. viii 16; xix 9) zu gelten hat und für den Ritus vorausgesetzt werden darf? Gewiss, man zögert, eine Wasserzeichnung auf der Stirn mit Χ[ριστός] in der Linie von Apc. vii 2 ff. und ix 4 (ἡ σφραγίς τοῦ θεοῦ ἐπὶ τῶν μετώπων) schon für die Zeit des Paulus ins Verb σφραγίζειν hineinzulesen oder als in ihm enthalten anzunehmen. Man kann auch keine bei Paulus selbst greifbaren Spuren eines solchen Ritus vorweisen, es sei denn man würde Gal. vi 17 die στίγματα τοῦ Ἰησοῦ ἐν τῷ σώματί μου auf diese Kreuzsignierung hin interpretieren — was möglich, vielleicht sogar wahrscheinlich, aber nicht sicher ist [2]. Das einzige, und m.E. schwerwiegende Argument für eine Taufsignierung in apostolischer Zeit ist die Tatsache, dass die jüdischen Quellen der Zeit die Aufnahme von Ez. ix 4 ff. in einer eschatologischen Versiegelung mit dem Tav Siegel bezeugen [3], darin das Erwähltsein und zum Heiligen-Rest-Gehören sich ausdrückt, und dass anderseits die synop-

---

[1] Πράξεις Παύλου (Hamburger Fragment) ed. C. Schmidt; Acta Pauli et Theclae 34 (ἐν τῷ ὀνόματι Ἰησοῦ βαπτίζομαι); Petrusakten c. 5; Thomasakten u.a.m. Zur Datierung der Paulusakten wäre mit E. Peterson davon auszugehen, dass Tertullian De baptismo c. 17 um 200 die Paulusakten voraussetzt. C. Schmidt setzt weiter in seiner Ausgabe der Acta Pauli, Hamburg 1936, s. 127 f., die Petrusakten vor die nach Paulus benannten. Man braucht nicht mit Peterson (Das Kreuz und das Gebet nach Osten, in: *Frühkirche, Judentum und Gnosis*, 1959 s. 22) für die Petrusakten bis 150 hinabzugehen, sondern wird vorsichtiger allgemein auf die 2. Hälfte des 2. Jh.'s datieren dürfen.

[2] Ohne auf die Problematik der Stelle hier im Einzelnen einzugehen, verweise ich auf W. Bousset, *Kyrios Christus*[4], 1935 s. 228 ff.; H. Lietzmann, *An die Galater*[3], 1932 s. 45f.; H. Schlier, *Der Galaterbrief*, 1952, s. 120; P. Bonnard, *L'Epitre de St. Paul aux Galates*, 1953, s. 123.

[3] Für die Qumran-Gemeinschaft siehe Damaskusschrift XIX, 19 und

tische Tradition mit dem Wort vom Kreuztragen (Mk. viii 34; Mt. xvi 24; Lk. ix 23; ferner Q: Mt. x 38 und Lk xiv 27) auf das Tragen des eschatologischen Zeichens verweist [1], mit dem σημεῖον τοῦ υἱοῦ τοῦ ἀνθρώπου (Mt. xxiv 30) das Zeichen X als auf Christus bezogenes und 'getauftes' Tav = × oder + meint [2]. Weiter steht neben der nachapostolischen Bezeugung [3] das weite gnostische [4] und mandäische [5] Traditionsgut. Man wird deshalb hinsichtlich der Bedeutung von σφραγίζειν bei Paulus annehmen müssen, dass das Wort entweder auch ohne rituellen Vollzug seine juristische und eschatologische Bedeutung hatte und erst später den Ritus der Signierung provozierte, oder aber trotz nicht ausreichender Evidenzen einen Signierungsritus der Wasserzeichnung beim Taufvollzug zum Ausdruck bringt. Nur hat man sich bei dieser Erwägung freizumachen

---

dazu J. Daniélou, *La communauté de Qumrân et les origines du christianisme*, 1957, 101-102.

[1] Die hier für Mk. viii 34 vertretene Ansicht habe ich in den NT-Studien f. R. Bultmann, *a.a.o.* zu begründen versucht. Die Ablehnung meines Ergebnisses durch E. Schweizer, *Erniedrigung und Erhöhung bei Jesus und seinen Nachfolgern.* 1955 s. 14, Anm. 40, vermag ich, da sie ohne jede Begründung geschieht, nicht anzunehmen. — Zur Kreuzsignierung bei der Taufe siehe J. Daniélou, Le signe de la Croix (*La Table Ronde* 120, 1957, 32-39), der gleichfalls die Taufsignierung auf den Namen Χριστός (in Ablehnung der Vorstellung des historischen Kreuzes) betont und für die Zeit des apostolischen Zeitalters als 'comme certain' annimmt.

[2] Zur Interpretation der Stelle vgl. E. Klostermann, *Das Matthäusevangelium*, 2. Aufl., 1927, s. 195 f. Die Stelle in der eschatologischen Tradition hatte W. Bousset behandelt: *Der Antichrist*, 1895, s. 155 ff. Mit Recht verweist E. Peterson (*a.a.O.* s. 28, Anm. 28) noch auf die von W. Bousset übersehene Stelle der Orac. Sib. VI, 27 f. — Nicht unwichtig ist, dass nicht nur der hebr. Buchstabe tav mit × oder + paläographisch belegt ist, sondern ebenso das griech. chi mit × oder +. Siehe hierzu: W. Larfeld, *Griech. Epigraphik*[3], 1914 Taf. 3 und W. M. Calder, Studies in Early Christian Epigraphy 2, *Journ. of Roman Studies* 14 (1924) s. 87 ff. Schon W. Bousset (Platons Weltseele und das Kreuz Christi, *ZNW* 14 [1913] s. 285) fragte unter Hinweis auf Mt. xxiv 30 und Did. 16, 6 (τὸ σημεῖον τῆς ἐκπετάσεως ἐν οὐρανῷ), ob vielleicht doch das Zeichen des Menschensohns älter sei „als die christlich bestimmte Eschatologie und sich doch auf das X-Zeichen" beziehe. Dabei denkt Bousset allerdings an das χῖ in Platons Timaios VIII 36 BC. — Zur Interpretation der Didache-Stelle neuerdings E. Stommel in: *Röm. Quartalschr.* 48 (1953) 21-42.

[3] Vgl. die Aufsätze von F. J. Dölger, Beitr. zur Gesch. des Kreuzzeichens I-III, in *Jahrb. f. Ant. u. Christentum I* (1958) 5-19; II (1959) 15-29; III (1960) 5-23.

[4] Ich nenne für den Versiegelunggedanken nur 2 bes. wichtige Quellen: a) Oden Salomos: 4, 5-8; 8, 15; 23, 8 f.; 27, 1 ff. u. bes. 42, 1 f. und 20; b) die Oracula Sibyll. VIII, 217-250 (Geffken s. 153 ff.).

[5] Das mandäische Material zur Versiegelung ist ungemein reich und jetzt bei K. Rudolph, *a.a.O.* Bd II, s. 155 ff. geordnet vorgelegt.

von der falschen, aber durch unser Wort 'Kreuz' meist sich ein-
stellenden Vorstellung, als liege bei einer Kreuz-Signierung eine am
σταυρός τοῦ Χριστοῦ sich orientierende Symbolik vor. Dies ist eindeutig nicht der Fall. Die Verbindung von signum crucis bzw.
σημεῖον τοῦ Χριστοῦ mit dem Golgathakreuz geschieht literarisch
ertsmals bei Barnabas (IX, 8), in der Kunst vermutlich im Aure-
lier-Hypogäum in der 2. H. des 3. Jh's, dem überhaupt erstmaligen
Vorkommen eines, wenngleich von Haeretikern wohl ange-
brachten, 'christlichen' Kreuzsymbols [1].

d) δ ι δ ό ν α ι τ ὸ ν ἀ ρ ρ α β ῶ ν α τ ο ῦ π ν ε ύ μ α τ ο ς. Die Geist-
verleihung bei der Taufe gehört zur ältesten theologischen Tradition des Christentums. Sie ist von Paulus bereits übernommen
(vgl. 1 Kor. vi 11, xii 13) und bleibt im NT wie in der Folgezeit
fester Topos. Paulus gebraucht das Verb διδόναι im Zusammenhang
mit der Pneumagabe, sofern er ausdrücklich Gott als schenkendes
Subjekt nennt (vgl. Röm. v 5). Sonst wählt er λαμβάνειν (Röm.
viii 15; 1 Kor. ii 12; 2 Kor. xi 4; Gal. iii 2, 14). Zur Wendung
ἐν ταῖς καρδίαις ἡμῶν bei der Geistgabe ist zu vergleichen Gal. iv 6;
Röm. v 15, ferner viii 27. Ebenso gehört zur festen Terminologie
der nun entscheidende Ausdruck: ἀρραβὼν τοῦ πνεύματος, der in v 5
wiederkehrt und zwar ebenfalls auf die Taufgabe zu interpretieren
ist. Sachlich identisch ist die Rede von der ἀπαρχὴ τοῦ πνεύματος
Röm. viii 23 (vgl. auch Eph. i 14). Dass mit ἀρραβών der juristische Begriff einer Anzahlung, eines Angeldes, gemeint ist, wird
durch die Belege in der Profangräzität sichergestellt [2]. Es handelt
sich bei der Verbindung mit τοῦ πνεύματος um einen Genetivus expli-
cativus [3], es ist also das Angeld, das in der Geistgabe besteht,
gemeint und nicht eine Anfangsgabe des Geistes, die noch vervollständigt werden wird [4]. Wofür der Geist als ἀρραβών gegeben
wird bleibt ungesagt, es ist aber für den Leser selbstverständlich:
für die eschatologische σωτηρία mit dem vollen Antritt der κληρο-
νομία (vgl. Eph. i 14) [5]. Also 'besiegelt' die Geistgabe den Akt der

---

[1] Abbildungen bei: J. Wilpert, in: 'Atti della Accademia Romana Pontifica
di Archeologia, Serie III, *Memorie*, Vol. I, 2 (1924) Taf. Xa; C. Cecchelli,
Il Trionfo della Croce, 1954, fig. 54. — Zum haeret. Charakter des Aurelier-
Hypogäums: P. Mingazzini, in: *Rendiconti, Pontif. Acc. Rom. Arch.* 19,
1944, 355-369 bes. s. 363.

[2] A. Deissmann, *Bibelstudien*, 1895 s. 100 ff., bes. s. 104. Zur Schreibweise
vgl. Blass-Debrunner, § 4, zur Herleitung des Lehnwortes im Griech. aus dem
Semitischen s. F. Pringsheim, *The Greek Law of Sale*, Weimar, 1950, s. 335 ff.

[3] Blass-Debrunner, *Grammatik* § 167.

[4] So früher E. Fuchs, *Christus und der Geist bei Paulus*, 1932, s. 55.

[5] Bei der Bestimmung des πνεῦμα als ἀρραβὼν τῆς κληρονομίας in Eph. i 14

Versiegelung, weil der Täufling durch die χαρίσματα seine Zugehörigkeit zum Leib Christi, zum wahren Israel, eben zur eschatologischen Gemeinde, erfährt und der Gültigkeit des neuen Bundes
de iure et de facto inne wird [1]. — Die begriffliche Verwandtschaft
von βεβαιοῦν bzw. βεβαίωσις und διδόναι τὸν ἀρραβῶνα ist derart [2],
dass man meinen kann, Paulus kehre am Schluss seiner Formulierung auf den Ausgangsgedanken zurück [3]. Und doch darf die
Nuancierung nicht verwischt werden: Beide sind zwar der juristischen Sprache des Geschäftsverkehrs entnommen und bezeichnen
konkrete Akte einer Kaufhandlung, man möchte sagen: einer ἀπολύτρωσις. Dabei ist die βεβαίωσις die rechtliche Garantierung eines
in der Leistung noch nicht abgeschlossenen, aber in der Abmachung
mit dem Verkäufer perfekten Kaufes. Der ἀρραβών ist die sichtbare
Hinterlegung eines Betrages für das Kaufobjekt und erwirkt in der
Regel die Transferierung des Objektes in die Hand des Käufers.
Die Korrelation beider Worte in dem Text an die Korinther intendiert also, mittels dieser juristischen Begriffe die schwer sichtbar
zu machende Kategorie des Eschatologischen zu verdeutlichen.
Der Getaufte *ist* rechtsgültig gekauft, losgekauft, hat einen neuen
Herrn und ist seines Schutzes sicher. Und doch ist der Loskaufungs-
prozess nicht abgeschlossen — vor allem nicht für den handelnden
Käufer selbst! Die Gabe des Geistes kennzeichnet also ein recht-
liches Unterpfand für die angebrochene eschatologische Zeit
'zwischen den Zeiten'.

5) Die Semasiologie der Verben und die der mit ihnen zusammenhängenden Substantive hat die philologische Analyse bestätigt: Bei
den vier hier durch Paulus verwendeten Verben ist mit βεβαιοῦν im

---

ist kaum ein Gen. expl. anzunehmen, sondern Gen. partitivus. Im gleichen
Sinne H. Schlier, *a.a.O.* s. 71. Zum Kleronomia-Begriff vgl. die Heidelberger
Diss. von P. L. Hammer, The Understanding of Inheritance [ΚΛΗΡΟΝΟΜΙΑ],
(Masch) 1958. — Vgl. auch W. Nauck, *a.a.O.*, s. 89 Anm. 3.

[1] Von einem bes. Ritus der Geist-Gabe, etwa durch Handauflegung,
ist bei Paulus noch nichts zu erkennen. Insofern ist hier eine Beziehung zu
einer speziellen Handlung im Taufvollzug nicht wie bei χρίειν und σφραγίζειν möglich.

[2] Deissmann, *a.a.O.* s. 104 zitiert aus Harpokration die Definition von
βεβαίωσις: ἐνίοτε καὶ ἀρραβῶνος μόνου δοθέντος εἶτα ἀμφισβητήσαντος τοῦ πε-
πρακότος ἐλάγχανε τὴν τῆς βεβαιώσεως δίκην ὁ τὸν ἀρραβῶνα δοὺς τῷ λαβόντι. —
Zur rechtlichen Sprache des διδόναι und λαμβάνειν ἀρραβῶνα vgl. F. Pringsheim, *a.a.O.*, S. 399 f.

[3] Man kann sogar die innere Klammer noch weiter zurück zum 'Amen'
von v. 20 führen, das als אמן = feststellen im βεβαιοῦν v. 21 anklingt. Vgl.
van Unnik, *a.a.O.* s. 227.

Praesens die Gesamthandlung des Taufgeschehens bezeichnet, dessen einzelne Aspekte und Motive in den drei folgenden Aorist-Verben beschrieben werden. Ausgesagt soll werden, dass die Taufe eine den Täufling mit den andern Getauften verbindende Handlung rechtlicher Ordnung ist, wodurch Gott selbst alle in Christus befestigt und eine Bewegung einleitet, die der Christ — von den χαρίσματα getragen — immer neu zu 'ergreifen' hat. Das Ziel dieser Bewegung ist dabei trotz aller Unabgeschlossenheit sicher. Nicht zufällig, sondern sehr pointiert steht am Schluss der Taufausführungen des Apostels in Röm. vi 23: τὸ δὲ χάρισμα τοῦ θεοῦ ζωὴ αἰώνιος ἐν Χριστῷ Ἰησοῦ τῷ κυρίῳ ἡμῶν. Der Text 2 Kor. i 19-24 bringt somit erstmalig die Eph. i 13 f. und Apg. viii 12 wiederkehrende und an vielen anderen Stellen implicite gegebene Folge von Wortverkündigung (κηρύσσειν v. 19) — Glaube (τὸ ἀμὴν . . . δι' ἡμῶν v. 20) — Taufe. Aber während letztere mit βεβαιοῦν in der Wirkung und mit den drei Verben χρίειν = Wasserbegiessung, σφραγίζειν = rechtliche Übereignung, und διδόναι τὸν ἀρραβῶνα τοῦ πνεύματος = Gabe des Geistes als Angeld aufs Heil im Vollzug von Salbung und Versiegelung, beschrieben wird, nennt der Epheserbrief die Taufe als Ganzes einfach: σφραγίζεσθαι (i 14), und Lukas: βαπτίζεσθαι (Apg. viii 12).

Hat nun der Apostel mit diesem Rückverweis auf die Taufe und die begriffliche Entfaltung des Taufgeschehens seine Argumentation im Textzusammenhang von 2 Kor. 1 15 ff. überzeugend machen können? Konnte er die Kritik der korinthischen Gegner auffangen und theologisch zur positiven Einsicht führen? Zweifellos, ja, da Paulus in den gewählten und aufgenommenen Begriffen die Gemeinde daran erinnert, dass sie wie er eine Einheit in Christus sind und garnicht mehr sich selbst gehören, sondern in der Taufe der Eigenverfügbarkeit entnommen und Christus übergeben wurden. Dieser Akt ist ein rechtlich verbindlicher gewesen und hat das Werk beschlossen, das er selbst, Paulus, in Korinth begonnen hatte. In V. 19 hatte Paulus auf die Wortverkündigung, in V. 20 auf das Amen des Glaubens verwiesen und V. 21 f. auf die in der Taufe vollzogene βεβαίωσις Gottes, der ihn wie seine Mitarbeiter Timotheus und Silvanus mit der korinthischen Gemeinde εἰς Χριστόν festgemacht und die neue Wirklichkeit des Seins in Christo bereits gestiftet hat. Die Gemeinde ist also schon in Christus mit ihrem Apostel derart zur Einheit verbunden, dass sie hätte wissen müssen, wie unmöglich für Paulus ein Ja und Nein zugleich ist (v. 17). Allerdings heisst das: Das Ja des Paulus ist auch dann ein Ja, wenn es sich der Gemeinde dem Scheine nach als Nein präsentiert. Denn eben darin, dass Paulus nicht nach Korinth gekommen ist, nicht ein Strafgericht in und zur λύπη gehalten hat, statt wie er beabsichtigte zur χάρις, in und zur χαρά, zu kommen, zeigt sich das Ja zu seinen Versprechungen. Das wird im Einzelnen in i 23-ii 4 ausgeführt. Der Schein des Nein ist durch die Korinther selbst veranlasst, denn sie haben die Ausführung seines Reiseplanes (V. 15 f.) unmöglich gemacht.

O. Cullmann hat vor Jahren die heute wohl allgemein anerkannte Feststellung gemacht [1], dass die im Taufzusammenhang erscheinende Formel τι κωλύει (Apg. viii 36; x 47; xi 17; Mt. iii 14 und Ebioniter Ev. [Epiphanius 30, 13]) auf eine liturgisch gefestigte Frage vor der Taufhandlung zurückgeführt werden muss. Wie alt die Formel ist, wissen wir nicht. Wohl aber zeigt sich in ihr die gleiche Linie, die wir der Taufterminologie in 2 Kor. i 21 f. entnahmen, nämlich *die juristische Konzeption des Taufaktes*. Gerade die juristische Sprache mit ihrer feinen Nuancierung der Begriffe wurde für die älteste sakramentale Handlung der christlichen Gemeinde aufgenommen, um die Interpretation der Taufe auf dem schmalen Grat zwischen Symbolik und Magie hindurchzuführen und die eschatologische Realität der Handlung einzuschärfen. Paulus hat nicht diese Sprache erst selbst geprägt oder aus der Profangräzität aufgegriffen und theologisiert, sondern er gebraucht Begriffe, die terminologisch bereits für die korinthische Gemeinde eindeutig und bekannt sind, deren juristischer und eschatologischer Sinngehalt verschlungen ist, und welche in dieser inneren Dialektik der gnostischen Sprache entnommen zu sein scheinen. Damit aber erweitert sich die von E. Käsemann herausgearbeitete rechtliche Tradition im NT [2]. Nicht nur die Verbindung von *Prophetie*, bzw. Apokalyptik, *und Recht* wirkt sich in vielen den ältesten Schichten der Überlieferung zugehörigen Sätzen aus, sondern auch die Verbindung *Eschatologie und Recht* wird aufgenommen. Und zwar wird sie aus dem Umkreis der Gnosis geholt, speziell der judenchristlichen Gnosis. Sie dient zur Fixierung der Realität eines eschatologischen Seins, dessen was Paulus καινὴ κτίσις (2 Kor. v 17) nennt, einer Wirklichkeit, die gegen Missverständnisse des magischen Naturalismus und des mystischen Symbolismus abzugrenzen war.

---

[1] O. Cullmann, *Die Tauflehre des Neuen Testaments*, 1948, s. 65 ff.
[2] E. Käsemann, Sätze heiligen Rechtes im NT, *NT Studies* I (1954) 248-260.

DER PHILIPPERBRIEF ALS PAULINISCHE BRIEFSAMMLUNG *

VON

G. BORNKAMM

In einer Untersuchung über die Vorgeschichte und Entstehung des 2 Kor.-briefes [1] habe ich das Recht der bereits von vielen anderen Forschern, wenn auch bis heute lebhaft bestrittenen These zu erweisen versucht, dass dieser „Brief" nicht ein einheitliches Schriftstück, sondern eine Sammlung von mehreren Paulusbriefen ist, die der Apostel im Zusammenhang seines harten Kampfes gegen pneumatische Wanderapostel, die in die Gemeinde eingedrungen waren und sie ihm abspenstig machen wollten, nach Korinth gerichtet hat. Mein eigener Beitrag galt dabei nicht nur der Frage der Abgrenzung der einzelnen Brieffragmente und ihrer zeitlichen Reihenfolge, sondern auch der bisher kaum gestellten Frage nach den Kompositionsmotiven der späteren Sammlung und ihrer Entstehungszeit. Die Ergebnisse meiner Arbeit sollen hier nicht im einzelnen wiederholt werden. Doch möchte ich zwei Punkte herausgreifen, die vor allen die vorgetragene Hypothese stützen können: Erstens lässt sich m.E. die Frage, warum ein späterer Redaktor die letzten vier Kapitel des Briefes, die mit Recht von vielen als ein Fragment des ii 4 und vii 8 erwähnten sogenannten „Tränenbriefes" angesehen werden, an das Ende des Ganzen gestellt hat, sehr wohl beantworten. Die Antwort lautet: der Redaktor folgte dabei einem Formgesetz, nach dem auch viele andere frühchristliche Schriften komponiert wurden, nämlich der Regel, die Warnung vor Irrlehrern ans Ende einer Schrift, oft auch eines Schriftabschnittes zu setzen. Er kennzeichnete damit die Gegner des Paulus als endzeitliche Pseudopropheten und Verführer und gab der Briefsammlung damit den Charakter eines apostolischen Testamentes [2]. Zweitens: das Recht der These, der 2 Kor.-brief sei

---

* Überarbeitung eines auf dem Internationalen Kongress New Testament Today im September 1961 in Oxford gehaltenen Referates.
[1] Die Vorgeschichte des sogenannten 2 Kor. (*Sitzungsberichte der Heidelberger Akademie der Wissenschaften*, phil.-hist. Klasse, 1961 Nr. 2).
[2] G. Bornkamm, *a.a.O.*, S. 24 ff.

eine spätere Briefsammlung, wird, wie ich meine, in überraschender Weise durch die bisher nicht beachtete Tatsache bestätigt, dass die ältesten Zeugen paulinischer Briefsammlung (I. Clem, Ign, Polyc) zwar den 1 Kor. kennen und reichlich zitieren, aber nicht unseren 2 Kor. Dieser Sachverhalt ist so auffallend, dass sich daraus nur folgern lässt: sie kannten ihn noch nicht. Unser 2 Kor. kann also nicht sofort zusammen mit dem 1 Kor. weitere Verbreitung gefunden haben [1].

Sind diese Feststellungen richtig, so ist damit der Beweis für eine derartige Praxis der Sammlung und Edition von Paulusbriefen in nachapostolischer Zeit erbracht und das Recht gegeben, von diesem Modellfall aus mit der Möglichkeit anderer Sammlungen zu rechnen und die Lösung ähnlich gelagerter Probleme in den Paulusbriefen zu versuchen [2].

II.

Tatsächlich stellt, wie schon häufig bemerkt, auch der Philipperbrief vor entsprechende literarische Fragen [3]. Es ist darum kein Zufall, dass nach früheren Teilungsversuchen, die freilich weithin wieder vergessen oder verworfen wurden, in neuester Zeit vier verschiedene, ziemlich gleichzeitig und unabhängig voneinander entstandene Untersuchungen [4] das Problem von neuem behandeln

---

[1] G. Bornkamm, *a.a.O.*, S. 33 ff.

[2] Über andere Texte, die mit geringerer oder grösserer Wahrscheinlichkeit als Briefkompositionen anzusehen sind, vgl. G. Bornkamm, *a.a.O.*, S. 34 f. (Anm. 131).

[3] Von vornherein gebe ich zu, dass sich die Fragen hier nicht überall so deutlich aufdrängen wie im 2 Kor. und der im folgenden auch von mir in weitgehender Übereinstimmung mit den gleich zu nennenden Untersuchungen vorgeschlagene Lösungsversuch in höherem Masse einen hypothetischen Charakter behält. Dass die Kommentare und Einleitungen ganz überwiegend die Einheit des Briefes vertreten, ja weithin das Problem kaum erörtern, soll auch nicht verschwiegen werden (Vgl. zuletzt G. Delling, Art. Phil. *RGG*, III. 3. Aufl. Bd. V, Sp. 333 ff.). Doch haben die neuesten Arbeiten diese literarkritische Unbekümmertheit m. E. mit Recht erschüttert und den nicht minder, ja wohl erst recht hypothetischen Charakter der Behauptung der Einheit des Briefes bewiesen.

[4] Joh. Müller-Bardorff, Zur Frage der literarischen Einheit des Phil., *Wissensch. Zeitschr. der Friedrich v. Schiller Universität Jena* 7 (1957/58 S. 591-604); W. Schmithals, Die Irrlehre des Phil., *Zeitschr. f. Theol. u. Theol. u. Kirche* 54 (1957), S. 297-341 (bes. 299-309); B. D. Rathjen, The Three Letters of Paul to the Phil., *NTSt.* 6 (1959/60), S. 167-173; F. W. Beare, *A Commentary on the Epistle to the Phil.* (1959), S. 3 ff., 24 ff. Über ältere Teilungshypothesen vgl. die genannten Arbeiten. Kritische Stellungnahme zu Schmithals bei W. Michaelis, Teilungshypothesen bei Paulus-

und bei manchen Differenzen im einzelnen, auf die hier nicht näher
eingegangen werden soll, in der Hauptsache zu dem gleichen Ergebnis führen, dass unser Philipperbrief eine Sammlung von drei
unter verschiedenen Umständen abgefassten und nach Inhalt und
"Stimmung" deutlich unterschiedenen Briefen ist. Ich beschränke
mich hier auf eine kurze, summarische Charakteristik der einzelnen
Stücke:

1) Der erste zusammenhängende Brief (B) umfasst i, 1-iii, 1:
Paulus berichtet den besorgten Philippern über seine Gefangenschaft, ermahnt sie zu Standhaftigkeit, Eintracht und Demut
angesichts der Bedrohung der Gemeinde durch Widersacher und
kündigt das Kommen des Timotheus, sein eigenes Kommen und
die Rückkehr des wiedergenesenen Epaphroditus an, der Paulus
eine Gabe der Philipper überbracht hat. Der sehr intim gehaltene
und auf den Ton der Freude gestimmte Brief scheint mit c. iii 1 a
zu seinem Ende überzuleiten: ,,Endlich, meine Brüder, freuet euch
im Herrn". Ausgezeichnet fügen sich an iii 1 b als unmittelbare
Fortsetzung iv 4-7: ,,Freuet euch im Herrn allezeit, und wieder
sage ich: freuet euch . . ." bis zu dem Friedensgruss (iv 7) [1]. Wahrscheinlich gehören diesem Gefangenschaftsbrief B auch die Schluss-
grüsse iv 21-23 an, zumal wenn die ,,Kaisersklaven" (iv 22) in dem
i 13 erwähnten Prätorium zu suchen sind [2].

---

briefen. Briefkomposition und ihr Sitz im Leben. *ThZ* 14 (1958), S. 321 ff.;
ders., *Ergänzungsheft zur Einleitung in das NT* (1961), S. 28 ff.; zu Rathjen
bei BS Mackay in *NTSt.* 7 (1960/61), p. 161 ff. (nur in Einzelheiten, aber
nicht in der Ablehnung der Gesamtthese überzeugend). — Im folgenden
wird auf die literarkritischen Hauptthesen der vier Untersuchungen Bezug
genommen, nicht auf alle der von ihnen behandelten Spezialfragen. Die beste
Analyse bietet meines Erachtens Schmithals; Müller-Bardorff stimmt mit ihm
zwar weitgehend überein, doch kompliziert er einzelne Textfragen unnötig,
stellt vereinzelte Verse ohne zwingende Gründe um und konstatiert hier und
da vereinzelte redaktionelle Eingriffe in den Text, die wenig überzeugen.

[1] Müller-Bardorff, S. 593 f. und Schmithals, S. 303 finden wohl mit Recht
in iv 4-7 die unmittelbare Fortsetzung von iii 1, doch hält M.-B. ohne zu-
reichenden Grund iii 1 b (τὰ αὐτὰ λέγειν . . .) für eine ungeschickte Über-
gangswendung des Redaktors (ähnlich Beare, p. 100). Tatsächlich dürfte
iii 1 b auf ii 18 (vgl. auch i 25/ii 28 f.) zurückweisen (so auch Lohmeyer, M.
Dibelius und Schmithals). — Über τὸ λοιπόν als geläufige Schlusswendung
vgl. W. Bauer, *Wörterb.*, Sp. 949; Schmithals, S. 302, Anm. 1 und 2. Allerdings kann die Wendung auch einen ermahnenden Briefteil einleiten, der
vom Briefende noch weit entfernt ist (1 Thess. iv 1 und 2 Thess. iii 1; vgl.
B. S. Mackay *a.a.O.*, p. 163 f.). Doch handelt es sich hier nicht um den
Übergang zu einer längeren Paränese, sondern um ein ,,farewell", auch iv 8 f.
eng mit dem Friedensgruss verbunden (vgl. auch Schmithals, S. 302 Anm. 5).

[2] Das bleibt natürlich Vermutung. Dass die ,,Kaisersklaven" schon selbst

2) Völlig anders nach Ton und Inhalt als B setzt ganz unvermittelt der zweite Briefteil ein: c. iii 2-iv 1 oder besser iv 3 (C): eine äusserst scharfe Polemik, sagen wir kurz gegen judenchristliche Gnostiker oder gnostisierende Judaisten![1] Am Ende wird die Gemeinde zur Festigkeit im Glauben gerufen im Blick auf die eschatologische Zukunft; daran fügt sich eine persönliche Mahnung zur Eintracht an Euodia und Syntyche und die Bitte an einen nicht namentlich genannten treuen Gehilfen, sich dieser beiden Frauen besonders anzunehmen (iv 2 f.). Einleuchtend ist die von Müller-Bardoff und Schmithals vertretene Vermutung, dass mit der abschliessenden Mahnung zu einem besonnenen Wandel und zur Treue gegenüber der Lehre des Apostels sowie mit dem abermaligen Friedensgruss (iv 8 f.) dieser Kampfbrief gegen die vollkommenheitstrunkenen Gegner sein Ende fand. [2]

3) Ein in sich geschlossener Briefabschnitt ist endlich iv 10-20 (A): ein sehr herzlich gehaltener Dank für die Gabe der Philipper, die Epaphroditus überbracht hat, abgeschlossen mit dem Segenswunsch iv 19 f.

III.

Natürlich wird man zunächst fragen müssen, warum diese Briefteile trotz ihrer Verschiedenheit nicht in einem Briefe gestanden haben sollen. Gegenüber allzu eilfertigen Teilungshypothesen wird man hier wie auch sonst sagen müssen: nicht jede Abweichung von einem sonstigen Briefthema, nicht jeder Wechsel im Ton und Inhalt, nicht jeder unvermittelte Übergang und nicht jede Wiederholung rechtfertigen eine literarische Operation. Vollends bei einem so situationsgebundenen Brief ohne grössere lehrhafte Partien wie dem Phil. wird man in seinem Urteil vorsichtig sein müssen. [3]

Glieder der Gemeinde sind, scheint der Wortlaut zwar anzudeuten, doch braucht das nicht notwendig angenommen zu werden.

[1] Auf eine nähere Charakteristik der Gegener und eine genauere Inhaltsangabe des Abschnittes muss hier verzichtet werden.

[2] Nur die Zuordnung der Verse iv 2-9 ist in den genannten vier Arbeiten nicht einheitlich. Rathjen rechnet C bis iv 9, Beare bis iv 1 (interpolated fragment), iv 2-9 dagegen zu B (The Final Letter). Ich folge M.-B. und Schmithals.

[3] Für völlig missglückt halte ich die neuestens von K. G. Eckhardt, Der zweite echte Brief des Paulus an die Thess., ZThK. 58 (1961), S. 30-44, versuchte Aufteilung des ersten Thess. Die hier geltendgemachten Kriterien reichen meines Erachtens nicht im geringsten zu.

Dennoch sprechen für die Aufteilung des Phil. in drei verschiedene Briefe gewichtige Gründe. Sie liegen in dem oft bemerkten jähen Stilbruch von iii 1 auf iii 2 und von iv 9 auf iv 10, vor allem aber auch in der Verschiedenheit der Situation, die jeder Briefteil voraussetzt. Wir vergleichen zuerst die Briefsituation von A (iv 10-20) mit der von B (i 1-iii 1), (bes. ii 25-30). Nach A haben die Philipper dem Apostel in seiner Bedrängnis durch Epaphroditus eine Gabe übersandt (iv 14), für die ihnen hier herzlich gedankt wird. Setzt man die Einheitlichkeit des Phil. voraus, so ist der Platz dieser Danksagung, wie mit Recht festgestellt wurde [1], sehr merkwürdig. Denn der Dank käme reichlich spät, und zwar nicht nur im Zuge dieses einen Briefes, sondern auch im Verlaufe der intensiven und längeren Beziehungen zwischen Paulus und der Gemeinde, die vor allem ii 25-30 (also B) erkennen lässt [2]. Nach dieser Stelle hat Epaphroditus die Gabe der Philipper überbracht, aber ist darüberhinaus im Sinne seines Auftrages längere Zeit zur persönlichen Hilfe und Dienstleistung bei Paulus verblieben, hat sich als Mitarbeiter und Mitstreiter (ii 25) bewährt, ist dann schwer erkrankt, wovon die Gemeinde inzwischen gehört hat, und hat nach seiner Genesung darauf gedrängt, früher als vorgesehen nach Hause zurückzukehren. Eben darum hat Paulus ihn ziehen lassen und empfiehlt den Heimkehrer seiner Gemeinde. Das alles impliziert einen längeren Zeitraum von mehreren Wochen, ja von Monaten zwischen dem Eintreffen des Epaphroditus und seiner Zurücksendung [3]. Die Einheitlichkeit des Briefes vorausgesetzt würde man in A wenigstens eine Erklärung oder Entschuldigung dafür erwarten, warum nach einem doch wiederholten Nachrichtenaustausch zwischen Paulus, Epaphroditus und der Gemeinde der Dank für die Gabe erst jetzt und an dieser Stelle im Brief ausgesprochen wird.

Viel verständlicher wird alles, wenn man annimmt, dass A eher als B abgefasst ist. Zwar ist Paulus auch bei Abfassung von A schon gefangen — eben dies hat ja die Gabe der Philipper veranlasst [4] —,

---

[1] Vgl. Müller-Bardorff, S. 596 und bes. Schmithals, S. 306 ff.

[2] Vgl. zum Folgenden Schmithals, S. 301 und 308.

[3] Auch wenn man mit BS Mackay *a.a. O.*, p. 165 f. die Tempora in ii 25 ff. als briefliche Aoriste versteht, gelingt der Ausgleich zwischen A und B schwerlich.

[4] Dies bleibt m. E. immer noch die natürlichste Erklärung (gegen M.-B., S. 596 f., der den Begriff θλῖψις nicht auf die Gefangenschaft beziehen, sondern allgemein verstehen will).

aber von einem längeren Zeitraum, der bis zur Abfassung von B
verstrichen sein muss, ist hier noch nichts zu erkennen. Die Haft
des Paulus kann nach A und B nicht sehr schwer gewesen sein, so
bedrohlich und ungewiss auch ihr Ende war, sonst hätte er nicht
Besucher aus der Gemeinde seines Gefangenschaftsortes empfangen
und die keineswegs eindeutige Reaktion seiner Verhaftung auf die
Gemeinde am Ort beobachten können (i 14 ff.). Auch die guten
Erfahrungen mit seinem Wächtern (i 13, iv 23?), das Eintreffen
des Epaphroditus und der philippischen Gabe bei ihm, der Austausch mit diesem und Timotheus, die Möglichkeit des Briefver-
kehrs mit auswärtigen Gemeinden und seiner Anordnungen an die
Mitarbeiter wäre nicht wohl vorstellbar [1]. Alles das und eben damit
ein längerer Zeitraum ist in B vorausgesetzt, aber noch nicht in A.
Deutlich erkennen wir aus B, dass Paulus wahrscheinlich schon
Gelegenheit zu seiner Verteidigung gehabt hat (1, 7. 16) und die
Entscheidung über sein Schicksal — Todesurteil oder Freilassung —
in greifbare Nähe gerückt ist (i 19 ff., ii 23).

Abermals scheint die Situation in C (iii 2, iv 3) eine andere zu
sein. Von einer Gefangenschaft des Paulus verlautet hier nichts [2],
obwohl eine daran erinnernde Wendung in den in I. Person Singu-
laris gehaltenen Aussagen [3] mindestens denkbar wäre (vgl. bes. iii
10 ff.). Auch die Lage der Gemeinde ist offenbar eine andere, denn
hier erst hören wir von inneren Gegnern und zwar nicht nur im
Sinn einer Warnung vor möglicher Bedrohung, sondern einer
akuten Gefahr (iii 18) [4]. Dass schon in i 27, ii 18 dieselben Gegner

---

[1] Auch der Brief A bestätigt diesen Eindruck: Paulus redet hier in Ge-
lassenheit von seiner bedrängten Lage, aber nicht schon von Todesnot.

[2] Ein sicheres Urteil ist hier freilich kaum zu gewinnen. Sogar eine aus-
drückliche Bezugnahme auf die Gemeinde zu Philippi fehlt, sodass man
fragen konnte, ob dieser Briefteil überhaupt einem dorthin gerichteten
Brief entstammt, oder nicht vielmehr den an die Korinther addressierten
„Tränenbrief" darstellt (vgl. iii 18). Vgl. M.-B., S. 599 f. Doch entfällt diese
Möglichkeit, wenn man in 2 Kor. x-xiii diesen Schmerzensbrief wieder-
erkennt (so auch Schmithals und M.-B.). Diese Hypothese würde auch nur
die neue, kaum zu beantwortende Frage aufwerfen, wie denn der Redaktor
gerade an dieses Korintherfragment gekommen sein soll und was ihn veranlasst haben könnte, es seiner Sammlung einzufügen.

[3] „A most moving passage of spiritual autobiography"; Beare, p. 25.

[4] Die akute Bedrohung der Gemeinde geht doch wohl aus iii 15 hervor;
die Formulierung verrät, dass Paulus mit einer bedenklichen Anfälligkeit
mindestens einiger in der Gemeinde für die von den Gegnern vertretene und
von Paulus besonders von iii 12 ab kritisierte „Volkommenheits"-Lehre
rechnen muss (vgl. Schmithals, S. 322). Auch iii 18 zeigt den Fortschritt von
früheren allgemeinen Warnungen zu dem jetzt erfolgenden scharfen Angriff

gemeint seien, von denen Paulus inzwischen genauere Kunde
erhalten hätte und also bei diesem Abschnitt aus B und dem später
geschriebenen Brief C es sich ,,um zwei getrennte Stellungnahmen
zu denselben Fragen'' handle, wie Schmithals meint [1], ist nicht
überzeugend. Vielmehr sind die in i 28 genannten ,,Widersacher''
offensichtlich Juden oder Heiden, die die Gemeinde mit Verfolgungen bedrohen. Das geht schon daraus hervor, dass Paulus das
Leiden der Gemeinde für Christus mit seiner eigenen Verfolgungs-
und Leidenssituation einst in Philippi und während seiner jetzigen
Gefanggenschaft vergleicht. Das bedeutet nicht notwendig, dass
schon ein konkretes Martyrium auch über die Gemeinde hereinge-
brochen ist [2]. Dann würde Paulus in dem ganzen Briefteil wohl
nicht so ausschliesslich nur von seiner eigenen Gefangenschaft und
seinem möglichen Tod sprechen. Wahrscheinlicher ist, dass die
Philipper ähnlich wie die Thessalonicher von Juden oder Heiden
bedrängt sind (vgl. 1 Thess. ii 14 ff.) und Paulus darum hier wie da
von einer Solidarität im Leiden sprechen kann [3]. Keineswegs
nötigen auch die Mahnungen zu Standhaftigkeit, Eintracht und
Demut dazu, hier schon in B mit Verführern aus ihrer eigenen
Mitte, also mit denselben Gegnern wie in C zu rechnen. Von solchen
wäre ja wie in Galatien und Korinth nicht ein ,,Schrecken'' (i 28),
sondern eher eine betörende Wirkung ausgegangen. (vgl. iii 15). Die
Mahnungen erklären sich völlig, ohne jede Spitze gegen die Voll-
kommenheitsschwärmer von c. iii einfach aus der Notwendigkeit,
dass die Gemeinde gerade jetzt in der Bedrohung zusammenstehen
und in Demut und Gehorsam durchhalten muss in der Erkenntnis,
dass ja auch Christus durch die Erniedrigung zu Hoheit und Herrschaft geführt ist (ii 6-11).

Aus dem Gesagten ergibt sich, dass die Briefsituation in C eine
andere ist als in A und B, und also schwerlich mit ihnen in ein und
demselben Brief gestanden haben kann, ein Ergebnis, das durch
den so evidenten Stilbruch zwischen B und C (iii 2 ff.), der sich
zwischen C und A (iv 9, 10) wiederholt, bestätigt wird. Die Frage

---

gegen das inzwischen sichtbar gewordene Gebaren der Gegner. Dass diese
mit einer judaistischen Irrlehre nichts zu tun gehabt hätten und Liber-
tinisten gewesen seien, halte ich allerdings nicht für richtig (gegen Schmithals
und M.-B.).

[1] Schmithals, S. 305. Ebenso M.-B., S. 591.
[2] So Lohmeyer z. St.
[3] So versteht auch M. Dibelius *Exkurs* S. 31.

ist nur, wo der Brief C zeitlich hingehört. Joh. Weiss nahm an, dass iii 2, iv 1 einem früheren Brief nach Philippi entstammen, der im Unterschied zu dem übrigen aus Rom abgesandten, von Asien aus während der Zeit der Kämpfe mit Korinth geschrieben sei.[1] Doch ist mir die Meinung einleuchtender, dass C als letzter Brief verfasst wurde, und zwar als Paulus, wie er es ja schon in B erwartet hatte (i 24 f., ii 24), wieder freigelassen war[2]. Nach Inhalt und Charakter rückt dieser dritte Brief damit in die nächste Nähe des nach Korinth gerichteten Schmerzensbriefes, auch wenn das Verhältnis des Apostels zur Philippergemeinde nicht so tief gestört ist wie es 2 Kor. x-xiii für Korinth erkennen lassen. Aber auch was Abfassungsort und Zeit betrifft, rücken C und die nach Korinth gerichteten Briefe in unmittelbare Nähe, — ein starkes Argument für die Abfassung von C ebenso wie von A und B aus Ephesus[3]. Gegen die in der Tradition und von vielen bis heute vertretene Meinung, das von Philippi 800 Meilen entfernte Rom sei der Abfassungsort, spricht gewichtig neben anderem die für den regen Austausch zwischen Apostel und Gemeinde zu grosse Entfernung[4], erst recht gegen das noch viel weiter entfernte Caesarea. Gegen Ephesus aber sprechen, wie bekannt, weder die Erwähnung des Prätoriums (i 13) noch die der Kaisersklaven (iv 22). Dass die Apostelgeschichte nichts von einer ephesinischen Gefangenschaft weiss, ist kein Gegenargument. Ihre Nachrichten über den Aufenthalt des Paulus in Ephesus sind ja auch sonst lückenhaft. Man denke, was wir aus den Korintherbriefen, aber eben nicht aus den Acta, über diese Zeit erfahren. Die Gefangenschaft des Paulus hier darf also wohl in Zusammenhang mit der 2 Kor. i 8 ff. erwähnten

---

[1] Joh. Weiss, *Das Urchristentum*, S. 296.

[2] Anders Beare, p. 24: „The Interpolated Fragment, iii 2-iv 1. It is impossible to arrive at any certainty about the destination of this fragment, or about the time and place of writing." Er hält i 1-iii 1, iv 2-9, 21-23 für den letzten Brief (p. 25).

[3] Der Ephesus-Hypothese (Deissmann, W. Michaelis, Feine-Behm u.a.) wird m.E. mit Recht von M.-B. und Schmithals der Vorzug gegeben. Rathjen, Mackay, Beare plädieren für Rom.

[4] Dies gilt unabhängig von der Frage, ob die Teilungshypothese im Recht ist. Auf alle Fälle ist mit einem lebhaften Hin und Her der Nachrichten zu rechnen: Die Philipper haben Nachricht von der Verhaftung des Paulus erhalten, Epaphroditus entstandt, von dessen Erkrankung gehört, und dieser wie Paulus wiederum wissen von der Sorge der Philipper. Gegen dieses Argument kommen m.E. die für Rom sprechenden Gründe nicht auf. Doch soll die viel erörterte Frage hier nicht näher diskutiert werden.

Todesnot gebracht werden, aus der der Apostel errettet worden ist [1, 2].

IV.

Zuletzt muss uns aber noch die Frage nach dem Redaktor und dem Entstehungsort unserer Briefsammlung beschäftigen. Müller-Bardorff und Schmithals wollen sie demselben Redaktor in Korinth zuschreiben, dem sie überhaupt das Verdienst der ältesten paulinischen Briefsammlung zuerkennen [3]. Dieser Annahme kann ich jedoch nicht zustimmen. Schon die These einer einheitlichen Redaktion der gesamten Korintherkorrespondenz hat sich uns durch die Feststellung als irrig erwiesen, dass der 1 Kor. längst vor dem 2 Kor. bekannt war [4]. Aber auch der Redaktor des 2 Kor. darf nicht mit dem Sammler des Phil. ohne weiteres gleichgesetzt werden. Dagegen spricht schon die früheste Bezeugung des Phil. bei Polycarp, der unseren Brief sogar mit dem vieldiskutierten Plural (ὃς [sc. Παῦλος] καὶ ἀπὼν ὑμῖν ἔγραψεν ἐπιστολάς) erwähnt (Polyc. 3, 2) und also möglicherweise noch von einer ursprünglichen Briefsammlung wusste [5], aber ebenso wie I. Clem. und Igna-

---

[1] Der sehr verschiedene Ton, in dem Phil. i aus der Gefangenschaft selbst und 2 Kor. i nach seiner Rettung davon gesprochen wird, darf gewiss nicht dagegen eingewandt werden. Schwerer mag ins Gewicht fallen, dass der nach Korinth gerichtete Tränenbrief vor seiner Verhaftung geschrieben sein muss und Paulus darum während der Haft über den Ausgang des Konfliktes mit Korinth noch im Ungewissen war. Dazu scheint die „Stimmung" von Phil. i schlecht zu passen. Doch darf man hier nicht zuviel wissen wollen. Durchaus denkbar ist, dass ihm die Erfahrungen in der Gefangenschaft selbst und die Beweise der Treue seitens der Philipper gerade in dieser Notzeit (vgl. ii 27) zu einem Trost und Grund seiner Freude geworden sind.

[2] Michaelis, *Einleitung*, S. 208 (auch W. Schmithals *a.a.O.* S. 239) erschliesst aus 1 Kor. xv 32 bereits eine gegen Paulus erfolgte Anklage und begründet damit die Hypothese einer ephesinischen Gefangenschaft. Dann wäre bereits der 1. Kor. nach dieser Haft geschrieben. Doch wird der Ausdruck θηριομαχεῖν bildlich zu verstehen sein. Vgl. Lietzmann-Kümmel, S. 83 und 194; W. Bauer, *Wörterbuch*, Sp. 713 (Lit.).

[3] Vgl. auch W. Schmithals, Zur Abfassung und ältesten Sammlung der paulinischen Briefe, *ZNW.* 51 (1960), S. 225-245.

[4] Siehe oben S. 192 f. und *Vorgeschichte* S. 33 ff.

[5] So mit begründeter Vorsicht W. Schmithals, *ZThK.* 54 (1957), S. 309 f. (Anm. 3), der die Möglichkeiten anderer Erklärungen zugibt, aber die von ihm erwogene als sekundäres Argument verwendet. Der von W. Michaelis gegen Schmithals erhobene Vorwurf, hier werde das Ross am Schwanz aufgezäumt (*Erganzungsheft* S. 30), besteht m. E. nicht zurecht.

tius von einer Bekanntschaft mit dem 2 Kor. keine Spur zeigt [1]. Man darf annehmen, dass ihm beide Briefe oder Briefsammlungen bekannt geworden wären, wenn sie aus einer Hand stammten. Weiter ist darauf hinzuweisen, dass bei gewissen Übereinstimmungen in der Weise der Komposition doch auch die Unterschiede nicht unerheblich sind. Ohne Frage ist der Phil. viel lockerer und schlichter als der 2 Kor. zusammengefügt, und die Abwehr der Häresie ist hier gerade nicht an das Ende gestellt.

Eine Frage ist eigentlich nur, warum der Sammler Brief A an das Ende gerückt hat. Es ist klar, dass man darüber nur Vermutungen äussern kann. Man kann sich damit begnügen, hier einfach auf den persönlichen Charakter des kurzen Schreibens hinzuweisen, das an sachlichem Gewicht mit den Briefen B und C sich nicht messen kann und seinen natürlichen Platz dort finden konnte, wo in den paulinischen Briefen sonst Mitteilungen zu stehen pflegen [2]. Dass sich aus der Stellung dieses Schreibens das geringe Interesse des Redaktors an ihm erkennen lasse, wie Müller-Bardorff meint [3], halte ich nicht für richtig, und möchte eher Rahtjen zustimmen, der ganz im Gegenteil hier einen gewissen Stolz des Redaktors auf seine dem Apostel so einzigartig verbundene und von ihm über andere Gemeinden hinausgehobene Heimatgemeinde findet [4]. Wichtiger aber ist der sich aus dieser Feststellung ergebende Unterschied zum 2 Kor., der — natürlich von seinen Texten bestimmt, aber doch auch sehr bewusst — in der Komposition des Ganzen den Apostel und sein Amt zum Mittelpunkt macht, während im Phil. zwar selbstverständlich auch Paulus die Hauptperson bleibt, aber doch zugleich in der Briefsammlung der einen und besondere⟨n⟩ Gemeinde zu Philippi ein schönes Denkmal gesetzt wird.

Was die Entstehungszeit der Sammlung betrifft, so ist ein festes Datum schwer anzugeben. Sicher ist sie nicht sehr spät anzusetzen

---

[1] Wahrscheinlich kennt auch Ign. den Phil. (vgl. Smyrn. 4, 2 und Phil. 4, 13; 11, 3 mit Phil. iii 15). Die wenigen entfernten Anklänge im I. Clem. reichen für die sichere Behauptung literarischer Bekanntschaft kaum aus.

[2] Vielleicht ist auch daran zu denken, dass das Opfermotiv (Phil. iv 18) — im Sine der λογικὴ λατρεία (R. xii 1) — nicht selten am Schluss auftaucht (Hebr. xiii 16), wenn auch u. U. am Eingang von längeren Schlussermahnungen (so R. xii 1; Eph. v 2). Vgl. auch das Ende des Poimandres Corp. Herm. 1 § 32 f. So könnte auch hier ein Formgesetz die Komposition mitbestimmt haben.

[3] a.a.O., S. 604, Anm. 49.

[4] NTSt. 6 (1960) p. 173.

und gehört nicht schon in die Zeit, wo man Paulusbriefe verschiedener Gemeinden zu einer Sammlung zusammenstellte, sondern in die Zeit, wo einzelne Gemeinden die an sie gerichteten Apostelbriefe anderen in näherem oder weiterem Umkreis zugänglich machten und dafür nach einer auch sonst üblichen Methode zu einem Brief komponierten.

UNITÉ CHRÉTIENNE ET DIACONIE
Phil. ii 1-11

PAR

BO REICKE

1. Préambule

A l'origine, *l'église locale* avait pour saint Paul une importance fondamentale. Il eut son premier contact avec le christianisme par l'église de Jérusalem. C'est là qu'il fit la connaissance de la communauté des apôtres et des hellénistes, et qu'il participa à la persécution d'Étienne (Actes vii 58). Pendant son séjour à Jérusalem, Paul n'a certainement vu dans l'église chrétienne qu'une corporation locale.

Cependant, par sa conversion à Damas, Paul a été amené a voir en Jésus le seigneur de *l'église universelle* (ix 5). Plus tard, cette notion a été consolidée en lui à Antioche, le premier centre des missions étrangères (xi 26). C'est cet aspect universel de l'église qui domine sa théologie. Il n'a pas encore été développé dans les deux lettres aux Thessaloniciens, mais dans les autres épîtres pauliniennes, on trouve l'église envisagée comme une totalité (Gal. iii 28 etc.).

Même là où il s'agit expressément des communautés locales, même là où Paul s'adresse exclusivement aux groupes chrétiens de Galatie (Gal. i 2), de Corinthe (1 Cor. i 2), etc., il s'exprime comme si leurs membres représentaient la totalité de l'église. Il les apelle Israël de Dieu (Gal. vi 16), Église de Dieu (1 Cor. i 2), Temple de Dieu (iii 16), Corps du Christ (vi 15). Il dit aux chrétiens de Rome: ,,Nous, à plusieurs, nous ne formons qu'un seul corps dans le Christ, étant chacun pour sa part membres les uns des autres'' (Rom. xii 5), et à ceux de Corinthe: ,,Vous êtes le corps du Christ'' (1 Cor. xii 27). En effet, Paul est enclin à regarder chaque église locale, non seulement comme une copie en miniature de l'église universelle, mais comme étant l'église universelle elle-même, réalisée dans ce monde. C'est ce qu'il dit au préambule de la Première Epître aux Corinthiens: ,,à l'Eglise de Dieu établie à Corinthe'' (1 Cor. i 2). La totalité de l'église, c'est pour saint Paul le fait primaire, sa localisation en est seulement un corollaire.

Donc, bien que l'église locale de Jérusalem ait été son point de départ, Paul n'a pas regardé l'église universelle comme la somme des églises locales. Au contraire, justement parce que la communauté locale de Jérusalem est la racine de l'église (Rom. xi 17, xv 27), et que ses chefs sont les colonnes de cette maison (Gal. ii 9), la notion de totalité restait pour l'apôtre supérieure à celle de localisation, et ceci dès qu'il commença à regarder le peuple de Jésus comme le vrai Israël. L'existence des églises locales n'est que la conséquence de l'extension de l'Église unique de Jérusalem aux autres régions. On peut comparer la procédure à l'agrandissement d'une tente dont le sommet céleste est le Christ, et le centre terrestre Jérusalem.

Il est évident qu'on ne peut étudier la notion d'église locale chez saint Paul sans que cela implique des affirmations sur l'église universelle. Or, en fait il s'est adressé à des communautés locales, et leur a donné des instructions concrètes. Pour cette raison, il est toujours instructif d'examiner les idées *caractéristiques* de saint Paul au sujet de l'église *locale*.

2. ILLUSTRATION PAR PHIL. II 1-11

Dans ce but, il faudrait scruter chaque lettre de Paul. Il a toujours présenté des avis et des exhortations concernant la foi et la vie d'une communauté localisée. En particulier, on devrait examiner les Epîtres aux Corinthiens à cause de leur richesse extraordinaire en conseils pratiques. Mais ici, nous voulons plutôt fixer notre attention sur *l'Epître aux Philippiens*, qui est plus concentrée. C'est une lettre qui montre l'apôtre au sommet de son ministère. Elle peut ainsi être regardée comme le point culminant de tout ce qu'il a voulu dire aux églises locales fondées par lui.

Dans son Epître aux Philippiens, l'apôtre exprime d'abord une profonde satisfaction aux lecteurs. ,,Je rends grâces a mon Dieu dans chaque mention que je fais de vous, toujours dans chaque prière que je dis pour vous tous, et je fais la prière avec joie" (Phil. i 3 s.). Il est manifeste que les croyants de Philippes se sont conduits à peu près comme l'apotre pouvait l'espérer d'une communauté chrétienne.

Mais quel est le mérite principal des Philippiens? En quoi s'exprime le fait qu'ils correspondent, dans une certaine mesure, à l'idéal d'une église locale ? Quelle est, selon cette Epître, l'essence d'une congrégation chrétienne ?

La réponse n'est pas difficile à trouver. Ce n'est pas en consi-

dération de leur foi orthodoxe ou de leur organisation ecclésiastique, mais de leur *diaconie* que les Philippiens sont loués par l'apôtre.
On ne trouve pas le mot de diaconie dans cette lettre, mais ce
sujet caractérise pourtant tout l'exposé. Le service des croyants
pour le Christ et les frères, voici le thème essentiel de cette lettre
pleine de joie. ,,Je rends grâces à mon Dieu'', ce sont les mots pré-
liminaires de Paul, ,,. . . à cause de votre participation à l'évangile
depuis le premier jour jusqu'à maintenant'' (i 3). L'apôtre leur
souhaite une charité toujours croissante qui les rendra complètement purs et sans reproche pour le jour du Christ (i 9 s.). Il faut
continuer le travail du salut en considération du fait que Dieu est
celui qui opère à la fois la volonté et la mise en pratique (ii 13). Mais
surtout les Philippiens ont donné à Paul des témoignages de leur
charité en lui envoyant ce dont il avait besoin (iv 10.16). et en
prenant part à son épreuve (iv 14). C'est la diaconie qui amène Paul
à parler avec tant de joie quand il s'adresse aux Philippiens.

Mais d'un autre côté, il y a des circonstances moins idéales,
même destructrices. Comme certains éléments dans l'entourage de
l'apôtre prêchent le Christ dans un esprit d'envie et de rivalité
(i 15), les frères de Philippes sont aussi menacés d'une propagande
qui est dominée par des intérêts matériels, liés à des tendances
judaïsantes (iii 2-10, 18-20). Pour cette raison, l'esprit d'union et
de paix des Philippiens est en danger, et Paul se voit dans la
necessité de les mettre en garde, ,,Menez seulement une vie sociale
digne de l'évangile'' (i 27); ,,n'accordez rien à l'esprit de parti,
rien à la vaine gloire'' (ii 3); ,,prenez garde aux chiens'' (iii 2). Car
,,notre cité (πολίτευμα) se trouve dans les cieux'' (iii 20), c'est-à-
dire, l'église chrétienne n'est pas une organisation locale, analogue
à une colonie de la dispersion juive (πολίτευμα), mais une réalité
céleste. Tous ces faits sont bien connus par les Philippiens; pourtant, les dangers imminents sont tellement graves, qu'il est judicieux
qu'il est même indispensable de les avertir.

Sous ce rapport, il faut observer que l'argument principal cité par
l'apôtre en luttant pour l'unité et la fermeté des lecteurs, c'est encore la diaconie. La partie la plus importante de l'Epître est l'hymne
christologique inséré au *deuxième chapitre*, Phil. ii 5-11. Avec son
contexte, il représente l'appel essentiel de tout l'écrit. Il ne s'agit
pas d'une spéculation christologique ou dogmatique qui n'aurait
pas d'importance pour la vie sociale de l'église. Tout ce que dit
l'apôtre sur l'abaissement et l'élévation du Christ, se rapporte mot

pour mot aux exhortations pratiques du contexte. [1] Paul a donné la forme d'une digression christologique et d'un hymne au fait que le Christ renonça à sa gloire et apparut en l'humilité d'un serviteur, pour entrer ensuite dans la gloire ; mais il l'a souligné exclusivement en vue de la disposition des adeptes du Christ au renoncement à eux-mêmes. En particulier, il faut observer que les exhortations de Phil. ii 1-4 sont l'arrière-plan immédiat de l'hymne sur le Christ qui prit la condition d'un serviteur, ii 5-11. Voici comment on peut comprendre l'enchaînement des idées: L'unité et la fermeté de l'eglise doivent être conservées par une diaconie mutuelle des croyants, et à cet égard, la diaconie représentée par Jésus-Christ doit être le modèle.

Qu'on nous permette d'expliquer cela par une étude analytique de Phil. ii 1-4 et ii 5-11.

Depuis le commencement du chapitre, il est évident que l'apôtre vise le service mutuel des frères, c'est-à dire, la diaconie, v. 1:

> (1) Ainsi, s'il y a (chez vous) quelqu'exhortation dans le Christ, s'il y a quelqu'encouragement à la charité, s'il y a quelque communion de l'esprit, s'il y a de la pitié et de la compassion . . .

D'après le v. 1, il s'agit d'un service mutuel des membres de la communauté, ce qu'on pourrait appeler „diaconie". Sa première manifestation est l'exhortation, qui est une sorte de cure d'âmes. Paul parle d'elle comme étant pratiquée „dans le Christ"; cela veut dire que, inspirés par le Christ, les chrétiens s'instruisent les uns les autres. Ce n'est pas au Christ que les exhortations sont attribuées, mais aux chrétiens qui les pratiquent en son nom, de même que, d'après la fin du verset, ils usent de pitié et compassion. L'expression „dans le Christ", est donc équivalente à „dans l'église de Jésus-Christ". Paul s'appuye sur le fait que, dans l'église, et aussi chez les Philippiens, il y a dés exhortations chrétiennes. Le „si" qui introduit cette proposition conditionelle a la forme d'une supposition — mais, comme Paul connaît l'existence de la diaconie en question, le sens est celui d'une constatation. Il n'a pas voulu dire „pourvu que", mais „vu qu'il y a (chez vous) de l'exhortation". Par la suite, la constatation est répétée à propos d'autres manifestations du service fraternel: „S'il y a quelqu'encouragement à la charité, s'il y a quelque communion de l'esprit." En considération de ces

---

[1] J. Louw, 'De samenhang van Fil. ii: 1-13': *Vox theol.* 30, 1960, pp. 94-101.

faits, Paul conjure les croyants d'accorder la demande qu'il va présenter dans le verset suivant. ,,Encouragement à la charité'', c'est la cure d'âmes qui donne du courage, de l'espérance. Vu que toutes les phrases du contexte se rapportent à une répartition de trésors spirituels, il est probable que la ,,communion de l'esprit'' est aussi une expression pour la cure d'âmes. Il est vrai qu'il s'agit de l'unité, comme le prouvent les versets suivants. Mais en premier lieu il semble que Paul se figure un chrétien qui, en confesseur, en paraclet, communique l'esprit du Christ à son frère. Enfin l'apôtre constate qu'il y a dans l'eglise de la ,,pitié'' et de la ,,compassion''. Ici il ne s'agit plus de la cure d'âmes, mais du soin matériel. Il parle de certains sentiments, mais pour saint Paul le pur sentiment de miséricorde ne suffit pas, car il faut que la charité soit active. Donc il pense au soin des pauvres, des malades et à de bonnes oeuvres de ce genre. On a justement pratiqué un tel acte de pitié envers lui-même, en lui envoyant une subvention (ii 25.30; iv 10.14, 18).

En somme le v. 1 souligne qu'il y a dans l'église une diaconie qui est due au Christ, et qui consiste en cure d'âme et en soins materiels. Paul trouve l'existence de ces oeuvres de l'esprit fort importante, puisqu'il base sur elle l'exhortation pénétrante du v. 2.

(2) alors, comblez ma joie en prenant intérêt à la même chose. Ayez le même amour, soyez unanimes, ayez un seul intérêt.

Paul sait, d'après le v. 2, que dans l'église il n'y a pas d'unité absolue, mais certaines tendances dangereuses qui peuvent entraîner des séparations, ce qu'il regarde comme un phénomène extrémement grave. C'est pour cette raison que Paul motive son exhortation en rappelant l'existence de la diaconie. La diaconie étant une réalité, il est d'autant plus révoltant que les croyants n'aient pas tous la même disposition spirituelle. S'ils étaient unanimes, leur fidélité causerait à l'apôtre une joie complète. S'ils présentaient une seule disposition d'esprit et un seul amour, s'ils étaient une âme, s'ils avaient une seule ambition, alors ses douleurs personelles ne compteraient guère au regard de sa joie au sujet de la communauté. Avec ardeur il supplie les frères et soeurs d'y penser et de quitter leur attitude qui menace l'unité.

Ces mots de l'apôtre sont toujours choquants. Dans l'église de nos jours, il y a de la diaconie. Mais nous sommes encore loin de l'unité et de la collaboration qui devrait être, d'après saint Paul, la caractéristique de l'église.

Il est aussi gênant d'entendre ce que dit l'apôtre dans les versets suivants.

> (3) (Ne poursuivez) rien par esprit de parti, non plus par vaine gloire. Mais avec humilité estimez-vous les uns les autres comme supérieurs à vous-mêmes. (4) Ne cherchez pas chacun vos propres intérêts, mais aussi ceux des autres.

Il y avait des gens à Philippes qui s'occupaient de politique ecclésiastique, inspirés par des intrigues des partis juifs ou hellénistes. D'après le v. 3 a, il faut éviter complètement un tel esprit de parti et une telle vaine gloire. Il s'agit d'efforts pour se faire valoir. Mais les intérêts égoïstes, matérialistes sont incompatibles avec l'esprit chrétien. Chacun, d'après le v. 3b, doit s'humilier et regarder son frère comme supérieur à soi-même. Il faut, comme souligne le v. 4, oublier son propre intérêt, et songer au bien des autres. Paul l'a dit à une communauté locale, mais comme l'esprit œcuménique doit toujours s'enraciner dans les cœurs des individus, ces mots sont une leçon pour l'église universelle.

Cette attitude d'humilité n'est rendue possible que par un sacrifice personnel, par un abandon de soi-même. Et maintenant Paul dirige l'attention sur ce qui est le principe de tout sacrifice, de tout service des chrétiens. C'est le sacrifice du Christ, la diaconie du Sauveur, v. 5-8.

> (5) Ayez cette préoccupation entre vous, qu'(il faut avoir) aussi dans le Christ,
> (6) lui qui, existant dans une condition divine, ne considérait pas comme une occasion de rapine le fait d'être égal à Dieu,
> (7) mais s'anéantit,
> prenant la condition d'un serviteur.
> paraissant en figure d'homme.
> Et se trouvant dans l'état d'homme,
> (8) il s'humilia en devenant obéissant jusqu'à la mort, même à la mort sur la croix.

Dans le v. 5, Paul condense ses exhortations en disant encore une fois qu'il faut avoir cet intérêt-là qui a été indiqué dans le verset précedent, c'est-à-dire, l'intérêt pour le bien des autres. Entre les croyants il ne doit pas exister de lutte pour les intérêts de l'individu ou de son groupe, mais il faut songer au bien de la totalité des frères. L'apôtre fait encore remarquer: ,,ce qu'(il faut) aussi dans le Christ''. Des égards pour les autres sont indispensables, parce qu'il s'agit d'une communauté de frères qui est à la fois une communauté dans le Christ.

C'est la dernière observation qui donne à l'apôtre l'occasion de citer, dans les v. 6-11, cet hymne glorieux sur le Christ envisagé comme modèle de sacrifice et de diaconie. Qu'il ait utilisé et adapté un texte déjà existant, ou qu'il ait à la manière des traditions hymniques de l'église, composé ad hoc un morceau lyrique, c'est là une question qui reste au suspens et qui n'est même pas décisive. En tout cas, la partie christologique présente une structure traditionelle et, en même temps, un contenu qui, point par point, se rapporte aux exhortations relatives à l'obligation des chrétiens de renoncer à eux-mêmes, de se sacrifier.

Puisque les frères sont dans le Christ, qu'ils lui appartiennent, il leur faut, d'après le v. 6, penser à son incarnation, fondamentale pour leur état présent et leur salut futur. A cette occasion, le Christ renonça à la majesté qui lui appartenait. Il existait dans une condition divine, c'est-à-dire, il était cette image de Dieu en qui Dieu créa l'homme à l'origine. Par là il avait droit à la gloire suprême. Néanmois il l'abandonna de son propre gré. Paul dit que le Christ ne considérait pas le rang qui l'égalait à Dieu comme une occasion de rapine.

Il faut remarquer que le mot grec traduit ici par „rapine", c.à.d. ἁρπαγμός, a d'ordinaire un tel sens actif; pour un sens passif (comme ἅρπαγμα, soit „res rapta", soit „res rapienda"), il n'y a que des références incertaines ou secondaires. On doit penser à l'action de tirer à soi comme avec un harpon (ἁρπάγη). Voici une analogie significative qui se trouve dans une des anciennes chaînes: οὐκ ἔστι ἁρπαγμὸς ἡ τιμή. [1]. En plus il faut préciser l'expression littérale „il ne considérait pas le fait d'être égal à Dieu comme une rapine" (ἁρπαγμὸν ἡγήσατο) en disant: „il ne le considérait pas comme une occasion de rapine". C'est conforme aux phrases néotestamentaires „considérer quelque chose comme une occasion de joie" (χαρὰν ἡγήσασθαι), Jac. i 2, et „considérer quelque chose comme une occasion de volupté" (ἡδονὴν ἡγεῖσθαι), 2 Petr. ii 13 [2]).

Jésus-Christ, voilà donc ce que veut dire saint Paul, ne considérait pas son égalité avec Dieu comme une occasion de commettre rapine, de tirer des choses à soi avec violence. Il faut penser à la tentation sur la montagne, Matth. IV 8-10 par.

L'objet de l'acte de violence rejeté par le Christ n'était pas le rang divin. Ce serait un non-sens, car il est souligné avec toute la précision voulue que Christ était déjà au niveau de Dieu („existant

---

[1] „Nicht ein Ansichraffen ist die Ehrenstellung": H. A. W. Meyer, *Krit.-ex. Handb. üb. d. Briefe Pauli an die Phil., Kol. u. an Philem*[4], 1874, p. 73, d'après P. Poussines (Possinus), Catenae graec. patr. in Marc., etc. 1673, p. 233.

[2] Le problème a été discuté dans plusieurs articles de la revue *Expos. Times* 69 ss., 1957 ss.

dans une condition divine'', v. 6a; ,,être — pas devenir — égal à
Dieu'', v. 6c). En outre, Paul n'a jamais pensé que le Christ eût quitté
sa nature divine, bien qu'il apparût dans une figure humaine. Ces
difficultés logiques et christologiques disparaissent du moment
où l'on voit que le Christ n'a pas voulu utiliser son égalité avec Dieu
pour tirer violemment à soi, pour harponner, les êtres de ce monde.
Le contexte aussi indique que ce ne fut que par humiliation et
diaconie qu'il gagna le pouvoir sur tous les êtres de l'univers (v.
10 s.). Voilà la pointe de tout l'exposé: La toute-puissance du Christ
dans ce monde ne se base pas sur une aspiration de puissance, mais
sur la diaconie.

Pourquoi l'apôtre rappelle-t-il aux lecteurs ce renoncement du
Christ? Son intérêt est tout à fait pratique: il veut combattre
l'ambition et la soif de dominer qui inspirent bien des chrétiens.
C'est parce que le Christ est le modèle de chaque membre de l'Église
que Paul souligne l'humilité du sauveur préexistant, qui ne voulut
pas utiliser pour l'oppression sa perfection divine, ni pour la rapine
son autorité royale. Et c'est une rapine que de faire ce que rejette
le v. 4: poursuivre ses propres intérêts seulement; c'est-à-dire
égoïsme, oppression, spoliation des autres. La vaine gloire, l'esprit
combattif et l'attitude intrigante de certains groupes, ces abus-
là signalés dans le contexte, détruisent la communauté de tous les
membres dans le Christ, et doivent être considerés comme rapine. Paul
rejette surtout un zèle judaïsant (iii 2) qui recourt à des intrigues
politiques (iii 20); il est même probable qu'il envisage une influence
du zélotisme qui était puissant justement avant la guerre juive.
Mais ses mots ont aussi une portée plus générale. Il réprouve toute
agressivité de la communauté, toute ambition, soit pour une
orthodoxie puritaine soit pour une organisation ecclésiastique. On
ne peut éviter de telles perturbations que par un humble renoncement au profit de l'individu et de son groupe.

C'est ce qu'a démontré Jésus-Christ d'une manière imposante
à jamais, en renonçant à la grandeur et la puissance jointes à son
existence auprès de Dieu. Selon le v. 7a, il se ,,vida'' ou s'anéantit,
donnant ainsi un exemple de l'esprit de sacrifice exigé de l'église.
Jésus abandonna la forme glorieuse qu'il avait, et vint en serviteur
auprès des hommes misérables. Il faut remarquer que la renon-
ciation du Christ se joint à une serviabilité absolue. Sacrifice, cela
n'implique pas seulement abandon, mais aussi don. La figure du
serviteur assumée par le Christ est sans doute en relation avec

Is. liii; l'incarnation du sauveur est pour saint Paul un accomplissement de cette prophétie. [1] Mais tout a été mentionné en vue
de l'attitude des membres de l'église dont, d'après les v. 3-4, chacun doit estimer les autres supérieurs à soi, et ne pas chercher ses
propres intérêts.

Soulignant encore une fois, dans les v. 7b-8, avec des expressions
modifiées, l'humiliation immense du Christ incarné, Paul se tourne
vers l'obéissance du sauveur. Par sa diaconie en faveur des hommes,
Jésus accomplit la volonté de Dieu. L'apôtre sous-entend qu'une
telle diaconie par soumission est une obligation pour chaque membre de l'église.

Et l'obéissance du Christ alla jusqu'à la mort sur la croix, la forme
de châtiment la plus honteuse. Voilà le sacrifice absolu qui doit être
reconnu comme la base de toute vie communautaire dans l'église.
Paul n'a pas eu besoin de faire remarquer à ce sujet que les croyants de Philippes étaient obligés de se préparer à un sacrifice correspondant. Il n'était plus nécessaire de le dire expressément, car
les observations christologiques se rapportent entièrement au thème du verset 5: ayez cette préoccupation entre vous, qu'il faut
avoir aussi dans le Christ.

Or, du moment où le Christ est parvenu au zéro absolu, l'abaissement tourne en une exaltation glorieuse, v. 9-11.

> (9) Voilà pourquoi Dieu l'a infiniment exalté et lui a conféré le nom qui
> est au-dessus de tout nom,
> (10) afin qu'au nom de Jésus fléchisse tout genou (Is. xlv 23) des êtres
> célestes, terrestres et infernaux,
> (11) et que toute langue professe librement que Jésus-Christ est Seig-
> neur, à la gloire de Dieu le père.

D'après le v. 9, la souveraineté revenant au seigneur ressuscité
n'est due qu'à son sacrifice, qu'à son renoncement de soi-même.
Justement parce qu'il s'humilia et se laissa anéantir par la puissance de ce monde, Dieu l'exalta et lui donna le nom le plus noble,
la dignité la plus haute. Toutes les créatures de l'univers, d'après le
v. 10, seront obligées de reconnaître la supériorité immense de
Jésus, et d'après le v. 11, de confesser qu'il est Seigneur. Mais
c'est seulement par son renoncement à toute domination que Jésus
a acquis cette majesté.

Un coup d'œil rétrospectif fera comprendre maintenant que

---

[1] L. Krinetzki, 'Die Gottesknechttheologie des heiligen Paulus': *Ben.
Mon.* 34 (1958), pp. 180-191; 'Der Einfluss von Is. lii, 13-liii, 12 Par. auf
Phil. ii 6-11': *Theol. Quart.* 139 (1959), pp. 157-193. 291-336.

les exhortations de Phil. ii 1-4 sont le fondement permanent de l'hymne des v. 5-11. Les affirmations christologiques de celui-ci sont destinées à être appliquées directement à l'église locale de Philippes. Dans la communauté des Philippiens, l'unité n'est pas parfaite; mais les dangers seront évités, si chacun suit le modèle du Christ qui ne chercha pas ses propres intérêts, mais ceux des autres.

Rappelons-nous encore que l'église locale de Philippes était un sujet de grande joie pour saint Paul, qui lui écrivit pendant ses dernières années, quand il avait déja gagné une notion approfondie de ce qu'est l'église du Christ. Vu que cette communauté n'est pas loin de l'idéal d'une église locale, on doit regarder les observations de l'Epître aux Philippiens sur le sacrifice et le service comme très représentatives pour l'ecclésiologie de Paul. La diaconie qui est pratiquée à Philippes et qu'il faut encore développer et intensifier d'après le modèle de Jésus-Christ, voilà l'essence de la vie communautaire dans une église locale.

3. Conclusion

On peut se demander quelle est la portée actuelle du raisonnement de Paul. Le fait que l'apôtre s'adresse à une communauté locale n'exclut pas qu'on n'applique ses pensées à la discussion moderne du problème oecuménique. Comme nous l'avons vu, l'église locale n'est, pour saint Paul, que le résultat d'une expansion de l'eglise universelle. Quant à la question posée, il apparaît que l'insistance sur l'attitude pratique est d'importance capitale. L'avis de Paul est que la diaconie mutuelle des croyants doit confirmer leur unité. [1] Il n'insiste pas sur une forme particulière de confession ou d'organisation. L'essentiel, comme le fait voir le Christ lui-même, c'est le sacrifice et le service. D'après saint Paul, rien n'activerait l'unité du peuple élu comme la diaconie, qui existe déjà, mais qui devrait être développée et intensifiée dans toutes les ramifications de l'église et dépasser toute ligne de démarcation.

---

[1] Cf. O. Cullmann, *Katholiken und Protestanten. Ein Vorschlag zur Verwirklichung christlicher Solidarität*, 1958, p. 39, au sujet de Gal. ii 10 et de la collecte.

DAS LITERARISCHE UND GESCHICHTLICHE PROBLEM DES ERSTEN THESSALONICHERBRIEFES

VON

W. G. KÜMMEL

1) Dass der 1. Thessalonicherbrief der älteste erhaltene Brief des Paulus ist, zu Beginn seines ersten Aufenthalts in Korinth (Apg. xviii 1 ff.) geschrieben, gilt heute weithin als sicher [1], gerade auch im Vergleich mit dem 2. Thessalonicherbrief, dessen paulinische Herkunft nach wie vor von einer Reihe von Forschern angefochten wird [2]. Zwar hat F. C. Baur auch 1. Thess. dem Paulus abgespro-

---

[1] Vgl. etwa die Einleitungen in das Neue Testament von E. Reuss, Die Geschichte der heiligen Schriften Neuen Testaments, [6]1887, 74 f.; M. Goguel, Introduction IV, 1, 1925, 308; A. Jülicher-E. Fascher, [7]1931, 58; J. de Zwaan, Inleiding 2, [2]1948, 147. 157; A. Höpfl-B. Gut, Introductio specialis, [5]1949, 338; M. Meinertz, [5]1950, 83 f.; K. Th. Schaefer, Grundriss, 1952, 112 f.; A. Wikenhauser, 1953, 259; P. Feine-J. Behm, [10]1954, 130 f.; J. Cambier in A. Robert-A. Feuillet, Introduction à la Bible 2, 1959, 293 f.; D. Guthrie, The Pauline Epistles, New Testament Introduction, 1961, 181. Ebenso die Kommentare von P. W. Schmiedel (Hand-Commentar, [2]1892), 4 f.; G. Wohlenberg (Zahns Kommentar, 1903), 7; E. von Dobschütz (Meyers Kritisch-exegetischer Kommentar,[7]1909), 17; J. E. Frame (International Critical Commentary, 1912), 9; A. Steinmann (Die Heil. Schrift des Neuen Testaments[4], 1935), 19; M. Dibelius (Handbuch zum Neuen Testament [3]1937), 33; W. Neil (Moffatt New Testament Commentary, 1950), XIII f.; W. Hendriksen (New Testament Commentary, 1955), 15 f.; B. Rigaux (Études Bibliques, 1956), 42. 50; Ch. Masson (Commentaire du Nouveau Testament, 1957), 7; L. Morris (The New International Commentary on the New Testament, 1959), 25 f.; K. Staab (Regensburger Neues Testament, [3]1959), 8. Die Kommentare werden im Folgenden nur noch mit dem Verfassernamen angeführt.

[2] Vgl. zuletzt etwa A. Jülicher-E. Fascher (s. Anm. 1), 67; H. Braun, Zur nachpaulinischen Herkunft des zweiten Thessalonicherbriefes, ZNW 44, 1952/3, 152 ff.; Ch. Masson, 10; R. Bultmann, Theologie des Neuen Testaments, [3]1958, 484; E. Fuchs, Hermeneutik?, Theologia Viatorum 7, 1960, 46; K.-G. Eckart, Der zweite echte Brief des Apostels Paulus an die Thessalonicher, ZThK 58, 1961, 30 f. Es gibt freilich m.E. sehr schwerwiegende Argumente für die Herleitung auch des 2. Thessalonicherbriefs von Paulus, auf die leider in diesem Zusammenhang nicht eingegangen werden kann. Es fragt sich aber, ob angesichts des in diesem Falle konservativen Urteils auch vieler kritischer Theologen (vgl. nur M. Dibelius, J. Weiss, J. Moffatt, E. J. Goodspeed, M. Goguel, s. die Literaturangaben bei B. Rigaux, 132) die Formulierung angemessen ist: „Es sollte nicht mehr bezweifelt werden, dass das im Neuen Testament als 2. Thessalonicherbrief geführte Schreiben nicht von Paulus . . . stammt" (so K.-G. Eckhart, a.a.O., 30)!

chen, weil dieser „Brief" keinen dogmatischen Inhalt habe und von
der Apostelgeschichte und den Korintherbriefen abhängig sei [1],
er hat damit aber nur bei wenigen seiner Schüler Anklang gefunden, und die Unechtheit des 1. Thess. ist auch sonst nur von der
kleinen Gruppe von Radikalen vertreten worden, die alle erhaltenen
Briefe dem Paulus absprachen [2]. Ja, die im 19. Jahrhundert so
beliebte und heute von neuem für die Paulusbriefe vertretene
Annahme von Kompilationen und Interpolationen ist auf den 1.
Thess. nur in ganz geringem Masse angewandt worden [3].

Diese weitgehende Übereinstimmung in der Frage der paulinischen Herkunft und Einheitlichkeit des 1. Thess. ist nun neues-
stens stark in Frage gestellt worden. E. Fuchs [4] hat 1 Th. iv 13-v 11
als den Zusammenhang unterbrechend und als „wahrscheinlich
ein Stück, wenn nicht den Hauptteil des von dem kanonischen
2. Thess.-Brief verdrängten echten 2. Briefes des Apostels an die
Thessalonicher" bezeichnet und iv 18 vermutungsweise der Redaktion zugeschrieben. Vor allem aber hat K.-G. Eckart [5] zu zeigen
versucht, dass mehrere Abschnitte des 1. Thess. keinen Brieftext
bieten (ii 13-16, iv 1-8, 10b-12, v 12-22), dass darüber hinaus die
beiden Erwähnungen des Timotheus in 1 Th iii 1 ff. und iii 6 ff.
verschiedene Situationen voraussetzen, die nicht in denselben
Brief passen, und dass sich 1 Th iii 11 ff. und v 23 ff. auch zwei
Briefschlüsse finden. Er zieht aus diesen Beobachtungen die Folgerung, dass im kanonischen 1 Thess. zwei Briefe an die Thessalonicher zusammengefügt seien, von denen der eine nur den Timo-

---

[1] F. C. Baur, Paulus, der Apostel Jesu Christi, 1845, 480 ff. Dass schon
K. Schrader, Der Apostel Paulus 5, 1836, 23 ff. in zahlreichen gelegentlichen
Hinweisen die These vertreten hatte, es scheine „in dem Brief nur ge-
sammelt zu sein, was man für paulinisch hielt, sodass man den Brief für
paulinisch halten konnte, ohne dass ihn doch wirklich Paulus verfasst hatte"
(S. 34), hat F. C. Baur offensichtlich nicht gewusst.

[2] Vgl. die Angaben bei W. Bornemann, Die Thessalonicherbriefe, Meyers
Kritisch-exegetischer Kommentar, [5. 6] 1894, 301 ff. und B. Rigaux, 120 ff.

[3] Ausser dem in verschiedener Weise angefochtenen Abschnitt gegen
die Juden ii 14-16 sind nur einzelne Verse beanstandet worden (i 10b.c.,
ii 2, 18, iii 2b-5a, v 7, 8a, 10, 27), vgl. die Zusammenstellungen bei C.
Clemen, Die Einheitlichkeit der paulinischen Briefe, 1894, 13 ff.; E. von
Dobschütz, 32 Anm. 3; M. Goguel, s. S. 213 Anm. 1, 306 f.; E. Bammel, Judenverfolgung und Naherwartung, ZThK 56, 1959, 294 ff. (bes. 294 Anm. 1. 2).
Ferner hält A. Loisy, La naissance du Christianisme, 1933, 17, ii 1-16; iii
2b-4; iv 13-5, 11 für interpoliert und R. M. Hawkins i 10; ii 14-16; iv 13-v
10 (nach W. Hendriksen, 18 Anm. 8).

[4] E. Fuchs, s. S. 213 Anm. 2, 46 ff.

[5] K.-G. Eckart, s. S. 213 Anm. 2.

theus nach Thessalonich geleiten sollte ((i 1-11, 12, ii 17-iii 4, 11-13),
während der andere nach der Rückkehr des Timotheus geschrieben
sei (iii 6-10, iv 13-v 11, iv 9, 10a, v 23-26, 28); beide Briefe seien
bereits in Athen abgefasst. Auf die Frage, wie aus diesen beiden
Briefen und den unpaulinischen Stücken der 1. Thess. entstanden
sei, geht K.-G. Eckart freilich nicht ein. Ist mit diesen beiden
Hypothesen die Echtheit und Einheitlichkeit des 1. Thess. wieder
zur Diskussion gestellt, so ist die Datierung des 1. Thess. (und
gegebenenfalls des 2. Thess.) in den korinthischen Aufenthalt des
Paulus nicht erst durch K.-G. Eckart angezweifelt worden, vielmehr ist schon seit langem die These vertreten worden, 1. Thess.
stamme aus späterer Zeit, nämlich aus der ephesinischen Wirksamkeit des Paulus (sog. 3. Missionsreise), und diese Annahme ist
ebenfalls vor kurzem erneut verteidigt worden [1]. Die geschichtliche
Stellung des 1. Thess. bedarf daher einer erneuten Untersuchung.

2) Eine solche Untersuchung hat naturgemäss zunächst danach
zu fragen, ob es sich bei dem überlieferten kanonischen 1. Thess.
in der Tat um eine sekundäre Komposition handelt und ob bei
dieser Komposition auch nichtpaulinische Stücke verwendet
worden sind. Diese zweite Frage ist natürlich die entscheidende;
denn wenn diese Annahme zutrifft, ist ja der zusammengesetzte
Charakter des Briefes von vornherein unbestreitbar. Stellen wir
zunächst einmal den auch früher gelegentlich angezweifelten Abschnitt ii 14-16 [2] zurück, so begegnen wir der Behauptung K.-G.
Eckarts, 1. Th. iv 1-8, 10b-12, v 12-22 seien darum unpaulinisch,
weil diese Paränesen nicht brieflich und nicht konkret seien und sich
durch die Stilform des Parallelismus als *literarische* Paränese erwiesen; auch verwende Paulus den Begriff παραλαμβάνειν im Zusammenhang ethischer Belehrung (iv 1) sonst nie; einzig iv 9, 10a,
das Lob der Gemeinde wegen ihrer Bruderliebe, weise dieses Stil-
merkmal nicht auf und stamme von Paulus. Man kann sich diesen,

---

[1] W. Lütgert, Die Vollkommenen im Philipperbrief und die Enthusiasten
in Thessalonich, 1909, 55 ff. (sucht nur dieselben Gegner wie in den Korintherbriefen nachzuweisen); W. Hadorn, Die Abfassung der Thessalonicherbriefe in der Zeit der 3. Missionsreise des Paulus, 1919; W. Michaelis,
Die Gefangenschaft des Paulus in Ephesus und das Itinerar des Timotheus,
1925, 60 ff.; ders., Einleitung in das Neue Testament, [3]1961, 221 ff., Ergänzungsheft 31; W. Schmithals, Die Häretiker in Galatien, ZNW 47, 1956,
64 Anm. 123; ders., Zur Abfassung der ältesten Sammlung der paulinischen
Hauptbriefe, ZNW 51, 1960, 230, 232 f. (der dort Anm. 18 erwähnte Aufsatz ist noch nicht erschienen, mir aber im Manuskript bekannt).
[2] S. die Angaben in Anm. 3 auf S. 214.

mit bemerkenswerter Sicherheit vorgetragenen Behauptungen gegenüber nur wundern, mit wie unzureichenden Argumenten K.-G. Eckart die paulinische Herkunft dieser Abschnitte zu bestreiten wagt. Der einzige gebotene Hinweis auf einen unpaulinischen Sprachgebrauch ist offenkundig falsch; zwar stimmt es konkordanzmässig, dass παραλαμβάνειν in den meisten Fällen sich auf kerygmatische Inhalte bezieht [1], aber wenn K.-G. Eckart zu Phil. iv 9 ἃ καὶ ἐμάθετε καὶ παρελάβετε καὶ ἠκούσατε καὶ εἴδετε ἐν ἐμοί, ταῦτα πράσσετε sagt, dieser Text beziehe sich nіcht auf ethische Belehrung zurück, so widerspricht ἠκούσατε eindeutig dieser Behauptung, und in 1 Kor. xi 2 (καθὼς παρέδωκα ὑμῖν τὰς παραδόσεις κατέχετε) bezieht sich Paulus eindeutig auf eine ethische Paradosis [2]. Dieser lexikalische Sachverhalt weist aber nur darauf hin, dass in der Verkündigung des Paulus neben dem εὐαγγέλιον immer auch die παράκλησις steht (vgl. 1. Th. ii 2, 3; Rm. xii 1) [3]. Nun ist aber Paränese ihrem traditionsgebundenen und unsystematischen Charakter entsprechend weitgehend unkonkret und keineswegs immer oder auch nur vornehmlich durch Missstände in den Gemeinden veranlasst [4]. Das Vorhandensein von allgemeiner Paränese im 1. Thess. steht darum in keinem Widerspruch zu dem Lob des Glaubens und der Liebe der Gemeinde durch Paulus (i 7, iii 6 f., iv 9 f.), zumal dasselbe Nebeneinander von Lob und Paränese sich auch sonst bei Paulus findet (Phil. i 3-7 neben i 27-ii 4; 1 Kor. i 4-7 neben x 5-12; Kol. i 4-6 neben iii 5-14).

Über diese allgemeine Feststellung hinaus ist aber zu den beanstandeten paränetischen Abschnitten des 1. Thess. nun noch ein Doppeltes zu sagen.

a) Der Blick auf die von K.-G. Eckart unverantwortlicherweise völlig übergangene Sprache der Abschnitte iv 1-12 und v 12-22 zeigt, dass zahlreiche charakteristisch paulinische Worte und Wendungen begegnen [5], während die Zahl der bei Paulus sonst

---

[1] So K.-G. Eckart, s. S. 213 Anm. 2, 35 Anm. 2.

[2] Da K.-G. Eckart 2. Thess. nicht für paulinisch hält, will ich mich auf 2. Thess. ii 15; iii 6 nicht berufen, obwohl m.E. auch diese Stellen beweisen, dass Paulus παράδοσις im Sinn ethischer Überlieferung gebraucht.

[3] Vgl. C. H. Dodd, Gospel and Law, 1951, 5 ff. (= Das Gesetz der Freiheit, 1960, 7 ff.).

[4] Vgl. M. Dibelius, Exkurs zu 1. Th. iv 1 und E. Käsemann, Gottesdienst im Alltag der Welt, in ,,Judentum-Urchristentum-Kirche'', Festschrift für J. Jeremias, 1960, 165 ff.

[5] Zu Sprache und Stil des 1. Thess. vgl. H. von Soden, Der erste Thessalonicherbrief, ThStKr 58, 1885, 264 ff. und B. Rigaux, 80 ff. - 1. Th. iv 1

nicht vorkommenden Worte sehr gering ist und nichts Auffälliges zeigt [1]. Gewiss lässt sich durch eine solche Prüfung des Sprachgebrauchs die paulinische Herkunft der beanstandeten Abschnitte nicht *beweisen*, aber es ist kaum denkbar, dass ein unpaulinischer Text eine solche Fülle typisch paulinischer Sprachgewohnheiten und *keine* unpaulinischen Spracherscheinungen aufweist. Und es müssten schon erhebliche inhaltliche Abweichungen von Paulus nachgewiesen werden, wenn man trotz dieses sprachlichen Befundes diese Abschnitte dem Paulus begründetermassen absprechen wollte.

b) K.-G. Eckart sucht nachzuweisen, dass die von ihm beanstandeten paränetischen Abschnitte (im Gegensatz zu iv 9, 10a) einen besonderen Stil aufweisen, nämlich eine strenge Gliederung in Parallelzeilen, die nur in iv 1b, c, 2 durch Bearbeitung gestört

---

λοιπόν häufig, λοιπόν, ἀδελφοί nur bei Paulus; περισσεύειν, ἀρέσκειν sind Lieblingsworte des Paulus; καθάπερ im N.T. ausser bei Paulus nur Hebr. iv 2; ἐν κυρίῳ Ἰησοῦ nur bei Paulus (Rm. xiv 14; Phil. ii 19) und Eph. i 15; pleonastisches μᾶλλον ausser bei Paulus (2 Kor. vii 13; Phil. i 23; 1. Th. iv 1, 10) nur Mark vii 36 — iv 5 πάθος im NT nur noch Rm. i 26; Kol. iii 5; die alttestamentliche Formel μὴ εἰδότες τὸν θεόν für die Heiden im NT nur bei Paulus (Gal. iv 8; 2 Th. i 8) — iv 6 πλεονεκτεῖν nur bei Paulus; ἔκδικος nur noch Röm. xiii 4; iv 7 ἀκαθαρσία nur bei Paulus und Matth. xxiii 27; Eph. iv 19; v 3 — iv 11 φιλοτιμεῖσθαι nur bei Paulus — iv 12 εὐσχημόνως nur bei Paulus — v 12 προϊστάμενος technisch nur noch Röm. xii 8, νουθετεῖν mehrfach bei Paulus, sonst nur Apg. xx 31 — v 13 εἰρηνεύειν ausser bei Paulus nur Mark. ix 50 — v 14 ἀσθενής (bezw. ἀσθενῶν) zur Bezeichnung der „geistlich Schwachen" nur bei Paulus (Röm. xiv 1 f.; 1 Kor. viii 7 ff.; ix 22) — v 15 κακὸν ἀντὶ κακοῦ ἀποδιδόναι noch Röm. xii 17; 1 Petr. iii 9; διώκειν metaphorisch häufig bei Paulus (und nachpaulinisch) — v 16 ἀδιάλειπτος und ἀδιαλείπτως nur noch Röm. i 9; ix 2; 1. Th. i 2, ii 13 und 2 Tim. i 3 — v 18 ἐν παντί nur bei Paulus (1 Kor. i 5; 2 Kor. iv 8, vi 4, vii 5, 11, 1 6, viii 7, ix 8, 11, xi 6, 9; Phil. iv 6, 12) und Eph. v 24 — v 20 ἐξουθενεῖν Lieblingswort des Paulus — v 21 δοκιμάζειν Lieblingswort des Paulus.

[1] iv 2 διὰ τοῦ κυρίου Ἰησοῦ (begegnet sonst nirgends) — iv 3; v 22 ἀπέχεσθαι ἀπό — iv 4 σκεῦος, κτᾶσθαι — iv 6 ὑπερβαίνειν, διαμαρτύρεσθαι — iv 8 τοιγαροῦν — v 14 ἄτακτος (aber noch 2. Th. iii 6, 7, 11), ὀλιγόψυχος, ἀντέχεσθαι — v 19 σβεννύναι — v 27 ἐνορκίζειν — Die Prüfung der als paulinisch festgehaltenen Abschnitte iv 9, 10a, 13-17; v 1-11, 23-26, 28 auf sonst bei Paulus nicht begegnende Worte ergibt kein anderes Resultat (iv 9 θεοδίδακτοι — iv 15, 17 περιλειπόμενοι — iv 16 κέλευσμα ἀρχάγγελος — iv 17 ἀπάντησις — v 2 ἀκριβῶς — v 3 ἀσφάλεια, αἰφνίδιος, ἐφιστάναι, ὠδίν — v 6, 8 νήφειν — v 7 μεθύσκεσθαι — v 8 θώραξ, περικεφαλαία — v 9 περιποίησις (= 2. Th. ii 14) — v 23 ἁγιάζειν aktiv, ὁλοτελής, ὁλόκληρος). Bei den angefochtenen Texten der Kapitel iv und v entfallen auf 42 Zeilen 11 sonst nicht bei Paulus begegnende Ausdrücke, bei den auf Paulus zurückgeführten Texten auf 46 Zeilen 18 derartige Ausdrücke.

sei [1]. Nun kann man freilich schon stark bezweifeln, ob in iv 3-8, 10b-12 überhaupt Parallelzeilen vorliegen oder nicht vielmehr Sinnzeilen, über deren Abgrenzung man ausserdem noch schwanken kann [2]. Und man kann auch durchaus fragen, ob eine solche stichische Gliederung hier im Sinne des Verfassers überhaupt beabsichtigt ist. Aber wie dem auch sei: solche selbständigen und verschieden langen Sinnzeilen gehören zum Stil der Paränese und finden sich genau so in andern paränetischen Abschnitten bei Paulus, etwa Rm. xii 6-21 oder Phil. iv 4-9; und dass in 1. Th. iv 3-6 und 4, 10b, 11 ein Teil der Paränese in je 4 abhängigen Infinitiven gereiht ist, dürfte schwerlich eine stilistische Besonderheit sein, die dazu Veranlassung geben könnte, diese Texte dem Paulus abzusprechen. D.h. für die Abschnitte iv 1-8, 10b-12, v 12-22 lässt sich nicht das geringste überzeugende Argument für die Annahme anführen, diese Abschnitte des 1. Thess. stammten nicht von Paulus. Wo bleibt bei einer solchen Behauptung die Ehrfurcht vor den Tatbeständen des Textes?

Und wie steht es mit ii 13-16? Nach K.-G. Eckart ist auch dieser Abschnitt ein Fremdkörper im Brief, der den guten Zusammenhang zwischen ii 12 und ii 17 unterbricht; ii 13 und ii 15, 16 sind ebenfalls in unbrieflichem Satzparallelismus gebaut, ii 14 ist eine allgemeine Beschreibung der Situation der christlichen Gemeinde, ii 15, 16 eine programmatische Judenpolemik, d.h. der ganze Abschnitt trägt keinen brieflichen Charakter. Warum dieser „Fremdkörper", von diesem unbrieflichen Charakter abgesehen, nicht von Paulus stammen könne, begründet K.-G. Eckart freilich nicht, stellt es vielmehr einfach fest (S. 37). Stellen wir die Frage der Stellung des Abschnitts im Zusammenhang für einen Augenblick zurück, so ist auch hier zunächst zu fragen, ob sich gegen die Herkunft des Abschnitts von Paulus sprachliche Bedenken erheben. Das ist ebenfalls keineswegs der Fall [3], dagegen hat man, wie

---

[1] Die durch Umstellung hypothetisch hergestellte ursprüngliche Anordnung von iv 1b.c (S. 36 Anm. 2) scheint mir freilich sprachlich gänzlich unmöglich.

[2] Die drei Sätze von iv 6 bilden z.B. keinerlei Parallelismus, und dass iv 7 für *eine* Zeile zu lang und für zwei Zeilen zu kurz ist, empfindet K.-G. Eckart selber.

[3] ii 1 3 zu ἀδιαλείπτως vgl. S. 216 Anm. 15; ἀκοή = Predigt bei Paulus mehrfach, sonst nur Joh. xii 38 (= Jes. liii 1; dasselbe Zitat Röm. x 16) und in der Verbindung λόγος ἀκοῆς Hebr. iv 2; ἐνεργεῖν Lieblingswort des Paulus — ii 15 ἀρέσκειν s. S. 216 Anm. 15 — Bei Paulus begegnen sonst nicht ἐκδιώκειν und ἐναντίος (ii 15).

schon erwähnt [1], sachliche Bedenken auch sonst gegen ii 14-16 oder nur V. 16b erhoben. Gegen V. 13 führt K.-G. Eckart nur seinen Aufbau im „straffen Satzparallelismus" und das Fehlen konkreten Inhalts an. Einen straffen Satzparallelismus weist der Vers aber durchaus nicht auf, bietet vielmehr eine logische Folge von drei Sätzen, indem dem Hauptsatz mit εὐχαριστοῦμεν der ὅτι - Satz die Begründung für diesen Dank in positiver und negativer Form folgen lässt und dann ein Relativsatz diese Begründung durch den Hinweis auf Gottes Kausalität zu Ende führt [2]. Nun ist freilich diese Danksagung eine Dublette zu i 2, 6, was nach K.-G. Eckart in einem Brief doch sehr ungewöhnlich sei. Man kann jedoch durchaus fragen, ob es zutreffe, dass eine Dublette in einem Brief ungewöhnlich sei. Aber K.-G. Eckart hat es überhaupt unterlassen, sich die Besonderheit des Aufbaus des 1. Thess. zu vergegenwärtigen. Schon E. von Dobschütz [3] hatte darauf aufmerksam gemacht, dass der Abschnitt 1. Th. i 2-III, 13 formal eine Einheit bildet, indem Paulus hier in den Rahmen der brieflichen Anfangsdanksagung, die er ii 13 und iii 9 wieder aufnimmt, seine ganze Korrespondenz mit der Gemeinde einfügt, sodass die Paränese in iv 1 ff. ausnahmsweise direkt an den erst hier zu Ende gehenden Briefeingang anschliesst. P. Schubert hat dann durch eine sorgfältige Analyse dieses Briefeingangs gezeigt, dass ii 13 „is a stilistically effective climax of the entire „digression" which immediately precedes it" (d.h. von ii 1-12) und dass„ the thanksgiving itself constitutes the main body of I Thessalonians" [4]. Die Wiederaufnahme der Danksagung in ii 13 erweist sich also bei genauerem Hinsehen als durchaus verständlich, und sie ist darum so wenig unkonkret wie der i 6 wieder aufnehmende Hinweis auf das μιμηταί - Sein der Thessalonicher, das sich hier auf das Leiden der palästinensischen Judenchristen bezieht. Freilich sucht nun K.-G. Eckart zu zeigen, dass in ii 14 gar nicht „von einem Leiden in Thessalonich die Rede" sei, zumal man statt des allgemeinen συμφυλέται eine speziellere Bezeichnung der Partner der Thessalonicher erwarte und die Verfolgung der Heidenchristen durch die συμφυλέται der Thessa-

---

[1] S. 214 Anm. 3.

[2] *Wenn* man in *Sinnzeilen* gliedern wollte, dann wären wohl 4, nicht 5 Zeilen anzunehmen (καὶ- ἀδιαλείπτως; ὅτι — θεοῦ; ἐδέξασθε — θεοῦ; ὅς — πιστεύουσιν).

[3] S. 62. Ähnlich M. Dibelius, 2.

[4] P. Schubert, Form and Function of the Pauline Thanksgivings, 1939, 7 f. 16 ff. 43 ff. 51 ff. (bes. 19. 26).

lonicher nicht mit Apg. xvii 5 übereinstimme, wo von Verfolgung
durch die Juden die Rede ist. Auch in dem von Paulus stammenden
Text iii 3 f. sei nur von der allgemeinen Situation der christlichen
Gemeinde und nicht von der Märtyrersituation der Thessalonicher
die Rede. Gegen diese Behauptung spricht nun aber, dass iii 4
sehr eindeutig von *erfahrener* Bedrängnis bei den Thessalonichern
redet, und warum in ii 14 statt des Wortes συμφυλέται eine Bezugnahme auf Mazedonien und Achaia stehen müsste, ist unerfindlich.
Und wenn 1. Thess. von einer Verfolgung der Gemeinde durch
heidnische Mitbürger, die Apostelgeschichte aber von einer Verfolgung durch die Juden spricht, so besagt das garnichts gegen die
Richtigkeit von 1. Th. ii 14, da die Juden in der Apostelgeschichte
ganz schematisch als Verfolger der christlichen Mission erscheinen [1]
und ausserdem in Apg. xvii 5 die Beteiligung des Pöbels an der
Verfolgung der Christen vorausgesetzt wird. Gegen die Zugehörigkeit von 1. Th. ii 14 zum paulinischen Brief spricht darum
garnichts.

Unkonkret ist freilich, wie schon lange beobachtet worden ist,
die sich anschliessende Judenpolemik ii 15, 16. Dass diese Verse in
Sinnzeilen aufgegliedert werden können, ist richtig, aber ein ,,straf-
fer Parallelismus'' liegt auch hier keineswegs vor [2]. Im übrigen
aber ist zu sagen, dass Paulus hier darum unkonkret redet, weil er,
anknüpfend an die Erwähnung der Verfolgung der palästinischen
Judenchristen durch die Juden, traditionelle christliche Vorwürfe
und traditionelle heidnische Anklagen gegen die Juden aufnimmt
und durch die eschatologische Bewertung der Behinderung der
paulinischen Heidenmission ergänzt [3], wobei das viel umstrittene
ἔφθασεν ἐπ' αὐτοὺς ἡ ὀργὴ εἰς τέλος schwerlich die Judenvertreibung
aus Rom durch Claudius, von der Paulus in Korinth durch Aquila
und Priskilla gehört haben wird, ,,in das eschatologische Koordi-
natensystem'' einordnet, da wir keinerlei Zeugnis dafür haben,

---

[1] S. E. Haenchen, Die Apostelgeschichte, Meyers Kritisch-exegetischer
Kommentar, [12]1959, 452 f.

[2] Der von K.-G. Eckart, s. S. 213 Anm. 2, 32 angenommene Parallelismus
der Sätze τῶν — Ἰησοῦν und καὶ — ἐκδιωξάντων in V. 15a. b wird von sämt-
lichen modernen Kommentatoren m.E. mit Recht abgelehnt, weil das καί
vor τὸν κύριον zu deutlich mit dem καί vor τοὺς προφήτας korrespondiert und
die jüdischen Prophetenmorde eine verbreitete Anklage gegen die Juden
waren (s. H.-J. Schoeps, Aus frühchristlicher Zeit, 1950, 126 ff.).

[3] S. das Material bei M. Dibelius, 11 ff. 34 ff. und I. Heinemann, Pauly-
Wissowa, Real-Encyclopädie der classischen Altertumswissenschaft, Suppl.
5, 1931, 19 ff.

dass diese Massnahme von jüdischer oder christlicher Seite als ein so entscheidender Faktor im eschatologischen Drama gewertet worden ist, und da die Thessalonicher ˙nicht bemerken konnten, dass Paulus auf dieses ihm womöglich erst in Korinth bekannt gewordene geschichtliche Ereignis anspiele[1]. Richtig ist dagegen der Hinweis von E. Bammel, dass nach jüdischer Anschauung die Heidenmission als Akt im eschatologischen Drama angesehen wird [2] (vgl. auch Mark. xiii 10), und daraus ergibt sich zwangsläufig die Anschauung, dass ihre Behinderung durch die Störung der Heidenmission des Paulus von Paulus als Anzeichen für die sich schon vollziehende Verwerfung der ungläubigen Juden durch Gott gedeutet wird [3]. Auch die traditionelle Sprache von 1. Th. ii 15, 16 gibt daher keine Veranlassung, den Abschnitt ii 13-16 dem Paulus abzusprechen [4].

3) Mit dieser hiermit wohl als gänzlich unbegründet erwiesenen These von unpaulinischen Abschnitten im 1. Thessalonicherbrief hat nun K. G. Eckart die Annahme verbunden (und dabei die teilweise Zustimmung von E. Fuchs gefunden), dass der von Paulus stammende Teil des kanonischen 1. Thess. aus zwei Paulusbriefen an die Thessalonicher sekundär kombiniert sei. Diese Annahme wird einerseits mit dem Widerspruch in den Ausführungen über die Sendung des Timotheus in iii 1 f. und iii 6 begründet, andererseits mit dem von der umgebenden Paränese abweichenden literarischen Charakter von iv 13-v 11. Nun bildet zweifellos iii 5 μηκέτι στέγων

---

[1] Gegen E. Bammel, s. S. 214 Anm. 3, 295 ff.

[2] E. Bammel, s. Anm. 1, 307 unter Hinweis auf P. Volz, Die Eschatologie der jüdischen Gemeinde im neutestamentlichen Zeitalter, 1934, 170 ff. Vgl. auch J. Jeremias, Jesu Verheissung für die Völker, ²1959, 48 ff.

[3] ἔφθασεν heisst also zweifellos „ist gekommen", vgl. M. Dibelius, W. Neil, W. Hendriksen, B. Rigaux, Ch. Masson, K. Staab z. St. und E. Bammel, s. Anm. 1, 308, während der genaue Sinn von εἰς τέλος („auf das Ende hin"?, vgl. M. Dibelius, B. Rigaux z. St., E. Bammel a.a.O, 309) wohl nicht bestimmt werden kann.

[4] Dass ii 17 an die Judenpolemik ii 13-16 „schlicht gesagt garnicht" anschliesst (so K.-G. Eckart, s. S. 213 Anm. 2, 33), stimmt natürlich; aber dass ii 17 einen „sachlich sehr begründeten Anschluss des Textes an ii 12" hat, stimmt keineswegs. Denn ἡμεῖς δέ . . . περισσοτέρως ἐσπουδάσαμεν ii 17 ergäbe keinerlei sinnvollen Gegensatz zu ii 12, wohl aber ist ii 17 als Wiederaufnahme der durch den Exkurs ii 14-16 unterbrochenen Verteidigung des Paulus gegen Missdeutungen seines Verhaltens gegenüber der Gemeinde verständlich, gleichgültig ob man das δέ eher als bloss weiterführend oder im Gegensatz zu den Juden in ii 14-16 versteht (s. E. von Dobschütz, B. Rigaux, Ch. Masson zu ii 17). Auch von hier aus lässt sich also die Behauptung nicht begründen, dass ii 13-16 „ein Fremdkörper im Brief" seien.

ἔπεμψα eine Wiederaufnahme von μηκέτι στέγοντες ἐπέμψαμεν in iii 1 f., K.-G. Eckart will aber in iii 1 ff. die Sendung des Timotheus nach Thessalonich als noch bevorstehend, in iii 6 ff. Timotheus als bereits zurückgekehrt vorausgesetzt sehen, sodass beide Stellen verschiedene geschichtliche Situationen voraussetzen. Diese Differenzierung beruht freilich auf der völlig willkürlichen Behauptung, ἐπέμψαμεν Τιμόθεον in iii 2 sei ein Aorist des Briefstils; die sonstigen neutestamentlichen Beispiele für diese Stilform weisen aber alle durch ihren jeweiligen Zusammenhang deutlich darauf hin, dass der im Aorist erwähnte Vorgang mit der Abfassung des Briefes gleichzeitig ist [1], während der Wortlaut von 1. Th. iii 1 f. in keiner Weise zu dieser Annahme Veranlassung bietet und andererseits iii 6 deutlich auf den Erfolg der Sendung des Timotheus, der nun wieder bei Paulus ist, zurückblickt. Und nicht einmal als Bekräftigung darf man, wie es K.-G. Eckart tut, den ,,Wechsel vom Wir-zum Ich-Still'' anführen, um so iii 5 als redaktionelle Verbindung zwischen den beiden ursprünglich getrennten Briefen auszuscheiden. Denn sprachlich ist iii 5 völlig unanstössig [2], und der Wechsel vom Wir zum Ich begegnet nicht nur unmittelbar vorher in ii 18, sondern ist auch für Paulus besonders kennzeichnend. [3] Zu einer Aufteilung von ii 17-iii 13 auf zwei Briefe besteht darum nicht die geringste Veranlassung. Damit entfällt aber auch die Möglichkeit, die Abfassung der beiden hypothetischen Briefe nach Athen zu verlegen, da Paulus ja im Zusammenhang des überlieferten Textes in iii 6 auf den Aufenthalt in Athen *zurückschaut*.

Besteht nun aber wenigstens ein ausreichender Grund, in 1. Th. iv 13-v 11 den Hauptteil des verdrängten echten 2. Thessalonicherbriefes zu erkennen, weil v 12 an iv 12 ,,ausgezeichnet anschliesst'' (E. Fuchs), oder iv 13-v, 11 als Fortsetzung von iii 10 zu erklären,

---

[1] Vgl. die Beispiele bei F. Blass-A. Debrunner, Grammatik des neutestamentlichen Griechisch, [7]1943, § 334 und L. Radermacher, Neutestamentliche Grammatik, [2]1925, 156. 1 Th. iii 2 fehlt also mit Recht bei Blass-Debrunner!

[2] κόπος ist ein Lieblingswort des Paulus für die Missionsarbeit (vgl. A. v. Harnack, ZNW 27, 1928, 2 ff.), von κόπος κενός ist 1. Kor. xv 58 die Rede, und εἰς κενόν begegnet im Neuen Testament nur bei Paulus, immer im Zusammenhang mit dem Erfolg der Missionsarbeit, vgl. auch 1. Th. ii 1. Der Sprachgebrauch des Verses ist also auffallend paulinisch.

[3] Vgl. 1. Kor. ix 11 ff.; 2. Kor. vii 4 f. vgl. mit ii 13, 2. Kor. xi 12; Kol. i 28 f.; iv 3 f. und dazu K. Dick, Der schriftstellerische Plural bei Paulus, 1900, bes. 61 ff.; E. von Dobschütz, Wir und Ich bei Paulus, ZSTh 10, 1933, 251 ff.; B. Rigaux, 77 ff.

da Paulus in diesen Ausführungen die wichtigste Hilfe biete angesichts der in iii 10 erwähnten ὑστερήματα τῆς πίστεως der Thessa-
loniker (K.-G. Eckart), wobei E. Fuchs iv 18 der Redaktion zuschreibt, weil der Satz sich mit v 11 stosse [1]? Eine ausreichend
begründete Antwort auf diese Frage müsste natürlich auch die
gesamte Auslegung des Abschnitts iv 13-v 11 durch E. Fuchs und
K.-G. Eckart einbeziehen, wozu der hier zur Verfügung stehende
Raum nicht ausreicht. Aber in der notwendigen Kürze lässt sich
doch das Wichtigste sagen.

Dass Paulus in iv 13 und v 1 auf schriftlich fixierte Fragen
aus der Gemeinde antwortet (E. Fuchs), ist schon mehrfach vermutet worden, aber darum nicht streng beweisbar, weil wir nicht
wissen, was Timotheus dem Paulus mündlich berichtet hat, und
weil eine direkte Anspielung auf einen Brief der Gemeinde nicht
begegnet [2]. Aber auf Anfragen oder Nachrichten aus Thessalonich
antwortet Paulus in iv 13-v 11 zweifellos. Nachrichten aus Thessalonich liegen aber den Mahnungen in v 12 ff. ebenso zugrunde,
wie iv 11 f. die besondere Lage in Thessalonich im Auge zu haben
scheint. Dann ist aber das lockere Nebeneinander von iv 9-12, iv
13-v 11, v 12-14 nicht nur aus dem Stil der Paränese, sondern auch
aus der brieflichen Situation verständlich, und irgend eine Notwendigkeit, iv 13-v 11 als Fremdkörper im Zusammenhang zu
erklären, besteht daher keineswegs. Und dass v 12 an iv 12 ausgezeichnet anschliesst, trifft nur darum zu, weil bei der reihenden
Stilform der Paränese fast jeder Sinnabschnitt an den andern anschliesst.

Der Abschnitt iv 13-v 11 aber bildet in diesem paränetischen
Kontext eine sachliche Einheit. Denn die Annahme, dass iv 13 ff.
die Thessalonicher trösten wolle angesichts der Furcht, ,,doch noch
vor der Parusie sterben zu müssen'' (K.-G. Eckart), scheitert schon
daran, dass κοιμώμενοι in iv 13 nicht ,,die Sterbenden'', sondern
,,die Toten'' und λυπεῖσθαι ,,traurig sein'' und nicht ,,Angst haben''
bezeichnen. Ebensowenig aber sagt Paulus, was er *eigentlich* sagen

---

[1] S. oben bei S. 214 Anm. 4 und 5; K.-G. Eckart, s. S. 213 Anm. 2, 40 Anm. 1
schliesst sich dem Urteil von E. Fuchs über iv 18 an.

[2] Das haben W. Hendriksen, 12 f.; B. Rigaux, 55 ff.; L. Morris, 39 Anm.
34, vgl. auch D. Guthrie, s. S. 213 Anm. 1, 180 Anm. 1, mit Recht gegen C. E.
Faw, On the Writing of First Thessalonians, JBL 71, 1952, 217 ff. eingewandt,
der in 1. Th. i-iii eine Antwort auf den mündlichen Bericht des Timotheus
und in 1. Th. iv-v auf einen Brief der Gemeinde finden wollte (bei C. E. Faw
auch Hinweise auf frühere Vertreter ähnlicher Hypothesen).

will, erst nach iv 18, weil in v 1 ff. die Frage nach irgendwelchen
Terminen entfalle, da die Christen schon im Bereich des Heils sind,
nämlich im Bereich der Liebe (E. Fuchs). Es geht vielmehr in dem
ganzen Abschnitt iv 13-v 11 um die einheitliche Frage nach der
richtigen Stellung des Christen angesichts der noch nicht so rasch
eingetretenen und doch unausweichlich nahen Parusie, d.h. um das
richtige Miteinander der Glaubensgewissheiten, dass der Christ
herausgerissen *wurde* aus dem gegenwärtigen bösen Aeon (Gal. i 4)
und dass unser Heil doch erst näher ist als damals, als wir gläubig
wurden (Röm. xiii 11). Auf die Not des „Immer noch nicht" *und*
auf die Gefahr des falschen „Noch lange nicht" weisen iv 13 ff. und
v 1 ff. gemeinsam hin, und es besteht darum keinerlei Recht, die
zentrale Bedeutung von iv 13 ff. für Paulus und als Vorbereitung
von v 1 ff. irgendwie abzuschwächen [1]. Ja, die Wiederholung des
zu Unrecht angefochtenen Verses iv 18 „ermahnet einander mit
diesen Worten" in v 11 weist gerade auf den notwendigen Zusammenhang beider Abschnitte hin, gegen deren Ursprünglichkeit
in ihrem heutigen Zusammenhang des 1. Thessalonicherbriefes
darum keinerlei ausreichende Bedenken bestehen.

Die für eine Aufteilung des 1. Thessalonicherbriefes auf zwei
Schreiben und für eine Unechterklärung eines Teiles des 1. Thess.
vorgebrachten Argumente haben sich somit als völlig unzureichend
erwiesen. Überdies wäre die These von der Kombination zweier
Briefe an die Thessalonicher im heutigen 1. Thessalonicherbrief
überhaupt erst dann wirklich überzeugend begründet, wenn erklärt
werden könnte, warum die beiden ursprünglich selbständigen Briefe
an dieselbe Gemeinde sekundär von einem Redaktor zu *einem* Brief
zusammengefügt worden sein sollten, wobei zum mindesten das
Präskript des einen Briefes weggeschnitten worden sein müsste. Auf
diese unerlässliche, aber selten gestellte Frage[2] gehen E. Fuchs und

---

[1] Das tut auch E. Bammel, s. S. 214 Anm. 3, 310 ff., der behauptet, dass es
sich in 1. Th. iv 13 ff. um ein Emporzucken jüdischen eschatologischen Erbes
bei Paulus handle unter dem Einfluss der apokalyptischen Ereignisse der
Christenverfolgung, Heidenmission und Judenverfolgung, und der daraus
die willkürliche Folgerung zieht, „die Nah- oder Nächsterwartung" sei
„nicht Voraussetzung und Movens für die Gestaltung des paulinischen
Schemas". Aber E. Bammel kann nur mit Hilfe der Wegerklärung von 1.
Kor. xv 51 ff. und der Umdeutung von 2. Kor. v 1 ff.; Phil. iv 5 die Isoliert-
heit der Naherwartung von 1. Thess. iv 13 ff. behaupten, und die Erklärung
dieser angeblich isolierten Anschauung durch den Verweis auf sich zeitweise
zeigendes jüdisches Erbe ist völlig aus der Luft gegriffen.

[2] Es ist durchaus zu bestreiten, dass die Frage nach der Absicht bei der

K.-G. Eckart überhaupt nicht ein, und ohne ihre Beantwortung kann die These von der sekundären Zusammensetzung zweier zeitlich und sachlich nahe zusammengehöriger Briefe schwerlich als einleuchtend gemacht bezeichnet werden.

4) Bestehen somit keine ernstlichen Gründe gegen die Annahme, dass der 1. Thessalonicherbrief in der überlieferten Form von Paulus stammt, so bleibt für die Bestimmung seiner geschichtlichen Situation nur noch die Frage zu beantworten, ob der Brief bald (vgl. 1. Th. iii 1, 6) nach dem in Apg. xvii 16 ff. berichteten Aufenthalt des Paulus (und Timotheus) in Athen oder erst bei einem Aufenthalt in Athen geschrieben ist, den man aus dem Tatbestand erschliessen *kann*, dass Paulus von Ephesus aus einen „Zwischenbesuch" in Korinth gemacht haben muss (2. Kor. ii 1), bei dem Timotheus den Paulus begleitet haben und Paulus ihn von Athen aus nach Thessalonich geschickt haben *könnte* (1. Th. iii 1. f.). Dass der Brief nur in dieser hypothetisch angenommenen Situation geschrieben sein könne, kann man nun auf keinen Fall damit begründen, dass sich die Polemik des 1. Thessalonicherbriefs mit

---

Redaktion eines Textes aus mehreren ursprünglich selbständigen Schriftstücken unerheblich sei für die Frage nach der Redaktion überhaupt, d.h. für die Annahme der Zusammensetzung von Paulusbriefen aus mehreren Briefen (s. W. Schmithals, Die Irrlehrer des Philipperbriefes, ZThK 54, 1957, 307 Anm. o); dass die beabsichtigte Siebenzahl bei der Kombination von Paulusbriefen zu den Briefen der ältesten Sammlung der Paulusbriefe eine Rolle gespielt habe, wäre höchstens dann überzeugend, wenn diese Siebenzahl für die älteste Sammlung auf weniger willkürlichem Wege gewonnen wäre, als das bei W. Schmithals, ZNW 51, 1960, 240 ff. (s. S. 215 Anm. 1) der Fall ist. G. Bornkamm, der richtig feststellt, „die entscheidende Frage" sei, „ob sich für das Zustandekommen der Briefsammlung in der überlieferten Gestalt eine Erklärung geben lässt", hat einen entsprechenden Erklärungsversuch für den 2. Kor. vorgelegt (der mich freilich nicht überzeugt), weiss aber als Analogie für die Zusammenfügung zweier echter Briefe zu einem neuen Briefkonglomerat nur die Kombination des überlieferten Polykarpbriefes aus einem umfangreicheren späteren und einem kürzeren früheren Brief des Polykarp zu nennen. Diese heute weitgehend anerkannte Hypothese (vgl. zuletzt J. A. Fischer, Die Apostolischen Väter, 1956, 234 ff.) ist aber keine wirkliche Analogie, da es sich hier nur um die *Anhängung* des kürzeren Briefes an den längeren und nicht um die Ineinanderarbeitung zweier oder mehrerer Briefe handelt. Für die Annahme der Zusammenarbeitung zweier echter Briefe mit unechten Textstücken gibt es aber m.W. überhaupt keine Analogie. Die Aufteilungshypothese für 1. Thess. lehnt G. Bornkamm übrigens auch ab (s. G. Bornkamm, Die Vorgeschichte des sogenannten Zweiten Korintherbriefes, Sitz. Ber. d. Heidelberger Akad. d. Wiss., Phil.-hist. Kl. 1961, 2, 24 ff. 34 Anm. 131). Zur Frage nach dem „Sitz im Leben" der sekundären Komposition von Paulusbriefen vgl. auch W. Michaelis, Teilungshypothesen bei Paulusbriefen, ThZ 14, 1958, 321 ff.

denselben Gegnern auseinandersetze, mit denen Paulus es in den Korintherbriefen zu tun hat, und dass nur die zur Zeit des ephesinischen Aufenthalts des Paulus in seine Gemeinden einbrechende judenchristliche Gnosis die im 1. Thess. bekämpften Vorwürfe gegen Paulus erkläre [1]. Denn dass Paulus konkrete gnostische Vorwürfe gegen sich in 1. Thess. zurückweise, ist nur mit gewaltsamer Überinterpretation einzelner Texte zu begründen; auch ist keineswegs sicher, dass Paulus in 1. Thess. überhaupt Vorwürfe bekämpft, die gegen ihn in Thessalonich erhoben worden sind.

Schwerer wiegt das Argument, dass seit der Gründung der Gemeinde durch Paulus auf der 2. Missionsreise (Apg. xvii 1 ff.) nicht erst eine Zeit von vielleicht einem halben Jahr verflossen sein könne (der Glaube der Gemeinde ist nicht nur in Makedonien und Achaia, sondern an jedem Ort bekannt geworden 1. Th. i 7-9; die Gemeinde hat Verfolgungen erlitten ii 14; sie hat eine gewisse Organisation v 12); insbesondere könnten nicht schon mehrere Todesfälle in der Gemeinde vorgefallen sein (iv 13, 16) [2]. Aber die Hinweise auf den sich ausbreitenden Ruf des Glaubens der Thessalonicher und auf die von ihnen erfahrene Verfolgung verlangt, genau betrachtet, keine längeren Fristen; und einige Todesfälle können unerwarteterweise auch in einer relativ kurzen Frist vorgekommen sein [3]. Entscheidend spricht gegen die Datierung des 1 Thess. aus einer Zeit, die mehrere Jahre von dem Gründungsaufenthalt des Paulus abliegt, aber der Sachverhalt, dass der Bericht des Paulus über seine Beziehungen zur Gemeinde seit seinem Fortgang von dort (ii 17-iii 8) eindeutig zeigt, dass Paulus von der Gemeinde jetzt zum ersten Mal durch Timotheus gehört hat und vorher nicht einmal wusste, ob die Gemeinde überhaupt noch bestand (iii 5) [4]. Das ist nach einer Frist von mehreren Jahren nicht wohl denkbar.

Der 1. Thessalonicherbrief ist also nach dem ersten Aufenthalt des Paulus in Athen, und dann doch wohl in Korinth etwa im Jahre

---

[1] So vor allem (nach W. Lütgert und W. Hadorn) W. Schmithals in dem S. 215 Anm. 1 genannten Aufsatz.

[2] Vgl. W. Hadorn, s. S. 215 Anm. 1, 21 ff. und W. Michaelis, s. ebd.

[3] Überzeugend ist die Beweisführung von B. Rigaux, 45 ff. und Ch. Masson, 7 Anm. 2.

[4] Auch 1. Th. ii 18 ἠθελήσαμεν ἐλθεῖν πρὸς ὑμᾶς . . . καὶ ἅπαξ καὶ δίς verlangt nicht, dass die hier genannten Besuchsabsichten zeitlich weit auseinander liegen, zumal wenn es zutrifft, was L. Morris, ΚΑΙ ΑΠΑΞ ΚΑΙ ΔΙΣ, Nov. Test. 1, 1956, 205 ff. wahrscheinlich gemacht hat, dass diese Phrase nur bedeutet „mehr als einmal".

51 geschrieben. Er ist also zweifellos der älteste uns erhaltene Paulusbrief [1] und zeigt uns nicht nur, welche Schwierigkeiten die eschatologische Heilsverkündigung des Paulus für Heidenchristen in sich schloss, sondern auch, dass Paulus sein Evangelium vom gottgewirkten Endheil durch Christus nicht notwendigerweise in der jüdischen Terminologie der Rechtfertigungslehre ausdrücken musste (vgl. 1. Th. i 10; ii 13, v 9 f., 23) und vielleicht, soweit unsere Kenntnis geht, erst in der Abwehr judaistischer Propaganda in diese Sprache gekleidet hat.

---

[1] Ich setze dabei voraus, dass der Galaterbrief nicht schon vor dem Übergang des Paulus nach Europa, d.h. auf der sog. 2. Missionsreise, geschrieben sein kann.

LA MORALE NÉOTESTAMENTAIRE: MORALE CHRÉTIENNE ET MORALE DE LA CHARITÉ

PAR

C. SPICQ, O.P.

> ,,Marchez dans la voie de la cha-
> rité, exactement comme le Christ
> qui vous a aimés de charité''.
> (Eph. v 2).

Pour un israélite, l'existence n'est point absurde; la vie a un sens, puisqu'elle a un but: elle vient de Dieu et mène à Dieu, tel un chemin sur lequel on progresse et dont le tracé est fixé par la volonté divine [1]. Aussi bien, vivre est exprimé par le verbe de

---

[1] *Dérék* ,,route, chemin'' (de *darak*: marcher) désigne métaphoriquement non seulement la ligne de conduite, les actions à faire, tout le comporte-ment (manière et style) que Dieu impose à chacune de ses créatures, mais aussi la fonction et le rôle que celle-ci doit jouer dans l'univers (cf. M. Testuz, *Les Idées religieuses du Livre des Jubilés*, Genève-Paris, 1960, pp. 93 sv.). L'idéal de la morale israélite est de marcher avec Dieu ou devant Dieu (Mich. vi 8; Os. xiv 9; Dan. ix 10; cf. H. Kosmala, *Hebräer-Essener-Christen*, Leiden, 1959, pp. 332 sv.). Dans le N.T., la ,,voie'' exprimant tout enseigne-ment ou contenu de pensée, et toute forme de vie religieuse et morale déter-minée par Dieu (Mt. xxi 32; Act. xxiv 14), on la désigne en fonction de son origine et de son terme comme ,,voie de Dieu'' (Mc. xii 14), ,,voie du salut'' (Act. xvi 17), ,,voie de la vie'' (cf. B. Couroyer, *Le chemin de vie en Egypte et en Israel*, dans *R.B.* 1949, pp. 412-432; S. V. Mc. Casland, ,,*The Way*'', dans *J.B.L.*, 1958, pp. 222-230) ou ,,voie de perfection'' (*Manuel de Discipline*, VIII, 18, 21; IX, 9; XI 17. Cf. J. P. Audet, *Affinités littéraires et doctrinales du ,,Manuel de Discipline*'' dans *R.B.* 1952, pp. 219-238; 1953, pp. 41-82; Fr. Nötscher, *Voies divines et humaines selon la Bible et Qumran*, dans *Recherches bibliques*, IV, Paris, 1959, pp. 135-148; O. Betz, *Offenbarung und Schrift-forschung in der Qumransekte*, Tübingen, 1960, pp. 74, 156 sv., 176 sv.). On peut élaborer toute une morale biblique en fonction de la pérégrination (cf. G. Wingren, ,,*Weg*'', ,,*Wanderung*'' *und verwandte Begriffe*, dans *Studia Theologica*, III, 2, 1951, pp. 111-123; A. Kuschke, *Die Menschenwege und der Weg Gottes im Alten Testament*, *ibid.*, V, 2, 1952, pp. 106-118; C. Spicq, *L'Epître aux Hébreux*, Paris, 1952, I, pp. 269-287; Fr. Nötscher, *Gotteswege und Menschenwege in der Bibel und in Qumran*, Bonn, 1958; W. Michaelis, art. ὁδός, dans G. Kittel, *Th. Wört.* V, 42-101). Si Moïse était le conducteur du peuple de l'ancienne Alliance, Jésus est l'ἀρχηγός et le πρόδρομος de la Nouvelle (cf. J. Schreiner, *Führung-Thema der Heilsgeschichte im Alten Testament*, dans *Biblische Zeitschrift*, 1961, pp. 2-17). Les Grecs définissaient l'idéal moral: suivre la nature ou la raison, les chrétiens suivent Jésus-Christ.

mouvement περιπατεῖν „aller et venir, déambuler" [1]. „Marcher" ou
même „courir" (cf. Gal. v 7; Philip. iii 14; Rom. ix 16) s'entend au
plan moral d'une certaine manière de se conduire ou de se comporter;
ce que l'on précise par un adverbe [2], une circonlocution: devant
Dieu ou en sa présence [3], par un substantif au datif (Gal. v 16), et
plus souvent commandé par κατά, ἐν, διά; autant de façons de
déterminer la route ou la progression, c'est-à-dire les sentiments
qui font agir et les actes que l'on réalise.

1. — La règle suprême de la démarche, c'est la volonté de Dieu:
Fiat voluntas tua [4]. Encore faut-il la connaître, car ni la sincérité,
ni le bon vouloir, ni même le zèle le plus ardent ne suffisent à la cor-

---

[1] 2 Cor. x 3; cf. 1 Cor. vii 17: „Que chacun continue à marcher dans
l'état où lui a été adressé l'appel de Dieu". *Péripatos* désignant le jardin ou le
parc attenant au Gymnase, établissement d'éducation (cf. R. Martin, *L'Ur-
banisme dans la Grèce antique*, Paris, 1956, p. 251) — Epicure arrivant de
Lampsaque achètera un jardin à Athènes pour y installer son école —, on
appellera *péripatéticiens* les élèves qui écoutaient leur maître donnant ses
leçons dans les allées ombragées du jardin. J. Delorme (*Gymnasion*, Paris,
1960, p. 335) cite un texte de Suidas attestant cette étymologie: „Aristote
enseignait dans un *péripatos*, c'est-à-dire un jardin" (*in v.* Ἀριστοτέλης).
Quant à l'acception morale de περιπατέω „mener un certain genre de vie",
inconnue des classiques, elle vient de la Septante (*hâlak*: marcher, conduire
sa vie; cf. Seeseman, Bertram, *in h.v.*, dans G. Kittel, *Th. Wört.* V, 941-943).
Dérivé du verbe *horah*: „désigner du doigt, indiquer", le substantif *Torah*
signifie proprement „indication, ce que l'on montre du doigt", d'où „instruction, désignation de la voie". Il s'agit d'un enseignement pratique
marquant une direction „en vue de la vie", donc une manifestation des
desseins et des exigences de Dieu pour se diriger ou vivre selon l'Alliance
(cf. E. J. Tinsley, *The Imitation of God in Christ*, Londres, 1960, pp. 31 sv.).
La même nuance est parfois exprimée par le verbe πορεύεσθαι (Lc. i 6; Act.
ix 31). Dans l'Evangile, le Seigneur appelant ses disciples à le suivre (Lc.
ix 57-61) et lui-même marchant en tête (v 55), l'attachement de la foi
consistait très physiquement à „marcher derrière Jésus" (Jo. vi 66) et à
l'accompagner sur la route. Les premiers croyants furent des marcheurs, οἱ
περιπατοῦντες (xii 35; 2 Cor. v 7; Hébr. xiii 9; 1 Jo. i 6): suivant les traces du
Maître, marchant à son pas, ils l'imitent.

[2] Notamment ἀξίως: une conduite digne de Dieu (1 Thess. ii 12; Col.
i 10; 3 Jo. 6), de la vocation chrétienne (Eph. iv 1), de l'Evangile (Philip.
i 27), des saints (Rom. xvi 2), ou „comme des enfants de lumière" (Eph.
v 8).

[3] Lc. i 17, 75; cf. Act. iv 19; 2 Cor. viii 21; 1 Jo. iii 22: „Nous faisons
ce qui est agréable devant Lui". La métaphore évoque la piété obéissante
des justes qui, non contents de suivre „les directives" qui leur sont données —
les ordres divins —, ne perdent pas de vue le Seigneur qui commande; tels
des soldats fixant le chef qui marche et combat à leur tête, prêts à se conformer à ses moindres signes. Cf. J. Burnier, art. *marcher*, dans J. J. von
Allmen, *Vocabulaire biblique*, Paris-Neuchâtel, 1954, pp. 164-165.

[4] Mt. vi 10; cf. Rom. viii 27; 1 Pet. ii 15, iv 19.

rection d'une action qui ne prend sa rectitude ou sa vérité que dans la conformité à cette mesure divine [1]. Le premier devoir sera donc de s'en instruire. Or elle est très explicitement promulguée dans la Loi, parole et révélation de Dieu, ,,norme de vie'' [2], de sorte que la piété d'un homme sera appréciée d'après son observation fidèle des préceptes, qu'il s'agisse d'Ananie et de Paul [3] ou des parents de l'Enfant Jésus (Lc. ii 22, 24, 27). À la Torah, saint Paul substitue d'une part, l'Evangile et l'Enseignement, comme exposés de la nouvelle doctrine [4]; d'autre part, la Tradition qui véhicule les ordonnances apostoliques déterminant le comportement moral [5]. Il semblerait donc que, pour un chrétien, la vertu doive consister à se soumettre à ces instructions et à cette discipline issues du Seigneur.

Il n'en est rien. Plus exactement, la vie chrétienne s'inaugure bien par un acte d'obéissance [6] et son déploiement n'est pas autre

---

[1] D'une part, les Juifs ,,ont le zèle de Dieu, mais non selon une connaissance exacte, οὐ κατ' ἐπίγνωσιν ''(Rom. x 2), puisqu'ils ont précisément fait un contre-sens à propos de la Loi, comme si elle permettait d'obtenir la justice par les œuvres. D'autre part, les Corinthiens savent que les idolothytes ne sont rien, mais leur science est incomplète; car au plan pratique, elle devrait tenir compte de la charité, ,,ils n'ont pas connu de la façon dont il faut connaître'' (1 Cor. viii 3).

[2] Cf. A. Robert (*Le sens du mot Loi dans le Ps. cxix* dans *R.B.* 1937, pp. 182-206) qui relève notamment la synonymie entre *torah* et *dérék* (pp. 188, 196). On tiendra compte aussi des coutumes, (Act. xxvi 3; cf. Lc. ii 42, iv 16, xxii 39).

[3] Act. xxii 3, 12, xxvi 5.

[4] ,,Selon mon Evangile et la prédication de Jésus-Christ'' (Rom. xvi 25; cf. ii 16; 1 Tim. i 11; 2 Tim. ii 8). ,,Vous savez bien quelles prescriptions nous vous avons données de par le Seigneur Jésus'' (1 Thess. iv 2).

[5] 2 Thess. iii 6, κατὰ τὴν παράδοσιν ἣν παρελάβοσαν περ' ἡμῶν (avec le commentaire de B. Rigaux, *Saint Paul. Les Epîtres aux Thessaloniciens*, Paris, 1956, p. 705; D. M. Stanley, ,,*Become Imitators of me*'': *The pauline Conception of apostolic Tradition*, dans *Biblica*, 1959, pp. 859-877; N. A. Dahl, *Anamnesis*, dans *Studia Theologica* I, 1948, pp. 75 sv.). Ces instructions, apprises par l'Apôtre, ne sont pas des doctrines humaines (Col. ii 8, 22; cf. Gal. i 11); elles ont valeur normative et disciplinaire, précisément méconnue par tel ou tel Thessalonicien indiscipliné: ἀτάκτως περιπατοῦντος; s'affranchir des prescriptions traditionnelles, c'est mener une vie littéralement ,,déréglée''; à quoi s'oppose: εὐσχημόνως περιπατεῖν (1 Thess. iv 12; cf. Rom. xiii 13; cf. C. Spicq, *Les Thessaloniciens ,,inquiets'' étaient-ils des paresseux?*, dans *Studia Theologica*, X 1; 1956, pp. 1-13). Parfois saint Paul, ne pouvant se référer à un précepte du Seigneur propose, avec réserve, son propre avis ou son opinion réfléchie: κατὰ τὴν ἐμὴν γνώμην (1 Cor. vii 40; ce mot désigne aussi l'esprit dans lequel on doit appliquer une ordonnance, *Suppl. épigr. graec.* IX, 5, 55). De toutes façons, il faut ,,conformer sa conduite au modèle'' que donne l'Apôtre (Philip. iii 17).

[6] L'obéissance de la foi (Rom. i 5; xvi 26; cf. Act. vi 7; 2 Cor. x 5); la profession baptismale est obéissance à la vérité (1 Pet. i 22; cf. Rom. v 19).

chose qu'une soumission à Dieu, au Christ, à l'Évangile [1]; mais lorsque l'Apôtre traite de morale pratique, il se réfère moins à une régulation extérieure qu'aux deux principes immanents qui inspirent ou sollicitent le croyant: l'homme ou la grâce [2], la chair ou le pneuma: ,,Nous ne marchons pas selon la chair, mais selon l'esprit'' [3]. Qu'il s'agisse de conceptions et de projets, de connaissance et de paroles, ou de la vie proprement dite, le chrétien est soumis à deux attirances ou suggestions contraires, entre lesquelles il doit choisir: la vie nouvelle déposée en lui au baptême, ou la chair, source des mauvais désirs, des convoitises, de tous les péchés [4]. L'une et l'autre veulent commander et constituent comme un poids qui entraîne la décision [5]. ,,Marcher selon l'homme'' ou ,,selon la chair'', c'est accepter la domination des passions, se laisser aller à la jactance, à la jalousie, aux cotteries, aux flatteries, à la ruse, au mensonge, aux calculs intéressés . . ., à toutes les formes de l'égoïsme. Plus présicément, c'est tantôt juger des êtres et des événements d'un point de vue naturel; tantôt agir par des motifs qui ne sont pas ,,selon Dieu'' [6].

Le croyant, lui, n'a qu'une norme de pensée et de vérité, le Christ (2 Cor. x 5). Mettant les Colossiens en garde contre les spéculations judéo-phrygiennes qui se présentent comme une haute sagesse [7], saint Paul écrit: ,,Veillez à ce que personne ne vous kid-

---

[1] 2 Thess. i 8; Rom. viii 7; Hébr. xii 9; Jac. iv 7; 1 Petr. i 2, 14, ii 15-16.

[2] ,,Selon l'homme'' peut n'avoir aucune nuance morale et être synonyme de profane (Rom. iii 5), avoir une légère nuance péjorative (1 Cor. ix 8; Gal. i 11) ou signifier: pécheur: ,,N'est-il pas vrai que vous êtes charnels et que vous marchez selon l'homme, κατὰ ἄνθρωπον περιπατεῖτε'' (1 Cor. iii 3).

[3] Μὴ κατὰ σάρκα περιπατοῦσιν ἀλλὰ κατὰ πνεῦμα (Rom. viii 4; cf. vv 12-13); 2 Cor. x 2-3; cf. i 17, v 16, xi 18.

[4] 2 Pet. iii 3; cf. ii 10; Jude, 16, 18; 1 Pet. iv 3.

[5] Rom. xvi 18; Tit. iii 3; 2 Pet. ii 19.

[6] 2 Cor. vii 9-11. Dans 2 Cor. xi 17, κατὰ Κύριον s'oppose à ἐν ἀφροσύνῃ. On rapprochera Philip. iii 16: "Quelque soit le point atteint, il faut aller tout droit''. Στοιχεῖν "marcher en rang, à la file, suivre une même ligne'' évoque la direction et la sécurité de la marche, son ,,orthodoxie''; cf. Act. xxi 24; Gal. v 25, xi 16; Rom. iv 12.

[7] Col. ii 23. La ,,philosophie'' désigne la religion juive et la loi mosaïque, dans Philon (De mut. nom. 223; Leg. C. 156); les sectes pharisienne, sadducéenne, essénienne, dans Fl. Josèphe (Ant. XVIII, 4; Guerre, II, 119), la domination des passions par la raison droite et pieuse, selon 4 Mac. (i 1, v 22, vii 9-21; cf. A. Dupont-Sommer, Le quatrième Livre des Machabées, Paris, 1939, pp. 33-38); ,,l'amour et la recherche de la science des choses divines et humaines'' (Diogène Laerce, Prooimion, 12 et 18; édit. Didot, pp. 3-4; Strabon, Geogr. I, 1, 1; Sénèque, Epist. I, 89, 4; II, 90, 3; Plutarque, De

nappe [1] par le moyen de la philosophie, vaine tromperie, selon la tradition des hommes, selon les éléments du monde [2], et non pas selon le Christ'' [3]. Lorsqu'il exhorte les Romains à éliminer la moindre discordance fraternelle, afin qu'ils soient tous unis dans l'adoration de Dieu, c'est à la même règle qu'il fait appel: ,,Que le Dieu de la patience et de la consolation vous donne d'avoir les mêmes sentiments les uns envers les autres *selon le Christ Jésus''* [4]. Ici, la conformité ou la correspondance n'est plus seulement celle de l'obéissance à la volonté et aux préceptes du Seigneur, ni même de l'imitation: ,,à sa suite et d'après lui'', mais de l'analogie et de l'assimilation: avoir les sentiments propres au Christ, comme une même âme, sinon le même tempérament; de sorte que ,,selon le Christ'', pourrait se traduire ,,d'une manière chrétienne'' ou par

---

placitis philosophorum, I, 874); la science des choses bonnes qu'on doit rechercher et réaliser (Pline, *Ep.* I 10, 10; Didyme, *Sur les sectes des Philosophes*, dans Stobée, II, 7, 5; édit. Wachsmuth, pp. 57 sv.), etc.

[1] Le verbe συλαγωγεῖν (*hap. b.*) signifie: ravir une proie, emmener comme butin; auquel on opposera ζωγρεῖν dans Lc. v 10.

[2] On discute beaucoup sur ces στοιχεῖα (sur ce mot, cf. W. Burkert, ΣΤΟΙΧΕΙΟΝ. *Eine semasiologische Studie*, dans *Philologus*, 1959, pp. 167-197). Les uns y voient surtout les puissances supra-terrestres gouvernant l'univers (E. Percy, *Die Probleme der Kolosser- und Epheserbriefe*, Lund, 1946, pp. 149-169; Ch. Masson, *L'Epître de saint Paul aux Colossiens*, Neuchâtel-Paris, 1950, pp. 122, 124). Les autres, soit un enseignement élémentaire (Gal. iv 3), matérialiste et contraire à la liberté de l'esprit (C. F. D. Moule, *The Epistles of Paul the Apostle to the Colossians and to Philemon*, Cambridge, 1957, p. 92), soit des erreurs relatives aux substances élémentaires dont le monde est formé, et sur l'insertion de l'homme dans ce cosmos régi par les astres (Fr. W. Beare, *The Epistle to the Colossians*, New York, 1955, pp. 192-193). Il nous paraît hautement probable qu'il s'agit de ces spéculations que A. J. Festugière a groupées sous le titre de ,,Dieu cosmique'' (*La Révélation d'Hermès Trismégiste*, II, Paris, 1949), s'attachant d'une part au monde ordonné-notamment le ciel étoilé (les astres visibles étant eux-mêmes des dieux de second ordre)—et son Ordonnateur, d'autre part l'âme enchaînée dans le corps comme dans une prison; la matière étant un principe mauvais.

[3] Col. ii 8, οὐ κατὰ Χριστόν; c'est-à-dire sans autorité. Κατά avec l'accusatif est souvent l'équivalent d'un génitif de possession ou d'auteur (Rom. i 15; Eph. i 15; Act. xvii 28, xxv 14); mais, dans le cas, l'origine détermine la règle de foi. Cf. P. F. Regard, *Contribution a l'étude des Prépositions dans la langue du Nouveau Testament*, Paris, 1919, pp. 466 sv.

[4] Rom. xv 5. Nous donnons ici à κατά avec l'accusatif sa signification prédominante: ,,qui concerne, qui appartient à'' (F. Abel, *Grammaire du grec biblique*, Paris, 1927, 49 *h*), bien attesté dans les papyrus, notamment pour désigner les devoirs inhérents à une charge, celle de l'épistate ou du scribe, par exemple (P. Tebt. XIII, 17; *P. Hib.* I, 82, 19. Cf. l'excellent classement de J. H. Moulton, G. Milligan, *The Vocabulary of the Greek Testament*[2], Londres, 1949, pp. 322-324).

l'adverbe „chrétiennement" en donnant à celui-ci toute sa valeur d'originalité et de spécificité.

Tout disciple sait ce qu'est ce mode et ce style de vie, c'est „marcher selon la charité". Des chrétiens bien éclairés n'hésitent pas à manger des aliments que des frères faibles considèrent comme impurs, l'Apôtre leur prescrit de soumettre leur liberté à la régulation de la charité fraternelle: „Si ton frère est contristé pour un aliment, *tu ne marches plus selon la charité*. Pour ton aliment, ne cause pas la perte de clui pour lequel le Christ est mort" [1]. La communion fraternelle, le respect du prochain a toute la rigueur d'exigence d'une loi et d'une loi suprême, puisque les droits objectifs les plus incontestables doivent céder devant ses impératifs [2]. La raison pure, ni même la qualité objective d'un acte ne suffisent à déterminer la moralité de la conduite. La hiérarchie des valeurs s'établit en fonction de l'intention intérieure, et celle-ci d'abord et avant tout en fonction de l'amour [3]. Mais dans l'hypothèse où le chrétien serait incertain des voeux de la charité, saint Paul évoque l'exemple du Sauveur qui s'est sacrifié pour nos frères [4]. C'est dire que „marcher selon la charité", c'est se conduire „d'une manière aimante" à l'exemple du Christ, ou que l'acte „charitable" est strictement „chrétien".

Plus théocentrique que saint Paul, saint Jean définira: „L'agapè, c'est que nous marchions selon les commandements de Dieu" (2 Jo.

---

[1] Rom. xiv 15 (cf. C. Spicq, *Agapé II*, Paris, 1959, pp. 186 sv.): οὐκέτι κατὰ ἀγάπην περιπατεῖς. On pourrait donner à κατὰ le sens de direction (Act. viii 26; Philip. iii 14: Je cours au but, κατὰ σκοπὸν διώκω), „en vue de" (Jo. ii 6; Tit. i 1, κατὰ πίστιν), fréquent dans le grec moderne. Mais, au plan psychologique, le but est l'objet de l'intention, et l'on prendra donc κατὰ ἀγάπην au sens de mobile ou de fondement sur lequel s'appuie l'action (Mt. xix 13; Act iii 17, κατὰ ἄγνοιαν, acception constante dans les inscriptions et les papyrus (cf. Ed. Mayser, *Grammatik der griechischen Papyri aus der Ptolemäerzeit*, Berlin-Leipzig, 1934, II, 2, pp. 430-440). Il ne s'agit pas tant de se conformer à une règle que d'être éclairé par une lumière et entraîné par une force; cf. Hébr. vii 16 opposant κατὰ νόμον et κατὰ δύναμιν.

[2] Il est fréquent que des mobiles supérieurs provoquent le renoncement à des prérogatives ou à des usages licites: Jésus se fait baptiser par Jean „pour accomplir tout ce qui se doit, selon Dieu" (Mt. iii 15). Il paie l'impôt, encore qu'il n'y soit pas soumis, „pour ne pas scandaliser" (xvii 24-27); de même saint Paul refuse de s'imposer ou d'user de ses droits pour que l'Evangile soit mieux accueilli (1 Thess. ii 6-7; 1 Cor. ix 18).

[3] Il s'agit de cette *agapè* qui ne cherche pas son propre avantage (Rom. xv 1-3; 1 Cor. xiii 5) et supporte le prochain (Eph. iv 2; cf. Gal. vi 2).

[4] Ce frère que tu vas tuer en troublant ou violant sa conscience, le Christ est mort pour lui donner la vie (1 Cor. viii 1-13).

6); mais il précise que cette obligation de l'amour nous a été révélée par le Christ, et l'on doit comprendre que ,,l'amour chrétien'' est l'unique motif fondamental de la conscience; c'est lui qui donne son prix à l'obéissance à la volonté divine, en quelque domaine que ce soit.

2. — Les mêmes observations peuvent être faites à propos de la locution: *marcher dans* ou *par* le Christ, *dans* ou *par* la charité. L'être nouveau, acquis ,,dans le Christ'' au baptême doit devenir le principe d'œuvres dont la modalité sera nécessairement chrétienne: ,,Nous avons été (re)créés dans le Christ Jésus en vue des œuvres bonnes, auxquelles Dieu nous a préparés d'avance pour que nous y marchions'' (Eph. ii 10). Parce que le croyant partage, depuis le baptême, la vie du Christ ressuscité, il est apte à marcher dans une vie nouvelle et en quelque sorte glorieuse (Rom. vi 4). La pratique des vertus n'est possible que parce que la puissance vivifiante du Sauveur ne cesse de se développer en lui. ,,Le Christ tel que vous l'avez reçu, Jésus le Seigneur, c'est en lui qu'il vous faut marcher, enracinés et édifiés en lui'' (Col. ii 6). On définira donc le comportement du baptisé comme une ,,vie dans le Christ'' (Rom. viii 2; 2 Tim. iii 12); ce rattachement vital étant la condition indispensable pour porter du fruit (Jo. xv 2, 4, 7). Qu'il s'agisse de persévérer (1 Thess. iii 8), de penser (Philip. iv 7), de parler (2 Cor. ii 17; xii 19), de bonne entente (Philip. iv 2), d'humilité (ii 5), d'accueil fraternel (ii 29) et de mariage (1 Cor. vii 39, xi 11), tout est apprécié en fonction de la communion avec le Christ, la soumission à sa Loi, de la possession de son esprit, que saint Paul ne cesse d'enseigner ou de rappeler [1]. Que les femmes obéissent à leur mari, cela ,,se doit dans le Seigneur'' [2]. Que les enfants obéissent à leurs parents, ,,c'est cela qui est beau dans le Seigneur'' (Col. iii 20). Ces mœurs si caractéristiques constituent ,,la belle conduite dans le Christ'' [3].

---

[1] 1 Cor. iv 17: ,,mes voies dans le Christ'' englobent doctrine et lignes de conduite morale.

[2] Col. iii 18, ὡς ἀνῆκεν ἐν Κυρίῳ.

[3] 1 Pet. iii 16, τὴν ἀγαθὴν ἐν Χριστῷ ἀναστροφήν. Ce substantif et le verbe correspondant (ἀναστρέφεσθαι) sont préférés par saint Pierre, mais ils mettent l'accent davantage sur le comportement pratique (cf. les traitements, de Hébr. x 33) et son aspect visible, exemplaire (xiii 7; 1 Tim. iv 12) et séduisant (1 Pet. iii 1-2; d'où l'épithète de beauté qui leur a été attaché, Jac. iii 13; 1 Pet. ii 12). Ils sont employés surtout pour désigner ,,le genre'' de vie dissolue des païens (Eph. ii 3, iv 22; 1 Pet. i 18; 2 Pet. ii 7, 18) et les mœurs très saintes des chrétiens (2 Cor. i 12; 1 Pet. i 15; 2 Pet. iii 11). L'auteur

Or ces mêmes formules sont usitées à propos de la charité, ,,dans laquelle" on doit semblablement marcher [1], et c'est dire que l'amour réalise la volonté de Dieu, résume la loi, caractérise l'esprit des fils de Dieu. ,,Celui qui demeure dans l'amour" est une définition du chrétien (1 Jo. iv 16). Comme il demeure dans le Christ, il demeure dans la charité, (Jo. xv 9-10). C'est un état. Il n'a qu'à y persévérer (Jude 21; cf. 1 Tim ii 15), ,,être enraciné et fondé dans l'amour" (Eph. iii 17), comme dans le Seigneur. De même que le croyant ,,revêtu du Christ" participe à ses sentiments et ne peut vivre selon la chair [2], il se revêt de charité (1 Thess. v 8) pour manifester de la patience, de la compassion, de la douceur envers ses frères (Col. iii 12-14). Le déploiement de la vie chrétienne se réalise grâce à l'énergie de la si dynamique *agapè* (1 Cor. xiii 4-7) et en

---

des Hébr. s'efforçant d'avoir en toute occasion une bonne conduite (ἐν πᾶσιν καλῶς θέλοντες ἀναστρέφεσθαι xiii 18) vise toutes les circonstances concrètes de l'existence.

[1] Eph. v 2; ,,Marchez dans la charité — περιπατεῖτε ἐν ἀγάπῃ — de même que le Christ vous a aimés" (comme dans Rom. xiv 15, l'exemple du Christ détermine le mode et la ferveur de l'amour); 2 Jo. 6: ,,Le commandement, c'est que vous marchiez dans l'amour de charité, ἵνα ἐν αὐτῇ περιπατῆτε". H. Riesenfeld (,,*La voie de la charité*", dans *Studia Theologica*, I, 1948, pp. 146-157), relevant maints textes de la *Didaché*, Barnabé, Clément de Rome, Ignace d'Antioche, définissant ,,la voie" du salut par le précepte de la charité, estime à bon droit que la locution ὁδὸς ἀγάπης a certainement existé dans la primitive Eglise, cf. 1 Cor. xii 31 *b*.

[2] Rom. xiii 14; Gal. iii 27; L'image du vêtement était courante chez les Israélites, les Grecs et les Latins pour désigner une union intime: participer aux sentiments, entrer dans les dispositions d'autrui (cf. Denys d'Halicarnasse, XI, 5, Ταρκύνιον ἐνδύεσθαι); d'autant plus que personne et habit ne font qu'un; le vêtement est partie intégrante de celui qui le porte (cf. Ruth iii 9; 1 Sam. xviii 4; 2 Rois ii 13-14). Dans le proche Orient, l'acte symbolique de la rupture d'un contract est la coupure du manteau. Une mère qui répudie son fils met dehors le manteau de ce fils (*Code Hittite*, 171). La dissolution du mariage a lieu sur le manteau qui représente la personne. A Nuzi, le testateur prévoit que si sa veuve se remarie et habite encore sa maison, ,,alors le vêtement de ma femme, mes fils arracheront, et dehors de ma maison la chasseront" (cité par E. M. Cassin, *L'Adoption à Nuzi*, Paris, 1938, p. 288). Par conséquent ,,revêtir le Christ" est synonyme d'être dans le Christ et de vivre selon son esprit, lui être incorporé. Le verbe ἐν—δύω, litt. ,,s'enfoncer, se plonger, pénétrer dans" pourrait se traduire ,,inhabiter". Si l'on garde la métaphore du vêtement qui revêt ou enveloppe, il faut évoquer Juges vi 34; 1 Chr. xii 18; 2 Chr. xxiv 20, où l'Esprit de Iahvé vient sur les inspirés, les juges et les prophètes pour les transformer et les pousser à agir. Voilà pourquoi, ce verbe s'emploie des intentions ou des vertus, notamment de la force (Lc. xxiv 49; cf. Is. lii 1; Ps. xciii 1; Sir. xvii 3) et de la justice (Ps. cxxxii 9; Job xxix 14; Sag. v 18). Il s'agit alors de posséder et d'être rempli de la façon la plus vitale; cf. C. Spicq, *Agapè I*, Paris, 1958, p. 269, n. 6; II, p. 23, n. 2). Revêtir la charité c'est vivre d'elle.

se conformant à ses exigences internes: ,,Que toutes choses se fassent dans la charité" (1 Cor. xvi 14).

3. — 'Eν est à la fois modal et instrumental; en cette dernière acception, il sera remplacé parfois par διά avec le génitif: ,,par le moyen, par l'intermédiaire de" (cf. Act. viii 18; 2 Tim. i 6), pour exprimer la causalité efficiente ou instrumentale qui permet d'atteindre le but. Si tous les dons divins et toutes les vertus que nous appelons infuses, viennent ,,par Jésus-Christ" [1], il est précisé que l'ensemble des prescriptions morales reconnues par la foi ne sont observées que grâce à la charité (Gal. v 6). Celle-ci serait comme un feu qui active la foi. Alors que la Loi et ses commandements — la circoncision en particulier — ne donnaient aucune force pour agir, la foi ne demeure pas inerte; l'*agapè*, principe d'action, sera la cause efficiente de l'*ergon*, c'est-à-dire des réalisations les plus concrètes [2]. C'est celle-ci en particulier, qui va orienter et maintenir toute la vie du chrétien au service de son prochain (Gal. v 13).

C'est dire que la charité impose ses propres motifs dans la mise en œuvre de chaque vertu, ce qui s'exprimera par διά avec l'accusatif [3], tel saint Paul, renonçant à prescrire, et préférant invoquer la charité [4]. Il suffit d'en appeler à cet amour susciter la générosité et de dévouement des fidèles. Mais ici le motif ou la raison de l'action morale, de beaucoup le plus fréquemment mentionné, est le Seigneur lui-même: On décide, on agit, on souffre ,,pour le Christ" [5]. Lorsque saint Pierre demande de pratiquer la soumission à l'état, au chef de famille, aux parents, il n'invoque pas l'ordre naturel, les droits de la hiérarchie, fussent-ils sanctionnés par Dieu (Rom. xiii 1-7), mais l'attachement au Seigneur et la fidélité à son autorité souveraine, ,,à cause du Seigneur" (1 Pet. ii 13). Comme dans tous

---

[1] Jo. i 17; Act. xv 11; xviii 27; Rom. v 1, 18, 21; Philip. i 11; Col. i 16: τὰ πάντα δι' αὐτοῦ.

[2] D'où le labeur et les efforts de l'*agapè* (κόπος, 1 Thess. i 3). C'est donc par le témoignage des œuvres que l'on découvrira la charité qui a inspiré leur réalisation; cf. Eph. i 15; Col. i 4; Hébr. vi 10; 3 Jo. 6; Apoc. ii 19.

[3] ou ἐξ ἀγάπης (Philip. i 16; cf. Eph. ii 4; Dieu agit διὰ τὴν πολλὴν ἀγάπην). D'où la locution courante: ,,pour quel motif, δι' ἣν αἰτιάν (Act. x 21, xxii 24, xxiii 28; xxviii 18, 20). Tel fait, telle personne, tel sentiment est la cause (*ratio*) de l'événement: ,,par crainte des Juifs, διὰ τὸν φόβον" (Jo. vii 13), ,,à cause de la joie, διὰ τὴν χαράν" (xvi 21); ,,parce que cette veuve m'assomme, je lui ferai justice, διὰ τὸ παρέχειν μοι κόπον" (Lc. xviii 5); ,,vous n'avez pas, parce que vous ne savez pas demander, διὰ τὸ μὴ αἰτεῖσθαι ὑμᾶς" (Jac. iv 2).

[4] Philém. 9, διὰ τὴν ἀγάπην μᾶλλον παρακαλῶ; dont il faut rapprocher l'adjuration de Philip. ii 1.

[5] Διὰ Ἰησοῦν (2 Cor. iv 5, 11), διὰ Χριστόν (1 Cor. iv 10; Philip. iii 7).

les autres cas, cette mention n'a pas seulement pour but de faire de l'accomplissement du devoir un acte religieux, mais de garantir la liberté souveraine du chrétien, qu'aucune loi ne contraint (1 Tim. 1 9). Que l'on obéisse à des supérieurs ou que l'on se conduise en esclave de ses frères, c'est toujours comme des êtres libres (1 Pet. ii 16), puisque c'est uniquement pour l'amour et dans l'adoration du Christ [1].

4. — Finalement, nombre de textes permettraient d'indentifier purement et simplement le Christ et l'*agapè* comme cause efficiente, formelle et finale de la vie morale; à telle enseigne qu'il est presque toujours possible de substituer le nom de Jésus-Christ là où le Nouveau Testament écrit: charité [2]. L'assimilation est particulièrement nette lorsqu'il s'agit de leur dynamisme respectif: le croyant n'existe et ne vit qu'enraciné dans le Christ ou dans l'amour, où il puise ses énergies, la seule source de ses réalisations vertueuses. Il s'ensuit que celles-ci seront essentiellement ,,chrétiennes'' ou ,,charitables'', puisqu'elles sont œuvres du Christ immanent ou fruits de la charité; le mode, le caractère et la mesure des actes sont déterminés par le principe même dont ils émanent. De même que le Christ est la règle à la fois objective (sa doctrine, ses préceptes, ses exemples) et subjective (il vit, pense et aime en nous) de la vie morale, l'*agapè* impose sa loi autant qu'elle agit et se manifeste elle-même dans les moindres détails de la conduite.

Toutefois, si la charité est une nature ou une qualité, le Christ est une personne; différence essentielle qui s'accuse surtout lorsqu'il est fait appel aux motivations de l'agir: le chrétien se conduit d'abord et avant tout pour plaire à Dieu et à son Seigneur [3]. Aussi

---

[1] Διά (*ob*) signale alors la perspective, ,,en vue de, pour'', tel le sabbat institué διὰ τὸν ἄνθρωπον (Mc. ii 27). On comparera: le Christ but et terme de la loi, en vue de la justice (Rom. x 4), et: Le but du précepte, c'est la charité venant d'un cœur pur (= justifié; 1 Tim. i 5).

[2] Notamment 1 Cor. xiii (cf. *Agapè* II, p. 81); Jo. xvii 26: ,,Que l'*agapè* soit en eux ... et moi aussi en eux''; xiv 6: ,,Je suis la Vie'' = 1 Jo. iii 14: ,,Celui qui n'aime pas demeure dans la mort''; Jo. viii 12: ,,Je suis la lumière'' = 1 Jo. ii 11: ,,Celui qui hait son frère est dans les ténèbres'' etc.

[3] 1 Thess. iv 1; 1 Cor. x 31; Col. iii 17. Alors que les Pharisiens donnent l'aumône, prient et jeûnent pour avoir l'approbation des hommes, les disciples du Christ ne seront inspirés que par le seul souci de Dieu (Mt. vi 4, 6, 18; cf. M. Dibelius, *Botschaft und Geschichte*, Tubingue, 1953, pp. 123-124; A. George, ,,*La justice à faire dans le secret*'', dans *Biblica*, 1959, pp. 590-598). Cf. *sicut servi Dei* (1 Pet. ii 16; cf. Mt. vi 24; Rom. vi 22; 2 Tim. ii 24; Tit. i 1; Jac. i 1; Apoc. vii 3, xix 5); ζῇ τῷ θεῷ (Rom. vi 10-11; datif d'attri-

bien, l'*agapè* n'est pas concevable comme une entité indépendante, un impératif catégorique, une règle morale autonome, si éminente soit-elle; c'est un amour propre à Dieu (1 Jo. iv 7-8), dont les chrétiens connaissent les propriétés et les modalités par la conduite même de leur Père des cieux (Mt. v 43-48, xviii 15-35). Le Christ en a vécu, il en a révélé les exigences et les caractères à ses Apôtres. Ceux-ci, dans leur catéchèse et leur parénèse, ne cesseront d'en détailler les applications. Lorsqu'ils parlent en rigueur de termes de l'*agapè* dont vivent les disciples, ils précisent: ,,La charité de Dieu qui est dans le Christ Jésus'' [1].

Par conséquent, s'il est prescrit d'agir selon le Christ ou selon la charité, de vivre dans le Christ ou dans la charité, ces deux règles morales ne sont nullement concurrentes ni même subordonnées, encore que leurs impératifs se recouvrent presque entièrement. Il n'y a qu'une seule norme de conduite: obéir au Christ, imiter le Christ, vivre du Christ. Si les Apôtres prescrivent sans autre précision: ,,marchez selon ou dans la charité'', aucun fidèle ne doutait qu'il ne s'agissait de cette volonté qui avait animé le Sauveur, de ce sentiment dont il avait vécu, de cette vertu qu'il avait constamment mise en œuvre. Si la morale néo-testamentaire est une morale de la charité, c'est en ce sens qu'elle est commandée et unifiée par le même amour de Dieu et du prochain qui était dans le cœur du Christ et infusé dès le baptême dans le cœur des disciples par l'Esprit-Saint, l'',esprit de Jésus'' [2].

---

bution). Le *rationabile obsequium* est de ,,s'offrir comme une hostie vivante, sainte agréable à Dieu'' (Rom. xii 1; cf. Ph. Seidensticker, *Lebendiges Opfer*, Münster, 1954). Cf. F. D. Coggan, *The New Testament basis of the moral Theology*, Londres, 1948, pp. 3-4; L. Nieder, *Die Motive der religiös-sittlichen Paränese in den paulinischen Gemeindebriefen*, Munich, 1956.

[1] Rom. viii 39; cf. v 35; 1 Tim. i 14, μετὰ ἀγάπης τῆς ἐν Χριστῷ Ἰησοῦ; 2 Tim. i 13, ἀγάπη τῇ ἐν Χριστῷ Ἰησοῦ. Si l'on aime son prochain, ce ne peut être que ,,dans le Christ''; cf. Rom. xvi 8: ,,Ampliatus, mon aimé dans le Seigneur''; 1 Cor. iv 17: ,,Timothée, mon enfant aimé et fidèle dans le Seigneur''; Philém. 16: ,,Onésime . . . aimé et humainement et dans le Christ''; cf. v. 20 *b*; 2 Cor. x 1.

[2] On voit ici clairement non seulement l'évolution de la morale de l'Ancien au Nouveau Testament, mais le saut qui les sépare. L'avénement et l'événement du Christ changent tout, et cela seul explique que les Apôtres parlent constamment de nouveauté et se montrent si sévères — plus que leur Maître — vis-à-vis de l'ancienne économie. Ils n'ont vraiment compris Dieu et sa volonté que par et dans le Révélateur (Jo. i 18; Hébr. i 1-2). Pourtant les déclarations d'amour de Dieu étaient plus nombreuses et plus touchantes dans l'ancienne économie que dans la nouvelle. Mais il semble que leur portée et leur réalisme n'aient été intelligibles que dans le fait du Christ. Alors que

Le texte décisif est 2 Cor. v 14-15: „*La charité du Christ nous étreint*, nous qui avons pensé et décidé ceci: Un seul est mort pour tous; en conséquence, ces „tous" sont morts, et il est mort pour tous, afin que ceux qui vivent ne vivent plus pour eux-mêmes, mais pour celui qui est mort et ressuscité pour eux" (cf. Rom. xiv 7-8). Une fois de plus, la morale du chrétien se rattache au baptême; sa participation à la mort et à la résurrection du Seigneur l'oblige à mourir au péché et à n'être animé que par la vie et les sentiments du Christ. Or cette consécration loyalement vécue n'est pas tant exigée par les droits souverains du Maître que par l'amour qu'il nous manifeste et par l'amour que nous lui portons [1]. Cette *agapè* nous tient si fermement et si serrés qu'aucune autre attitude spirituelle n'est possible que de se donner, à la vie et à la mort, au Seigneur [2].

les bénéficiaires de l'ancienne révélation ne saisissaient que des mots et des concepts, les disciples du Christ atteignent la réalité. Il y a passage de l'énonciation au fait, de l'esquisse à la réalisation achevée, de l'ombre à la lumière.

[1] „L'*agapè* du Christ" englobe l'amour avec lequel le Christ s'est livré pour nous (Gal. ii 20; cf. Jo. xv 13) et notre propre charité provoquée par un tel don; cf. *Agapè II*, pp. 127 sv.

[2] Être unis pour la vie et pour la mort est le voeu de l'attachement le plus profond au prochain (2 Cor. vii 3) et au Christ (2 Tim. ii 11; cf. Mc. xiv 31). Les anciens y voyaient le comble de l'affection familiale: „Par tendresse, il y a des parents qui, si leurs enfants meurent, meurent avec eux" (Stobée, II, 7, 13); „Unis par l'amitié, c'est ensemble que nous devons tous vivre ou mourir" (Euripide, *Oreste*, 1244-45), et de la fidélité à un chef de guerre (Plutarque, *Sert.* XIV, 5; Athénée, VI, 249 *b*). Les *Synapothanoumènes* lient indissolublement leur sort à celui qu'ils aiment. Ainsi, le don total de soi — base de la vie chrétienne (Lc. xiv 27) — n'a de valeur qu'en fonction de ce „pacte d'amitié" contracté entre le Seigneur et ses disciples. Cf. P. Bonnard, *Mourir et vivre avec Jésus-Christ selon saint Paul*, dans *Revue d'Histoire et de Philosophie religieuse*, 1956, pp. 101-112; A. Feuillet, *Mort du Christ et mort du chrétien d'après les Epîtres pauliniennes*, dans *R.B.*, 1959, pp. 481-513.

PATRISTICA

DAS THOMASEVANGELIUM UND DAS ALTE TESTAMENT

VON

G. QUISPEL

Die Dubletten des Thomasevangeliums zeigen, dass der Autor dieser Schrift, welche etwa um 140 nach Christus in Edessa entstanden sein mag, zwei schriftliche Quellen benutzt hat, und zwar eine enkratitische und eine judenchristliche. Es ist durchaus möglich, dass in der enkratitischen Quelle nicht nur judenchristliche Evangelientradition, sondern auch die vier kanonischen Evangelien verarbeitet sind. In der judenchristlichen Quelle aber hat man bisher keine deutlichen Spuren der kanonischen Evangelien gefunden. Kein Spruch ist ja wortwörtlich identisch mit den parallelen Stellen bei Matthäus, Markus oder Lukas. Das Diatessaron kann aus chronologischen Gründen nicht zugrunde liegen; auch fehlen eigentliche Tatianismen. So scheint Tatian in seiner Kombination von Matth. x 37 und Luk. xiv 25-27 „verlassen" anstatt „hassen" geschrieben zu haben: diese enkratitische Verschlimmbesserung fehlt aber in logion 55 („Wer seinen Vater nicht hasst"). Aber auch der „westliche Text" kann nicht benutzt worden sein. Übersetzungsvarianten und Harmonisierungen gibt es nämlich auch ausserhalb dieses Textes. Aber die Varianten, welche den „westlichen Text" zu einem eigenen Texttypus machen, eine Dittographie wie ὑποκεῖται ὑποκριτά in Luk vi 42 oder die falsche Lesung οὐ für οὗ in Matth. xviii 20 fehlen bezeichnenderweise in logion 26 und 30. So muss es dabei bleiben, dass die judenchristliche Quelle des Thomasevangeliums auch eine Quelle des Diatessarons und des „westlichen Textes" war.

In diesem Aufsatz wollen wir nun darzustellen versuchen, dass der Autor des Thomasevangeliums und die Verfasser seiner Quellen das Alte Testament benutzt und als Heilige Schrift anerkannt haben, weil sie eben keine Gnostiker, sondern Enkratiten, bzw. ein Judenchrist, waren und dass im ersten Falle die Septuaginta, im zweiten Falle die hebräische Bibel vorauszusetzen ist.

Der Autor hat seiner Schrift folgendes Vorwort beigegeben:

Dies sind die geheimen Worte, die der lebendige Jesus sagte und die Didymus Judas Thomas aufschrieb. Und er sagte....

Das bezieht sich auf Jer. xxxvii 4 Sept.:

Καὶ οὗτοι οἱ λόγοι, οὓς ἐλάλησεν κύριος ἐπὶ Ἰσραὴλ καὶ Ἰούδα. Οὕτως εἶπεν κύριος (cf. Baruch 1, 1). Klassischem und jüdischem Beispiel folgend gibt der Autor durch die Anfangsworte sein anerkanntes Vorbild an, das er nachzuahmen wünscht. Unsere Spruchsammlung ist also als Analogon zu den Herrenworten bei Jeremia gemeint.

Der Autor war also ein kirchlicher Christ. Seine kirchliche Richtung verrät er durch die redaktionellen Eingriffe in seine Quellen. So hat er in logion 16 die Frauen aus dem Text entfernt und ganz mechanisch hinzugefügt: ,,und sie werden allein (μοναχός) dastehen''. Μοναχός ist wohl Übersetzung des syrischen iḥidaja, ,,Unverheirateter'', Äquivalent des hebräischen jaḥid, das dieselbe Bedeutung haben kann und vom judenchristlichen Bibelübersetzer Symmachus (Psalm lxviii 7) mit μοναχός wiedergegeben wird.

Der Autor des Thomasevangeliums betrachtet den μοναχός als den eigentlichen Christen. Er ist also Enkratit. Der Enkratitismus war aber damals in Syrien und auch sonst eine Richtung innerhalb der christlichen Kirche. Dass der Autor μοναχός benutzt, und nicht das gleichbedeutende παρθένος (1 Kor. vii 25), weist wohl daraufhin, dass er in Syrien lebte, wo dieser Terminus noch im 4. Jahrhundert für die ,,männlichen Mägde'' gebräuchlich war. Dass nun aber in seiner enkratitischen Quelle die Septuaginta benutzt wurde, scheint aus logion 3 hervorzugehen. Dort heisst es nämlich: ,,Wenn ihr euch aber nicht erkennt, so seid ihr in Armut und ihr seid die Armut''.

Damit muss man vergleichen Canticum i 8 Sept.:

Ἐὰν μὴ γνῷς σεαυτήν, ἡ καλὴ ἐν γυναιξίν, ἔξελθε σύ . . .

In anderen Logien der enkratitischen Quelle wird eine Exegese der Genesisgeschichte gegeben: der Mensch lebte einmal ohne Scham im Paradies (logion 37); als er aber vom Baum der Erkenntnis gegessen hatte, hat er seine ursprüngliche Einheit und Vollständigkeit verloren: aus dem einen Menschen sind Mann und Frau geworden (logion 11); wenn der Mensch aber diese Gegensätze wieder vereinigen kann und das Männliche und das Weibliche zu einem Einzigen macht, wird er das Paradies wiedergewinnen (logion 22). Diese keineswegs verächtliche Anthropologie, welche im Pietismus wieder aufgeblüht ist und durch Vermittlung von Franz von Baader zu Berdjajews Lehre der Androgynie geführt hat, setzt aber im Thomasevangelium voraus, dass der Sündenfall der Fall in die

Sexualität ist. Der Baum der Erkenntnis ist ein Symbol der ge-
schlechtlichen Vereinigung und hat deswegen bittere Früchte. Das
hat seine Entsprechung in den Thomasakten (44: ὦ τὸ δένδρον τὸ
πικρόν), in den Petrusakten (8), Andreasakten (5) und in dem
Ägypterevangelium (fragm. 1: τὴν δὲ πικρίαν ἔχουσαν μὴ φάγῃς). Wir
wissen ganz sicher, dass das eine enkratitische Ansicht war. Clemens
Alexandrinus berichtet über die Enkratiten:

ἤδη δὲ ἐθέλουσι τὴν ἀνδρὸς κατὰ γάμον πρὸς γυναῖκα ὁμιλίαν γνῶσιν
εἰρημένην ἁμαρτίαν εἶναι· ταύτην γὰρ ὑπὸ τῆς βρώσεως μηνύεσθαι
τοῦ ξύλου τοῦ καλοῦ καὶ πονηροῦ.

Clem. Alex. Strom. III, XVII, 104, 1, Stählin II, p. 244, 5-8.

Es ist durchaus ungnostisch, die Erkenntnis als die Ursünde zu
betrachten. Die Gnostiker pflegen das Essen von der verbotenen
Frucht zu verherrlichen. In dieser Hinsicht muss man die Gnostiker
von den Enkratiten, welche im Thomasevangelium das Wort führen,
unterscheiden. Wir haben aber gar keine Veranlassung, anzunehmen, dass diese Genesisinterpretation der Enkratiten sich nicht
auf die Septuaginta bezog.

Ganz anders in den judenchristlichen Logien. Da wird nicht nur
die Septuaginta nicht benutzt, sondern es fehlen auch die Zitate aus
der Septuaginta, welche in den kanonischen Text eingedrungen sind.
Es seien hier nur einige wenige Beispiele erwähnt. Logion 65 fängt
wie folgt an: ,,Ein rechtschaffener Mann hatte einen Weingarten.
Er gab ihn Winzern.'' Der Hinweis auf Jes. v 1 (hatte = לְ הָיָה) ist

klar. Es fehlen aber die Worte καὶ περιέθηκεν φραγμόν, welche
Markus (xii 1) der Septuaginta entnommen hat und welche Jesus
nie gesprochen haben kann, weil seine Heilige Schrift eben nicht
die Septuaginta war. Ebensowenig bietet Thomas die Worte ἐφύ-
τευσεν ἀμπελῶνα (Luk. xx 9 par.), eine falsche Wiedergabe von Jes.
v 3 Sept.: ἐφύτευσα ἄμπελον σώρηχ, welche auf der irrigen Annahme
beruht, dass ἄμπελος hier, wie sonst in der Koinè, ,,Weingarten''
bedeuten könnte. Das heisst aber, dass Thomas uns hier eine unabhängige Version des Gleichnisses bietet, welche, anders als die
Synoptiker, den Einfluss der Septuaginta nicht aufzeigt.

Dass allerdings die Septuaginta auf den Wortlaut der kanonischen
Evangelien eingewirkt hat, kann nicht verwundern, wenn man be-
denkt, dass diese ohne Ausnahme heidenchristliche Schriften sind,
welche heidenchristlichen Gemeinden entstammen, für die die
Septuaginta Heilige Schrift war. Wenn ihre alttestamentlichen

Zitate dann und wann beachtliche Abweichungen von der Septuaginta bieten, darf diese Tatsache uns nicht hindern, gegebenenfalls die Septuaginta, wie wir sie jetzt kennen, als Quelle abweichender Lesarten zu betrachten. So ist es auffallend, dass Lukas (xxiii 29) schreibt: μακάριαι αἱ στεῖραι καὶ αἱ κοιλίαι κτλ.

Was haben die στεῖραι hier zu tun? Ist doch das Wort eine positive Formulierung eines Logions, das Mark. xiii 17 folgendermassen überliefert wird: οὐαὶ δὲ ταῖς ἐν γαστρὶ ἐχούσαις καὶ ταῖς θηλαζούσαις ἐν ἐκείναις ἡμέραις. Da wird ein Wehruf ausgesprochen über die Lage der schwangeren und stillenden Frauen, welche vom Drangsal der Endzeit überrascht werden. Eine Seligpreisung der Unfruchtbaren gehört nicht in dieses eschatologische Wort hinein. Man muss sich deshalb fragen, ob die Tradition bei Lukas nicht kontaminiert ist von Sophia Salomonis III, 13: μακαρία στεῖρα ἡ ἀμίαντος. Auffällig ist, dass logion 79 von den στεῖραι nicht spricht: ,,Heil dem Mutterleibe, der nicht empfangen hat, und den Brüsten, die nicht gesäugt haben.'' Der enkratitische Autor hatte von sich aus gar keine Veranlassung, die Worte wegzulassen; denn sie waren ja seiner Auffassung gemäss. Er hat sie also in seiner judenchristlichen Quelle nicht gefunden. Wiederum stellen wir fest, dass diese Quelle von der Septuaginta nicht beeinflusst worden ist.

Man hat mit Recht in Mark. iv 32 par. (ὑπὸ τὴν σκιὰν αὐτοῦ κτλ.) eine Anspielung auf Ezechiel xxxi 6 gefunden (ἐν τῇ σκιᾷ αὐτοῦ κατῴκησεν πᾶν πλῆθος ἐθνῶν). Leider wird nun das Senfkorn kein Baum, wie Matth. xiii 32; Luk. xiii 19 sagen, sondern eine einstämmige Pflanze, die Vögel nisten auch nicht darin, aber im Sommer bleiben sie gerne unter ihren Blättern. Deshalb scheint logion 20 des Thomasevangeliums der Realität näher, wenn es behauptet, das Senfkorn ,,lasse einen grossen Spross aufschiessen (und) werde zum Schutz (σκέπη) für die Vögel des Himmels''. Und doch scheint der für Jesu Verheissung an die Völker so wichtige Hinweis auf Ez. xxxi 6 nicht zu fehlen. Das Wort צל, das σκιά zugrunde liegt, wird nämlich an anderer Stelle (Ez. xxxi 12, 17 Sept.) mit σκέπη übersetzt. σκέπη und σκιά sind also Übersetzungsvarianten. Das zeigt aber auch, dass logion 20 von der Septuaginta nicht berührt ist. An andern Stellen scheint es sicher, dass nicht die Septuaginta, sondern der hebräische Text zugrunde liegt. Von Jakobus, dem Herrenbruder, wird gesagt, er sei ,,der Gerechte, dessentwegen der Himmel und die Erde entstanden sind'' (logion 12). Das ist sicher eine judenchristliche Amplifikation urchristlicher

Vorstellungen, denen zufolge Jakobus eine „Säule" war (Gal. ii 9), der dann alsbald den Ehrennamen „ẓaddiq" bekam. Die allgemein-jüdische Vorstellung, dass die Welt wegen dieses oder jenes Gerechten geschaffen wurde, spielt sicher mit. Man hätte das aber von Jakobus, dem Gerechten, doch wohl nie sagen können, wenn man nicht Prov. x 25 gelesen hätte: צדיק יסוד עולם

Die Septuaginta weicht hier ab:

δίκαιος δὲ ἐκκλίνας σῴζεται εἰς τὸν αἰῶνα.

Hier hat also der hebräische Text auf die Logienbildung eingewirkt.

Zum Schluss sei nun eine sehr unvollständige Liste der Logien aufgestellt, die Anspielungen auf das Alte Testament enthalten dürften.

log.	3	Gen. i 26; Ex. xx 4; Deut. xxx 11-14; Cant. i 8
log.	6	Tobit iv 15
log.	11	Gen. ii 17
log.	22	Deut. xix 21
log.	37	Gen. ii 25.

Diese Logien dürften die Septuaginta voraussetzen.

log.	12	Prov. x 25
log.	16	Micha vii 6
log.	17	Jes. lxiv 3 (cf. 1 Kor. ii 9)
log.	20	Ez. xxxi 6
log.	25	Lev. xix 18 Pesh.
log.	28	Jes. liii 11
log.	30	Psalm lxxxii 1 b
log.	32	Jes. xxviii 4
log.	52	Jes. viii 19
log.	62	Jes. xxiv 16 Theod. Symm.
log.	65	Jes. v 1
log.	66	Psalm cxviii 22
log.	77	Eccl. X 9
log.	90	Jer. vi 16
log.	104	Joel ii 16; Psalm xix 6.

In diesen letzten Fällen muss man untersuchen, ob nicht der hebräische Text im Hintergrunde steht.

Es sind natürlich noch weitere Nachforschungen nötig, um diese vorläufigen Resultate zu präzisieren. Einstweilen kann aber festgestellt werden, dass die Untersuchung über die Beziehungen des Thomasevangeliums zum Alten Testament zeigt:

1) Der Autor des Thomasevangeliums war kein Gnostiker, sondern ein kirchlicher Enkratit;

2) eine seiner Quellen, die enkratitische, benutzt die Septuaginta;

3) eine andere, die judenchristliche, setzt die hebräische Bibel voraus.

4) Die Feststellung, dass einerseits die Septuaginta, andererseits die hebräische Bibel im Hintergrund steht, bestätigt die Zweiquellenhypothese, welche unter anderem auch von unserem Jubilar so glänzend vertreten worden ist.

DIE TRADITION ÜBER
DAS MATTHÄUSEVANGELIUM BEI PAPIAS

VON

JOHANNES MUNCK

1958 hat P. Nepper-Christensen in seiner Arbeit ,,Das Matthäusevangelium ein judenchristliches Evangelium?'' [1] den altkirchlichen Traditionen über dies Evangelium und dabei der Überlieferung, dass das Matthäusevangelium aus dem ,,Hebräischen'' [2]
übersetzt sein soll, eine ausführliche und gründliche Untersuchung
gewidmet. Hier soll die Aussage des Papias über Matth. (Euseb.
h.e. III, 39, 16) erneut erörtert werden.

Ich werde bei dieser Erörterung auch Eusebius miteinbeziehen
müssen, der kein unparteiischer Historiker ist, vielmehr bestrebt
ist, von Papias und seinem Anliegen ein gefärbtes Bild zu zeichnen.
In einem früheren Artikel ,,Presbyters and Disciples of the Lord
in Papias'' [3] habe ich Eusebius' Benutzung der Vorrede des Papias
zu dessen Werk ,,Auslegungen der Worte des Herrn'' behandelt.
Damals habe ich feststellen können, dass Eusebius ganz einseitig
diese Vorrede des Papias betrachtet. Dieser schrieb eine Auslegung, die er aus der mündlichen Überlieferung her ergänzte.
Eusebius dagegen, der nur nach der Tradition fragte, die hinter
Papias stand, hatte lediglich ein Interesse daran, eine Unterschei-
dung zu machen zwischen den Aposteln und ihren Jüngern einerseits und dem armen Papias mit seiner bescheidenen Intelligenz und
seinen fürchterlichen Missverständnissen von der gesunden apostolischen Tradition anderseits. Daher strich er aus der Vorrede des
Papias all das, was nichts mit dieser Tradition zu tun hatte, und wir
müssen vermuten, dass es sich dabei um den wichtigsten und
längsten Teil handelte. Wären wir in dessen Besitz, dann hätten wir
die Möglichkeit, genau feststellen zu können, was er ausgelegt hat
und in welcher Weise er dies tat.

---

[1] *Acta Theologica Danica*, Bd. I.
[2] Da es hier nicht möglich ist, näher auf die Frage einzugehen, ob ,,He-
bräisch'' Hebräisch oder Aramäisch bedeutet, ziehe ich vor, ,,Hebräisch''
oder Semitisch zu schreiben.
[3] *Harvard Theological Review* 52, 1959, p. 223-243.

Bei der Untersuchung, in welcher Weise Papias kanonische und apokryphe Schriften benutzte, springt nicht in erster Linie die Voreingenommenheit des Eusebius ins Auge, sondern die Mängel, die seine historischen Untersuchungen und deren Darstellungsweise bekunden, Man erhält unter Heranziehung verschiedenster Beispiele aus seiner Kirchengeschichte einen deutlichen Eindruck von der wenig konsequenten Art, in der Eusebius diese Frage bei den einzelnen kirchlichen Verfassern verfolgt. Er erwähnt von Dionysius von Alexandrien, dass dieser im 2. Buch seiner ,,Verheissungen'', auf alter Tradition fussend, etwas über die Apok. erzählt (Eusebius h.e. III, 28, 3, ed. Schwartz, GCS, p. 258, 6-9), und von Polykarp, dass er einige Zeugnisse aus dem 1 Petr. benutzt (IV, 14, 9, p. 334, 16-18). Bei der Erwähnung von Justin fehlen solche Bemerkungen (IV, 16-18, p. 354, 15 ff.), während in bezug auf Hegesipp gesagt wird, dass dieser einige Mitteilungen aus dem Hebräerevangelium gibt [1], und wir hören, dass Hegesipp, wie viele andere, Salomos Sprüche als die vollkommene Weisheit betrachtet, und es wird erwähnt, dass er die sogenannten Apokryphen behandelt (IV, 22, 8-9, p. 372, 9-21). Theophilus benutzt Zeugnisse aus der Apok. (IV, 24, p. 378, 24-25), und Meliton liefert eine Liste über die alttestamentlichen Schriften (IV, 26, 12-14, p. 386, 16-388, 8). In V, 8 bringt Eusebius die Aussprüche des Irenäus über die kanonischen Schriften, zuerst über die Evangelien, danach über die Apok., 1 Joh., 1 Petr., Hermas und Salomos Weisheit, endlich über die griechische Übersetzung des Alten Testament (p. 442, 19-450, 6). In V, 10, 3 wird erzählt, dass Pantainos Matth. auf ,,Hebräisch'' gefunden hat (p. 450, 25-452, 2), und in VI, 14, 1-7 werden uns die Aussagen des Klemens von Alexandrien über die Schriften mitgeteilt (p. 548, 24-550, 28). Zuerst hören wir, dass Klemens in den Hypotyposeis Erklärungen zu allen kanonischen Schriften gegeben hat, ohne dabei die umstrittenen unberücksichtigt zu lassen, indem Eusebius hier auf den Brief des Judas und die übrigen katholischen Briefe, den Barnabasbrief und die sogenannte Offenbarung des Petrus anspielt. Auch erwähnen möchte ich, dass VI, 25 referiert, was Origenes über die kanonischen Schriften geäussert hat (p. 572, 10-580, 9). Hier wird von der Zahl und den Namen der alttestamentlichen Schriften gesprochen, von den vier Evangelien und von den Briefen der Apostel.

---

[1] Das hier übersprungene τοῦ Συριακοῦ kann auf verschiedene Weise aufgefasst werden.

Wie man sehen wird, ist Eusebius nicht konsequent. Seine Untersuchung der einzelnen Verfasser und ihrer Benutzung der Schriften ist nicht einheitlich, und seine Ausdrücke sind nicht präzis. Besässen sie diese Eigenschaft, dann hätten wir ein Wissen von den Zeugnissen der kanonischen und apokryphen Schriften bei den genannten Vätern, so wie Eusebius diese kannte. Man kann daher nur wenig aus dem folgern, was er sagt, und noch weniger aus dem, was er in anderer Hinsicht verschweigt. Man kann allerdings z.B. feststellen, dass er gern Zeugnisse über die vier Evangelien anführt. Hätte sich ein solches Zeugnis über alle vier Evangelien bei Papias gefunden, hätte er dies vermutlich gern gebracht. Er hat bei ihm ein Zeugnis von einem Presbyter über Mark. und von Papias dessen Aussage über Matth., welche er beide zitiert, gefunden (h.e. III, 39, 15 und 16, p. 290, 21-292, 2 und p. 292, 5-6). Es wäre aber kaum berechtigt, nunmehr die Schlussfolgerung zu ziehen, dass Papias nur diese beiden Evangelien verwendet hat. Eusebius hätte darüber etwas bemerken können, da er ja im voraus mit Papias wegen dessen chiliastischer Ansichten sich auf dem Kriegsfuss befand. Besonders muss dies in bezug auf das Johannesevangelium der Fall sein, das — Eusebius zufolge — von dem Apostel Johannes in Ephesus geschrieben worden ist, während sein Namensbruder, der Presbyter Johannes, die Offenbarung des Johannes verfasst hat. Den Letzteren soll Papias nach der Ansicht des Eusebius direkt gehört und dessen Überlieferungen in sein Werk aufgenommen haben (III, 39, 7, p. 288, 9f. und 39, 14, p. 290, 15 f.).

Entsprechend hätte Eusebius in bezug auf Luk. nennen und kommentieren können, dass dies Evangelium nicht benutzt worden ist. Dies ist jedoch, wie bereits bemerkt, ganz unsicher. Nun aber ist auffällig, dass die Worte des Presbyters über Mark. bekunden, dass weder Markus in seiner Niederschrift, noch Petrus als seine Quelle, in dem Bericht über das, was der Herr gesagt und getan hatte, besonderen Wert auf eine ordentliche und genaue Darstellung legten. Dafür gibt es kaum einen andern Grund, als dass diese Worte einen Vergleich mit einem andern, nicht ausdrücklich genannten Evangelium voraussetzen, und man kann nicht leicht die Vermutung von sich weisen, dass dies Evangelium Luk. ist, in dessen Einleitung berichtet wird, dass der Verfasser allem von vorn an genau nachgegangen und der Reihenfolge nach aufgezeichnet habe (Luk. 3).

Es fällt nicht schwer, die Beweggründe des Papias zur Zitierung dieser Presbyter-Tradition zu durchschauen. Wenn er die Worte des Herrn von mehr als einem Evangelium aus auslegen wollte, musste er eine bestimmte Reihenfolge wählen, in welcher die Texte aus den verschiedenen Evangelien angeordnet wurden [1]. Und damit war die Frage nach der richtigen Reihenfolge unumgänglich, weil man sich entscheiden musste, welche Reihenfolge der existierenden Evangelien man zu wählen hatte.

Das Problem ist älter als Papias, was daraus ersichtlich ist, dass ein Presbyter die Tradition, die Papias anführt, berichtet. Das Problem musste sich nämlich bereits melden, wenn eine Gemeinde mehr als ein Evangelium in ihre gottesdienstlichen Lesetexte aufnahm. Abweichungen in der Reihenfolge und in Einzelheiten mussten auffallen und erforderten eine Stellungnahme. Man konnte Fragen von der Gemeinde erwarten, und man musste darüber klar sein, was in solchem Fall zu antworten war. In frühen christlichen Schriften wird von ,,dem Evangelium'' oder ,,den Worten des Herrn Jesu'' gesprochen, als einer zusammenhängenden Summe von Worten und Geboten. Notwendigerweise wurde es daher für die christlichen Gemeinden ein Problem, wenn ,,das Evangelium'' in verschiedenen Evangelienschriften in Erscheinung trat, die untereinander weder in Einzelheiten noch in der Reihenfolge der Worte und Ereignisse genau übereinstimmten. Die Handschriften zeugen von vielen Versuchen, Unterschiede zwischen den Evangelien durch kleine Änderungen auszugleichen. Der von Markion redigierte Kanon aus der ersten Hälfte des 2. Jahr. zeigt eine archaische Form, indem er aus einem Evangelium, dem Lukasevangelium und 10 Paulusbriefen besteht.

Es ist daher klar, dass ein kirchlicher Verfasser, der so früh wie Papias Stoff aus mehreren Evangelien auslegt, die Abweichungen zwischen diesen erwähnen muss und sie zu erklären hat, weil er für Leser schreibt, die an primitive Sammlungen von Lesetexten mit nur einem Evangelium gewohnt sind, oder mit ,,dem Evangelium'' als einem gleichartigen, einheitlichen Ganzen zu rechnen pflegen, ohne zwischen verschiedenen Evagelien und verschiedenen Textformen zu unterscheiden. Die Worte des Presbyters sind, dieser Annahme zufolge, ein Versuch seitens der damaligen Theologie, eine

---

[1] So wie später Tatian.

Lösung für das Problem zu finden, das die beginnende Kanonbildung der Kirche aufzwang [1].

Indem wir diese Auffassung von der Tradition über Mark. hier
postulieren und dabei hoffen, bei anderer Gelegenheit näher darauf
eingehen zu können, wenden wir uns jetzt zu der Aussage des
Papias über Matth. Es ist nicht nötig, wie Schmidtke hervorhebt [2],
diese auf denselben Presbyter, von dem die Aussage über Mark.
stammt, zurückzuführen. Es verlautet nichts darüber, dass die
Worte des Papias eine Tradition von einem Presbyter darstellen,
wenn es auch naheliegt, damit zu rechnen. Über den Ursprung der
Worte und ihre Deutung können wir ohne weiteres nichts aussagen.
Es melden sich daher verschiedene Möglichkeiten, diese Worte
aufzufassen, die wir erwägen müssen.

Die Worte bei Papias, dass Matthäus die Worte und Taten des
Herrn (τὰ λόγια) [3] in der „hebräischen Sprache" niederschrieb,
dass aber jeder sie übersetzte, so gut er es konnte, kann bedeuten,
dass Papias selbst verschiedene Versionen des griechischen Matth.
gekannt hat [4], oder dass er von seinem Mittelsmann übernommen
hatte, dass es solche Versionen gab. Der eine oder andere von
beiden hat dann angenommen, dass die verschiedenen Versionen
von verschiedenen Übersetzungen eines semitischen Originals herrühren. Eine letzte Möglichkeit wäre, dass derjenige, auf den sich
Papias beruft, dies semitische Matth. gekannt hat, sodass die

---

[1] Die Erklärung hierfür in Papias' feindlicher Einstellung zu den Ketzern
zu suchen, wie Bauer es in *Rechtgläubigkeit und Ketzerei im ältesten Christentum*, 1943, p. 187 f. und 207 f. zum Ausdruck bringt, erscheint mir über-
trieben. Es ist überhaupt die Schwäche dieses Buches, dass es seinen Gesichtspunkt, der vielleicht in einem Einzelfall zu Recht besteht, konsequent
überall geltend machen will. In meinem obengenannten Artikel habe ich
p. 229-230 abgelehnt, dass diejenigen, die von Papias in h.e. III, 39, 3-4, p.
286, 12-15 und 20-22 kritisiert werden, Gnostiker sein sollten. Es ist charakteristisch, dass diese nur undeutlich gezeichneten Personen in einer
früheren Periode — vom Gedankengang der Tübingerschule aus — als Paulus
und seine Jünger aufgefasst wurden, während sie in unsern Tagen — von
einem neuen, ebenfalls generalisierenden Standpunkt aus — ohne besondere
Begründung zu Gnostikern gestempelt werden.

[2] „Neue Fragmente und Untersuchungen zu den judenchristlichen Evangelien", 1911 (*Texte u. Unters.* 37, 1), p. 44.

[3] Siehe über τὰ λόγια meinen angef. Artikel, p. 227-228.

[4] Wenn er solche Versionen gekannt hat, dann hat er sie aber in seinem
Werk nicht benutzt. Die unbekannten Gleichnisse und Lehren unseres
Erlösers und auch Anderes mehr sagenhaften Charakters, was von Eusebius
erwähnt wird (h.e. III, 39, 11, p. 290, 4-6), soll nach eigener Aussage des
Papias aus einer ungeschriebenen Überlieferung zu ihm gelangt sein.

Tradition der Wirklichkeit entspricht. Bei Papias kann man kaum voraussetzen, dass ihm Semitisch geläufig war [1].

Rechnen wir zuerst mit der Möglichkeit, dass entweder zu Papias' Zeiten oder schon in der Generation vor ihm verschiedene Versionen existiert haben, gelangen wir mit meiner chronologischen Berechnung, die ich in dem oben angeführten Artikel dargelegt habe [2], zum letzten Drittel des I. Jahrh. oder — denken wir an die Verfasserschaft des Papias — in die Zeit nach der Jahrhundertwende. Das bedeutet, dass wir mit solchen Matthäusversionen in einen so frühen Zeitabschnitt gelangen, wo unser Wissen bedauernswert begrenzt ist. Immerhin kann man erwägen, ob wir bei unserm begrenzten Wissen doch versuchen könnten, die Worte des Papias näher zu beleuchten und auf diese Weise uns ein Urteil bilden können, wieweit unsere Deutung ihre Berechtigung haben kann.

Die Niederschrift unserer kanonischen Evangelien, die als Teil der Fixierung der apostolischen Tradition in die nachapostolische Zeit gehört (d.h. nach den Tod von Petrus und Paulus in Rom), hat natürlich nicht mit einem Schlage die Entwicklung und Benutzung der Evangelientradition aufhören lassen, wenn auch die Katastrofe des Judenchristentums während des jüdischen Aufstands eine nachhaltige Wirkung gehabt hat [3]. Eine gute Zeit muss verstrichen sein, ehe die Evangelien ihre Ausbreitung gefunden haben und immer mehr die Überlieferung, die ursprünglich ihre Voraussetzung war, ersetzt haben [4]. Es können daher auch später Evangelienstoff-Sammlungen vorhanden gewesen sein, die mit Recht oder Unrecht als Matthäusversionen, mit deutlichen Abweichungen von Matth., haben gelten können.

Eine andere Möglichkeit wäre, dass Papias hier auf nicht kanonische Evangelien anspielte, von denen wir annehmen dürfen, dass sie bereits so früh existierten. Während wir bisher an Samm-

---

[1] Dies Urteil kann sich nur auf blosse Mutmassung gründen, da wir kein sicher dokumentiertes Wissen über das, was Papias gelernt hat, besitzen können, und zwar auf Grund der wenig umfassenden und überhaupt schlechten Überlieferung von Fragmenten seines Werkes.

[2] Siehe meinen Artikel p. 240: Papias muss um 60 n. Chr. geboren sein.

[3] Siehe meinen Artikel ,,Jewish Christianity in Post-Apostolic Times'', *New Testament Studies* 6, 1960, p. 103-104.

[4] Eben deshalb ist Papias so wichtig für uns, weil wir in seiner Vorrede die Kombination (später) kanonischer Evangelien mit mündlicher Tradition, welche bei der Auslegung der schriftlichen Quellen verwendet wird, erkennen können

lungen von Evangelienstoff dachten, die normalerweise älter als
unsere Evangelien sein müssen oder die — selbst bei späterer
Abfassungszeit — ihrer Tendenz nach als Ausläufer der gleichen
Tradition zu betrachten sind, wie die der kanonischen Evangelien,
so handelt es sich in diesem Zusammenhang um ketzerische, u.a.
judenchristliche Evangelien, die tendenziöse Bearbeitungen des
Matth. darstellen.

Es ist jedoch zweifelhaft, ob man vermuten darf, dass solche
häretischen Bearbeitungen später kanonischer Evangelien bereits
zu Papias' Zeiten existiert haben. Die Voraussetzung für den
Versuch der Häretiker, sich die Schriften der Kirche anzueignen
und sie so zu bearbeiten, dass sie als Ausdruck für die häretischen
Meinungen in Erscheinung treten, muss doch die sein, dass die
betreffenden Evangelien innerhalb der Kirche bereits eine solche
Anerkennung geniessen, dass sie eine wichtige Waffe werden konnten im Kampf zwischen der Häresie und der Kirche. Und es ist
nicht ohne weiteres anzunehmen, dass dies schon im ersten Drittel
des 2. Jahrh. der Fall war. Im übrigen ist es so schwierig, zu nur
einigermassen wahrscheinlichen Erkenntnissen über diese sogenannten judenchristlichen und häretischen Evangelien zu gelangen,
dass man sich mit Fug und Recht darauf beschränkt, lediglich auf
das Problem aufmerksam zu machen.

Eine Bemerkung bei Origenes in seinem Matthäuskommentar
(Tom. XV, 14, ed. Klostermann, GCS, p. 387, 17 ff.) deutet eine
andere Möglichkeit an, die hier nur erwähnt werden soll und zwar
mit allem Vorbehalt. Origenes weist bei der Auslegung von Matth.
xix 19 auf die Abweichungen zwischen den einzelnen Matthäus-
handschriften hin und bemerkt, dass diese von der Ungenauigkeit
der Abschreiber herrühren. Diese Stelle hat ein doppeltes Interesse.
Teils zeigt sie, dass Origenes Divergenzen zwischen den Handschriften zu Matth. gefunden hat, wobei man sich die Frage stellen
könnte, ob eben solche Divergenzen Papias veranlasst haben, sich
so zu äussern, wie wir gesehen haben. Teils kommt Origenes nicht
auf den Gedanken, dass eventuelle Abweichungen im Matthäus-
text auf die Übersetzung des semitischen Originals zurückzuführen
wären, worüber er sich, Eusebius zufolge, in dem verlorengegangenen 1. Buch seines Matthäuskommentars ausgesprochen hat.

Die Auffassung des Papiasausspruches über Matth., die ich vor-
schlagen möchte, betrachtet diesen, wie die Aussage des Presbyters über Mark., als eine Möglichkeit, für die Abweichungen der

Evangelien voneinander trotz ihres gemeinsamen Ausgangspunktes, der "Worte des Herrn", und trotz ihrer glaubwürdigen Tradition eine Erklärung zu finden. Fasst man nun Papias' Ausspruch auf als eine Begründung für die Abweichungen des Matth. vom Mark. und andern Evangelien von dem vorliegenden griechischen Text aus, den Papias (oder seine Quelle) allein kannte [1], jedoch nicht als eine gelehrte Erwägung auf Grund eines Vergleichs zwischen mehreren griechischen Matthäusversionen oder vielleicht sogar auf Grund eines Vergleichs mit einem semitischen Matth., dann erhält man eine Deutung, die für das Milieu, in dem Papias zu Hause war, möglich erscheint. Es besteht kein Anlass, wie Eusebius es tut, Papias geringzuschätzen, es ist wiederum auch nicht notwendig, Papias und seinen Lehrern eine Gelehrsamkeit zuzuschreiben, die kein kirchlicher Verfasser zu jenem frühen Zeitpunkt besass [2].

Es ist allerdings zutreffend, dass die Worte des Herrn zuerst auf Semitisch vorgelegen haben, jedenfalls wurden sie in einer solchen Sprache gesprochen. Markus soll die Erzählungen des Petrus von den Worten und Taten des Herrn in Rom aufgezeichnet haben, und dies Evangelium war daher ursprünglich auf Griechisch geschrieben. Und das Gleiche wird sowohl von Irenäus als von Origenes für das Luk. und Johs. angenommen. Es ist möglich, dass man die Abweichungen des Matth. mit der semitischen Ursprache des Evangeliums in Verbindung gesetzt hat. Dies kann mit andern Worten geschehen sein, ohne irgendeine Kenntnis von einem ,,hebräischen" Matth. oder von verschiedenen griechischen Matthäusversionen.

Es ist eigentümlich, welche geringe Bedeutung diese Mitteilung von dem semitischen Ursprung des Matth. in der patristischen Exegese gehabt hat. Wir wollen dies durch zwei Beispiele, die gleichzeitig auf die Aussage des Papias Licht werfen, veranschaulichen.

Als ersten wollen wir Irenäus nennen. Auch er weiss, dass Matthäus in der Sprache der Hebräer geschrieben hat (Adv. haer. III, 1, 1, ed. Stieren p. 423, 3-9). Er erwähnt nichts von den verschiedenen Übersetzern des semitischen Originals, er fügt aber hinzu,

---

[1] So bereits Schmidtke p. 45, der in Anm. 3 nach Zahn *Einleitung* Bd. II[3] p. 271 aus BGU Nr. 1002 (vom Jahre 55 a. Chr.) anführt: ἀντίγραφον συγγραφῆς πράσεως Αἰγυπτίας, μεθερμηνευομένης κατὰ τὸ δυνατόν.

[2] Siehe meinen Artikel p. 229, Anm. 21.

was Papias nicht anführt, dass er es unter den Hebräern schrieb.
Dies ist eine natürliche Weiterentwicklung der Tradition, vorausgesetzt dass Papias seine Quelle ist [1]. Man kann überlegen, ob dabei
an eine Missionsschrift gedacht wird, ein Gesichtspunkt, der im
Fragment 29 (ed. Stieren p. 842-843) deutlich hervortritt [2]. Gleichzeitig findet sich bei ihm die Angabe, dass Matth. vor Mark. geschrieben wurde (Adv. haer. III, 1, 1, p. 423, 3-13).

Wie Papias, so hat auch Irenäus keine Kenntnis von semitischen
Sprachen gehabt [3], und man kann daher nicht erwarten, dass seine
Ansicht vom Evangelium auf seine Benutzung von diesem in
seinen Schriften einwirken konnte. Durchläuft man seine Matthäus-
zitate in Adversus haereses und Epideixis, erweist es sich auch,
dass er nirgends auf das ursprünglich semitische Sprachgewand
und auf die Schlussfolgerungen, die man hieraus ziehen kann hinsichtlich Wortlaut und Inhalt der einzelnen Texte, Anspielungen
macht.

Als nächstes Beispiel wollen wir Origenes untersuchen, der die
gleiche Auffassung wie Papias und Irenäus hat. Eusebius zitiert
h.e. VI, 25, 4 (p. 576, 7-11) aus dem verlorengegangenen 1. Buch
des Matthäuskommentar von Origenes, dass dieser durch Überlieferung (ἐν παραδόσει) gelernt hat, dass das erste Evangelium von
dem früheren Zöllner Matthäus, der später Jesu Christi Apostel
wurde, geschrieben worden ist. Er gab es für die Gläubigen, die vom
Judentum herkamen, heraus, und er schrieb es in der ,,hebräischen''
Sprache [4]. Dies stimmt genau mit der Aussage des Irenäus überein.

---

[1] Dies letzte ist mit Recht umstritten, siehe Nepper-Christensen *op. cit.*
p. 56 und meinen Artikel p. 232 f.

[2] Eusebius hat in h.e. III, 24, 6, p. 246, 9-13 die veränderte Form der
Tradition, dass Matthäus erst am Ende seines Wirkens unter den Hebräern,
vor seiner Abreise, sein Evangelium schrieb.

[3] Siehe Nepper-Christensen *op. cit.* p. 62.

[4] Wenn Origenes schreibt (Eusebius h.e. VI, 25, 4, p. 576, 7 f., hier wird
zitiert: p. 576, 10-11), dass Matth. ἐκδεδωκότα αὐτὸ τοῖς ἀπὸ Ἰουδαϊσμοῦ
πιστεύσασιν, γράμμασιν Ἑβραϊκοῖς συντεταγμένου, dann zeigt die Zusammenstellung von συντάσσω mit γράμματα, dass sich das vieldeutige γράμμα auf
die Sprache und nicht auf die Buchstaben bezieht. Anders in Epiphanius
Panarion haer. 30, 3, 7 (ed. Holl Bd. I, 338, 1-3), wo wir lesen ὅτι Ματθαῖος
μόνος Ἑβραϊστὶ καὶ Ἑβραϊκοῖς γράμμασιν ἐν τῇ καινῇ διαθήκῃ ἐποιήσατο τὴν τοῦ
εὐαγγελίου ἔκθεσίν τε καὶ κήρυγμα. Vgl. 29, 9, 4 (p. 332, 8-10): Ἑβραϊστί und
Ἑβραϊκοῖς γράμμασιν. Mehrdeutig ist der Ausdruck in der Erzählung über
Pantainos, der das hebräische Matth. (Euseb. h.e. V, 10, 3, p. 450, 25 f.,
zitiert wird p. 452, 1), das Bartholomäus Ἑβραίων γράμμασιν τὴν τοῦ Ματ-
θαίου καταλεῖψαι γραφήν soll, findet. Klar heisst es — vom Hebräerevangelium? — in Eusebius' Theophaneia, Mai: *Noua Patr. Bibl.*, Bd. IV, 1, 1847, p.

Nun ist Origenes für uns als Zeuge von besonderem Interesse,
weil er sich von den oben Genannten darin unterscheidet, dass er
Hebräisch gekonnt hat, auch steht er als Exeget auf einem ganz
anders hohen Niveau. Er ist im Besitz der höchsten Kultur seiner
Zeit, und wenn er nicht mit neuerer Exegese übereinstimmt, liegt
das daran, dass die Auslegung seiner Zeit andere Methoden und
Ideale als wir hatte. Stärker als bei jedem Anderen war bei ihm zu
erwarten, dass sich eine solche Auffassung von dem Ursprung des
griechischen Matthäusevangeliums in der Einzelexegese ausgewirkt hätte.

Untersucht man jedoch die bewahrten Teile des Matthäuskommentar von Origenes (ed. Klostermann, GCS, 1935 f.), sucht man
vergeblich nach Bemerkungen, die darauf bezugnehmen, dass das
vorliegende Werk eine Übersetzung sein soll.

Origenes vergleicht Matth. mit Mark. und Luk.[1], zuzeiten fast

---

155 zufolge, hier zitiert nach E. Preuschen: *Antilegomena*[2] 1905, p. 7, Z. 7 f.:
τὸ εἰς ὑμᾶς ἧκον Ἑβραϊκοῖς χαρακτῆρσιν εὐαγγέλιον. Bei Hieronymus wird
über Matth. De viris inlustr. cap. III (*Migne S. L.* Bd. 23, Sp. 643 B) gesagt:
Evangelium Christi Hebraicis litteris verbisque composuit. Und über andere
Schriften werden Ausdrücke benutzt wie: quod Chaldaico quidem Syroque
sermone, sed Hebraicis litteris scriptum (Contra Pelag. III, 2, *Migne S. L.*
Bd. 23, Sp. 597 B), und: in evangelio autem, quod Hebraicis litteris scriptum
est (ep. 120, 8 (I, 831), *Migne S. L.* Bd. 22, Sp. 922). Wir treffen diese Nebeneinanderstellung von Sprache und Buchstaben bereits in Aristeas, wo in
§ 3 und 38 bei γράμμασιν an die Sprache gedacht wird, obwohl § 3 auch auf
die Buchstaben bezogen werden könnte. Ganz eindeutig ist § 11, wo es heisst,
dass die Juden ein eigenes Alphabet benutzen (χαρακτῆρσιν . . . ἰδίοις), analog
dem, dass sie ihre eigene Sprache haben, und ebenfalls § 30, wo über die
Bücher, die das Gesetz der Juden enthalten, geäussert wird, dass sie mit
hebräischen Buchstaben (Ἑβραϊκοῖς γράμμασι) und in hebräischer Sprache
geschrieben sind. Man muss sich wundern, dass bei der Nennung der hebräischen Sprache so häufig hinzugefügt wird, dass die betreffende Schrift
auch mit hebräischen Buchstaben geschrieben worden ist, was in den meisten
der oben angeführten Fälle überflüssig erscheint. Man könnte zwei Erklärungen hierfür angeben. Entweder hat man ausserhalb des Bereiches der
Juden ein spezielles Interesse für deren besonderes Alphabet gehabt, sei es
aus Interesse für eine Kuriosität, sei es auf Grund des Interesses jener Zeit
für besondere Buchstaben und Zeichen mit deren besonderen Kräften (z.B.
die kräftigen Buchstaben in der Magie). Oder man könnte zu der andern
Erklärung greifen, dass man nämlich hebräische Texte in griechischer Trans-
skription gehabt hat, sodass die Hinzufügung etwas nicht immer Selbstver-
ständliches ausdrückt.

[1] Es kann hier und in den folgenden Anmerkungen nur eine Auswahl der
Stellen gegeben werden, die angeführt werden könnten. xi 19, p. 68, 2 f.;
xii 15, p. 103, 1-21; xii 15, p. 105, 24-33; xii 36, p. 150, 16-17, vgl. xii 31, p.
136, 26-137, 3; xvi 8, p. 490, 15-491, 12; xvi 17, p. 531, 28-32.

Vers für Vers, und er zieht Joh. zum Vergleich heran [1], um auch
auf diese Weise abweichende Lesarten bei den andern Evangelisten
erklären zu können [2]. Abweichungen zwischen den Handschriften
zum Matth. werden von ihm mehrmals behandelt [3]. Ebenfalls vergleicht er alttestamentliche Zitate im Matth. mit dem Alten Testament [4], und bei einigen von ihnen greift er auf den hebräischen
Grundtext zurück [5].

Man kann sich darüber wundern, dass Origenes bei seiner Kenntnis davon, dass Matth. ursprünglich auf „Hebräisch" geschrieben
war, unterlässt, nach Spuren des früheren Sprachgewandes des
Evangeliums zu suchen, besonders an solchen Stellen, wo sich
Matth. von den andern Evangelien unterscheidet. Hier darf man
aber nicht vergessen, dass Übersetzung nicht ohne weiteres
„schlechte Übersetzung" bedeutet. Wahrscheinlich hat die Debatte
über Semitismen inerhalb der neutestamentlichen Forschung
Schuld daran, dass allmählich Viele zu diesem Trugschluss ver-
leitet wurden. Sobald eine Schrift eine Übersetzung sein soll,
meint man, eine gewisse Anzahl Fehler im Griechischen finden zu
müssen, wodurch die semitische Vorlage zu spüren sei. Dies ist
doch methodisch verkehrt, da eine taugliche Übersetzung sehr
wohl eine sprachlich korrekte und zugleich treffende Wiedergabe
des Originals sein kann.

---

[1] xii 24, p. 125, 14-21; xvi 14, p. 522, 1 f.

[2] So bei Mark.: xi 16, p. 60, 1 ff.

[3] xii 15, p. 103, 1-21; xiii 14, p. 213, 16-215, 6 und die schon oben angeführte Stelle xv 14, p. 387, 17 ff., die Origenes veranlasst, einige prinzipielle
Bemerkungen über Textkritik zu machen.

[4] xi 9, p. 47, 23-29; xi 11, p. 50, 33 ff.; xvi 16, p. 531, 5 f.; xvi 19, p.
542, 6 f.

[5] xiv 16, p. 321, 23 ff.; vgl. xii 21, p. 117, 10 (= fr. 67, 1 in GCS, Origenes
Bd. 12, 1); fr. 558, 5; xvi 19, p. 541, 10 ff. untersucht Origenes das Zitat
von Ps cxviii 25-26 in Matth. xxi 9. Er zitiert den hebräischen Text und
bemerkt dazu, er habe den Eindruck, dass, weil Griechen — unkundig der
hebräischen Sprache — des öfteren (συνεχῶς) die Evangelien geschrieben
haben, die Worte des Psalmes in Unordnung geraten sind. Harnack hat in
„Der kirchengeschichtliche Ertrag der exegetischen Arbeiten des Origenes",
II, 1919 (Texte u. Unters.42, 4) p. 9, Anm. 4 ausgesprochen, dass er nicht
wisse, was er mit diesen Worten anstellen sollte, und setzt dann fort: „Zwar
Lukas und der Übersetzer des Matthäus (Orig. glaubt an ein hebräisches
Original) waren Griechen; aber doch nicht Markus und Johannes". Klostermann schreibt in einer Anmerkung zu der Stelle in seiner Ausgabe zutreffend: „Harnacks Zweifel dürfte dadurch behoben sein, dass die Ἕλληνες,
die die Evangelien „schreiben", nicht die Verfasser, sondern die Abschreiber
sind".

Stellt man sich nun die Frage, welche Vorstellungen man damals von Übersetzungen hatte, kann man auf Klemens von Alexandrien verweisen, der die Auffassung vertritt, dass der Hebräerbrief ein Brief ist, den Paulus an die Hebräer schrieb und zwar in hebräischer Sprache, und dass Lukas ihn gewissenhaft übersetzt und mit griechischen Lesern vor Augen herausgegeben hat (Eusebius h.e. VI, 14, 2, p. 550, 1-5). Man sieht, wie ein Brief, der von Origenes, welcher jedoch nicht die Auffassung des Klemens teilt (Eusebius h.e. VI, 25, 11-14, p. 578, 11-580, 8), als in einem besseren Griechisch geschrieben, als die Briefe des Paulus, charakterisiert wird, doch als eine Übersetzung aus dem Semitischen betrachtet werden kann.

Analog könnte Origenes bei seiner Tradition, dass Matth. eine Übersetzung aus dem Semitischen ist, dies Evangelium — sogar mit gutem Gewissen — als eine griechische Schrift behandelt haben. Er erwähnt an der von Eusebius zitierten Stelle ja auch nichts von dem, was Papias behauptet, dass jeder das semitische Matth. übersetzte, so gut er es vermochte.

Die angeführten Beispiele aus den Kirchenvätern zeigen, dass die Tradition, Matth. sei ursprünglich auf „Hebräisch" geschrieben, keine Spuren hinterlassen hat, betrachtet man die Benutzung und die exegetische Behandlung der einzelnen Texte. Entsprechendes gilt ja auch oft in neuerer Zeit. Und man kann sich daher die Frage stellen, ob die hier vorgeschlagene Deutung jener Tradition als einer Erklärung der Probleme der alten Kirche im Zusammenhang mit der frühen Kanonbildung und nicht als einer Aufklärung über die älteste Geschichte des Matth., nicht bereits ihre Bestätigung in der geringen Bedeutung der Tradition für die Exegese gefunden hat.

THE PARTICULARITY OF THE PAULINE EPISTLES AS A PROBLEM IN THE ANCIENT CHURCH

BY

NILS ALSTRUP DAHL

In one of his brilliant, smaller essays Oscar Cullmann has dealt with "The Plurality of the Gospels as a Theological Problem in Antiquity."[1] As he points out, the plurality of epistles caused no difficulty: "It was easy to grasp the fact, that Paul had written to number of Churches."[2] It was, however, not equally easy to see why letters written to particular churches on particular occassions should be regarded as canonical and read in all churches. The theological problem raised by the Pauline Epistles, was not their plurality, but their particularity. As canonicity meant much the same as catholicity,[3] this problem was by no no means an imaginary one. An answer was found in the observation, that Paul, like John in Revelation ii-iii, had written to seven Churches, and, thus, to the whole Church. Obviously, this answer is closely akin to the theory of Irenaeus that there has to be four Gospels, corresponding to the four regions of the world, the four living creatures, etc.[4]

The theory of the seven churches of Paul found its first literary attestion in the Muratorian canon, but is not likely to be an invention of its unknown, anti-Marcionite author.[5] Hippolytus of Rome is reported to have made the same point,[6] which reappears in writings of Cyprian, Victorinus of Pettau and later authors.[7] In

---

[1] Published in German, *Theol. Zeitschr.* I, Basel 1945, 23-42. English transl. in O. Cullmann, *The Early Church*, Philadelphia 1956, 39-54.

[2] *Op. cit.* 41.

[3] Cf. clauses like *"in catholica habentur"* in the Muratorian fragment line 69.

[4] *Adv. Haer.* III. xi. 8, cf. Cullmann, *op. cit.*, 51 f. In his *De fabrica mundi* Victorinus of Pettau states both theories.

[5] Cf. my article, 'Welche Ordnung der Paulusbriefe wird vom Muratorischen Kanon vorausgesetzt?' *ZNW* LII (1961) 39-53.

[6] According to Dionysius Bar Salibi, cf. Th. Zahn, *Forschungen zur Geschichte des ntl. Kanons* X, Leipzig 1929, 65 f.; M.-J. Lagrange, *Rev. Bibl.* XLII (1933) 182.

[7] Cyprian, *Test.* I. 20, *Ad Fort.* XI (CSEL III. i, 52 f. 337 f.); Victorinus, *In Apoc.* I. vii, *De fabr. mundi* xi (CSEL XXXXIX pp. 26 ff. and 6 ff.). On

Victorinus' commentary on Rev. i 20 the argument is turned
around, but stated more clearly and fully than in the Muratorian
fragment; a scriptural proof is adduced: the seven women, who take
hold of one man (Is. iv 1), represent the "seven Churches", who are
the one Church, the bride of Christ, called by his name. In his
Testimonia (I 20) Cyprian starts with Is. liv 1 ff. in order to prove
that the church, which was formerly barren, is to have more sons
from the Gentiles than the synagogue ever had. The argument is
substantiated by reference to the seven sons of the barren one
(1 Sam. ii 5), and Cyprian comments: "Therefore even Paul wrote
to seven churches, and Revelation states that there are seven
churches, in order to preserve the number of seven, as there are
seven days (of creation) etc." A long list follows: seven archangels,
sevenfold lampstand, seven eyes of God, seven spirits and lamps in
Revelation, and seven columns in the house of Wisdom (Prov.
ix 1). A similar list is given in *Ad Fortunatum de martyrio* XI; here
the mother of the seven Maccabean martyrs is taken as a symbol of
the—formerly barren—Church, the mother of seven churches. Quite
a number of further references are added by Victorinus in the fragment *De fabrica mundi*, where the seven days of creation are the
occassion for the inclusion of the list, in which the seven churches
of Paul are but one example of many. The basic proof-texts for the
idea of seven churches representing the whole Church Universal, are
Is. iv 1 and 2 Sam. ii 5, possibly also Is. xi 2-3 (the „spiritus septi-
formis"); these texts have led to a combination of the argument for
the catholicity of the Pauline letters with traditional, originally
Jewish, lists of testimonia for the importance of the number seven.

After the inclusion of Hebrews in the Pauline corpus it became
difficult to uphold the idea that Paul wrote to seven churches. By
some authors this point is dropped and only the seven churches in
Revelation are mentioned. [1] Jerome masters the difficulty, partly by

---

the relation of these sources to each other, cf. also H. Koch, *Cyprianische
Untersuchungen*, Bonn 1926, 205 f. 473 f. The patristic material was gathered by Th. Zahn, *Geschichte des Neutestamentlichen Kanons* I-II, Leipzig
1888-90, vol. II, 73 f. note 2. Cf. esp. Pseudo-Chrysostom, *Opus imperfectum in
Matthaeum* I, MPG LVI. 621. K. Stendahl has kindly let me read the manuscript of a forthcoming article, *The Apocalypse of John and the Epistles of
Paul in the Muratorian Fragment*, to be published in a volume of essays
presented to O. A. Piper, in which he draws attention to the fact, that it
is the inspired Book of Revelation which provides the argument for the
canonicity of the Pauline epistles.

[1] Augustine, *De Civ. Dei* XVII. iv. 4; Pseudo-Theophilus, *Alleg.* I. 12, cf.
IV. 2, ed. Zahn, *Forschungen* II, 40, 80.

drawing a parallel between the Pauline Epistles and those in Rev. ii-iii without stressing their number,[1] partly by stating that many put Hebrews "outside the number". [2] In his book on Numbers, Isidore of Sevilla ignores Hebrews; in his *Prooemia* he advances the theory that Hebrews was not written to a church but to Hebrews who had believed in Christ, but receded.[3] Through the mediation of Jerome and Isidore, the idea of Pauline letters to seven churches found its way into prefaces to the Epistles in the Vulgate. [4] As it was no longer really adequate, it could, however, be exchanged for the idea that Paul wrote ten letters to churches, corresponding to the ten commandements of the old covenant. [5]

The idea of seven Pauline churches was long retained because of the number symbolism. Originally it did serve a more definite purpose: to prove the catholicity of the Pauline Epistles. The conclusion to be drawn is clearly stated in what is said about John in the Muratorian fragment: *"Licet septem ecclesiis scribat, tamen omnibus dicit,"* and by Victorinus: *"Quod uni dicit, omnibus dicit."* Commenting upon Marcion's pretended knowledge that Ephesians was, in fact, a letter to the Laodiceans, Tertullian makes a very similar statement about Paul: *"Ad omnes apostolus scripserit, dum ad quosdam."* [6] Possibly he is drawing the conclusion of the argument, which he may have known, even if he does not state it. In any case, there is a marked contrast between the orthodox authors, who stress the catholicity of the Pauline Epistles, and the Marcionite prologues, which show much more interest for the historic origin of each letter in Paul's conflict with false apostles.

Their analogy with Rev. ii-iii established their catholicity of Paul's letters to churches. But what about the letters to individuals? To Victorinus their existence is an additional proof, showing that the Apostle intentionally wrote to seven, and only to seven, churches; afterwards he wrote to individuals. But this line of argument could be used only at a time in which the canonicity of the Pastoral Epistles was no longer a matter of dispute. Marcion and other heretics did not, however, recognize the letters to Timothy and Titus as

---

[1] *Comm. in Eph., Praef.*, ed. Vallarsi VII. 539 f.

[2] *De viris ill.* 5, *Epist.* LIII. 9, *Ad Paulinum.*

[3] *De num.* 38 and 42, *Prooem.* 92 and 94, MPL LXXXIII 176 f., 187.

[4] Wordsworth-White, *Novum Testamentum Latine* II, Oxford 1913 ff., 7, 9, 10 f. Cf. D. De Bruyne, *Rev. Bibl.* XII (1915) 374 and 378.

[5] The preface *"Primum quaeritur quare"*, Wordworth-White II, 1 f. cf. 6.

[6] *Adv. Marc.* V. 17, CSEL XXXXVII, 632.

canonical. Most modern scholars think they were no part of the collection which served as the base for Marcion's revision. Tertullian takes it for granted that he consciously rejected them, and comments ironically upon Marcion's lack of consistency, as he did include Philemon, the only letter which escaped the critical manipulations of the heretic. [1] The Muratorian fragment brings a special argument in favour of the catholicity of the letters to individuals; Paul wrote out of affection and love but consecrated the letters ¦to "the order of ecclesiastical discipline." (Paul is probably to be taken as the logical subject in the clause *"in ordinationem ecclesiasticae disciplinae sanctificatae"*, line 62 f.). The statement comes pretty close to what Tertullian says about the Pastoral letters (*"litteras . . . de ecclesiastico statu compositas"*). [2]

The argument in favour of the catholicity of the letters to churches is—if we accept its premises—considerably stronger than the corresponding argument in favour of the letters to individuals, which would seem to be mostly in need of support. It is, therefore, not unreasonable to ask, whether the argument from the analogy with the letters in Revelation was originally based on the canonical collection of thirteen epistles and not rather upon a pre-Marcionite corpus without the Pastorals. If the letters to the Corinthians and the Thessalonians were regarded as two—and not four—units, and Philemon was closely connected with Colossians being written to (part of) the same church, the *Corpus Paulinum* would, in fact, appear as a collection of letters to seven churches. Even additional evidence, pointing to the existence of an early corpus of this type, can be adduced though it has to be admitted that the argument falls short of proof. [3]

Of all Pauline letters, Philemon was the one which dealt with the

---

[1] *Adv. Marc.* V. 21, CSEL XXXXVII, 649.   [2] *Ibid.*

[3] Cf. J. Knox, *Marcion and the New Testament*, Chicago 1942, esp. 39-46; *Philemon among the Letters of Paul*, 2. ed., New York/Nashville 1959, 71-90. It should be observed that Knox's argument for the existence of a sevenfold collection is not necessarily dependent upon the Goodspeed theory of Ephesians as an introductory letter. Furthermore, Victorinus's order of the letters, identical to that of the Gelasian decree, is remarkable: Rom. 1-2 Cor. Eph. 1-2 Thess. Gal. Phil. Col.. The principle is, as in Marcion's *Apostolikon*, one of decreasing length—if 1 and 2 Thess. are taken as one unit. Cf. *ZNW* LII (1961) 49 note 23, and J. Brinktrine, *Bibl. Zeitschr.* XXIV (1938) 129 f. For further literature cf. C. L. Mitton, *The Formation of the Pauline Corpus of Letters*, London 1955; W. Smithals, *ZNW* LI (1960) 236 note 32; W. G. Kümmel, *Paulusbriefe, RGG* 3. ed., V, Tübingen 1961, 195-198.

most particular subject matter. Already in the second century this fact may, possibly, have caused some doubts as to its general use in the churches. For certain we know that it was excluded from the canon of, at least, those parts of the Syrian Church of which Ephraem was representative. In the introductions to their commentaries, Theodore of Mopsuestia and Chrysostom defend its right to canonicity, as does also Jerome. [1] The latter draws upon a Greek source in which Philemon was defended against a literary attack by some early representative of higher criticism, whose arguments are summarized and refuted. This critic made the point that we have to distinguish between what is said by Christ, speaking in the Apostle, and what Paul said as a human being, e.g. 2 Tim. iv 13 or Gal. v 12. The Epistle to Philemon would in its totality belong to the second category, if it was written by Paul at all; that is to be doubted, as the letter was rejected by some of the older ones. In answer to this it is, among other things, said that it is a great error to think that the Holy Ghost is alienated by concerns for matters of every day life, like those dealt with in Philemon. In the terms used in this article: there is no exclusive contrast between the particularity of the Pauline Epistles and their canonicity or catholicity.

Philemon is the only known example of a Pauline letter explicitly rejected because of its limited scope. Mostly, it was not opposition to the letters, but rather the factual use of them, which made it necessary to provide some reason, or rationalization, for their general use in churches to which they were not addressed. The catholic destination of the Pauline Epistles could be assumed without polemics and without any specific motivation, as in 2 Peter (iii 15 f. cf. i 1), and by Apollonius (at the end of the second century) who critizes the Montanist Themison for his boldness in imitating the Apostle and writing a "catholic" letter. [2] On the other hand, where Paul was rejected or passed over in silence—as by Cerinthus, Papias, Justin, Hegesippus and the Pseudo-Clementines—it was for other reasons than the particularity of his epistles. There is, however, one ancient author who holds Paul in high esteem, and yet neither mentions his letters nor makes, apparently, any use of them, the author of Luke-Acts. It is difficult to believe that he had no

---

[1] *Theodori . . . comm.*, ed. Swete, II, Cambridge 1882, 259 ff.; *Chrysostomus . . . in epist. ad Philem.*, MPG LXII, 702 ff.; *Hieronymus* ed. Vallarsi, VII, 741-44. Cf. Zahn, *Geschichte des ntl. Kanons*, I, 267 ff., II, 997-1006.
[2] Eusebius, *Hist. eccl.* V. xviii. 5.

knowledge of their existence. The possibility, that he knew, but consciously ignored them, has to be taken seriously. [1] The fact, that the letters were written on particular occasions and for particular destinations, may at least have provided one of his reasons for doing so.

However that may be, the need for Pauline letters of a more general type was early felt. In spite of their individual address, I Timothy and Titus have largely the literary character of church-orders, 2 Timothy that of a "testament" of Paul. The very general outlook of Ephesians is one of the reasons which has made many doubt or deny its authenticity. According to one hypothesis, it should be regarded as a revised, "catholic" edition of Colossians. [2] Johannes Weiss made the suggestion, that the author of Ephesians was also the first editor of the Pauline corpus, and responsible for a number of "catholic" interpolations in I Corinthians and other epistles. [3] According to Edgar J. Goodspeed and John Knox, Ephesians was written as an introduction to the first edition of the *Corpus Paulinum*, and actually held the first place in that collection. [4] In this way, the old theory of the sevenfold Pauline corpus has been revived to new popularity, with the difference, that now the author of Ephesians, identified by Knox as Onesimus, is supposed to have transformed the particular letters into a catholic corpus of letters. But even apart from such special theories, any explanation of Ephesians as a non-authentic letter will seek one of the motifs of its author in his wish to preserve the Pauline tradition in the church by creating a Pauline letter of a more general type.

I would, however, like to add that in spite of its "catholicity" even Ephesians appears to have a specific, epistolary function. The letter is —in fact or as fiction— sent to a church, or a number of churches, in Asia Minor. The addressees, former Gentiles who do not know Paul personally, are reminded of the greatness of their calling: they should realize the implications of their incorporation into the body of Christ, and even see how their existence in Christ is bound

---

[1] Cf. G. Klein, *Die zwolf Apostel*, FRLANT 77, Göttingen 1961, 189-201.

[2] W. Ochel, *Die Annahme einer Bearbeitung des Kolosser-Briefes im Epheser-Brief*, Marburg 1934.

[3] Cf. *RGG*, 1. ed. III, Tübingen 1912, 2209; 'Der erste Korintherbrief', Meyer V, 10. ed., Göttingen 1910, XL f., and on 1 Cor. i 2 b, iv 17, vii 17, xi 16 and xiv 33; *Das Urchristentum*, Göttingen 1917, 534.

[4] E. J. Goodspeed, *The Meaning of Ephesians*, Chicago 1933, and a number publications. Cf. p. 264 note 3.

up with the commission given to the Apostle of Gentiles. If the letter is written after the death of Paul, what appears as a distance in space must be taken as a symbol for what was, in fact, a distance in time.

Furthermore, it is unlikely that the text of Eph. i 1, found in the oldest manuscripts, is the original one. The address "to the saints who are also faithful in Christ Jesus" is most unnatural; after τοις ουσιν a geographical designation must have been left out. This omission could easily be explained if the letter was originally issued in several copies with a special address in each of them. In any case, the letter must have had a pre-history before it was published as part of the Pauline corpus. [1] The text without any concrete address is to be understood as a result of a secondary "catholicyzing", to which we have an analogy in the textual tradition of Romans.

In Romans i 7 (and i 15) an omission of the words "in Rome" can be traced back to three sources:

1) The common archetype of the bilingual manuscripts D E F G; I would take this to be not just one manuscript (Corssen's "Z"), but rather a colometric, bilingual edition from the fourth century, an edition of which even the small fragment 0230 (P.S.I. 1306) is a descendant, and which served as model for Gothic-Latin bilinguals. [2] In Rom. i 7, as in many other cases, the original text of this edition is preserved by G: τοῖς οὖσιν ἐν ἀγάπῃ θεοῦ, cf. g: *in caritate | dilectione Dei*. In the text of d: *omnibus qui sunt Romae in caritate Dei*, *Romae* is evidently a secondary insertion.

2) Early Greek manuscripts, probably of the second century, from which the Latin version was made and/or corrected, cf. VulgA D: *Romae in dilectione Dei*, and VulgF* L, Pelagius, Ambrosiaster: *Romae in caritate Dei*. The exposition in Ambrosiaster proves that *Romae* is not an original part of the Old Latin text.

3) The commentary of Origen on Romans, in which, according to a marginal note in 1739 (and 1908), the words "in Rome" were absent both from the text and from the exposition. Rufinus, in his translation, inserted the words, but retained the original in the phrase *"dilectis dei, ad quos scripsit"*. [3]

---

[1] Cf. G. Zuntz, *The Text of the Epistles*, London 1953, 228 note 1, 276-279; N. A. Dahl, 'Adresse und Prooemium des Epheserbriefes', *Theol. Zeitschr.* VII (1951), 241-64.

[2] This I hope to be able to prove on another occasion.

[3] *Comment. in epist. ad. Rom.* I. 8, ed. Lommatzsch VI, 31.

In Rom. i 15 ἐν Ρώμη is again omitted by G. The support for the omission is somewhat weaker here, but the text of D (cf. d: *in vobis Roma*) goes back to that presupposed by G. [1] Traces of the same text are probably to be found in Latin manuscripts (Vulg A D F*) which have *in* before *vobis*. That Origen omitted "in Rome", can still be seen in the translation of Rufinus: *"ita quod in me est, promptus sum et vobis evangelizare."* [2] It seems fairly certain that the text without geographical address can be traced back to the same three sources in Rom. i 15 as in i 7. In fact, the ancient support is as good for this text as for the usual one.

The complicated textual problems connected with the place of the doxology (Rom xvi 25-27) and the ending of the epistle, are further evidence for the existence of more than one recension of Romans. [3] Even if it can not be strictly proved, it is—especially because of the Old Latin evidence—likely, and generally assumed, that the text without geographical address goes back to the "short recension" which ended at xiv 23, eventually followed by a short greeting (*gratia cum omnibus sanctis*) and the doxology. [4] This means that in early days a form of the Epistle circulated in which no geographical reference was found at all; the epistle appeared, not as an epistle to the Romans, but as a catholic epistle of the apostle Paul.

The short recension, omitting "in Rome", is often supposed to be a product of Marcion's textual and literary criticism. [5] But Origen is not very likely to have used a Marcionite text in his commentary. Marcion's influence upon later textual tradition has often been overstressed; the most competent scholars seem, to-day, to prefer the view that he used a "Western" text, common at his time. As he did, in his *Apostolikon*, keep the superscription "To the Romans", he had no reason to change the text of the address. And as already

---

[1] Cf. H. J. Vogels, 'Der Codex Claromontanus', *Amicitiae Corolla*, presented to J. R. Harris, London 1933, 283 f.

[2] I. 12, ed. Lommatzsch VI, 45.

[3] On the textual evidence and different types of solutions, see e.g. the commentaries of Sanday-Headlam, Zahn and Lietzmann. Cf. also R. Schumacher, 'Die beiden letzten Kapitel des Römerbriefs', *Ntl. Abh.* XIV. 4, Münster i. W. 1929, and studies mentionned in the following notes.

[4] Cf. D. De Bruyne, 'La finale Marcionite de la lettre aux Romains retrouvée', *Rev. Ben.* XXVIII (1911) 132-42.

[5] P. Corssen, 'Zur Überlieferungsgeschichte des Römerbriefs, *ZNW* X (1911), 1-45; T. W. Manson, 'St. Paul's Letter to the Romans—and Others', *Bull. of the John Rylands Library*, XXXI. 2, Manchester 1948. Cf. also Sanday-Headlam, Lietzmann and De Bruyne, *op. cit.*

stated, the Marcionite prologues are more interested in the special occasion of each letter than what was common in the Church.

According to other theories, the apostle himself issued the letter in several recensions. J. B. Lightfoot thought that Paul sent copies of his letter to the Romans, without address and without chapters xv and xvi, to other churches. [1] Kirsopp Lake, on the other hand, was inclined to assume that the letter sent to Rome was an expanded copy of an earlier, catholic letter of Paul's, contemporary with Galatians. [2] None of these theories have gained wide support. It is as a letter to Rome that the epistle has an integral function in Paul's apostolic ministry. The theme of the doctrinal section (i 16, 17) is introduced as a motivation for the apostle's intention to preach in Rome, and the whole argument serves to prepare for his coming, for the further mission to Spain, and—quite especially—for the final appeal to the Roman Christians, to join in prayer for Paul's visit to Jerusalem, and thus to solidarize themselves with the Gentile churches in the East, praying that their gift might be well received—and the unity of Jews and Gentiles in the Church be fully recognized. The main section has a general theological character just because of the very specific epistolary situation in which this letter was written.

The deletion of the concrete address, as well as of the last sections of the Epistle, will have to be explained as the result of editorial activity, which must have occured between the times of Paul and Marcion. A theory of T. W. Manson [3], which has been adopted by others, could still hold good. Rom. xvi is supposed to be a postscript, added by the apostle when a copy of his letter to the Romans was sent to Ephesus. However, the arguments in favour of an Ephesian address of Rom. xvi are counterbalanced by the consideration, that it is not easy to understand, how Paul could greet only a limited number of persons in Ephesus, where he was known by the majority. In a letter to Rome, the function of a long list of personal salutations would be obvious. If Rom. xvi is an original part of the letter to Rome, the existence of a text which ended with xv 33 and the doxology—indirectly attested by P [46]—would be a further example of the tendency to make Paul's letters more general; what was too specific, was left out.

---

[1] *Biblical Essays*, London 1893, 287-374, repr. from *Journ. of Philol.* II-III (1869-71). On this theory and earlier ones, cf. Sanday-Headlam xci-xcviii.

[2] *The Earlier Epistles of St. Paul*, London 1914, 335-370.   [3] *Op. cit.*

The same tendency is, probably, to be observed even in the text of
1 Corinthians. The clause "together with all etc." in 1 Cor. i 2b is
often held to be an interpolation, by which the letter was given a
wider and more general address. [1] It can, however, also be argued
that the expansion is genuine, and is to be interpreted in the light of
Jewish liturgical language, and of the Apostle's intention to make
the Corinthians realize that they were not a religious guild of their
own, but part of the Church Universal. [2] Textual evidence would
be more in favour of another theory. In a number of manuscripts the
clause τη ουση εν Κορινθω follows after ηγιασμενοις εν Χριστου Ιησου.
This does not make sense. The best explanation is the hypothesis,
that one of the clauses was lacking in some early manuscripts, was later
added in the margin, and then came into the text at a wrong place.[3]
The two clauses could also have been alternative readings. It is,
therefore, probable that in one branch of early tradition any geographical designation was lacking in 1 Cor. i 2, as in Eph. i 1 and
Rom. i 7. [4]

These three epistles, Romans, 1 Corinthians and Ephesians, are
all, according to modern scholarship, supposed to have stood at the
beginning of some old edition of the *Corpus Paulinum*. The hypothesis might, therefore, be ventured, that in each one of three subsequent editions the first letter was given a general address. But
after all, it is not certain that 1 Corinthians, and very doubtful
whether Ephesians ever held the first position. The edition of
Paul's collected letters would in itself imply the general importance
of all of them. In order to show that Paul was speaking to all
churches, when he wrote to one, it would neither be necessary nor
sufficient to give the first letter in the collection a general address.

I would rather like to link the generalized addresses with another,
well established fact: 1 Corinthians, Romans and Ephesians are the
three epistles which are most often echoed in writings of pre-

---

[1] Cf. J. Weiss *ad loc.* and many after him.

[2] Cf. Lietzmann *ad. loc.*; U. Wickert, *ZNW* L (1959), 73-82.

[3] Cf. H. J. Vogels, *op. cit.*, 287; his explanation seems more likely than
that of G. Zuntz, *op. cit.*, 91 f. who supposes the 'sanctified'-clause to have
been absent from some ancestor manuscript.

[4] There is a slight possibility that even 2 Thessalonians once circulated
in a form without geographical address, as Polycarp seems to have taken
the letter to be written to Philippi, Polyc. Phil. XI 3, cf. III 2. According to
E. Schweizer, *Theol. Zeitschr.* I (1945), 90-105, 286-89, cf. II (1946) 74, it
originally was.

Marcionite Christian authors. [1] It is reasonable to assume that these epistles circulated among the churches before the publication of a Corpus Paulinum. [2] Each of them, I would think, were published in separate editions; in such editions the particular addresses could be left out in order to make the letters "catholic". Some vestiges of them are still left in the textual tradition of the collected corpus.

To sum up: The particularity of the Pauline Epistles was felt as a problem, from a time before the *Corpus Paulinum* was published and until it had been incorporated into a complete canon of New Testament Scriptures. Later on, the problem was no longer felt, but the tendency towards generalizing interpretation has remained, not only when the Epistles were used as dogmatic proof-texts, but also when they served as sources for reconstruction of a general "biblical theology" or a system of "paulinism." Even "existential interpretation" and the approach of "Heilsgeschichte" may lead to similar consequences. In a way, a generalization is unavoidable, if the Pauline letters shall at all be read as Scriptures relevant to the whole church and not simply as historical documents. It is also legitimate because there is an implicit catholicity of the Pauline letters. Yet Cullmann is right in saying that the argument of the Muratorian fragment was based upon "a false presupposition"[3] —the assumption that the canonicity and catholicity of the epistles can be stressed only at the expense of their particularity. To the apostle himself, letters to particular churches written on special occasions were the proper literary form for making theological statements. Of this fact both exegesis and theology, not to mention preaching, have to take account. The particularity of the Pauline epistles points to the historicalness of all theology, even that of the apostle.

---

[1] Cf. e.g. *The New Testament in the Apostolic Fathers*, Oxford 1905; A. E. Barnett, *Paul becomes a Literary Influency*, Chicago 1941.

[2] The earliest direct references to Pauline Epistles, I Clement XLVII 1 f., Ignatius Eph. XII 2, Polycarp Phil. III 2 and XI 3, are not very favourable to any theory of a standard edition of the Pauline corpus before 100 A.D. The question whether our whole textual tradition goes back to one archetypical manuscript of the whole collection, will need further investigation, cf. B. M. Metzger, *The Bible Translator* IX (1958), 132; G. Bornkamm, 'Die Vorgeschichte des sogenannten Zweiten Korintherbriefes', *Sitzb. Heidelb. Ak. d. Wiss.*, Ph.-h. Kl., 1961, 2, 33-36.

[3] *Op. cit.*, 41 note 3.

LORD'S DAY AND EASTER

BY

C. W. DUGMORE

It is generally assumed that Sunday was everywhere observed by Christians as the chief, if not the only day on which they met together for public prayer from the very beginning of the Christian Church until some time in the third or fourth century, when the daily offices of the monastic Hours began to evolve. It is, further, generally assumed that the Eucharist was the service which took place on Sunday, even in the Apostolic Age, though scholars have disputed as to whether or not this primitive Mass or Eucharist was normally accompanied by a common meal (*Agape*). True, we read in Acts ii 46 that the early Jewish Christians at Jerusalem, καθ' ἡμέραν τε προσκαρτεροῦντες ὁμοθυμαδὸν ἐν τῷ ἱερῷ, κλῶντές τε κατ' οἶκον ἄρτον, μετελάμβανον τροφῆς ἐν ἀγγαλιάσει καὶ ἀφελότητι καρδίας. But the presence of the Apostles in the Temple and their participation in the Synagogue services (which is attested elsewhere in Acts) has been generally regarded as something specifically Jewish which ceased to have any direct influence upon Christian worship after the fall of the Temple and the emergence of a largely Gentile Church; and the mention of the breaking of bread is taken to be a reference to a primitive eucharistic meal, the forerunner of the later liturgical Mass.

The present writer has set out elsewhere [1] such evidence as we possess that the Synagogue (as distinct from the Temple) did, in fact, influence both the form of service and the times at which Christians met together for public prayer in the first four centuries of our era to a much greater extent than has sometimes been recognised. It seems that, not only did the early Christians take over into their own public prayer the four main elements of Synagogue worship, viz. Scripture lections, exposition of the portions of Scripture just read in a homily or sermon, psalmody, and prayer, but also that such public prayer took place at the same times as the older Synagogue prayers, viz. at dawn and at sunset.

---

[1] *The Influence of the Synagogue upon the Divine Office*, Oxford 1944.

This much seems clear from Tertullian's remark in his *De Orat.*, xxv, where, in commending the new custom of praying at the third, sixth and ninth hours, he says 'exceptis utique legitimis orationibus, quae sine ulla admonitione debentur ingressu lucis et noctis'. Both Cyprian and the *Apostolic Tradition* of Hippolytus prescribe prayer at these five times each day. 'Thus the influence of the virgins and ascetics was already plainly felt at the beginning of the third century. The prayers at *Terce*, *Sext*, and *None*, once added to the older morning and evening offices, quickly became established in the regular cycle of prayer'. [1]

At about the same date a *daily* Mass is attested in North Africa (Cyprian, *Epp.*, liv 3, lvi 1). It does not follow that this custom obtained elsewhere—it was certainly unknown in the East at this date—and it seems that the practice in most churches was to celebrate the Eucharist on Saturdays and Sundays and on the Station Days. On these days the daily office, derived from the Synagogue and consisting of the four elements of Scripture lections, a homily, prayer and praise, became the *Missa Catechumenorum* and it was followed by the *Missa Fidelium*, containing the *Anaphora* of the Eucharistic Rite.

But are we right in assuming that Sunday was everywhere observed by Christians from the Apostolic Age onwards as the chief occasion of public prayer, or that it was a day on which the Eucharist was celebrated weekly from the very beginning? and at what time on the Sunday was the Eucharist offered? While noting that the name of Sunday first occurs in the middle of the second century, in Justin Martyr (I *Apol.*, lxvii), and that it was the Jewish Sabbath which set the pattern of a weekly Christian day of worship, Dr. Allan McArthur maintained that the Lord's Day, the first day of the week 'is the foundation of the entire structure' of the Christian year. [2] For him, the Lord's Day, kept as a weekly commemoration of the Resurrection of the Lord 'must long have been supreme', certainly by the sixth decade of the first century when Paul wrote to the Church at Corinth and referred casually to 'the first day of every week' (1 Cor. xvi 2). [3] Professor Cullmann has stated categorically: 'Pour les premiers chrétiens, le dimanche était donc une fête de la résurrection. On

[1] *Ibid.*, 68.
[2] A. Allan McArthur, *The Evolution of the Christian Year*, London 1953, 13.
[3] *Ibid.*, 22.

oublie trop facilement aujourd'hui qu'alors Pâques n'était pas célébré une fois par an seulement, mais chaque semaine'. [1] In later German editions of this work he has taken his argument even a stage further and implied that the weekly Sunday observance is older than the festival of Easter itself, when he says: 'Jeder Herrentag war ein Osterfest, denn dieses war noch nicht auf einen einzigen Sonntag im Jahre beschränkt'. [2] On the other hand, Duchesne was rather more cautious when he wrote: 'From *a very early period* (my italics) the Christians adopted the Sunday . . . the observance of the Sunday was at first supplemental to that of the Sabbath, but in proportion as the gulf between the Church and the synagogue widened, the Sabbath became less and less important, and ended at length in being entirely neglected'. [3]

The descriptions that we possess of the Christian Eucharist before the time of the *Apostolic Tradition* are extremely sketchy. Justin Martyr gives us a brief account of how τὴν δὲ τοῦ ἡλίου ἡμέραν κοινῇ πάντες τὴν συνέλευσιν ποιούμεθα, ἐπειδὴ πρώτη ἐστὶν ἡμέρα κτλ. (I *Apol.*, lxvii). But, as was said above, this is the first mention of Sunday as a day of Christian worship. Is there any real evidence of Sunday worship before the middle of the second century? and are we right in assuming that because the phrase ἡ κυριακὴ ἡμέρα came to be used later in the technical sense of *dies dominica* (= Sunday) that ἐν τῇ κυριακῇ ἡμέρᾳ in Rev. i 10 meant 'on Sunday'? It is sometimes worth reconsidering what most people regard as a *chose jugée*, even if no startling conclusions can be definitely proved.

First, then, is it not remarkable how little evidence there is in the New Testament and in the literature of the Sub-Apostolic age that Sunday was the most important day in the Christian Week, if in fact it was the occasion of the supreme act of Christian worship, viz. the Eucharist? The 'first day of the week' is mentioned in the Gospels in all the narratives of the Resurrection. In Acts xx 7, on the occasion of Paul's discourse at Troas, we read that ἐν δὲ τῇ μιᾷ τῶν σαββάτων συνηγμένων ἡμῶν κλάσαι ἄρτον ὁ Παῦλος διελέγετο αὐτοῖς. 'To break bread' is the usual Jewish expression for 'to begin a meal, to say Grace (*birkath ha-māzōn*)' [4], and it would be

---

[1] O. Cullmann, *Le culte dans l'Eglise primitive*, Neuchatel-Paris 1948, 9.

[2] O. Cullmann, *Urchristentum und Gottesdienst*, 2 Aufl., Zürich 1950, 14.

[3] L. Duchesne, *Christian Worship*, Eng. Trans. 5th ed., London 1923, 47.

[4] Cf. b. Ber. 46 a, 47 a etc.

perfectly natural for the Christians in Troas to meet for a farewell supper on the night before Paul's departure and hear his parting words to them. There is no mention of a cup, nor even of any prayers or chants: Paul's discourse does not follow the reading of Scripture lections. [1] According to Acts xvii 2-3 Paul attended the Synagogue ἐπὶ σάββατα τρία at Thessalonica κατὰ δὲ τὸ εἰωθὸς and expounded the Scriptures, but there is no mention anywhere in Acts or in the rest of the New Testament of regular assemblies for worship ἐν τῇ μιᾷ τῶν σαββάτων. The statement in Acts xxvii. 35 that on board ship Paul λαβὼν ἄρτον εὐχαρίστησεν τῷ θεῷ ἐνώπιον πάντων καὶ κλάσας ἤρξατο ἐσθίειν need mean no more than that he said Grace before his meal. It is *possible* that the meal at Troas was an *Agape*, but it would be dangerous to argue from this passage that Paul always 'made Eucharist' (in the technical sense of the word εὐχαριστία) on the first day of the week. In his own Epistles the references to the Eucharist are sparse and no indications of the time of its celebration are given. Nothing is said of any act of worship, let alone a Eucharist, in connexion with the command to lay aside alms κατὰ μίαν σαββάτου in I Cor. xvi 1, 2. The Ignatian Epistles mention it more frequently, but likewise without any indication of time. The *Didache*, whose date now tends to be placed earlier rather than later, gives explicit directions for a eucharistic assembly κατὰ κυριακὴν δὲ κυρίου—a strange expression which is usually translated 'on the Lord's own day'. But does the κυριακὴ κυρίου in this passage necessarily indicate Sunday, the first day of the week? *Did.*, ix and x have already given us the 'eucharistic' prayers which accompanied the Christian assembly for a common meal. The phrase μετὰ δὲ τὸ ἐμπλησθῆναι of *Did.*, x 1 is noteworthy. Dom Connolly regarded this passage as a reference to the Christian *Agape*, while he took *Did.*, xiv to refer to the Sunday Eucharist. [2] More recently Jean-Paul Audet, who considers that the *Didache* saw the light of day at Antioch between A.D. 50 and A.D. 70 [3], has distinguished

---

[1] Kirsopp Lake (*The Beginnings of Christianity*, London 1933, iv. 225) thought that 'it is hard to avoid the conclusion that the meeting in Troas was on Sunday, not Saturday evening', and F. C. Burkitt (*J.T.S.*, xiv. 546) agreed with Lake that 'St. Luke habitually thought of day and night much as we do. The whole night did not belong to the following day, as in the legal Jewish Kalendar'. If the gathering at Troas occurred during the night of Sunday-Monday it is still less likely to have been a formal Eucharist.

[2] *Downside Review*, lv (1937), 477-489.

[3] J.-P. Audet, *La Didachè*, Paris 1958, 219.

between different stages in the editing of the complete work. Thus he would place what he calls 'l'instruction sur la synaxe dominicale, au ch. 14' 'dans le deuxième état du recueil, et l'instruction sur l'"eucharistie" des ch. 9-10, dans le premier état du recueil'. [1] He rightly stresses the fact that the terms 'eucharistie' and 'action de grâce' derive from the Jewish berâkhâh, and that the εὐχαρισ-τοῦμέν σοι of ix 1-3 and x 1 is a blessing of God, not of the cup and the bread, in accordance with the Jewish practice of grace before and after meals. [2] But the evidence in support of the alleged 'premier état' and 'deuxième état' is unconvincing and he later confuses the issue when he says of the key-phrase ἡ θυσία of xiv. 1, 2: 'Ses implications essentielles ne sauraient différer de celles de l',,eucharistie" elle-même'. [3] There is, surely, a fundamental difference between the Jewish-Christian berâkhôth of ix-x, which were very probably used at the weekly Christian celebrations of the Sabbath evening meal (? = the Agape), on the one hand, and on the other hand, the offering of the θυσίαν καθαράν, after confession of sins, κατὰ κυριακὴν δὲ κυρίου, of xiv. May it not be possible that the latter refers to the annual ἀνάμνησις of the Passion and Resurrection at Easter?

Let us examine for a moment the strange phrase κατὰ κυριακὴν δὲ κυρίου of Did., xiv 1. This is the reading of MS. Hierosolymitanus 54, printed by Bryennios, Harnack, Rendell Harris, Lightfoot and others. To translate it by 'on the Lord's Day of the Lord' makes nonsense. If we take κυριακή in its later meaning of 'Sunday', we get 'on the Sunday of the Lord'. Since every Sunday is the Lord's Day, the Sunday of the Lord can only mean the Sunday on which he rose from the dead, i.e. Easter Sunday, but the phrase is infelicitous. Audet, therefore, has adopted instead the reading based on the Georgian version published by Péradzé [4]—καθ' ἡμέραν δὲ κυρίου—rejecting the κυριακὴν as a marginal note intended to explain the archaic expression ἡμέρα κυρίου. [5] He considers that Const. Apost., vii. 30 1. (τὴν ἀναστάσιμον τοῦ κυρίου ἡμέραν, τὴν κυριακὴν φαμεν) [6] 'glose sur son texte en ajoutant ἀναστάσιμον, mais

---

[1] Ibid., 373.

[2] Ibid., 377, 399.

[3] Ibid., 463.

[4] In ZNTW., xxxi (1932), 111-116.

[5] Audet, op. cit., 72.

[6] Text in F. X. Funk, Didascalia et Constitutiones Apostolorum, Paderborn 1906, i 418.

la glose elle-même est déjà un certain indice de la présence de ἡμέρα κυρίου dans l'écrit de base'. [1] He adds, 'on comprendrait moins bien autrement l'addition explicative'. [2] It is, however, quite clear from this passage that, for the compiler of *Const. Apost.*, vii, ἡ ἡμέρα κυρίου was τὴν ἀναστάσιμον τοῦ κυρίου ἡμέραν, the day of the resurrection of the Lord, i.e. Easter Sunday, which was still known to Christians of the third quarter of the fourth century in Syria as ἡ κυριακή. Why should we doubt that the phrase ἐν τῇ κυριακῇ ἡμέρᾳ (Rev. i 10) of the Jewish-Christian seer, writing just before the close of the first century, equally refers to Easter Sunday? What day could be more fitting for him to experience a vision of the Risen and Glorified Christ? It is most significant that the description of our Lord in Rev. i 14 is in terms of the traditional Jewish picture of the Almighty, taken from the vision of the 'ancient of days' of Dan. vii 9. It is also noteworthy that the writer of the *Apocalypse* is the only other New Testament writer who can make the claim which St. Paul makes (1 Cor. ix 1, xv 8) to have himself seen the Risen Lord. That he sees him as an apocalyptic figure, rather than a human and historical person (cf. Paul), is wholly in accordance with the Old Testament prophetic idea of 'the Day of the Lord', 'the Day of Judgement' (Is. ii 10-22, Jer. xxx 7 ff., Joel iii 12-17 etc.). On our Lord's own lips ἡ ἡμέρα κυρίου was frequently described as ἡ ἡμέρα κρίσεως (Mt. x 15, xi 22, 24, xii 36, 41-42). It is not possible to discuss here the re-interpretation of traditional Jewish apocalyptic and eschatological ideas in the New Testament and the Early Church, nor the doctrine of the *Parousia*. Whether or not J. A. T. Robinson is right in regarding the Passion and Resurrection as inaugurating the *Parousia* [3], there can be no possible doubt as to the centrality of the Resurrection in the primitive *Kerygma*. [4] Cullmann has pin-pointed the matter in his pregnant phrase, 'mit Christi Auferstehung sei die Endzeit schon eingeleitet'. [5] The eschatological *yōm Yahvēh* of the Old Testament is fulfilled in the day of the Resurrection of Christ (ἡ ἡμέρα κυρίου, ἡ κυριακή) which inaugurates the 'Days of Messiah' and, in turn, anticipates the final ἡμέρα ὀργῆς καὶ ἀπο-

---

[1] Audet, *op. cit.*, 72.

[2] *Ibid.*

[3] J. A. T. Robinson, *Jesus and His Coming*, London 1957, 176-177.

[4] Cf. C. H. Dodd, *The Apostolic Preaching and its Developments*, London 1936; A. M. Ramsey, *The Resurrection of Christ*, London 1945.

[5] O. Cullmann, *Die Christologie des neuen Testaments*, Tübingen 1957, 213.

καλύψεως (Rom. ii 5) which is also the ἡμέρα ἀπολυτρώσεως (Eph. iv 30).

That the Passion and Resurrection of Jesus Christ took place at the season of the Jewish Passover is pre-supposed by all four Evangelists and by St. Paul, whether or not the Last Supper was actually a Passover meal. J. Jeremias has argued cogently in favour of the equation of the Last Supper with the Jewish Passover and holds that the recollection of the fact was so firmly established in the Christian tradition that it could not be removed even by the established ritual, but he points out that 'die Nachricht der Synoptiker, Jesu leztes Mahl sei ein Passamahl gewesen, vom Ritus der Gemeinde abweicht. Die Gemeinde feiert das Abendmahl ja nicht nach dem Passaritus, auch nicht nur einmal jährlich, sondern täglich bzw. sonntäglich'.[1] It is quite true that the developed eucharistic rite, as we find it in *Ap. Trad.* and later, was not modelled on the Passover *Haggādhā*, and by this time weekly or even daily celebrations were usual, but it is well to remember the Quartodeciman controversy[2] during the second century. Moreover, as Dom Gregory Dix pointed out[3], both the Roman rite of c. A.D. 200 and the Christian paschal liturgy of Asia Minor reflected in Melito's *Homily on the Passion*, c. A.D. 190, included the reading of the account of the Israelite Passover in Exod. xii. The connexion between the Christian Passover and the Resurrection of Christ is clear from the following passage in Melito[4]: ἐγὼ γάρ εἰμι ὑμῶν [ἡ] ἄφεσις, ἐγὼ τὸ πάσχα τῆς σωτηρίας, [ὁ] ἀμνὸς ὁ ὑπὲρ ὑμῶν σφαγείς . . . ἐγὼ ὑμῖν ἡ ἀνάστασι[ς]. Now this primitive Christian commemoration of the Cross and Resurrection was an annual and not a weekly event. The pre-eminence of Easter Sunday over other Sundays is shown in the fact that catechumens were normally baptised and made their first communion at Easter: indeed, it is remarkable that Hippolytus, who provides us with the first full account of the liturgical Eucharist that we possess, only mentions it in connexion with the consecration of a bishop and the Christian *Pascha*.[5] Ter-

---

[1] J. Jeremias, *Die Abendmahlsworte Jesu*, 2nd ed. Göttingen 1949, 34.

[2] See further, C. W. Dugmore, 'A Note on the Quartodecimans' in *Studia Patristica IV* (Texte und Untersuchungen, 79), 1961, 411-421.

[3] G. Dix, *The Shape of the Liturgy*, London 1945, 338.

[4] *Die Passa-Homilie des Bischofs Meliton von Sardes*, ed. B. Lohse, Leiden 1958, 36 (ll. 695-702).

[5] *Ap. Trad.*, iv and xxiii. It is expressly distinguished from the supper or common meal of *Ap. Trad.*, xxvi.

tullian also speaks of the day of *Pascha* as the proper time for administering baptism (*De Bapt.*, xix).

Long before the compilation in the late fourth century of the composite work known as the *Constitutiones Apostolorum*, the word κυριακή had come to be applied to Sunday. It is thus used by itself in the singular in *C.A.*, ii 47. 1; iii. 6. 5; vii 23. 3; vii 36. 2, 6; viii 33. 2. In more than one of these passages the Sabbath is described as a memorial of the Creation and Sunday as a memorial of the Resurrection. The older use of κυριακή as the actual festival of the Resurrection, i.e. Easter, can still be seen, however, in other passages incorporated into *C.A.* We have already considered above *C.A.*, vii. 30. 1 (= *Did.*, xiv. 1). Further, in the description of the Christian *Pascha* given in *C.A.*, v. 19. 3 the Christians are bidden to assemble in the church and keep vigil ἐπιφωσκούσης μιᾶς σαββάτων, ἥτις ἐστὶ κυριακή, ἀπο ἑσπέρας ἕως ἀλεκτοροφωνίας, at which hour the fast was to end and the catechumens were to be baptised. The use of κυριακή as a technical term for Easter Day thus seems to be reasonably attested. Its use as a normal description of the first day of every week would only have been possible after Sunday had become a regular day of worship among Christians and had come to be thought of as a weekly commemoration of the Resurrection.

It may be objected that already in the early years of the second century Ignatius affords evidence that the Christian Sunday had displaced the Jewish Sabbath and that it was known as ἡ κυριακή. The well-known passage (*Ad Magn.*, ix . 1), containing the words μηκέτι σαββατίζοντες ἀλλὰ κατὰ κυριακὴν ζῶντες, has often been taken to indicate the abrogation of the observance of the Sabbath and the keeping of the Lord's Day in its place. But, as a matter of historical fact the Sabbath did not disappear as a day of Christian worship until the late fourth or early fifth century. [1] There is, however, a great deal of discussion in the patristic writers down to and including Augustine about the true, spiritual observance of the Sabbath, as opposed to the Jewish observance. It seems reasonable, then, to regard *Ad Magn.*, ix. i as being in line with the general teaching of the Fathers, which goes back to Col. ii 16, Gal. iv 10, and, indeed, Mk. ii 27-28. We might then translate: 'no longer keeping the Jewish Sabbath (i.e. living by the strict letter of the

---

[1] On this see my *Influence of the Synagogue upon the Divine Office*, 28-37 *et passim*.

Law), but living by Easter (i.e. in the Easter faith)'—and this is almost required by the following words: ἐν ᾗ [sc. ἡμέρᾳ] καὶ ἡ ζωὴ ἡμῶν ἀνέτειλεν δι' αὐτοῦ καὶ τοῦ θανάτου αὐτοῦ. The contrast is between the Law and the Gospel [1], and echoes the thought of Rom. vi 4 ff. Certainly this is the sense in which the passage was taken by the author of the spurious longer recension of Ignatius (μηκέτι οὖν σαββατίζωμεν Ἰουδαϊκῶς . . . ἀλλὰ ἕκαστος ὑμῶν σαββατιζέτω πνευματικῶς), who further defines τὴν κυριακήν as τὴν ἀναστάσιμον, τὴν βασιλίδα, τὴν ὕπατον πασῶν τῶν ἡμερῶν, ἣν περιμένων ὁ προφήτης ἔλεγεν, εἰς τὸ τέλος κτλ. [2]

It is certainly remarkable that there is no mention of the Eucharist in connexion with the celebration of the eighth day in *Barnabas*, xv 9, although this eschatological passage already seems to regard the eighth day as a memorial of both the Resurrection and the Ascension. Pliny's description of a Christian assembly *stato die ante lucem* (*Epp.*, x. 96) has frequently been taken to refer to the first day of the week—though it could equally well refer to the Sabbath—and it is pure assumption to claim that the reassembly of the Bithynian Christians *ad capiendum cibum, promiscuum tamen et innoxium* was for the purpose of offering the eucharistic sacrifice. The evidence of this letter is, indeed, too meagre to enable us to draw any conclusions other than that the Christians met on some fixed day (or days) *ingressu lucis* (cf. Tertullian) to offer prayer and recite the Decalogue and that, at some unspecified time, they held a common meal. It is not until about A.D. 150 that we find any clear and unmistakeable reference to a regular meeting of Christians for worship, including the Eucharist, on the 'day of the Sun' (Justin, I *Apol.*, lxvii).

H. Riesenfeld may well be right in regarding the weekly gatherings of the primitive Christian community as implying 'un prolongement du sabbat' [3]—out of which the weekly κυριακή would in

---

[1] Although Lightfoot translates κατὰ κυριακήν by 'living after the Lord's day', he comments that it 'signifies not merely the observance of it . . . it symbolizes the hopes of the Christian, who rises with Christ's resurrection, as he dies with Christ's death. It implies the substitution of the spiritual for the formal in religion': J. B. Lightfoot, *The Apostolic Fathers*, II. i. 129 (1885). Cf. H. Riesenfeld, 'Sabbat et Jour du Seigneur' in *New Testament Essays: studies in memory of T. W. Manson 1893-1958*, ed. A. J. B. Higgins, Manchester 1959, 215.

[2] Lightfoot, *op. cit.*, II. ii. 757-758, and see *ibid.*, 758 nn. 2, 3.

[3] H. Riesenfeld, *op. cit.*, 213.

course of time naturally arise. He nevertheless correctly sum-
marises the matter when he says: 'La journée du dimanche ne se
distinguait certainement pas, pour la plupart des chrétiens pendant
les deux premiers siècles, des autres jours ordinaires de la semaine,
ni dans le milieu juif, ou le sabbat continuait d'être le jour de repos,
ni dans le monde hellenistique ou romain... L'institution du
dimanche comme jour sacré officiel fait partie d'une évolution qui
appartient à une époque ulterieure.. Ce ne fut qu'en ce temps-là
[sous Constantin] que l'observance du dimanche a affecté l'aspect
extérieur du premier jour le la semaine'. [1]

---

[1] *Ibid.*, 214.

FIGURE ET ÉVÉNEMENT CHEZ MÉLITON DE SARDES

PAR

JEAN DANIÉLOU

F.-L. Cross écrivait récemment que l'*Homélie sur la Pâque* de Méliton était le texte le plus important qui nous ait été restitué du christianisme ancien durant ce siècle. Et il ajoutait qu'elle n'avait pas encore retenu l'attention des historiens et des théologiens autant qu'elle le méritait. [1] La cause en est peut-être d'abord que le Papyrus Chester Beatty (A) qui la contient, publié pour la première fois en 1940 par Campbell Bonner, présentait d'importantes lacunes qui rendaient l'usage difficile [2]. Et d'autre part des doutes planaient encore sur son authenticité. Il n'en est plus ainsi aujourd'hui. En ce qui concerne le texte, le Papyrus Bodmer XIII (B), publié en 1960 par Michel Testuz, comble les lacunes du Papyrus Chester Beatty, sauf pour le début [3]. Et l'Epitome latin, édité par Henry Chadwick, supplée à cette dernière déficience [4]. On a ainsi tous les éléments pour l'établissement d'un texte critique. Je remarque que le texte du Papyrus Chester Beatty, s'il présente des lacunes, est, par ailleurs meilleur que celui du Papyrus Bodmer. Quant à l'authenticité, elle n'est plus aujourd'hui contestée, après les études de Wifstrand [5], de Peterson [6], de Schneemelcher [7].

Je voudrais traiter dans cette note d'un passage capital de

---

[1] *The Early Christian Fathers*, Londres, 1960, p. 104.

[2] *The Homily on the Passion by Melito, Bishop of Sardes*, Studies and Documents XII, Cambridge, 1940. Voir l'édition critique qu'en a donné B. Lohse, *Die Passa Homilie des Bischofs Meliton von Sardes*, Leyde, 1958. Elle tient compte des corrections proposées par A. Wifstrand, dans l'article cité ci-dessous (W).

[3] *Méliton de Sardes, Homélie sur la Pâque*, Papyrus Bodmer XIII, Cologny Genève, 1960.

[4] A Latin Epitome of Melito's Homily on the Pascha, *J T S, N S*, 11, 1960, p. 76-82.

[5] The Homily of Melito on the Passion, *V C*, 2 (1947), p. 201-223.

[6] Ps. Cyprian, Adversus Judaeos and Melito von Sardes, *V C*, 6 (1952), p. 33-41.

[7] *Der Sermo De Anima et Corpore — Ein Werk Alexanders von Alexandrien*, Festschrift für Günther Dehn, 1957, p. 119 sq.

l'*Homélie* concernant les rapports des deux Testaments (35-45).
Cette étude convient particulièrement à un Hommage à Oscar
Cullmann. Elle se rattache en effet à la question du Christ et du
temps et plus particulièrement à celle des καιροί, qui a fait l'objet
de l'ouvrage le plus justement célèbre de Cullmann. Je dois per-
sonnellement beaucoup à ce livre et ma participation à ce volume
d'hommage est pour moi l'acquittement d'une dette de reconnaissance. Elle est aussi le témoignage de cette redécouverte d'une pro-
blématique commune, qui est la plus grande chance de ce rapprochement entre les chrétiens séparés, si cher à Oscar Cullmann. Et
enfin une étude patristique ne sera pas déplacée dans un hommage
à un savant qui n'a jamais séparé l'étude du Nouveau Testament de
celle de la première littérature ecclésiastique.

Le passage que nous étudions commence par l'affirmation que
,,les paroles (τὸ λεγόμενον) et les événements (τὸ γινόμενον) (de
l'Ancien Testament) ne sont rien que parabole (παραβολῆς) et
ébauche (προκεντήματος)''. Ce texte est l'un de ceux qui manquaient
dans le Papyrus Chester Beatty et que vient de nous restituer le
Papyrus Bodmer. Il appelle plusieurs remarques. La première est la
distinction précise des paroles et des événements. Les uns et les
autres sont orientés vers le Nouveau Testament. Mais les paroles
sont des paraboles, les événements des ébauches. Méliton sera
constant dans toute l'Homélie sur cette distinction. Il dira plus
loin: ,,Le salut et vérité du Seigneur ont été préfigurés (προετυπώθη)
dans le peuple et les enseignements de l'Evangile proclamés à
l'avance (προεκηρύχθη) dans sa Loi. Le peuple était la forme de
l'ébauche (τύπος προκεντήματος) et la Loi la lettre de la parabole
(γραφὴ παραβολῆς) [1]. Mais l'Evangile est l'explication (διήγημα) et
l'accomplissement (πλήρωμα) de la Loi et l'Eglise le réceptacle de
la réalité (ἀποδοχεῖον ἀληθείας)'' (39-40) [2].

Méliton distingue ici avec rigueur deux réalités différentes. Il y a
d'abord les paroles, les prophéties, qui sont des textes. Il y a de
l'autre les événements, les figures, qui sont des faits. Les textes
seront expliqués par l'Evangile, les faits seront accomplis dans
l'Eglise. Le problème du sens de l'Ecriture et le problème du sens de
l'histoire sont soigneusement distingués. Ils seront plus tard con-
fondus par Origène, qui, là du moins où il ne dépend pas de Méliton,

---

[1] On notera l'opposition de τύπος et de γραφή.

[2] 'Αποδοχεῖον s'explique par ce qui suit: la figure est vidée (κενοῦται) (42)
quand la réalité est remplie.

comme nous le verrons, s'intéresse uniquement à l'Ecriture, dans laquelle il voit une immense parabole et réduit le τύπος à l'ἀλλη-γορία, en réduisant le sens de l'événement au sens du texte.

Méliton applique d'ailleurs sa théorie dans sa pratique. Voulant montrer que le mystère du Christ est préparé dans l'Ancien Testament, il parle d'abord des préfigurations: ,,Le Seigneur avait auparavant préfiguré (προοικονόμησεν) ses souffrances dans les patriarches, les prophètes et tout le peuple'' (57). Et il donne une liste de figures: Abel tué, Isaac lié, Joseph vendu, Moïse exposé, David traqué, les prophètes persécutés, l'agneau immolé (59-60). Puis il donne une liste de prophéties: Deut. xxviii 66; Ps. ii 1; Jér. xi 19; Is. liii 7-8. La première est particulièrement intéressante: ,,Vous verrez votre vie suspendue devant vos yeux nuit et jour et vous ne croirez pas en votre vie'' [1]. Méliton est le premier à voir dans ce texte une prophétie du Christ suspendu au bois. Il se retrouvera chez Clément d'Alexandrie et Irénée, peut-être en dépendance de Méliton. A date ancienne l'incise ἐπὶ ξύλου y sera introduite [2].

La distinction que fait Méliton entre les λεγόμενα et les γινόμενα ne lui est pas propre. Elle est déjà très clairement indiquée par Justin qui en fait une des lois de l'exégèse: ,,Tantôt l'Esprit-Saint a fait qu'il se produise visiblement quelque chose qui était une figure de l'avenir (τύπος τοῦ μέλλοντος. Voir Rom. v 14). Tantôt il a prononcé des paroles sur ce qui devait arriver . . . Si quelqu'un ne connaît pas ces règles (τέχνην) il ne pourra même pas suivre les Ecritures prophétiques comme il le faut'' (Dial., CXIV, 1. Voir XC, 2). Elle se retrouve chez Irénée, qui groupe lui aussi les τύποι d'une part, les λόγοι de l'autre dans la Démonstration de la prédication Apostolique. Clément d'Alexandrie à son tour dira que beaucoup ,,ont indiqué d'avance par des actes et des paroles'' la venue du Seigneur et son enseignement (Strom. VI, 18, 166, 4). Mais nulle part la distinction n'est aussi clairement marquée que chez Méliton.

Il est intéressant aussi de noter le vocabulaire qu'il emploie pour désigner les figures. Le mot technique est τύπος. J'en ai relevé dix-sept exemples. Au paragraphe 3, là où Campbell Bonner avait conjecturé κόσμον, Chadwick a montré d'après le latin qu'il fallait

---

[1] Testuz traduit: ,,Vous ne serez pas en sécurité'', ce qui est plus près du sens du Deutéronome, mais méconnaît que le texte est interprété par Méliton dans un sens christologique.

[2] Voir J. Danielou, Das Leben das am Holze hängt. Kirche und Uber-lieferung (Festschrift Geiselmann), Freiburg im Breisgau, 1960, p. 22-35.

restituer τύπον. Il faut ajouter τυπικός, προτύπωσις, προτυποῦν. L'usage technique de τύπος pour le sens figuratif des événements, des personnages et des institutions de l'Ancien Testament remonte au Nouveau Testament (Rom., v 14; I Petr. iii 21). Il est repris par *Barnabé*, Justin et, après Méliton, par Irénée [1]. Les autres mots sont des commentaires de τύπος. Le plus intéressant est προκέντημα, ébauche, qui se trouve chez Sextus Empericus (*Adv. Log.* I, 107) pour l'ébauche d'une statue. Nous aurons à y revenir, car il caractérise la conception mélitonienne du τύπος.

On voit que toutes ces expressions se réfèrent à un objet qui en imite un autre. On a la contre-partie si on prend les mots qui désignent la réalité comme correspondant à la figure. L'expression technique est ἀλήθεια (5, 37, 39, 40, etc...) Il y a aussi ἔργον, qui s'oppose à προκέντημα (36, 38). Par contre nous ne rencontrons jamais ἀλληγορία, pas plus que chez Justin ou chez Irénée. Le mot sera introduit par l'école d'Alexandrie dans une perspective littéraire, qui n'est pas du tout celle de Méliton. De même, c'est inexactement que R.-M. Grant a écrit que παραβολή était synonyme de τύπος chez Méliton [2]. Le texte du Papyrus Bodmer, que Grant n'avait pu consulter encore, est décisif pour montrer que παραβολή est toujours employé pour désigner l'interprétation des textes, non le sens des événements. Le seul cas qui pourrait être cité en sens contraire, p. 19, l. 2 du Papyrus Bodmer, présente une corruption du texte, beaucoup trop long par rapport à la lacune correspondante du Papyrus Chester Beatty, et où en particulier παραβολῆς est évidemment de trop.

Si Méliton s'en tenait à ces affirmations, il serait un témoin de la typologie traditionnelle, mais il n'apporterait rien d'original. L'intérêt du passage que nous étudions est que notre auteur y donne une interprétation remarquable des rapports de l'Ancien Testament et du Nouveau. L'Ancien Testament était nécessaire pour préparer le Nouveau. Mais dès lors que le Nouveau est présent, il devient inutile. Il a correspondu à un moment de l'histoire du salut. Mais ce moment est aujourd'hui dépassé. Ceci laisse à l'Ancien Testament toute sa gloire. Mais cette gloire est obscurcie par une gloire plus éclatante. Méliton est le premier à avoir exprimé ces vues, qui seront reprises par Irénée et Origène.

Pour faire comprendre sa pensée, Méliton emploie l'image de

---

[1] Voir R.-M. Grant, *The Letter and the Spirit*, Londres, 1957, p. 137-139.
[2] *Op. cit.*, p. 134.

l'ébauche et de la statue, qui apparaît chez lui pour la première fois. Le texte présente ici à nouveau des difficultés. Il est à peu près le même dans les deux Papyrus. Il a été corrigé diversement par Campbell Bonner, par A. Wifstrand, par B. Lohse et enfin par M. Testuz. Je le lis ainsi: Τοῦτο δὲ γίνεται ἐπὶ (ὡς καί W; εἰ μή Testuz) προκατασκευῆς· ἔργον οὐκ ἀνίσταται ἢ οὐ (Testuz: διὰ δέ A-B) τὸ μέλλον διὰ τῆς τυπικῆς εἰκόνος ὅραται. διὰ τοῦτο τοῦ μέλλοντος γίνεται προκέντημα ἢ ἐκ κηροῦ ἢ ἐκ πηλοῦ ἢ ἐκ ξύλου ἵνα τὸ μέλλον ἐγείρεσθαι ὑψηλότερον . . . διὰ μικροῦ καὶ φθαρτοῦ προκεντήματος ὁραθῇ. Tous les éditeurs suppriment τοῦτο δὲ γινεται. La première phrase devient ainsi pour M. Testuz: ,,Sans modèle on n'élève pas une œuvre d'art. Est-ce que l'œuvre future ne se voit pas au travers de la figure qui la représente?'' (op. cit., p. 65). Je ne vois pas l'utilité de cette correction. Par contre la seconde correction s'impose. D'ailleurs la répétition de διά serait contraire au style soigné de Méliton.

Je traduis ainsi le passage: ,,C'est là ce qui arrive dans la préparation d'une œuvre d'art. L'œuvre future ne se dresse pas, sans avoir été vue d'abord dans l'image qui en est l'esquisse. C'est pourquoi on fait un modèle de (l'œuvre) future, en cire, en glaise ou en bois, afin que ce qui se dressera dans l'œuvre en plus haut quant à la taille, en plus solide quant à la qualité, beau et riche dans sa forme soit d'abord vu dans une ébauche petite et fragile''. Méliton introduit d'abord la comparaison avec l'ébauche. Puis il montre la nécessité de l'ébauche. Mais une fois l'œuvre réalisée, l'ébauche devient inutile: ,,Lorsqu'a été réalisé ce vers quoi (πρὸς ὅ om B) était orienté le modèle (τύπος), ce (τό om B) qui jadis portait l'image (εἰκόνα om A) de l'œuvre future, cela est détruit comme inutile, ayant transmis sa ressemblance (εἰκόνα) à ce qui est vraiment réel. Car ce qui était précieux (τίμιον) autrefois devient sans valeur (ἄτιμον), lorsque l'objet qui a vraiment du prix apparaît'' (37).

Nous avons ici une ekphrasis à la manière de la seconde rhétorique. Elle justifie les remarques de Wifstrand sur le caractère rhétorique de l'Homélie de Méliton. On trouverait des passages analogues chez son contemporain Maxime de Tyr. Mais l'intérêt de ce passage est que l'Homélie est la première œuvre chrétienne où nous trouvons l'usage de cette prose d'art. L'image elle-même est typiquement hellénistique. Elle relève des comparaisons empruntées au domaine de l'art. Irénée bientôt utilisera l'exemple des pierres d'une mosaïque dans sa célèbre opposition entre l'image du loup et l'image du Pasteur faites avec les mêmes pierres. L'image de la statue sera reprise par Plotin et Grégoire de Nysse, mais dans une autre ligne pour marquer le dégrossissage progressif de l'âme par l'ascèse.

L'emploi de cette ekphrasis dans l'*Homélie* nous permet peut-être des conclusions relativement à l'attribution à Méliton d'un certain nombre de fragments, où nous retrouvons le même procédé littéraire, qu'il paraît le seul à avoir employé à cette date. Ceci vaut d'abord pour le fragment du traité *Sur le Baptême,* qui décrit la descente du soleil dans la mer, et dont Harnack et plus récemment R.-M. Grant ont noté le caractère rhétorique [1]. Mais ceci permet sans doute aussi de reconnaître Méliton dans l'homme ,,qui nous est supérieur'' (κρείττων ἡμῶν), que cite Irénée à quatre reprises (*Adv. Haer.* I, Pref., 2; I, 13, 3; III, 17, 4; IV, Pref. 1). En effet deux de ces fragments sont des ekphrasis: le premier concerne l'imitation en verre d'une émeraude précieuse (τίμιον), que seul le spécialiste discerne; la troisième l'imitation du lait par le lait de chaux. Les deux autres conviennent aussi à Méliton. Dans *Adv. Haer.,* I, 13, 3, il s'agit d'un fragment antimontaniste; et le début de la Préface du Livre IV paraît indiquer qu'Irénée a été alerté sur la question du gnosticisme par Méliton, qui avait eu à faire avec Marc le Mage en Asie, mais qui, n'ayant pas étudié les écrits valentiniens, ne pouvait faire une réfutation suffisante. Je serai donc plus positif qu'A. Benoît pour reconnaître Méliton dans l'auteur visé par ces quatre passages [2].

Après avoir développé l'image et avant de l'appliquer aux rapports des deux Testaments, Méliton pose le principe de toute son interprétation. Ce texte capital n'est conservé intégralement que dans le Papyrus Chester Beatty; le Papyrus Bodmer n'en donne que le premier membre. Nous en donnons le texte: Ἑκάστῳ γὰρ ἴδιος καιρός (χρόνος B)· τοῦ τύπου ἴδιος χρόνος· τῆς ὕλης ἴδιος χρόνος· τῆς ἀληθείας <ἴδιος χρόνος> (add W). Le triple homoeotéleuton a fait passer directement B du premier ἴδιος au χρόνος final. Ce texte est capital dans l'histoire de la pensée chrétienne. Nous y trouvons en effet pour la première fois rapprochées deux catégories qui existaient séparément dans le N.T., mais n'avaient jamais été unies et dont l'union dégage la loi de la théologie chrétienne de l'histoire.

Καιρός désigne les temps fixés par Dieu. Il faut relire ici les pages essentielles que Cullmann a consacrées au mot dans *Christ et le*

---

[1] R.-M. Grant, Melito of Sardis on Baptism, *VC,* 4 (1950), p. 33-36.

[2] Voir A. Benoit, *Saint Irénée, Introduction a l'étude de sa théologie,* Paris (1960), p. 17-18.

temps [1]. L'idée vient de l'apocalyptique juive. Les manuscrits de Qumrân lui donnent une grande place — et apportent sur ce point un complèment à la théorie de Cullmann [2]. Pour le N.T., le καιρός par excellence est l'événement décisif de la Passion et de la Résurrection. Ce que καιρός met en valeur, c'est le caractère inconditionné des actions divines. Elles sont décidées par Dieu seul dans sa prescience, inscrites sur les tables célestes. Nul pouvoir humain ne peut empêcher leur inexorable accomplissement.

Τύπος souligne un tout autre aspect. Si les καιροί divins sont inconditionnés, c'est-à-dire s'ils sont sans aucune référence dans l'ordre des choses purement humaines, ils obéissent cependant à une loi, qui est le plan de Dieu lui-même. C'est ce plan que τύπος désigne, en montrant qu'il y a une analogie entre les différente καιροί, qu'ils ont ainsi une intelligibilité propre. Comme l'a bien vu L. Goppelt, le τύπος soustrait les événements divins de l'histoire du salut à la pure facticité[3]. Mais ce n'est pas en les ramenant, comme le prétend R. Bultmann, au schème cyclique [4]. C'est en faisant apparaître une catégorie neuve, qui est celle de l'histoire. Cullmann a montré remarquablement contre Bultmann, la réalité de cette histoire du salut objective [5]. Ce que Méliton montre pour la première fois c'est que c'est le τύπος qui nous donne la loi de cette histoire du salut.

Le texte de Méliton pose quelques questions. En premier lieu la formule centrale ἑκαστῷ γὰρ ἴδιος καιρός est-elle une création de Méliton, ou une citation ou du moins une réminiscence de Eccl. iii 1 : παντὶ πράγματι καιρός? Il est curieux que dans un texte d'Origène parallèle à celui de Méliton et inspiré de lui, sur lequel nous reviendrons tout à l'heure, la formule de Méliton est remplacée par celle d'Eccl. iii 1 dans son ensemble (*Com. Mth.* X, 10). Et par ailleurs Tertullien, qui connait Méliton, cite trois fois Eccl. iii 1 (*Marc.* V, 4, 15; *Mon.* III, 8; *Virg.* I, 5). De toutes manières, l'expression est

---

[1] Trad. fr., p. 27-31.

[2] Voir J. Daniélou, Eschatologie sadocite et eschatologique chrétienne, dans *Les manuscrits de la Mer Morte* (Colloque de Strasbourg, 25-27 mai 1955), Paris, 1957, p. 111-115.

[3] *Typos, Die Typologische Deutung des Alten Testaments in Neuen*, Gütersloh, 1939, p. 154.

[4] Ursprung und Sinn der Typologie als Hermeneutische Methode, *TL*, 1950, p. 205-212.

[5] Le mythe dans les écrits du Nouveau Testament, *Numen.* 1954, p. 120-135.

transférée dans un monde différent. Une seconde question est l'apparition de la division tripartite τύπος, ὕλη, ἀλήθεια, l'ébauche, le bloc informe, la statue. Elle suppose l'addition après τῆς ἀληθείας d'un troisième ἴδιος χρόνος, qui n'est pas dans les manuscrits ; et par ailleurs elle introduit une perspective nouvelle. Cependant Wifstrand me paraît avoir raison de proposer l'addition. D'abord l'emploi d'ὕλη, en ce sens favorable, n'est pas surprenant. On se souviendra que, selon Origène, Méliton tenait la corporéité de Dieu (*Com. Gen.* I, 26 ; *PG*, XII, 93 B). Aussi bien nous retrouvons plus tard, dans l'exégèse antiochienne, l'opposition τύπος σῶμα [1]. La perspective est absolument inverse de l'opposition origéniste σῶμα πνεῦμα qui repose sur une philosophie platonicienne.

Mais surtout la suite du texte confirme cette perspective tripartite : ,,Tu fais l'ébauche (τὸν τύπον) : tu aimes cette ébauche parce que tu vois en elle l'image de ce qui doit venir. Tu progresses (προκόπτεις) dans la matière (τὴν ὕλην : τῷ τύπῳ add AB) : tu aimes la matière (ταύτην W : τοῦτον AB) à cause de ce qui va surgir en elle (αὐτῇ W : αὐτῷ AB). Tu exécutes l'œuvre : tu n'aimes plus qu'elle, voyant en elle à la fois la figure, la matière, (καὶ τὴν ὕλην om B) et la réalité'' (38). Reste à savoir à quoi correspond le stade de la ὕλη. La suite nous montrera qu'il s'agit sans doute de la prophétie, considérée comme intermédiaire entre la préfiguration et la réalité.

Nous arrivons alors à la seconde partie du développement de Méliton, l'application du symbole de l'ébauche à la question des deux Testaments. Ce nouveau pas est marqué très nettement, comme toutes les articulations de l'*Homélie* : ,,S'il en est ainsi pour les objets corruptibles, il en sera de même pour les incorruptibles'' (39). Les étapes de l'application sont nettes. Nous les résumons, car nous avons déjà étudié les textes : le N.T. a été préfiguré et préannoncé par l'A.T. ; l'A.T. était figure, le N.T. est réalisation ; l'A.T. avait sa valeur avant la réalisation ; mais quand le N.T. est venu, il cesse d'être valable ; aujourd'hui ce qui avait autrefois de la valeur est devenu sans valeur (40-44). Méliton a montré comment l'A.T. pouvait être l'œuvre de Dieu et comment il pouvait cependant être aujourd'hui caduc.

Ici encore la pensée de Méliton apparaît comme originale [2]. Pour

---

[1] Voir H. Kihn, *Theodor von Mopsuestia und Junilius Africanus als Exegeten*, Freiburg im Brisgau 1880, p. 133.

[2] P. A. Grillmeier écrit justement : ,,Méliton tire (de l'opposition du type et de l'antitype) de profondes vues sur la relation des deux alliances

le Pseudo-Barnabé les institutions de l'A.T. étaient sans valeur en elles-mêmes : elles étaient un langage caché que seuls les initiés connaissaient. Pour Justin la Loi apparaissait comme imposée à Dieu par la dûreté de cœur des Juifs, mais elle marquait un recul par rapport à un ordre primitif que l'Evangile ne ferait que restaurer. Cette perspective est encore accusée par le traditionalisme de Clément d'Alexandrie. Origène n'arrivera par à faire l'unité entre une conception intemporelle, apparentée à celle de Justin et de Clément, et la conception historique, qu'il doit à Méliton, comme nous allons le montrer. C'est chez Irénée que nous trouverons une perspective analogue à celle de Méliton : mais justement elle paraît bien venir chez lui de ce dernier.

Le thème central et original de cette dernière partie est évidemment le changement de valeur de l'A.T. du fait de l'apparition du N.T. Méliton développe cette idée à deux reprises sous forme d'antithèses frappantes. C'est d'abord le § 41 : ,,La figure avait sa valeur (τίμιος), avant la réalisation, et la parabole était admirable, avant l'explication; en d'autres termes le peuple avait sa valeur (τίμιος), avant l'édification de l'Eglise, et la Loi était admirable, avant l'illumination de l'Evangile''. Plus loin l'opposition est appliquée à un certain nombre de figures : ,,Précieux (τίμιος) était le sacrifice de l'agneau, mais maintenant il est sans valeur à cause de la vie du Seigneur. Précieux (τίμιος) était le Temple d'ici-bas, mais maintenant il est sans valeur à cause du Christ qui est en-haut. Précieuse (τίμιος) était la Jérusalem d'ici-bas, mais maintenant elle est sans valeur à cause de la Jérusalem d'en haut'' (44-45).

Ce texte nous conduit à une dernière question qui est celle de l'influence de l'*Homélie* de Méliton. Campbell Bonner en a relevé un certain nombre d'exemples sur lesquels je ne reviens pas (*op. cit.*, p. 56-72). Il mentionne en particulier Origène, *Hom. Lév.* X, 1. La dépendance est certaine. Elle porte sur le symbole de l'ébauche et son application aux rapports des deux Testaments. De plus Origène énumère les sacrifices, le Temple et Jérusalem, comme dans *Hom. Pasch.* 44-45. Ainsi bien une influence de Méliton sur Origène n'est-elle pas douteuse. Origène cite deux fois Méliton (*Com. Ps.*, 3,1; *PG*, XII, 1120 B; *Com. Gen.* 1, 26; *PG*, XIII, 93 A). Plus précisément il est vraisemblable que dans ses deux traités *Sur la Pâque*, retrouvés

---

qui sont beaucoup plus valables que celles du Pseudo-Barnabé et vont beaucoup plus loin qu'Ignace ou *I Clément*'' (Das Erbe der Söhne Adams in der Homilia de Passione Melitos, *ZKT*, 24 1949, p. 500.

à Toura, il utilisait notre *Homélie*. On y retrouve en effet l'exégèse du mot Πάσχα par πάσχειν, qui apparaît pour la première fois dans notre *Homélie*[1]. Clément auparavant, au dire d'Eusèbe (*HE*, IV, 26, 4; VI, 13, 9), avait utilisé, dans son traité *Sur la Pâque*, un traité *Sur la Pâque* de Méliton, que nous avons des raisons de croire être notre *Homélie*.[2]

Je voudrais seulement indiquer un autre passage d'Origène, dont la relation à notre passage de l'*Homélie* de Méliton est évidente et qui n'a pas encore, je crois, été signalé. Il s'agit de *Com. Mth.* X, 9-11. Ici nous avons l'avantage de posséder le texte grec, ce qui n'existait pas pour *Hom. Lev.* X, 1. De plus la comparaison s'étend à d'autres éléments. J'indiquerai les principaux points de comparaison. Nous lisons d'abord: ,,La lampe avait de la valeur (τίμιος) pour ceux qui étaient dans les ténèbres; et cette lampe était utile (χρεία) jusqu'au lever du soleil. La gloire qui était sur le visage de Moïse était valable (τίμιος) . . . et cette gloire nous était utile (χρεία) auparavant, mais elle a été détruite (κατάργησας) par une gloire qui la dépasse'' (X, 9). Nous retrouvons ici le mouvement même de l'*Homélie*, avec la répétion de τίμιος en tête de chaque membre. De plus χρεία rappelle ἄχρηστος d'*Hom.* 37 et κατάργησας l'ἐκενώθη d'*Hom.* 42. Enfin l'image de l'illumination, qui est dans *Hom.* 41 et ne se trouve pas dans *Hom. Lev.* XI, 1, apparait ici.

Le § 10 est celui auquel nous avons fait allusion. Il commence par la citation Eccl. III, 1: ,,Il y a un temps (χρόνος) fixé pour tout, un temps (καιρός) pour toute chose sous le ciel''. Origène applique la citation au rapport des deux Testaments: ,,Il y a un temps pour ramasser les pierres (Eccl. iii 2) (les belles perles) et un temps après les avoir ramassées pour trouver l'unique pierre précieuse (Mth. xiii 47) . . . Bien comprises les choses de la Loi et des Prophètes sont une préparation (στοιχείωσις) pour l'intelligence de tout ce qui concerne les actes et les paroles du Christ Jésus''. Et Origène explique qu'après avoir passé nécessairement par l'enseignement élémentaire auprès d'un catéchète, le chrétien doit dépasser le stade de la catéchèse, mais cependant garder de la reconnaissance pour son catéchète. Le thème des καιροί, l'idée à la fois de la nécessité, de la valeur et de la caducité de la Loi sous la forme d'une image

---

[1] Voir O. Guéraud, Note préliminaire sur les papyri d'Origène découverts à Toura, *RHR* 66, 1946, p. 94.

[2] Voir O. Perler, *Ein Hymnus zur Ostervigil von Meliton?* Freiburg / Schweiz, 1960, p. 25-33.

différente, la distinction enfin des λόγοι et des ἔργα, tout ceci rappelle notre *Homélie*.

Enfin le § 11 apporte l'image de la statue: ,,De même que pour les tableaux (εἰκόνων) et les statues (ἀνδριάντων), les ressemblances ne sont pas des ressemblances complètes des choses qu'elles représentent, mais que le tableau peint à la cire sur la surface du bois reproduit l'apparence par la couleur, mais ne conserve pas les saillies et les creux (τὰς εἰσοχὰς καὶ τὰς ἐξοχάς), mais seulement la forme — et que le modelage de la statue s'efforce de reproduire les saillies et les creux, mais ne présente plus la ressemblance dans la couleur — et que si on fait une imitation (ἐκμαγεῖον) en cire, on s'efforce de garder l'un et l'autre, mais il n'y a pas ressemblance de ce qui est à l'intérieur, ainsi pour les paraboles de l'Evangile'' (*Com. Math.* X, 11). La pensée d'Origène s'oriente dans une autre direction que celle de Méliton, celle du caractère incomplet de toute figure par rapport à la réalité, mais il est certainement dépendant de l'image de Méliton. Et l'influence est d'autant plus curieuse, qu'elle est plus un branle donné à l'imagination qu'une imitation littérale.

Cet exemple, ajouté à celui d'*Hom. Lev.* X, 1, établit incontestablement l'influence littéraire de l'*Homélie* de Méliton sur Origène. Mais cette influence ne paraît s'étendre bien au-delà. Il y a tout un groupe de textes origéniens dans lesquels la Loi juive est opposée à l'Evangile, comme une préparation qui doit s'effacer, quand ce qu'elle était destinée à préparer est arrivé. Ces textes constituent chez Origène une ligne très déterminée, qui contraste avec son interprétation ordinaire de l'Ancien Testament [1]. Ils sont par ailleurs liés à une polémique anti-juive. Ils paraissent inspirés par l'*Homélie* de Méliton, qui se situe aussi dans le cadre d'une opposition aux Juifs. C'est dans cette ligne en particulier que se situe le passage du *Com. Joh.*, XXVIII, 12, qui définit l'hostilité des Juifs au christianisme d'une manière saisissante en relation à l'opposition du τύπος et de l'ἀλήθεια: ,,La figure (τύπος) veut, afin de subsister, empêcher la réalité (ἀλήθεια) de se manifester''. Si l'on ajoute qu'une influence de Méliton sur Irénée, Clément d'Alexandrie et Tertullien apparait d'autre part vraisemblable, on voit l'importance de sa pensée en ce qui concerne la théologie de l'histoire.

---

[1] J'en ai groupé quelques-unes dans: *Origène*, Paris, 1948, p. 144-174.

DER AUSDRUCK
„IN DEN LETZTEN ZEITEN" BEI IRENAEUS

VON

W. C. VAN UNNIK

Es wird nicht wundernehmen, wenn wir in dieser Festschrift dem Verfasser von „Christus und die Zeit" einen Beitrag zum Geschichtsverständnis in der alten Kirche widmen. Noch immer fehlt eine umfassende Behandlung der Frage, wie die Christen in den ersten Jahrhunderten die Geschichte im Lichte der Offenbarung Jesu Christi erlebt haben, m.a.W. eine dogmenhistorische Fortführung von Cullmann's neutestamentlicher Arbeit [1]. Nicht nur für die Auseinandersetzung mit der „heidnischen" Geschichtsbetrachtung und Weltanschauung in verschiedenster Ausprägung, mit der (christlichen) Gnosis, sondern auch für die innerchristliche Entwicklung von Dogmatik, Ethik und Liturgik ist das ein sehr bedeutsames Thema; denn es behandelt nicht ein zufällig ausgewähltes Element, sondern zeichnet den Rahmen, in dem das Ganze sich abspielt. Eine Teilfrage dieses grossen Problemkreises möchten wir hier besprechen, nämlich: welche Bedeutung hat Irenäus den Worten ἔσχατοι καιροί = *novissima tempora*, die er ziemlich oft gebraucht, beigemessen?

In seinem grossen Buch „Die Entstehung des christlichen Dogmas" sagt Martin Werner, dass der Gedanke, Jesus sei ein Phänomen der anbrechenden Endzeit, in den Schriften der nachapostolischen Zeit deutlich nachklingt. „Noch während Jahrhunderten ist davon die Rede, dass Christus 'in den letzten Zeiten' erschienen sei"; er verweist dafür auf den Hebräerbrief, den 1 Petrus und Symbolformen des Ostens (seit Origenes). Das war nach Werners Meinung jedoch nur ein verbaler Anschluss, denn er fügt hinzu: (diese Formulierung) „*liess sich freilich nur konservieren um den Preis einer Umdeutung, die den ursprünglichen eschatologischen Sinn beseitigte*" [2]. Zum Beweise führt er Euseb an. Aus dieser Sachlage

---

[1] R. L. P. Milburn, *Early Christian interpretation of history*, London 1954, hat nun einen Teil der Fragen behandelt.

[2] M. Werner, *Die Entstehung des christlichen Dogmas*, Bern-Leipzig 1941, S. 83-84 (Kursivdruck von mir). — Etwas weiter in demselben Zusammen-

heraus erklärt er auch das Aufkommen der Rätselfrage, weshalb der
Erlöser so spät gekommen ist, welche schon vor der Zeit des Euseb,
bei Origenes und Irenäus gefunden wird.

Dieser Abschnitt steht am Anfang eines Kapitels über den
,,Ausklang des eschatologischen Grundgedankens der urchristlichen
Naherwartung''. Werner versucht dann den ,,Abbau der urchrist-
lichen Fundamentallehren infolge der Parusieverzögerung'' zu
beweisen. Die angeführten Worte stehen nicht an einem beliebigen
Punkt in der Beweisführung, sondern sie bilden den Ausgangspunkt.
Die Frage nach der Bedeutung der Formel: ,,in den letzten Zeiten''
ist hier also von sehr wesentlicher Art.

In solch einer wichtigen Sache lässt sich die Frage nicht unter-
drücken, ob hier der Tatbestand richtig wiedergegeben ist. Zweifel
melden sich an, wenn man sieht, wie schnell Werner von den Spät-
schriften des N.T. zu Euseb im 4. Jahrhundert hinüberspringt. Gilt
seine Auffassung der Bedeutungsentleerung auch schon z.B. für
Irenäus, der in seinen Schriften die Formel mehr als dreissigmal
gebraucht? Es ist doch möglich, dass die Sache sich bei ihm anders
verhält als bei dem Bischof von Cäsarea. In einem bestimmten
Falle, nämlich bei der Frage der Geistesgaben, die doch in der altchristlichen Zeit eng mit der Eschatologie verbunden sind, zeigt
Euseb selber, dass es einen Unterschied zwischen der Zeit des
Irenäus und seiner eigenen gab [1]. Es lohnt sich jedenfalls, den
Sachverhalt bei dem Bischof von Lyon zu prüfen, bevor man solch
eine weitgehende Behauptung macht.

Zu den Ausführungen Werners lässt sich fragen, ob wirklich die
,,Rätselfrage'' ein Beweis dafür ist, dass bei Irenäus die Formel
schon bedeutungslos geworden ist. In welchem Kontext Euseb sie
bespricht, kann hier unerörtert bleiben. Aber bei Irenäus scheint es
mir ganz klar, dass sie auftaucht, eben weil der Ausdruck noch nicht
seines Sinnes beraubt war. Irenäus führt in *Adv. Haer.* I 10, 3 aus,
dass es in der Kirche Leute gibt, die tiefer in der Wahrheit eingeführt sind als andere, ohne das Fundament der kirchlichen Lehre zu
verlassen, natürlich im Gegensatz zu den Spekulationen der gnostischen Führer. U.a. erörtern sie auch die Frage ,,warum die Ankunft des Sohnes Gottes in den letzten Zeiten stattfindet, d.h. der

---

hang sagt er: ,,Die ursprüngliche Auffassung, wonach der Christus, d.h. der
Messias seinem eigentlichen Wesen nach eine Erscheinung der
Endzeit ist, ist völlig verschwunden'' (von Werner gesperrt!).

[1] Cf. Eusebius, *Hist. Eccl.* V 7 mit Zitaten aus Irenäus.

Anfang am Ende erscheint'' [1]. Die Frage lautet nicht, weshalb der Sohn Gottes *so spät* in der Geschichte gekommen ist, sondern weshalb er *in den letzten Zeiten* gekommen ist. Die hinzugefügte Erklärung mit dem ,,am Ende'' (ἐν τῷ τέλει) zeigt deutlich, dass es sich um eine eschatologische Sache handelt. Daraus geht klar hervor, dass ἐπ' ἐσχάτων τῶν καιρῶν nicht mit dem zukünftigen Gerichtstag verbunden ist, sondern mit der schon in der Geschichte liegenden Lebenszeit Jesu, denn der ganze Zusammenhang macht es klar, dass παρουσία hier, wie oft in der altchristlichen Literatur [2], das (erste) Kommen Jesu bezeichnet [3]. Dass diese Verbindung der Formel ,,in den letzten Tagen'' mit dem Leben des inkarnierten Jesus keine zufällige Verknüpfung ist, sondern die gewöhnliche Auffassung des Irenäus wiedergibt, zeigen auch viele andere Stellen, die im Laufe unserer Besprechung angeführt werden. Jedenfalls stellen wir hier schon fest, dass die Formel auch für Irenäus eschatologische Bedeutung hatte.

In seinem inhaltsreichen Buch über die irenäische Theologie ,,Heilsgeschichte und Heilswissen'' hat Bengsch auf diese Verbindung zwischen dem irdischen Leben Jesu und dem ,,novissima tempora'' hingewiesen und auch einige andere Stellen angeführt, wo der Ausdruck sich findet [4]. Da er die Formel in ihrer Bedeutung jedoch nicht speziell besprochen hat und deshalb auch einige mit ihr zusammenhängende Fragen unbesprochen bleiben, scheint es mir nicht unangebracht, diesen Terminus in seiner Anwendung bei Irenäus etwas näher zu betrachten.

Irenäus gebraucht den Ausdruck ,,novissima tempora'' [5] ziemlich oft, sowohl in *A.H.* als in der *Epideixis*. Dabei fällt es auf, dass er

---

[1] Übersetzung von E. Klebba, *Des heiligen Irenäus Fünf Bücher gegen die Häresien*, Kempten-München 1912. — παρουσία ist hier deutlich nicht von der Wiederkunft, sondern von der Inkarnation gebraucht; s. auch in der Erklärung ἐφάνη.

[2] P. L. Schoonheim, *Een semasiologisch onderzoek van Parousia*, Aalten 1956 (Diss. Utrecht), S. 51 ff.

[3] In *A.H.* I 10, 1 gebraucht Irenäus παρουσία von der Wiederkunft, wie aus dem Zusammenhang hervorgeht; diese Schwankung in der Bedeutung ist in den ersten Jahrhunderten üblich, wie das von Schoonheim gesammelte Material beweist.

[4] A. Bengsch, *Heilsgeschichte und Heilswissen, eine Untersuchung zur Struktur und Entfaltung des theologischen Denkens im Werk ,,adversus Haereses'' des hl. Irenäus von Lyon*, Leipzig 1957, S. 81 und Register s.v. Zeit.

[5] Da die meisten Stellen nur in der lateinischen Übersetzung bewahrt sind, behalten wir die lateinische Wortverbindung bei. — In der Kapiteleinteilung bin ich Stierens Ausgabe gefolgt.

ihn nicht irgendwo speziell besprochen hat; er verwendet ihn als einen geläufigen Terminus in seiner Polemik und Argumentation, am meisten in den drei letzten Büchern seiner Ketzerbestreitung, also in der positiven Darlegung, nicht in seinem Referat der gnostischen Lehren. Daraus kann man natürlich nicht schliessen, dass die Gnostiker ihn nicht gebrauchten, sondern nur dass der Ausdruck in der kirchlichen Lehre so bekannt war, dass er keiner näheren Explizierung bedurfte.

Nur an einer einzigen Stelle zeigt sich, dass die Gnostiker den Terminus auch gebraucht haben. In *A.H.* I 8, 2 schreibt Irenäus: ,,was sie (die Gnostiker) aber für die äussern Vorgänge des Pleromas aus den Schriften sich anzuzeignen versuchen, ist folgendes: Der Herr ist *in den letzten Zeiten* der Welt in sein Leiden geraten, um das über die letzten Äonen gekommene Leiden anzuzeigen, und durch sein Ende zu offenbaren das Ende des Schicksals der Äonen''. Dieser Text ist in verschiedener Hinsicht interessant. Er zeigt deutlich die gnostische Schriftverwendung, die historische Geschehnisse in metaphysische Prozesse umdeutete. Irenäus führt dies Beispiel der Umdeutung am Anfang einer Reihe von solchen Interpretationen an. Diese Aussage der Gnostiker kommt also nicht aus ihrem System, sondern aus der Hl. Schrift. Das Merkwürdige ist hier, dass man hier jedoch nicht wie bei den anderen Beispielen ein direktes Schriftzitat angeben kann! Deshalb muss man schliessen, dass die Aussage: ,,Der Herr ist in den letzten Zeiten der Welt in sein Leiden geraten'' eine so feststehende Zusammenfassung der christlichen Lehre gewesen sei, dass sie auch von den Gnostikern übernommen und fast als Schriftzitat betrachtet wurde [1]. Es muss deshalb wohl eine ziemlich alte Formel gewesen sein, die in der Kirche umlief. Inhaltlich sei dazu bemerkt, das hier also der Ausdruck ,,die letzten Zeiten'' nicht in die Zukunft verweist, sondern die Zeit angibt, in der Jesus gelitten hat (ἐληλυθέναι ἐπὶ τὸ πάθος — perfektum!).

Wenn wir von den ,,novissima'' sprechen, denken wir an die Zukunft, an das Ende entweder der Welt oder eines Individuums. Bei Irenäus wird die individuelle Auffassung nicht gefunden, die der Welteschatologie nur an zwei Stellen deutlich, nämlich *A.H.* IV

---

[1] Oder aber müssen wir mit einem Wort aus einer verlorenen Apostelschrift rechnen? Irenäus hat auch in *A.H.* I 20, 2 ein Agraphon zusammen mit anderen Evangelienzitaten angeführt, ohne das zu bemerken oder daran Anstoss zu nehmen.

36, 3: nachdem Jesusworte wie Luk. xvi 34 f., xii 35 f., xvii 26 ff. angeführt sind, folgt: "Womit er verkündet, dass ein und derselbe Herr zu den Zeiten des Noa wegen des Ungehorsams der Menschen die Sintflut kommen liess . . . . und *am Ende der Welt* (*in novissimo*) wegen eben desselben Ungehorsams und ähnlicher Sünden den Tag des Gerichts wird kommen lassen", und *A.H.* V 26, 1 „Noch deutlicher (als Daniel) wies Johannes, der Schüler des Herrn, in der Apokalypse auf *das Ende der Zeiten* (*de novissimo tempore*) mit seinen zehn Königen hin, an die das jetzt herrschende Imperium verteilt werden soll" [1]. Es will beachtet werden, dass Irenäus an diesen beiden Stellen den Singular gebraucht, während er anderswo den Plural verwendet (s.u.). Dieser Singular bezeichnet m.E. die entscheidende Phase der viel breiteren Endzeit.

Von eminenter Bedeutung für die Interpretation der Formel ist *A.H.* IV praef. 4: „Als damals (bei der Verführung Eva's) der böse Geist durch die Schlange den Ungehorsam der Menschen bewirkte, glaubte er sich vor Gott verbergen zu können . . . *Jetzt* aber, weil es *die letzten Zeiten* sind (*quoniam novissima sunt tempora*), dehnt sich das Übel auf die Menschen weiter aus: nicht nur abtrünnig macht sie der Teufel, sondern durch viele Kunstgriffe, d.h. durch all die vorgenannten Häretiker, bringt er sie sogar zur Lästerung gegen ihren Schöpfer". Hier werden in einer bei Irenäus üblichen Weise Urzeit und Endzeit einander gegenübergestellt. Die fragliche Wendung erinnert an 1 Joh. ii 18, eine *A.H.* III 16, 6 wörtlich zitierte Stelle, ist aber keine direkte Entlehnung, weil der Wortlaut verschieden ist. Bedeutsam ist hier das damit verbundene „Jetzt". Die eigene Zeit des Irenäus ist die letzte, weil sich darin Apostasie und Gotteslästerung offenbaren. Obwohl er dabei keine neutestamentlichen Texte anführt, darf man doch wohl denken an 1 Tim. iv 1 „Der Geist sagt aber ausdrücklich, dass in späteren Zeiten (ἐν ὑστέροις καιροῖς) etliche vom Glauben abfallen und auf irreführende Geister und auf Lehren von Dämonen achten werden" und Judas 18: „Am Ende der Zeit wird es Spötter geben", wie die Apostel vorhergesagt haben [2]. Diese angekündigte Zeit ist in den Tagen, die Irenäus in der gnostischen Krise und im Existenzkampf der Kirche erlebt, erfüllt worden. Das eschatologische

---

[1] Nicht hierher gehört *A.H.* III 23, 7, wo von dem Werk Jesu die Rede ist, obwohl z.B. F. Sagnard, *Irenée de Lyon Contre les Héresies* livre III, Paris 1952, z. St. futurisch übersetzt.

[2] Vgl. auch Matth. xxiv 24 ff.; 2 Tim. iii 1, iv 3; 2 Petr. iii 3.

Futurum ist Präsens geworden. Hier zeigt sich deutlich, dass
die Formel „novissima tempora" nicht umgedeutet ist, sondern
ihre eschatologische Kraft bewahrt hat, welche durch das „nunc"
seine existentielle Schärfe bekommt.

Diese die Häresie offenbarenden „novissima tempora" sind für
Irenäus noch anderweitig charakterisiert. Das kann gezeigt werden,
wenn wir danach fragen, wann diese Zeiten begonnen haben. Die
Antwort auf diese Frage ist nicht zweifelhaft. Vielmals wiederholt
Irenäus den Gedanken, dem wir schon oben begegneten, dass das
Kommen Jesu in die Welt die Zeitenwende gewesen ist. Es klingt
fast wie ein Bekenntnis, wenn Irenäus *A.H.* IV 35, 5 sagt: „wir
wissen, dass es nun einen Gott gibt, der die Propheten gesandt,
der das Volk aus Ägypten herausgeführt, der *in den jüngsten Zeiten
(in novissimis temporibus)* seinen Sohn geoffenbart hat, um die
Ungläubigen zuschanden zu machen und die Frucht der Gerechtigkeit zu holen" oder *A.H.* IV 41, 4 über Paulus, der „gelehrt hat, dass
ein und derselbe Gott Vater, der zu Abraham gesprochen hat, auch
das Gesetz gab, die Propheten vorausschickte, seinen Sohn *in den
letzten Zeiten (novissimis temporibus)* sandte und seinem Geschöpf,
das aus Fleisch besteht, das Heil schenkt" [1].

In den letzten Zeiten ist das Schöpfungswort in Jesus Christus
inkarniert, wie *A.H.* V 18, 3 gesagt wird: „der wahre Welten-
schöpfer ist das Wort Gottes, d.h. unser Herr, der *in den letzten
Zeiten* Mensch geworden ist. Obwohl er in der Welt ist, umfasst er
in unsichtbarer Weise alles, was gemacht ist ... und deshalb kam er
in sichtbarer Weise und wurde Fleisch und hing am Holze, um alles
in sich zu rekapitulieren" [2]. Das Auftreten der berühmten irenäischen Rekapitulationslehre, [3] die in diesem Zusammenhang

---

[1] Vgl. daneben *A.H.* II 4, 2: „Und wenn der Allgütige *am Ende der Zeiten
(in novissimis temporibus)* sich der Menschen erbarmt und ihnen die Voll-
kommenheit verleiht, dann hätte er sich doch zuerst derer erbarmen müssen,
die den Menschen gemacht haben", — gegen die gnostische Scheidung
zwischen Gott und Schöpfer.

[2] Derselbe Gedanke *A.H.* IV 20, 4 spricht über das Schöpfungswort:
„Das ist aber sein Wort, unser Herr Jesus Christus, der *in den letzten Zeiten*
unter Menschen geworden ist, um das Ende mit dem Anfang zu verbinden,
d.h. den Menschen mit Gott" — III 17, 4 „Wir haben somit klar bewiesen,
dass das Wort, welches im Anfang bei Gott war, und durch welches alles
gemacht worden ist, und das immer bei dem menschlichen Geschlechte
weilte, jetzt *in den letzten Zeiten* gemäss der vom Vater bestimmten Zeit
mit seinem Geschöpf sich vereinte und zum leidensfähigen Menschen geworden ist."

[3] Cf. auch *A.H.* IV 38, 1: „deswegen kam unser Herr *in den letzten Zeiten*
(ἐπ' ἐσχάτων τῶν καιρῶν), indem er alles in sich rekapitulierte".

nicht besprochen zu werden braucht, zeigt deutlich, dass es sich um die endgültige, eschatologische Tatsache handelt, dass somit „die letzten Zeiten", in denen sich das alles abgespielt hat, eschatologisch gemeint sind. Das geht auch hervor aus der Auslegung des Gleichnisses Matth., xx 1 ff. in *A.H.* IV 36, 7, wo Irenäus über die Auszahlung, die bei den letzten Arbeitern beginnt, sagt: „Deswegen begann er auch bei den letzten mit der Austeilung des Lohnes, da sich der Herr *in den letzten Zeiten* offenbarte und allen sich vorstellte". Die hier gebrauchte Wendung ἐπ' ἐσχάτων καιρῶν φανερωθείς erinnert an 1 Petr. i 20 (φανερωθέντος ἐπ' ἐσχάτου τῶν χρόνων), ist aber kein Zitat (der Wortlaut stimmt nicht überein; der Zusammenhang ist anders); dieser Petrustext wird nirgends von Irenäus angeführt, obwohl er diesen Brief als petrinisch anerkennt. Irenäus drückt sich in der kirchlichen Formelsprache aus, verwendet sie aber selbständig. Aus dem Zusammenhang mit Matth. xx 8 geht hervor, dass die Worte „in den letzten Zeiten" in ihrer vollen Bedeutung gebraucht sind und nicht umgedeutet wurden.

In diesen letzten Zeiten erfüllt sich, was im A.T. prophetisch angekündigt ist. Anknüpfend an Joh. viii 56 sagt Irenäus: „Das sagte er aber nicht bloss wegen Abraham, sondern um anzuzeigen, dass alle, die von Anfang an Gott erkannt und die Ankunft Christi verkündet haben (*prophetaverunt*), die Offenbarung von dem Sohne selbst empfingen, der *in den letzten Zeiten (in novissimis temporibus)* sichtbar und leidensfähig geworden ist und mit dem menschlichen Geschlecht gesprochen hat, um aus den Steinen Abraham Kinder zu erwecken" (*A.H.* IV 7, 1) [1]. In der Wiederspiegelung von Urzeit und Endzeit sieht man, was das Verbum Incarnatum gebracht hat:

---

[1] Cf. auch *A.H.* IV 34, 3: „Woher aber hätten die Propheten die Ankunft des Königs und die von ihm verliehene Freiheit voraussagen (praeevangelisare) können und all das, was Christus tat und lehrte und wirkte und litt, und den neuen Bund verkünden, wenn sie von einem anderen Gott die prophetische Inspiration empfangen hätten, wenn sie den unaussprechlichen Vater nicht gekannt hätten, wie ihr sagt, und seine Anordnungen, die der Sohn Gottes bei seiner Ankunft *in den letzten Zeiten (in novissimo dierum)* auf der Erde ausgeführt hat. . . . Wäre das nämlich bei einem der Alten eingetroffen, dann hätte er denen, welche später kamen, doch nicht gesagt, dass das *in den letzten Zeiten (in novissimis temporibus)* sein werde". — *A.H.* IV 25, 1 bei Abraham ging der Glaube der Beschneidung voran: „und wiederum ist er *in den letzten Zeiten (in novissimis temporibus)* in dem Menschengeschlechte durch die Ankunft des Herrn aufgegangen". . . . 2 das Leiden des Gerechten. Es wurde im Voraus dargestellt in Abel, beschrieben von den Propheten und vollzogen *in den letzten Zeiten (in novissimis temporibus)* an dem Sohne Gottes."

*A.H.*V 15, 4 „vielmehr hat der, welcher im Anfang den Adam bildete, und zu dem der Vater sprach: „Lasset uns den Menschen machen nach unserem Bild und Gleichnis", auch *in den lezten Zeiten* (*in novissimis temporibus*) sich selbst geoffenbart, indem er den, welcher seit Adam her blind war, das Gesicht gab [1]. Darauf weist die Schrift prophetisch hin (*significans quod futurum erat*), indem sie sagt, dass nachdem Adam wegen seines Ungehorsam sich versteckt hatte, der Herr am Abend zu ihm kam, ihn rief und zu ihm sprach: „Wo bist du?". Das bedeutet, dass *in den letzten Zeiten* dasselbe Wort Gottes kam, um den Menschen zu sich zu rufen und ihm seine Werke vorzuhalten, derentwegen er sich vor dem Herrn verborgen hatte. Wie nämlich damals Gott am Abend Adam suchte und zu ihm kam, so suchte er *in den letzten Zeiten* durch dieselbe Stimme sein Geschlecht auf" [2].

„In diesen letzten Zeiten" hat Jesus Christus sein Heilswerk getan. In diesem Zusammenhang ist es natürlich unnötig, den *modus quo* der Heilsordnung darzustellen. Einige Texte werden genügen um zu zeigen, wie stark die Erlösung unter dem Vorzeichen dieses Zeittermins steht. *A.H.* IV 24, 1 fasst Irenäus Paulus' Lehre an die Heiden zusammen und sagt, der Apostel habe gelehrt, Gott den Schöpfer zu verehren und „dass sein Sohn das Wort sei, durch welches er alles erschaffen hat, dass dieser *in der letzten Zeit* (*in novissimo tempore*) Mensch unter den Menschen geworden sei, das Menschengeschlecht erneut und den Feind des Menschengeschlechts niedergeworfen und besiegt habe und seinem Geschöpfe den Sieg gegen seinen Widersacher geschenkt habe"[3]. Dieser Gedanke wird von Irenäus nicht generell, abstrakt formuliert. Er bekommt eine persönliche Note, wie *A.H.* IV 22, 1: „*In den letzten Zeiten* aber, da die Fülle der Zeit der Freiheit kam (*in novissimis autem temporibus, cum venit plenitudo temporis libertatis*), wusch das Wort persönlich den Schmutz der Töchter Sions ab (Jes. iv), indem es mit eigenen Händen seinen Jüngeren die Füsse wusch (Joh. xiii 5). Denn das ist

---

[1] Anspielung auf Genesungsgeschichten von Blinden, wie Joh. ix.

[2] Vgl. auch *A.H.* IV 34, 4: anschliessend an Jes. ii 3 f. — Micha iv 2 f. „Das aber ist unser Herr, und in ihm wird das Wort wahr: „Wer den Pflug gemacht, hat auch die Sichel aufgebracht", d.h. das Wort, welches die erste Menschensaat machte, d.h. die Erschaffung Adams, der sammelt auch *in den letzten Zeiten* (*in novissimis temporibus*) die Frucht."

[3] Vgl. auch *A.H.* III 11,15 Jesus gab irdischen Wein und Brot und zeigte damit, dass der Schöpfer „hier auch die gesegnete Speise und den gnadenvollen Trunk *in den letzten Zeiten* durch seinen Sohn dem Menschengeschlechte schenkt".

das Ende des menschlichen Geschlechtes, das Gott zum Erbe hat,
dass wie im Anfang wir durch die ersten Menschen alle in die
Knechtschaft gebracht wurden durch die Schuld des Todes, so
jetzt am *Ende der Zeit* (*in ultimo*) durch den letzten Menschen, alle,
die von Anfange an seine Schüler waren, gereinigt und abgewaschen
von der Todesschuld, in das Leben Gottes eintreten" oder *A.H.*
V 17, 1: „Seine Feinde sind wir geworden, indem wir sein Gebot
übertraten. Und deswegen brachte der Herr uns *in den letzten
Zeiten* (*in novissimis temporibus*) durch seine Menschwerdung in die
Freundschaft mit ihm zurück, indem er „der Mittler zwischen
Gott und den Menschen" (1 Tim. ii 5) wurde" [1].

Die letzten Zeiten haben somit mit dem Kommen und Werk
Christi begonnen: seitdem ist der eschatologische Umschwung im
Gange. Das ist nicht eine allgemeine Wahrheit, sondern gilt „uns".
Es ist ein historischer Prozess, der sich z.B. manifestiert in der
Verbindung von Juden und Heiden in der *einen* Kirche [2]. Das zeigt
sich vor allem in den Wirkungen des heiligen Geistes. Dieser war
von den Propheten angekündigt [3] und ist jetzt wirksam in den
Gläubigen als ein Merkmal der letzten Zeiten [4]. Das ist wieder von
Irenäus nicht futuristisch-eschatologisch gemeint, denn der Geist
ist schon nach Apg. ii ausgegossen. Er ist präsent da und Irenäus

---

[1] Vgl. auch *A.H.* IV 10, 2 mit Verweisung auf Deut. xxviii 66 und xxxii 6:
„Wiederum tat er kund, dass das Wort, das im Anfang schuf und sie machte,
in den letzten Zeiten (*in novissimis temporibus*) uns erlösen und beleben
wird". — *A.H.* IV 38, 1 „Und deswegen kam unser Herr *in den letzten
Zeiten*, indem er alles in sich rekapitulierte, zu uns, nicht wie er selber hätte
können, sondern wie wir ihn zu sehen vermochten." — *A.H.* V 15, 2 „Wir
sollten erkennen, dass die Hand Gottes, welche uns im Anfang erschaffen
hat, auch im Mutterleibe schafft, ebenso uns Verlorene *in den letzten Zeiten
(in novissimis temporibus)* aufgesucht hat, indem sie ihr verlorenes Schaf
wiedergewann".
[2] *A.H.* III 5, 3 „Als dieser Haupteckstein (jetzt) *in den letzten Zeiten*
(*in novissimis temporibus*) erscheinend, sammelte und vereinigte er alle
von nah und fern, d.h. Beschneidung und Vorhaut" cf. Eph. ii. — Das war
ein bedeutendes Thema in der Theologie dieser Zeit, wie aus *A.H.* I 10, 3
hervorgeht.
[3] *A.H.* III 17,1: Denn diesen (Hl. Geist) *in den jüngsten Tagen* (*in novissimis temporibus*) über seine Knechte und Mägde auszugiessen, damit sie
prophezeien sollten, das hatte er durch die Propheten versprochen", vgl.
Joel iii 1 ff., hier mit deutlichem Einfluss von Apg. ii 17, denn dort ist
ἐν ταῖς ἐσχάταις ἡμέραις in den Joel-Text eingefügt.
[4] *A.H.* IV 33,15: „der geistige Mensch" „erkennt immer denselben Geist
Gottes, wenn er auch *in den letzten Zeiten* (*in novissimis temporibus*) auf neue
Art auf uns ausgegossen ist, so doch von Erschaffung der Welt bis zu ihrem
Ende auf dasselbe Menschengeschlecht".

und seine Zeitgenossen haben die Wirkungen gespürt [1]. Deshalb bekämpft er auch Leute, die das Evangelium Johannis verwarfen, wahrscheinlich aus anti-montanistischen Ansichten [2]: ,,Andere wieder wollen das Geschenk des Geistes ausser Geltung setzen, das *in den lezten Zeiten* (*in novissimis temporibus*) über das Menschengeschlecht nach dem Wohlgefallen des Vaters ausgegossen wurde'' und deshalb verwerfen sie das Evangelium, in dem der Paraklet verheissen wurde (*A.H.* III 11, 9). Diese Reaktion des Irenäus zeigt deutlich, wie stark er von dieser Realität des endzeitlichen Geistes in seiner Zeit überzeugt war.

Zusammenfassend dürfen wir sagen, dass nach der Auffassung von Irenäus die Endzeit, im A.T. versprochen, im Kommen und Wirken Jesu und in der Anwesenheit des hl. Geistes angebrochen ist und in seiner Zeit ungebrochen fortdauert bis zum kommenden definitiven Ende. Das Kommen Jesu ist die grosse Zäsur. Es liegt hier ein Zusammenhang vor mit der für Irenäus so wichtigen Lehre des alten und neuen Bundes.

Wir haben in den vorangehenden Seiten den Kirchenvater in seinen eigenen Formulierungen zu Worte kommen lassen [3], damit man sehen kann, in welchen Zusammenhängen er von ,,den letzten Zeiten'' spricht. Dabei wird deutlich geworden sein, dass der Ausdruck

a) sehr oft gebraucht wird und zum festen Bestand des irenäischen Sprachschatzes gehört;

b) die Zeitauffassung des Irenäus bedingt und in verschiedenen Kontexten verwendet wird;

c) obwohl in einem festen Aufriss der Geschichte stehend, doch nicht in formelhaften Wendungen, in bekenntnisartigen Aussagen vorkommt;

d) seinen eschatologischen Inhalt nicht verloren hat und anzeigt, dass die eschatologische Situation durch das und in dem Leben Jesu angefangen hat;

---

[1] S. *A.H.* II 32, 5 und H. Weinel, *Die Wirkungen des Geistes und der Geister im nachapostolischen Zeitalter bis auf Irenäus*, Freiburg i. Br. 1899.

[2] Vgl. B. H. Streeter, *The Four Gospels*, London 1924, S. 438 ff.

[3] Der Ausdruck findet sich auch noch in *A.H.* II 25, 1; IV 20, 9; V 12, 2; *Epideixis* K. 6, 8, 21, 22, 30, 88, 89 (hier: wie er durch die Propheten verheissen hat, den Geist *in den letzten Tagen* über die Oberfläche der Erde auszugiessen''). Diese Stellen sind hier der Vollständigkeit wegen aufgeführt, aber nicht wörtlich zitiert, weil sie keine neuen Gesichtspunkte bieten.

e) seine Kraft nicht verloren hat durch Umdeutung oder Ver-
steinerung; die rund 150 Jahre, die seit dem Leben Jesu verflossen sind, hindern nicht daran, die ganze Zeit als „die
letzten Tage" zu bezeichnen.

Natürlich erhebt sich dabei die Frage, woher Irenäus diesen Ausdruck hatte. Es ist klar, dass er ihn nicht selber geschaffen hat.
Obwohl Erinnerungen an neutestamentliche Texte vorliegen, verwendet er die Formel auch manchmal in ganz eigenen Wendungen.
Wie die Schreiber des N.T. Hebr. i 2,1 Petr. ii 19, und die „Apostolischen Väter" (2 Klemens 14: 2; Barnabas 4:9, 6:13, 16 : 5;
Didache 16: 2, 3; Hermas, Sim. IX 12, 3) hat Irenäus diese Wortverbindung der kirchlichen Sprache entlehnt; er verweist dabei
selber auf die alttestamentlichen Prophetien als Ursprung. Dabei
bemerkt man einen Unterschied in der Formulierung: Irenäus
spricht, im Gegensatz zum biblischen Sprachgebrauch und zu den
anderen Autoren, die ἡμέρα haben, von καιρός (es ist jedoch nicht
möglich, hier absolut gewiss zu sein, da wir in den meisten Stellen
bei Irenäus auf Übersetzungen angewiesen sind). In wieweit hier ein
terminologisches Problem vorliegt, kann in diesem Zusammenhang
nicht untersucht werden [1]; Irenäus scheint hier keinen Unterschied
gespürt zu haben, denn er spricht niemals darüber und verweist
auf das A.T.

Im heissen Kampf mit der Gnosis, welche die Geschichte aufhob,
vertritt Irenäus die altkirchliche Heilsgeschichte [2]. Auf dieser
Linie kämpft er und unterstreicht je und je, dass die letzten Zeiten,
von denen die alttestamentlichen Propheten gesprochen haben, sich
seit Jesus Christus erfüllt haben und dass die Kirche in diesen
letzten Zeiten lebt.

Dabei ist es bemerkenswert, dass Irenäus so positiv spricht und
den Ausdruck selbst nicht in der einen oder anderen Weise zu erklären oder zu verteidigen hat. M.a.W. man spürt in seinen aus-
führlichen Auseinandersetzungen nirgends Kritik an der Formel.
Das scheint mir sehr wichtig und in den Diskussionen über die
Parusieverzögerung oftmals übersehen. Wenn diese wirklich solch
ein Problem gewesen wäre, wie manchmc̈l behauptet wird, dann
hätte es sich an diesem Punkte zeigen müssen. Die Schwierigkeit,

---

[1] Vgl. G. Kittel-G. Friedrich, *Theologisches Wörterbuch zum N.T.*, Stuttgart 1932 ff., s.v.v. ἔσχατος, ἡμέρα und καιρός.

[2] O. Cullmann, *Christus und die Zeit*, Zollikon-Zürich 1946, S. 48 f.

die hier vorzuliegen scheint, hat das älteste Christentum nicht nur mit einer speziellen Zeitrechnung, auf die Werner richtig hinweist [1], sondern vor allem durch die Erfahrung der Anwesenheit des hl. Geistes „gelöst". Auch in dieser Hinsicht ist Irenäus ein Fortführer des N.T.

---

[1] M. Werner, *a.a.O.*, S. 84 ff.; vgl. auch H. Windisch, *Der Barnabasbrief*, Tübingen 1920, S. 385 f.

TERTULLIEN ET LES ORIGINES DE
LA CITOYENNETÉ ROMAINE DE S. PAUL

PAR

W. SESTON

Pour ceux qui veulent comprendre l'apôtre Paul, sa personnalité et la signification de son message, il n'est certes pas sans intérêt qu'il ait pu en face du tribun militaire romain Claudius Lysias, qui l'arrêtait à Jérusalem au milieu des Juifs, se dire légitimement citoyen romain. Le titre en effet avait une valeur oecuménique qui ne saurait laisser les théologiens indifférents. Chose curieuse, les exégètes ne semblent pas avoir attaché la moindre importance au fait qu'au tribun militaire, qui se vantait d'avoir acheté au prix fort son titre de citoyen romain, Paul ait dit: ,,eh bien, moi, c'est mieux, je suis né avec'' (ἐγὼ δὲ καὶ γεγέννημαι Actes xxii 28). De Calvin à Goguel, d'Holtzmann à Loisy et à Jacquier, ils se sont patiemment demandé quelle était dans la réplique de Paul la valeur de καὶ, pour conclure avec le bon sens que Paul entendait marquer un point sur l'officier qui faisait de lui un prisonnier. Unanimement, semble-t-il, ils n'y ont vu que le détail d'une anecdote. [1] En fait, Paul prend place dans la longue série de ceux qui, sous l'Empire comme sous la République, ont revendiqué des ancêtres romains, ainsi que nous l'a révélé l'épigraphie. Parce que, dans la cité romaine, en présence d'un nouveau citoyen il est dans la situation

---

[1] On sait que pour les historiens du droit, il y a un ,,cas S. Paul''. Mommsen l'a autrefois analysé et confronté avec les données du droit public et la procédure criminelle des Romains (*Die Rechtsverhältnisse des Apostels Paulus*, *ZNTW.*, II, 1901, 81-96 = *Ges. Schr.*, III, 444 suiv.). Tous les commentaires modernes du livre des *Actes* en dépendent étroitement, y compris la classique étude de H. J. Cadbury *Roman law and the trial of Paul* dans *The beginnings of christianity* I, t. V, 1920-1933, 297-308. Parce qu'il se dit à la fois citoyen de Tarse et citoyen romain, S. Paul a sa place dans toutes les discussions qu'a suscitées de nos jours le débat sur la double citoyenneté dans le monde romain (sur cette question, voir la mise au point de L. Wenger, *Zum Problem ,,Reichsrecht u. Volksrecht''* dans *Mélanges F. De Visscher* II, 1949, 521-550). Le ,,cas S. Paul'' a été récemment étudié par le même historien dans ses *Quellen d. röm. Rechts*,Vienne, 1953, 291-293. Pour lui, la scène se déroule selon le protocole judiciaire tel qu'il serait reproduit dans un procès-verbal. Ses remarques renforcent celles d'E. Trocmé, *Le ,,livre des Actes'' et l'Histoire*, Strasbourg, 1957, 103 suiv.

d'un ingénu en face d'un affranchi, — ce que n'est pas, de son propre aveu, l'imprudent et naïf tribun militaire —, il fait figure de notable. A-t-il voulu tirer de cet avantage un surcroît de considération, donc de sauvegarde? C'est probable, mais il ne pouvait s'en prévaloir que pour le moment de son arrestation et auprès du tribun. Il est en effet certain que devant un tribunal romain, fût-il celui de César, seule importait la qualité de citoyen romain: quelle qu'en fût l'origine, elle suffisait à autoriser le transfert du prisonnier à Césarée et l'appel à César. La réplique de Paul au tribun Claudius Lysias doit donc être étudiée en elle-même, en dehors du contexte de l'anecdote.

Pour l'histoire moderne, la revendication de Paul a la valeur d'un témoignage, celui d'un homme confronté avec sa conception de l'Etat. O. Cullmann a montré que pour l'apôtre ,,l'Etat n'est pas divin'', comme on le prétend volontiers en partant de Rom. xiii 1, qu',,il est seulement voulu de Dieu'' [1]. Cet Etat légitime a des limites, celles de ce qu'il est, ,,le schéma du monde présent'' (I Cor., vii 31); parce qu' ,,il passe'', alors que le Royaume de Dieu est ,,une espérance que seul Dieu peut instaurer'' [2], Paul est libre de s'y intégrer et — pourquoi se refuser à le reconnaître? — il le fait avec fierté. L'appel à César sera pour lui la reconnaissance du droit de l'Empire romain à rendre ici-bas la justice. En disant sa satis-faction d'être né dans la cité romaine, l'apôtre fait sienne cette cité, dans la mesure où celle-ci ne cherche pas à réduire l'œuvre de Dieu ici-bas et l'expansion du message du Christ.

Aussi bien est-ce une opinion répandue dans l'Eglise des temps apostoliques. Manifestement, en effet, pour l'auteur de l'Oeuvre à Théophile, qui a, ainsi qu'E. Trocmé l'a justement relevé [3], écrit cette partie du Livre des Actes pour des chrétiens, que Paul ait pu se proclamer tout à la fois ,,Juif, fils de Juif'' et ,,citoyen romain, fils de citoyen romain'', ne fait pas le moins du monde scandale. Autre-ment dit, politiquement et sociologiquement, pour lui et pour ses lecteurs, il n'y a point d'objection à être *l'un et l'autre*. De ce fait, dont l'importance n'échappera à personne, nous possédons au-jourd'hui la preuve irrécusable dans une inscription récemment découverte à Banasa, au Maroc. Ce texte, qui n'est rien moins que le procès-verbal d'une séance du Conseil du Prince tenue à Rome le

---

[1] *Dieu et César*, Neuchâtel 1956, p. 66.

[2] *Ibid.*, p. 59.

[3] *op. cit.*, p. 38 suiv.

6 juillet 177, les empereurs régnants Marc-Aurèle et Commode accordent à une Berbère, qui l'a demandée pour sa famille, la citoyenneté romaine *salvo iure gentis*. [1] Par cette clause, sont laissés et garantis au nouveau citoyen son statut personnel, ses traditions et ses coutumes de tous ordres. Dès lors, le problème moderne de la nationalité et de son irréductible affrontement avec l'intégration ne peut être que parfaitement étranger au Juif Paul, comme il l'est ou le sera à son contemporain le Gaulois C. Julius Rufus et à beaucoup d'autres. De l'anachronisme ridicule et de l'erreur historique qu'on commet trop souvent en posant en termes d'aujourd'hui le problème *Dieu et César* tel qu'il se présentait dans les temps apostoliques, on se gardera en songeant à la réplique de S. Paul dont le sens est indiscutable. Aucun commentaire de cette réplique, à ma connaissance, n'a signalé l'usage qu'en a fait Tertullien au chapitre 15 de son *Scorpiace* [2]. Que mon ami Cullmann me pardonne de lui offrir, en témoignage d'admiration, cette référence assortie de quelques remarques, qui peut-être ne seront pas dépourvues d'intérêt pour l'historien du droit mais qui n'ajoutent vraiment rien à l'éxégèse du Nouveau Testament.

A la fin de sa vie, dans le *Scorpiace*, Tertullien exalte une fois de plus en montaniste la gloire exemplaire des martyrs. Parce que le livre des *Actes* contient les Passions des premiers d'entre eux, il est amené à défendre l'authenticité de cet ouvrage contre les gnostiques, à coup sûr des Marcionites [3], qui la repoussent. C'est cette démonstration qu'il donne en manière de conclusion à son opuscule. En voici la traduction :

„Ce que les Apôtres ont souffert, c'est un enseignement qui s'impose; je ne saisis que lui en parcourant les *Actes*, sans rien chercher. Là les prisons, les chaînes les coups de bâton, les pierres lancées, les coups d'épée, les attaques des Juifs, les rassemblements de Gentils, les bordereaux introductifs d'instance des tribuns [4],

---

[1] Il a été présenté à l'Académie des Inscriptions et Belles Lettres le 17 novembre 1960.

[2] *CSEL*, 70, I, 178. Je remercie mon ami Ch. Saumagne, correspondant de l'Institut, de m'avoir fait connaître ce passage.

[3] C'est ce qui ressort des textes cités par Harnack, *Marcion*[2], 1924, 172: Pseudo-Tertullien, c. 6; Tertullien, *De praesc.*, 22; *Adv. Marc.*, 5, 2.

[4] *Carceres illic et vincula et flagella et saxa et gladii et impetus Iudaeorum et coetus nationum et tribunorum elogia et regum auditoria et proconsulum tribunalia et Caesaris nomen interpretem non habent.* On notera que Tertullien, qui n'ignore rien de la procédure criminelle, a traduit par *elogium* le mot ἐπιστολή d'Actes xxii que toutes nos traductions modernes rendent par

les salles d'audience des rois, les tribunaux proconsulaires et le nom de César, tout cela est dit sans interprète. Quand Pierre est battu (Actes v 40), Etienne écrasé (v 58), Jacques décapité (xii 2), Paul emmené (xxi 30), c'est avec leur sang que cela est écrit. L'hérétique veut-il croire dans cette histoire, les documents impériaux parleront, comme les pierres de Jérusalem. Les Vies des Césars nous donnent à lire qu'à Rome, le premier, Néron couvrit de sang la foi naissante. Pierre, ,,un autre le ceignit'' puisqu'il fut attaché à la croix. Paul a obtenu de naître dans la cité romaine du moment que là (à Rome) il naît de nouveau par la générosité de son martyre. [1] Cette lecture est une école de la souffrance. Peu m'importe, si je veux suivre leur enseignement du martyre, ce que pensent les Apôtres et comment ils finissent, sinon ce fait que je retrouve encore leurs pensées dans le dénouement de leur vie, car ils n'ont rien souffert qu'ils n'ont su d'avance qu'ils souffriraient''.

On voit que dans la rigoureuse morale du montaniste Tertullien, *doctrina* et *disciplina* ne sauraient être distinguées; la seconde n'étant que le reflet de l'autre, la connaissance et l'action ne sont pas opposables. Ainsi est justifiée l'Histoire, qui constate l'insertion de la vie dans les lieux et les temps. De là, dans les *Actes* l'importance essentielle des événements et des détails concrets, que Tertullien a soin d'énumérer en suivant de près le texte du livre et en recherchant avec succès une concision frappante pour le lecteur. Mais cette accumulation serait vaine et le livre des *Actes* ne serait que le premier roman grec de la série chrétienne ainsi que le veulent les Marcionites, si elle ne trouvait l'appui le plus sûr dans l'histoire profane et, plus particuliérement, dans celle qui est la plus officielle et la moins élaborée parce qu'elle a enregistré les faits pour ainsi dire au jour le jour, les *commentarii* des Césars. [2] Dès lors, l'événe-

---

,,lettre''. C'est en langage technique, le bordereau rédigé par l'officier ou le fonctionnaire qui a engagé l'affaire sur le prévenu et transmis avec celui-çi à l'autorité supérieure à qui incombe d'instruire l'affaire et de la juger. Sur cette pièce de la procédure, voir B. de Gaiffier. S. J., bollandiste, ,,*L'elogium*'' dans la Passion de S. Marcel le centurion, *Bull. Du Cange*, XV, 1941, 127-136.

[1] *Vitae Caesarum legimus: orientem fidem Romae prius Nero cruentavit. Tunc Petrus ab altero cingitur cum cruci adstringitur. Tunc Paulus civitatis romanae consecutus est nativitatem cum illic martyrii renascitur generositate.* Consequi *civitatem romanam* est l'expression technique pour ,,acquérir sur sa demande la citoyenneté romaine'' cf. Dessau, I.L.S., *indices* p. 586.

[2] Il s'agit, comme on sait, des recueils en ordre chronologique des actes de la chancellerie impériale, sous la forme des actes eux-mêmes ou d'un

ment, dont la réalité attestée par ces chroniques impériales ne saurait être contestée, en l'occurrence la persécution de Néron, rend compte d'une prophétie comme il justifie le statut juridique d'un homme par le comportement de celui-çi qui sans lui ne s'expliquerait point. [1] Ainsi, c'est parce qu'il est avéré que Pierre a été attaché à une croix à Rome sous Néron qu'est vérifiée la prédiction qui lui a été faite qu',,un autre le ceindrait''. Pour Paul, la démonstration éxige un raisonnement: Paul est mort lui aussi à Rome sous Néron, la chose est sûre; s'il en est ainsi pour ce Juif fils de Juif et citoyen de Tarse en Cilicie, c'est parce qu'il a pu faire appel à César; or cet appel est réservé aux citoyens romains. Donc, le livre des *Actes*, qui contient cette affirmation de Paul lui-même qu'il est né citoyen romain, ne peut-être qu'authentique.

Evidemment, Tertullien aurait pu ne retenir de l'épisode du tribun Claudius Lysias que la réponse affirmative de Paul à la question ,,dis moi si tu es citoyen romain?'' (Actes xxii 28). Mais le martyre étant, comme le baptême, une nouvelle naissance, il était trop tentant de jouer sur les mots et de rendre compte de la décollation de Paul à Rome par sa naissance dans la *civitas romana*, que ce soit à Tarse en Cilicie ou ailleurs en Judée. Qu'il soit né citoyen romain ou qu'il le soit devenu importait peu à Tertullien, sauf pour l'effet oratoire qu'en avocat et en montaniste il en a voulu tirer.

Tertullien ne trouvait pas dans les *Actes* le moindre indice que Paul ait eu à fournir la preuve de sa citoyenneté romaine. Et pourtant, ainsi que Calvin, juriste consommé, l'avait noté [2], il eût été

---

résumé de ceux-çi concernant soit les *beneficia*, soit les décisions politiques, soit de véritables annales. Les *Vitae Caesarum* de *Scorpiace* 15 ne sont pas autre chose que les *commentarii* de Apol., v 3, car il s'agit ici et là des mêmes faits de la persécution de Néron.

[1] C'est une astuce classique des avocats que de tirer, en l'absence de document formel, même dans le procès le plus banal dont les papyrus donnent maints exemples, du comportement d'un accusé la preuve du fait que l'on veut démontrer. Cicéron nous fournit un cas topique, car il s'agit précisément d'une affaire de contestation de citoyenneté romaine: plaidant pour le poète Archias accusé de se dire à tort citoyen romain et manquant de preuve écrite, l'avocat montre que son client a fait ce qui est *proprium civium romanorum* c'est-à-dire faire un testament romain, recueillir l'héritage d'un citoyen romain, particiler au partage du butin (*Pro Archia*, 5, II).

[2] ,,Combien que Sainct Luc n'exprime pas par quels témoignages Paul a prouvé qu'il estoit bourgeois de Rome, toutesfois il ne faut point douter que le Capitaine n'ait bien cognu la vérité, avant qu'il le laschât'' (*Commentaire sur le N.T.*, II, éd. de 1854, 882).

normal qu'on la lui demandât. [1] Manifestement, ses adversaires marcionistes n'en avaient pas tiré argument parce que, sans doute, cette preuve n'était pas toujours éxigée par l'autorité publique. Cependant, n'existait-elle pas, accessible et péremptoire? La question doit être posée, car nous savons, par l'inscription de Banasa dont il a été question plus haut, que de son temps étaient diffusés dans les provinces des extraits d'un *commentarius civitate romana donatorum* inauguré par le *Divus Augustus* et continué par tous les empereurs. Comme Paul est né sans doute aux environs de l'ère chrétienne, son père a fort bien pu reçevoir d'Auguste la citoyenneté romaine. Si donc Tertullien, qui a invoqué ailleurs les *commentarii* de Néron, ne se reporte par au *commentarius civitate romana donatorum Divi Augusti*, c'est que le nom du père de l'Apôtre n'y figure pas. [2]

Ce raisonnement suppose que le *commentarius* attribué à Auguste était à la fin du deuxième siècle et au début du troisième un répertoire de noms et comme un fichier, du type de celui que les empereurs postérieurs, en tout cas Marc-Aurèle et Commode, ont tenu à jour. Rien n'est moins sûr. Dans la première partie de son principat et encore en 6 avant notre ère, Auguste a reçu, dans chaque cas ou série de cas, d'une loi de circonstance le droit de conférer la cité romaine. Or, dans cette pratique héritée de la République, il appartenait aux préteurs d'enregister les nouveaux citoyens. Il se pourrait donc que le *commentarius civitate romana donatorum Divi Augusti* n'ait jamais existé et que la théorie du principat telle qu'elle s'est développée au cours du second siècle ait exigé, pour mieux marquer l'unité du pouvoir impérial à travers les siècles, que fussent reportées à l'origine même de l'Empire des procédures bien postérieures à celle-çi. Pour prouver, à l'aide de la citoyenneté romaine de Paul l'authenticité du livre des *Actes*, Tertullien devait avoir de

---

[1] Calvin a noté encore que ,,c'était un crime mortel de se couvrir faussement du droit de bourgeoisie''. Peut-être songeait-il à Suétone, *Claudius*, 25, 3. L. Wenger (*ibid.*, 291) a montré qu'il arrivait qu'on ne demandât rien de ce que Calvin appelle les ,,preuves légitimes'', ainsi qu'il ressort de Cicéron, *In Verr. actio secunda*, 5, 161-162.

[2] Serait-il devenu citoyen romain avant 27 ? C'est peu vraisemblable, car il n'était sans doute pas en état d'être gratifié de ce titre *virtutis causa*, les services rendus à la guerre étant l'origine normale d'un tel *beneficium*. Paul tiendrait-il son titre de son grand'père? La conjecture est gratuite et il est vain de se demander, comme l'ont fait H. J. Cadbury et Kirsop Lake dans *The beginnings of Christianity* IV, 284.,si Pompée est pour quelque chose dans la citoyenneté romaine de l'Apôtre Paul.

bonnes raisons de ne point recourir pour une fois à un *commentarius* impérial spécial.

Pareillement, parce qu'aucun document officiel ne pouvait prouver sans contestation l'appartenance de Paul à la *civitas romana*, les ennemis de l'Apôtre purent raconter sur ses origines de vrais romans. Selon Epiphane (Haer. 30, 16) les Juifs n'hésitèrent pas à prétendre qu'il était un païen camouflé: cet ,,hellène, fils d'un père hellène et d'une mère hellène "se serait fait juif pour pouvoir épouser la fille d'un notable de Jérusalem. S. Jérôme (Comm. in Ep. Philem., 23) se fait l'écho d'une autre fable, ses parents vivaient à Giscalis, en Judée; quand les Romains dévastèrent cette province et en dispersèrent les habitants, ils auraient été transférés à Tarse en Cilicie et l'*adolescentulus*, qu'était alors Paul, aurait suivi la *condicio* de ses parents. [1] Le premier de ces récits s'explique aisément par la polémique antichrétienne que certains milieux juifs entretiennent au quatrième siècle et dont Epiphane se fait l'écho; la deuxième, au contraire, comme l'a vu Harnack, tend à exalter le caractère juif de la famille de l'Apôtre. L'une et l'autre ont ignoré la citoyenneté romaine de Paul, comme si elles avaient été élaborées après 212 en un temps où celle-çi, parce qu'elle avait été donnée à tous les habitants de l'Empire, ne comportait plus de privilège. D'ailleurs, l'admettre eût été se rendre aux arguments de Tertullien contre les Marcionites, et, accepter implicitement, avec l'authenticité du livre des *Actes*, la réalité de la conversion et de l'œuvre de l'apôtre de Jésus-Christ.

Ainsi, ni aux temps apostoliques ni dans les siècles suivants, on ne semble avoir recherché le droit qu'avait Paul de se dire né dans la *civitas romana*. Même un Tertullien, qui était aussi fin juriste que fougueux polémiste, ne s'en est pas soucié, car il n'a cité le fait que pour en faire l'argument d'une controverse. Pour nous, il n'a d'intérêt véritable que parce qu'il nous apporte un témoignage

---

[1] Contre Zahn *Einleit.*, I, 481), Harnack (*Mission u. Ausbreitung d. Christentums* I, 1924, 63, n. 1) est prêt à accepter le fait de ce transfert et il proposerait volontiers de le rattacher à l'action répressive de Varus en 4 av. J.C. Mais de graves difficultés surgissent, car on ne peut vraiment penser que les parents de Paul aient pu tout à la fois passer de la condition de Juifs brutalement ,,déplaçés'' au statut fort honorifique de citoyen de Tarse et de citoyen romain. Peut-être, dans l'insistance des Juifs, qui affirment que Paul est ,,hellène né d'un père hellène et d'une mère hellène'', devrions-nous retrouver transposées dans le droit grec des conditions qui ne sont exigibles qu'en droit romain.

d'une irrécusable authenticité sur le prestige du nom romain dans les milieux juifs et les premières communautés chrétiennes. Mais nous devons convenir que notre ignorance est toujours aussi grande des origines de la citoyenneté romaine de Paul. Tout ce que nous pouvons en dire, c'est que l'Apôtre ne serait point né dans la *civitas romana*, si sa mère n'avait été elle-même déjà romaine, car le droit romain exige que le fils d'un romain et d'une pérégrine suive la condition de sa mère. Le détail est si mince et sa portée si incontestablement nulle qu'on éprouve quelque hésitation à le consigner.

POPE DAMASUS AND THE PECULIAR CLAIM OF ROME TO ST. PETER AND ST. PAUL

BY

H. CHADWICK

That the age-long debate regarding the Petrine tradition of the Roman community has now gone far towards being thawed out of the frozen rigidities of past controversy is a notable advance to which Professor Oscar Cullmann's book on the apostle Peter made an irenic contribution of the first importance. The purpose of this note is to offer him, in salutation, an observation on the background of the sixth line of the famous inscription erected by Pope Damasus at the shrine of St. Peter and St. Paul by the third milestone of the Via Appia on the site now occupied by the church of San Sebastiano. The inscription, which has played so prominent a role in the discussion of the apostolic shrines in Rome, though familiar must be quoted:

> Hic habitasse prius sanctos cognoscere debes
> nomina quisque Petri pariter Paulique requiris.
> Discipulos Oriens misit, quod sponte fatemur;
> sanguinis ob meritum Christumque per astra secuti
> aetherios petiere sinus regnaque piorum:
> Roma suos potius meruit defendere cives.
> Haec Damasus vestras referat nova sidera laudes [1].

The inscription begins by informing the pilgrim in search of the remains of the apostles that, although he should seek the apostles' remains elsewhere, this was once the site of their graves. Damasus is accordingly the earliest extant witness to the story which, with many variants in detail, is consistently told by the late sources —that at the time of their death in the Neronian persecution, the apostles were buried together at the third milestone of the Via Appia, but were subsequently translated to the separate individual sites, St. Peter on the Vatican, St. Paul on the Via Ostiensis. I have argued in another context that this story is best explained as an

---

[1] Damasus, Epigr. 26 ed. Ihm, 20 ed. Ferrua.

aetiological myth which tried to reconcile the awkward fact that there were two rival sites in Rome, each claiming to possess the authentic relics of the apostles. [1] If this is correct, then we may notice in passing that Rome's embarrassment is paralleled by that of Ephesus where during the third century there were two rival candidates for the grave of the apostle John, one of which was to achieve official recognition. [2]

The meaning of lines 3-6, with its contrast of *Oriens misit, Roma meruit*, is luminous when set against the background of the long controversy between East and West, going back to the early tensions about Easter but vastly exacerbated by the bitterness of the Arian controversy. [3] In the course of the debate the Eastern bishops had had opportunity to remind Rome that the apostles had come to Rome from the East, and in Damasus' inscription we see how Rome is forced back from the simple argument from succession (which the Greek churches could employ to equal or even greater effect) and made to rely on the special glory attaching to Rome as the site of the apostles' martyrdom.

These aspects of the inscription, however, are well known, and it is unnecessary to argue about them again. There remains one further point about the text which has not, to my knowledge, been discussed, and that is the way in which it illustrates the continuity of Roman tradition, both pagan and Christian.

Damasus claims that although the apostles were Orientals, nevertheless Rome has a superior right to claim them as her citizens. They are, so to speak, naturalised Romans and their authority and power has accordingly been transferred from East to West. Is there not more than a distant analogy here with the old Roman to have absorbed and made her own the gods of the peoples of the East whom she had conquered? From Republican times Rome had offered a home to foreign cults. [4] Although technically an alien sanctuary might have no legal position, yet the gods not only of Greece but of Anatolia, Syria and Egypt all found their way to the

---

[1] *Journal of Theological Studies*, n.s. viii (1957), pp. 31-52.

[2] Dionysius Alex. ap. Eus. H.E. vii 25. 16.

[3] For a good summary see E. Schäfer, *Die Bedeutung der Epigramme des Papstes Damasus für die Geschichte der Heiligenverehrung*, reprinted from Ephemerides Liturgicae (Rome, 1932), pp. 17-26.

[4] Cf. Augustine, de Civ. Dei iii. 12. It seems that the army played an important role in the introduction of foreign cults; cf. K. Latte, *Römische Religionsgeschichte* (1960), p. 281.

capital, where the cosmopolitan character of the city's population was reflected in the welter and variety of their religious life. It was familiar doctrine that the gift of world-domination was the reward granted by the gods to the Romans on account of their piety, superior to that of all other peoples. [1] By a slight turn the doctrine could appear in the form that, whereas each individual race venerated its own local deity, Rome had acquired its universal dominion by worshipping all the gods of its subjects. So runs the argument in the mouth of the pagan Caecilius in the *Octavius* of Minucius Felix: 'Hence it is that throughout wide empires, provinces and towns, we see each people having its own individual rites and worshipping its local gods, the Eleusinians Ceres, the Phrygians the Great Mother, the Epidaurians Aesculapius, the Chaldaeans Bel, the Syrians Astarte, the Taurians Diana, the Gauls Mercury, the Romans one and all. Thus it is that their power and authority has embraced the circuit of the whole world . . . . . *Sic, dum universarum gentium sacra suscipiunt, etiam regna meruerunt*'. [2] Rome's devotion to all the powers of heaven is so great that they have rewarded her accordingly.

The type of argument has no doubt a long history behind it, and the reader is immediately reminded of the Assyrian Rabshakeh and his war of nerves before the walls of Jerusalem (2 Kings xviii 25, 34). Given the ancient view of the relation between the state and religion it is a natural part of the armoury of imperialist propaganda. Tertullian is moved to sarcasm by the notion that the foreign gods preferred to surrender their local worshippers to Roman power; such behaviour would merely prove their treacherous character. [3] And his argument is taken up by Prudentius in the *contra Symmachum*. Prudentius proceeds to explain that Rome owed her universal

---

[1] For example, Florus i. 7 (13). 3—the invasion of the Gallic Senones was a test imposed by the gods who wanted to know 'an Romana virtus imperium orbis mereretur'. For s substantial catena of texts see A. S. Pease's commentary on Cicero, de Natura Deorum ii. 3.8, especially the well-known passage of Polybius (vi 56.6 f.): the extreme religiosity of the Romans maintains the cohesion of the state by superstitious fears, while by contrast among the sceptical Greeks perjury and dishonesty are rife. (The old Latin view that the Greeks were too clever to be honest survived to bedevil East/ West relations for centuries: cf. Greg. Magn. Epist. v. 14.)

[2] Minucius Felix, Octavius 6 (the translation from the Loeb edition by Rendall). See the important remarks of A. D. Nock, 'The Praises of Antioch', *Journal of Egyptian Archaeology* xl (1954), pp. 78-79.

[3] Tertullian, Apol. 25; ad Nationes ii. 9.

dominion not to the patronage of any local deities but to the one
God who, as part of the praeparatio evangelica, wished the political
structure of the world to be brought into unity of spirit and godly
concord, and accordingly used Rome as a policeman for establishing
an ordered society subject to a single law. [1]

We meet the same imperialist argument in the reply of Augustine.
He comments that there was one exception to the Roman principle
that the gods of conquered peoples should be propitiated by incorporation in the state pantheon, namely, the Jews—an ironical
situation in view of the fact that the true God alone willed to grant
them world power. [2]

It is an uncontroversial commonplace that in the later Roman
empire the saints of popular devotion came to inherit many of the
functions hitherto performed by local heroes and deities. In the
City of God, for example, we have plain testimony of the urgency
of the situation resulting from the barbarian attacks in Italy. The
populace had successfully trusted in the power of the martyred
apostles when in 406 the pagan Radagaisus had threatened Rome
with his Ostro goths. But Alaric's conquest of the city had shattered
their confidence in the mighty *suffragia* of their heavenly patrons,
and there was a movement to return to that old religion which had
apparently been more successful in propitiating heaven. [3] Peter and
Paul and the other Roman martyrs exercised a *patrocinium*. By their
influence on high they ensured that their defenceless dependants
would be protected from disaster. The belief was an easy and
natural transfer to the heavenly sphere of the social structure on
earth, where the patronage of the *potentiores* was a matter of the
first importance if one was to have any success in the world. [4] So, for
example, the prayers in the Veronese or 'Leonine' Sacramentary
for the feast of St. Peter and St. Paul on 29 June closely reflect both
the presuppositions and even the terminology of the prevailing

---

[1] Prudentius, c. Symmachum ii 488-577.

[2] Augustine, de Consensu Evang. i 12. 18-19.

[3] For Radagaisus see Augustine, de Civ. Dei v. 23.19 and Sermo cv. 10. 13.
For the cry 'Ubi sunt memoriae apostolorum?' see Sermo ccxcvi 5.6 (another
recension in Morin, Sermones post Maurinos reperti, pp. 404 f.).

[4] See G. E. M. de Ste. Croix, 'Suffragium: from Vote to Patronage', in the
British Journal of Sociology v (1954), pp. 33-48. The same theme appears in
the illuminating, if at times speculative, paper by J. N. L. Myres, 'Pelagius
and the end of Roman rule in Britain', *Journal of Roman Studies* 50 (1960),
pp. 21-36.

social system under which the client depended on the 'suffrage' of his powerful *patronus* to place him in a well-paid job or to protect him when he found himself on the wrong side of the law. These 'Leonine' prayers, as we should expect, also disclose a strong awareness of the peculiar blessedness of Rome in possessing such mighty and influential protectors: there is no church in Christendom to which they stand in so intimate a relation. [1]

This theme of a peculiar and unique intimacy between the Roman Christians and the apostles whose relics they cherish is familiar enough in the Sermons of Leo the Great. 'Be sure', he tells his suffragans, that your work is pleasing to God. For the progress of the flock is the pastor's pride. Let your faith, which is spoken of throughout the world, abide in love and holiness. For though every church should abound in virtue, yet you should be supreme since you are founded on the very citadel of the apostolic rock—redeemed by Christ like everyone else and instructed by blessed Peter as no one else.' [2] The basis of Leo's self-confidence is the conviction expressed by Damasus that Rome has a claim upon the apostles which is unique and unrivalled by any other community. It is not simply that in practice Rome has been an unmoveable pillar of orthodoxy where the East has been torn and racked by Arianism [3]— for thanks, in large measure, to the wise statesmanship of Liberius, it became possible to obliterate the memory of the traumatic humiliation of Ariminum and the western surrender to Arianism in 359-360. It is also for Leo a fundamental article of faith that a deflection from orthodoxy on the part of a Roman pontiff is a priori inconceivable. Every page of his correspondence illustrates this

---

[1] For example, *Sacr. Leon.* 322 Mohlberg (xv p. 43 Feltoe) 'da nobis sub patronis talibus constitutis... continua securitate muniri'. Ibid. 326 'Adesto Dñe populo tuo cum sc̄orum tuorum patrocinio supplicanti ut quod propria fiducia non praesumit suffragantium meritis consequatur per.' 367 (xxv p. 48 F.) 'Apostolorum tuorum precibus Dñe plebis tuae dona sc̄ifica ut quae tibi tuo grata sunt instituto gratiora fiant patrocinio supplicantum per.' For the unique relation cf. 348 (xx p. 46 F.) 'Vere dignum qui, ut hanc sedem regimen ecclesiae totius efficeres et quod haec praedicasset ostenderes ubique servandum, simul in ea et apostolicae principem dignitatis et magistrum gentium collocasti per.'

[2] Leo, *Sermo* iii 4.

[3] Cf. the colophon appended to certain Latin lists of the episcopal signatories of Nicaea: 'Haec sunt nomina episcoporum orientalium numero clxvi qui in synodo subscripserunt. Occidentalium vero episcoporum nomina ideo non sunt scripta quia nulla aput eos suspicio fuit' (C. H. Turner, *Eccl. Occid. Monumenta Iuris Antiqu.* i 91).

unqualified assurance of the man who is not merely Peter's successor in true line of historical succession but also his *haeres* and therefore juridically entitled to exercise all rights and privileges whatsoever belonging to the *princeps apostolorum*. [1] The holy places of Zion, Leo observes (not perhaps without a certain grim satisfaction), had not deterred Juvenal of Jerusalem from allying himself with Dioscorus and the Monophysite cause at Ephesus in 449. [2] But because of the unique relation between Peter and the Roman pontiff Rome was the peculiar touchstone of orthodox communion. Through his vicar Peter himself spoke; and the Tome is sent to the East not to be scrutinised and discussed but to be humbly accepted as an authoritative utterance. Indeed, writing to Theodoret in 453 Leo declares that the issue of the Tome and its acceptance throughout Christendom is the greatest event in church history since the Incarnation. [3]

The inscription *Hic habitasse* shows, in process of gestation, the presuppositions which made such an utterance possible.

---

[1] See W. Ullmann, 'Leo I and the theme of Papal Primacy', *Journal of Theological Studies*, n.s. xi (1960), pp. 25-51.

[2] Leo, *Epist.* 139.1.

[3] *Epist.* 120.2 'Vicit per nos ille pro se cuius carnis veritas negabatur. Vicit per nos et pro nobis ille cui vicimus. Secunda est post adventum domini haec orbi festivitas.'

VERSÖHNUNG

Augustin, *De Trinitate* XIII, X, 13-XX, 26

VON

J. N. BAKHUIZEN VAN DEN BRINK

Augustin sagt, dass, wenn uns die Schwachheit nicht eigen gewesen wäre, wodurch wir Sünder und schliesslich Feinde Gottes
geworden sind (Röm. v 10), wir auch den 'medicus' nicht nötig gehabt hätten. Der 'medicus' wird hebräisch Jesus, griechisch σωτήρ,
'nostra autem locutione Salvator' genannt. Die lateinische Sprache,
so fährt er fort, hat früher dieses Wort nicht gehabt, aber sie hätte
es haben können, was bewiesen wird durch die Tatsache, dass sie es
jetzt besitzt, da sie es gewollt hat [1]. In einer Predigt, in der er
1 Tim. i 15 zitiert, hat er es etwas ausführlicher gesagt: 'Salvator,
hoc est latine Jesus. Nec quaerant grammatici quam sit latinum,
sed Christiani quam verum. Salus enim latinum nomen est. Salvare
et Salvator non fuerunt haec latina antequam veniret Salvator;
quando ad latinos venit, et haec latina fecit. Ergo Christus Jesus,
Christus Salvator venit in mundum [2]'. Augustin hätte die Bemerkung, die so gut passt zu der Lehre der 'unmittelbaren, lexico-
graphischen Christianismen' der Schule Schrijnen-Mohrmann [3],
nicht gemacht, wenn das Wort nicht noch immer als eine Neuigkeit
empfunden worden wäre. Bei Tertullian kann man schon salvator
gegenüber iudex finden, aber kaum als Übersetzung von und als
Namen für Jesus [4], vielmehr noch salutificator, u.a. in der Übersetzung von Philipp. iii 20, wo schon Cyprian, wie später die Vulgata, Salvator schreiben wird, und von Deut. xxxii 15, wo die Vg.

---

[1] Augustin, *de Trin.* XIII, X, 14.
[2] Augustin, *s.* CCXCIX, 5; für den Salvator als medicus vgl. auch *s.*
CLV, X, 10 und *s.* CLVI, II, 2: salvator est adiutorium languidi; und sogar
im *op. imperf. c. Jul.* V, XXX, wo es heisst: Salvator ut hoc vitium nostrum
sanetur, cf. XXV.
[3] Jos. Schrijnen, *Charakteristik des altchristlichen Latein*, Nijmegen 1932,
S. 16; Chr. Mohrmann, *De struktuur van het oudchristelijk Latijn*, Nijmegen
1938, S. 7; *Latin vulgaire, latin des chrétiens, latin médiéval (Rev. des ét. lat.*
29, 1952), Paris 1955, S. 24.
[4] Tertullian, *adv. Marc.* III, 18, 3 = *adv. Iud.* X, 7; cf. *adv. Marc.* IV, 14, 2.

Deus salutaris hat [1]. Während Cyprian Salvator für Gott und für Christus gebraucht [2], scheint Laktanz noch Anstand zu nehmen, als er bemerkt: 'Jesus qui latine dicitur salutaris sive Salvator' [3]. Dann aber ist der Name Augustin vertraut geworden [4], und er hat ihn bestimmt sehr lieb gewonnen: 'nomen Christi — hoc nomen Salvatoris mei, filii tui' (Conf. III, 4, 8); 'der Name meines Heilands' [5], meint er.

Die Bemerkung zeigt also nicht nur, dass das Wort, sondern auch dass der Begriff 'Salvator' neu war. Die Bedeutung aber des Salvators ist, dass er die Versöhnung zustande gebracht hat.

Der episcopus hipponensis stellt eine ausführliche Auseinandersetzung an, um die Frage zu beantworten, was gemeint ist mit den Worten: 'iustificati in sanguine ipsius' (Röm. v 9), d.h. des salvators. Was ist die Kraft dieses Blutes (ich beschwöre es euch), dass darin die Gläubigen gerechtfertigt werden sollen? Und was heisst: 'reconciliati per mortem Filii eius (v 10)?

Dieses Buch über die heilige Trinität endet mit einer Zusammenfassung, worin von der Vergebung der Sünden gesagt wird, dass sie nicht stattfindet es sei denn durch Den, der mit seinem Blut über den Fürsten der Sünder gesiegt hat (c. XX, 26). Diese Worte enthalten also eine exklusive Aussage: 'quae non fit nisi per eum, qui sanguine suo vicit principem peccatorum [6]. Zweitens reden sie auch vom Sieg über den Fürsten der Sünder. Jedenfalls entscheidet das Blut des Inkarnierten über diesen Fürsten und jedenfalls ist Jesus der Salvator in dem oder durch den hier gemeinten Sieg. Ein Sieg hat nun aber auch exklusiven oder absoluten Charakter. Wer besiegt ist, hat sein Leben, seine Kräfte, seine Wirkungsmöglichkeit verloren. Es liegt gerade nicht auf der Hand, dieser augustinischen Betrachtung des Todes Christi relativen Charakter zuzuschreiben, wie man es oft getan hat.

Nicht sofort antwortet Augustin auf die beiden obengenannten Fragen. Er bringt zuerst kritisch einige Einwände bei, die inner-

---

[1] Tertullian, de resurr. mort. XLVII, 15; de pud. II, 1: salutificator omnium; de carne Chr. XIV, 3: Christus unus salutificator; de ieium. VI, 3.

[2] Cyprian, Testim. II, 7, in Ps. xxiv 24; III, 11 in Philipp. iii 3²⁰.

[3] Laktanz, div. inst. IV, 12, 6 und 9. A. Blaisse, Dictionn. lat.-franç. des auteurs chrétiens, Strassbourg 1954, i.v.

[4] Augustin, enarr. II in Ps. XXX, 6; s. CCXCII, IV, 4 nach I Tim. 4¹⁰; s. CCXCIII, 11 nach Matth. 1²¹.

[5] Vgl. O. Cullmann, Die Christologie des N.T., 2. Aufl., Tübingen 1958, S. 246-252.

[6] So ein exklusives 'nisi' auch bei Athanasius, Or. I c. Ar. L.

halb und ausserhalb der Kirche nicht unbekannt sind und die
kein heutiger eingebildeter Amateur-Theologe [1] besser vorbringen
könnte (c. XV, 15). Musste denn wirklich Gott der Vater, indem Er
uns zornig war, erst den Tod-für-uns seines Sohnes sehen und ist
Er erst dann mit uns versöhnt geworden? War also sein Sohn
schon so mit uns versöhnt, dass Er für uns hat sterben wollen, während der Vater noch so erzürnt war, dass Er, ohne dass der Sohn
für uns gestorben wäre, sich nicht hätte versöhnen lassen? Wie soll
man denn Röm. viii 31 verstehen? Wenn man auch noch Ephes. i 4
und Gal. ii 20 dazunimmt, war dann im Gegenteil nicht offenbar
der Vater schon versöhnt und hat Er nicht eben deshalb seinen Sohn
für uns hingeben und dieser sich selbst? Das scheint alles dem
Spruch: 'iustificati in sanguine eius' oder wenigstens dem Spruch:
'reconciliati per mortem Filii' zu widersprechen. Wie diese Worte
aber doch die Wahrheit besagen, wird jetzt erklärt werden; 'ut
potero' fügt der Lehrer hier anspruchslos, wie so oft, hinzu. Sonst —
das ist das Problem, um das es sich hier handelt — wäre die Inkarnation und zumal das Kreuz Christi ohne wesentliche Bedeutung.
Es hängt aber, wie die Zusammenfassung es sagt, alles, die ganze
Vergebung der Sünden, exklusiv an der Inkarnation und am Tode
des homo-deus.

Augustin fängt seine Erklärung an mit der Erbsünde, die das
Menschengeschlecht durch den gerechten Zorn Gottes in die Macht
des Teufels überliefert hat. Man darf das aber nicht so verstehen, als
ob Gott dies getan hätte oder befohlen hätte, dass es so geschehen
sollte. Gott hat es eigentlich nur zugelassen — geschehen lassen,
wäre vielleicht besser zu übersetzen — und das war recht. Da Er
aber den Sünder im Stiche liess, hielt der Autor der Sünde sofort
seinen Einzug: 'illo enim deserente peccantem, peccati auctor
ilico invasit'. Nicht dass Gott sich volkommen vor ihm verbarg: in
seinem Zorn vergass Er des Erbarmens nicht (Ps. lxvii 10), und
der Mensch befand sich auch nicht ausserhalb des Gesetzes Gottes,
obwohl er der Macht des Teufels überlassen war. Denn auch die
bösen Engel bestehen nur durch Ihn, der alles lebendig macht.

Petrus Lombardus lässt in seiner Wiedergabe dieses grossen
Passus die bösen Engel beiseite und hat dadurch diesem Satz, wenn
es möglich wäre, eine noch breitere Bedeutung gegeben: denn in
welchem Leben sie sich auch herumtreiben, Teufel oder Mensch

---

[1] ... in Christi incarnatione, quae superbis displicet, *de Trin.* XIII,
XVII, 22.

würden nicht bestehen können, es sei denn durch Ihn, der alles
lebendig macht [1]. Er deutet mit diesem 'nisi' an, dass es überhaupt
kein Leben, wie es auch wäre, ausserhalb Gottes gibt, und das ist
ganz im Sinne Augustins; böse Engel oder Teufel sind Realitäten,
aber eben deshalb gehören sie in den Bereich Gottes, der über alles
waltet. Innerhalb dieses Bereiches — ob wir uns das denken können
oder nicht — spielen sich Fall und Erlösung ab.

Deshalb, so folgert Augustin, wenn die Begehung der Sünden den
Menschen durch den gerechten Zorn Gottes dem Teufel unterworfen
hat, so hat sicher die Vergebung der Sünden durch die geistige Versöhnung Gottes den Menschen dem Teufel entzogen. 'Si ergo commissio
peccatorum per iram Dei iustam hominem subdidit diabolo, pro-
fecto remissio peccatorum per reconciliationem Dei benignam eruit
hominem a diabolo' (c. XII, 16). Dies alles ist das Werk Gottes.
Eine Fülle der Begriffe steht hier der andern gegenüber: 'commissio peccatorum' — 'remissio peccatorum'; 'subdere diabolo' —
'eruere a diabolo'; 'ira Dei iusta' — 'reconciliatio Dei benigna'.
Zweifellos handelt es sich hier für Augustin nicht nur um Nuancen,
sondern um Wirklichkeiten von absolutem Charakter, die einander
unversöhnlich gegenüberstehen und deren Auflösung nur in der
'reconciliatio Dei' erfolgen konnte. Es ist deutlich, dass die 'reconciliatio benigna' das eigentliche Werk Gottes ist. Aber ein Werk,
das getan werden musste und das nicht ausbleiben konnte, denn
sonst wäre der Zorn nicht überwunden. Es scheint doch wohl erlaubt,
dieses letztere Verbum hier einzufügen, denn es handelt sich um
die Befreiung aus der potestas des Bösen, der überwunden werden
sollte. Dann ergibt sich eine Parallele mit der oben erwähnten
Zusammenfassung aus c. XX, 26: der princeps peccatorum wird
überwunden, wie auch der Zorn Gottes durch die reconciliatio überwunden wird; darin besteht die reconciliatio. Wir verstehen, wie
hier nicht einfach das logische, sondern vielmehr das Wirkliche den
Ton angibt.

Nun spricht Augustin weiter über das Wie dieses Sieges. Er sollte
nicht durch die 'potentia Dei' sondern durch die 'iustitia' zustande
kommen. Der Teufel aber ist eben 'amator potentiae' — übrigens
ohne Aussicht gegenüber dem allmächtigen Gott — und 'desertor op-
pugnatorque iustitiae'; darin ist er den Menschen ein sehr schlechtes
Vorbild, dem sie nur allzu gern nachfolgen; Christus aber ist das

---

[1] Petr. Lombardus, *Libri IV sent*, III, XX A: Nam qualiscunque vita
diabolus vel homo, non subsisteret nisi per eum qui vivificat omnia.

grösste Vorbild des Gehorsams. Nun hat Gott aber beschlossen, dass der Mensch nicht durch Kraft, sondern durch Gerechtigkeit aus des Teufels Gewalt gerettet und der Teufel nicht durch Kraft, sondern durch Gerechtigkeit überwunden werden sollte. Und dass, so fügt er etwas unerwartet hinzu, die Menschen also 'imitantes Christum, iustitia quaererent diabolum vincere, non potentia'. Unerwartet, denn es könnte jetzt scheinen, als ob die Menschen sich selbst erlösen sollten, Gerechtigkeit übend in der Nachfolge Christi. Das ist aber unzulässig, denn Augustins Ausgangspunkt war und bleibt unter Ausschluss alles eigenen Verdienstes: 'iustificati in sanguine eius' [1]. Man soll daher diesem Satze, der an sich eine menschliche Wahrheit aussagt, die XVI, 20 genügend ausgearbeitet wird, in diesem Kontext nicht einen verkehrten Nachdruck verleihen. Die Übung der Gerechtigkeit in der Nachfolge Christi findet erst statt im Leben des Gerechtfertigten und Versöhnten, und in diesem Leben ist sie unausbleiblich eben als Realisierung und Befestigung der reconciliatio. Man vergleiche, wie in allen Sakramentspredigten der frühen Kirche neben der unerschütterlichen Wahrheit und Wirklichkeit der erneuernden Wirkung der Taufe, das τηρεῖν, observare der Gebote gefordert wird, sonst geht die Taufgnade verloren. Auch das scheinen einander widersprechende Theorien zu sein. Sobald man sie aber versteht nicht als theoretische Lehren, sondern als Beschreibungen der vollen Wirklichkeit von Sakrament und Leben im Glauben, wie die imitatio auch bei Irenaeus Sache der versöhnten und erlösten Menschen ist [2], gibt es keinen Widerspruch mehr. Man vergleiche übrigens etwa 2 Petri i 10. Wenn man es so versteht [3], wird auch deutlich, dass es Augustin hier nicht um Selbsterlösung, sondern um eine ganz andere Sache geht.

Der Sündenfall hat alles zerstört; die reconciliatio soll alles wiederherstellen, und zwar im unbeschränkten Sinne. Darum soll das Geschehene abgetan werden, darum soll das falsch Geschehene

---

[1] Vgl. auch *de Trin.* IV, II, 4: 'iniquorum et superborum una mundatio est sanguis iusti et humilitas Dei'.

[2] Irenaeus, *adv. haer.* V, 1, 1, ed. Harvey.

[3] So hat es z.B. E. Portalié deutlich dargetan in der sehr schönen und reichhaltigen Abteilung über die Heilslehre seines grossen Artikels *Saint Augustin* im DThC I, 2, speziell 2366-2374. Man siehe auch *Trin.* XIII, XX, 26: 'quae (sc. virtutes) tamen in hac vita non valent tantum, ut aliquando non sit hic necessaria qualiumcumque remissio peccatorum, quae non fit nisi per eum, qui sanguine suo vicit principem peccatorum'.

ersetzt werden durch das, was gut und recht ist, denn nur so wird das Böse überwunden, das heisst zunichte gemacht, sodass es nicht mehr existiert; das Gute stellt sich an seinen Platz. Es ist die von anderswo bekannte Idee der recapitulatio, die hier im Hintergrund steht und deren Funktion immer nur war, die Wirklichkeit des unbedingt erneuernden Werks Gottes in Christo besser verständlich zu machen. Die Überwindung des Bösen durch die iustitia ist ein Gesetz des Universums Gottes, das unser Universum weit übertrifft, und für das Augustin das Wort: ordo gebraucht: 'sed ordo servandus est, quo prior est iustitia'. Iustitia ist also nicht als eine Eigenschaft Gottes aufgefasst ebensowenig wie der ordo in erster Linie etwas ist, das Gott zur Verfügung steht; sondern er ist das einfach Daseiende. Das ist in einer neuen L e i d e n e r Dissertation über 'Inkarnation und Erlösung bei Athanasius' sehr gut gesagt: der Fundamentalbegriff ist die göttliche Wahrhaftigkeit, nicht die göttliche iustitia [1]. Man kann Wahrhaftigkeit und ordo miteinander vergleichen. Es kommt aber einmal — so Augustin — die Stunde, da die iustitia — in dieser Weltzeit oft leidend — 'ordine suo fuerit potentia subsecuta', in voller Macht offenbar werden wird. 'Potentia vero sequi debet iustitiam, non praeire' [2]. Wir weisen noch darauf hin, einmal dass bei Augustin das Rechtsurteil Gottes auch jedem Affekt enthoben ist: Gottes Zorn ist keine 'perturbatio animi' wie bei den Menschen (de Trin. XIII, XVI, 20); und zweitens dass die Rechtshandlung ihre grosse Rolle auch bei Irenaeus [3] spielt, der übrigens an einer Hauptstelle das Bild des Starken aus Mk. iii ebenso gebraucht wie Augustin (de Trin. XIV, 19 und enarr. in Ps. LXVIII, 9).

Doch lassen wir diese Unterscheidungen, wie wichtig der Begriff des 'ordo' auch sei, jetzt ruhen. Im nächsten Kapitel geht Augustin auf die Frage ein, was für eine Gerechtigkeit es sei, durch die der Teufel überwunden ist. Die Antwort lautet: keine andere als die Gerechtigkeit Jesu Christi. Auf die weitere Frage, wie denn der Teufel überwunden sei, folgt die bekannte Erklärung, dass der

---

[1] A. van Haarlem, *Incarnatie en Verlossing bij Athanasius*, Wageningen 1961, S. 92; zu Athan., *de inc.* VI u. VII.

[2] Wenn Portalié sagt, dass die Sünde ist 'surtout une lésion du droit divin, une offense de Dieu et outrage à sa majesté' tut er Augustins Auffassung natürlich volles Recht, aber es gibt daneben noch die unvergleichbar hohe, durch und durch objektive Vorstellung des ordo, der, wenn man es nicht missversteht, auf sich besteht.

[3] Irenaeus, *adv. haer* V, 21, 3 ed. Harvey.

Teufel den Unschuldigen getötet hat — aber Augustin fügt nicht
hinzu: und damit sein Recht verspielt hat. Vielmehr bekommt das
Opfer Christi allen Nachdruck. Der Ausgangspunkt ist die Erwägung, dass nur derjenige frei ist von aller Verpflichtung dem Tode
gegenüber, der gestorben ist (Röm. v 9). Christus aber hat getan,
was Ps. lxix 5 gesagt wird: 'quae non rapui, tum exsolvebam' und er
ist so zur Passion geschritten (Joh. xiv 30), 'ut pro debitoribus nobis
quod ipse non debebat exsolveret'. Darin hat Christus die Gewalt
dem Recht hintangesetzt. Augustin — übrigens wie Athanasius [1]
u.a. auch — sagt, hierzu musste er Mensch und Gott sein, 'illum esse
opus erat et hominem et Deum'; Mensch, damit er getötet werden
konnte, Gott aber, um das zu wollen und nicht seine Macht auszu-
üben. Die Scholastik hat dies Augustin nicht im mindesten verbessert. Die Auferstehung bezeugt dann am Ende, wie überwäl-
tigend die Macht war, mit der Christus diesen Weg gegangen ist.
Der Satz, dass wir gerechtfertigt werden in Christi Blut, 'quod iusti-
ficamur in Christi sanguine', und durch die Vergebung der Sünden
der Gewalt des Teufels entzogen werden, hat also den Grund, dass
Christus durch Recht und nicht durch Macht den Teufel überwunden hat. Wie so oft bei Augustin, folgt auch hier ein auf uner-
wartete Weise angewendeter Text: 'quod infirmum est Dei, fortius
est hominibus (1 Cor. i 15).

In diesem Rahmen nun soll man einerseits die ganze Passion
Christi verstehen; für uns, 'pro debitoribus nobis', stellvertretend
also. Und in diesem Rahmen soll man andererseits deutlich
anerkennen, dass dies alles gilt für diejenigen, die da glauben, 'ut
. . . liberi dimittantur in eum credentes', d.h.: es gilt nur für diejenigen, die da glauben. Das credere der Menschen hängt zusammen
mit dem 'exsolvere pro debitoribus nobis', das Christus getan hat.
So folgt aus allem bisher Erörterten, dass es nur durch die Selbst-
hingabe Christi eine neue Wirklichkeit, die reconciliatio, für die
Seinen gibt; die Seinen sind aber nur die Gläubigen. Es ist kaum
möglich, einen stärkeren Glaubensrealismus in Verbindung mit der
Wahrheit des stellvertretenden Todes Christi im Rahmen des
ganzen 'ordo' Gottes zu formulieren. Auch für den Voluntarismus
Augustins, der diesen Realismus nur noch verstärken kann, gibt
es hier allen Raum: 'sanguis domini tui, si vis, datus est pro te, si
nolueris (esse), non est datus pro te . . . sanguis Christi volenti est
salus, nolenti supplicium' [2].

---

[1] Athanasius, *de inc.* VI, VII.   [2] *s.* 344, n. 4; auch bei Portalié.

Es ist schwerer, sagt Augustin (xv 19), mit wahrer Freimütigkeit auf den schwierigsten Teil des Problems eingehend, einzusehen dass der Teufel besiegt ist durch den Tod, durch das Blut Christi, als durch die Auferstehung. Augustin vermeidet hier nicht das Bild des Kaufens wenn er sagt, dass der Teufel die Menschen 'merito tenebat quos peccati reos conditione meritis obstrinxit'; er musste sie aber 'dimittere'. Anschliessend an Col. i 13 erklärt er, dass 'in hac redemptione tamquam pretium pro nobis datus est sanguis Christi'; dadurch aber ist der Teufel nicht beschenkt, sondern gebunden worden. Auf das 't a m q u a m pretium' kommt alles an. Es ist nicht ein wirkliches pretium, denn Christus hatte alle Macht, und von Ihm war also nichts zu fordern. Aber er hat Recht geübt und 'recapitulationem' gemacht, weil er das so wollte. Das ist das Evangelium. Will man das verkündigen, dann erweist sich das biblische Bild des 'pretium' als brauchbar zur Verdeutlichung; es geht aber nicht weiter als zum 'tamquam'. Man kann über das, was wirklich geschehen ist, überhaupt nur in Bildern reden, nicht in ontologischen Begriffen. Durch den Tod Christi realisiert sich die Gnade für die 'praecogniti et praedestinati et electi ante constitutionem mundi' (2 Petri i 20). Die Praedestination wird also realisiert in Gottes undenklich grossem Universum, innerhalb des 'ordo'.

Überzeugend hat seinerzeit R. C. Moberley darauf hingewiesen, wie alle ntlichen und patristischen Versuche, die Wirklichkeit des Heilswerkes Gottes, d.h. der reconciliatio, zum Ausdruck zu bringen, bei der Bildersprache verbleiben. Diese Wirklichkeit übersteigt ja die Möglichkeiten unseres Redens und Denkens. Moberley nennt es Metaphern, wenn Christus unsere redemptio, unser Lösegeld, unsere Befreiung genannt wird, wiewohl Er das alles wirklich ist. Die hauptsächlichen Schwierigkeiten in der Lehre der Versöhnung während vieler Jahrhunderte sind der 'over-technical emphasis', die auf diese Ausdrücke gelegt wurde, zu verdanken. Daher die bekannten Fragen: wenn Er unsere redemptio war, von wem kaufte Er uns los? Welches Recht auf einen Preis gab es hier? usw. usw. Hierauf zu antworten, das heisst 'to make false use of a true similitude' und ergibt 'over-logical attempts to elucidate', die aber viel mehr unklar denn klarzumachen im Stande sind. Die Weise, wie Moberley die von uns schon angeführten Stellen und einigen weitere von Athanasius mit der von ihm verteidigten Vorsicht erklärt[1],

---

[1] R. C. Moberley, *Atonement and Personality*, 1st ed. London 1901; repr. 1911, *Supplementary Chapter on the Atonement in History*, S. 324-412; S. 352.

stimmt meiner Meinung nach ganz zu der Absicht Augustins bei der Interpretation der reconciliatio in Trin. XIII.

Allerdings nur wenn man einerseits alle genannten Elemente als wirkliche Fakta, jedes mit seiner die anderen scheinbar ausschliessenden Wirklichkeit, ernst nimmt, sieht man etwas von dem, was Augustin hier zu denken und auszusagen sich bemüht. Das Bild des Freikaufens lässt er aber andererseits in diesem Kontext nur zur Erläuterung zu. Dabei hat der grosse Mythos der Bezahlung des Lösegeldes an den Teufel wie Portalié sehr gründlich dargelegt hat, keinen Platz in der Lehre Augustins. Es geht ihm vielmehr um die Faktizitäten von Sünde und Erlösung, von Tod und Versöhnung, um das eigentliche Werk Gottes in Christo für die, die da glauben. Hiermit wird zugleich 'credere' gehoben auf die biblische Höhe des In-Christo-Seins, oder, wenn man will, des reformatorischen Verständnisses des neuen Existierens durch den Glauben.

Es konnte nicht ausbleiben (denn das ganze ist noch nicht — wie könnte es? — erschöpft), dass die Frage wiederkehrt, die am Anfang dieses ganzen Passus steht und an die wir jetzt zu denken haben. Trin. XIII, X, 13 widerlegt Augustin die wichtig scheinende Frage, ob nicht Gott noch andere Arten zur Verfügung standen, um die Menschen aus dem Elend des Todes zu befreien, als die Inkarnation und der Tod des Mittlers. Es fehlte Gott bestimmt nicht die Möglichkeit, eine andere Weise zu wählen, so lautet die Antwort, denn alles steht Ihm ja zur Verfügung [1]; aber es gab 'sanandae nostrae miseriae convenientiorem modum alium' nicht, und keine andere war auch am Platze. 'Was war denn so notwendig für die Aufrichtung unserer Hoffnung . . . als dass uns deutlich gezeigt wurde, wieviel Gott uns schätzt, wie sehr er uns liebt' [2]?

Auf Grund des Gebrauchs des Komparativs convenientiorem hat man behauptet, dass Augustin nicht weiter kommen konnte als zu einer relativen Wertschätzung der Inkarnation und des Todes Christi, die er als traditionelle Elemente in seiner Verkündigung

---

[1] Man sehe auch besonders de Trin. XIII, XVIII, 23.

[1] Quid enim tam necessarium fuit ad erigendam spem nostram, mentesque mortalium conditione ipsius mortalitatis abjectas, ab immutabilitatis desperatione liberandas, quam ut demonstraretur nobis quanti nos penderet Deus, quantumque diligeret? Vgl. de cat. rud. IV, 7 u. 8: Quae autem maior causa est adventus domini, nisi ut ostenderet Deus dilectionem suam in nobis commendans eam vehementer: quia cum adhuc inimici essemus, Christus pro nobis mortuus ut, Röm. v 8, 9. Si ergo maxime propterea Christus advenit, ut cognosceret homo quantum eum diligeret Deus . . . Hier spielt auch die christliche humilitas ihre grosse Rolle.

nicht fallen lassen konnte, deren Wert aber zumal durch die Entwicklung seiner Praedestinationslehre weitgehend beeinträchtigt
wurde. Daher, sagte Harnack, sei schon bei Augustin die Unsicher-
heit, ob die Incarnation notwendig gewesen sei. De Trin. XIII, 13
beantwortet er die verhängnissvolle Frage, ob für Gott nicht ein
anderer Weg möglich gewesen sei so, dass er diese Möglichkeit offen
lässt, den gewählten Weg aber als bonus, divinae dignitati congruus
und convenientior bezeichnet. Damit hat er dem Mittelalter eine
gefährliche Perspektive geöffnet [1]. Dies letztere kann man allerdings zugeben, aber auch ohne Augustin würde das Mittelalter die
Frage schon aufgefunden haben, wie sie doch auch vor Augustin
schon gestellt wurde.

Immerhin von Petrus Lombardus, Sententiarum liber III, XX an
kann man sie im Mittelalter verfolgen. Es ist natürlich ein Fehler,
den Komparativ 'convenientiorem' zum Anlass zu nehmen, der
ganzen Betrachtung Augustins relativen Charakter beizumessen.
Wie hätte man die Frage überhaupt verneinen können? Und wie
ist es möglich, einer Tat Gottes relativen Charakter beizumessen?
Wenn es theoretisch nach menschlicher Argumentation viele
Möglichkeiten gibt, aber Gott eine davon wählt, dann nenne man
die 'convenientior'; wir haben es doch mit einer unwiderruflichen
Entscheidung Gottes zu tun, denn die anderen Möglichkeiten
hat Er ausgeschlossen. 'Convenientior' hat also superlative Bedeutung. Augustin führt überdies noch aus, dass diese Weise Gott
geziemte und dass nur so unsere 'miseria' geheilt werden konnte.
Diese doppelte Argumentation findet ihre Einheit in der Liebe
Gottes zu uns, und damit sind wir in der existentiellen Sphäre,
ausserhalb welcher es für Augustin keine religiöse Wirklichkeit
gibt. So fragt er auch: 'quae autem maior causa est adventus
domini, nisi ut ostenderet Deus dilectionem suam in nobis? . Jeder
Augustinleser weiss, wie darauf nur die Liebe des Menschen zu Gott
die Antwort sein kann. Die Erkenntnis soll zur Liebe werden, sonst
ist sie noch keine wahre Erkenntnis. Aber dann gilt auch wieder das
Objektive: ohne die Inkarnation könnte das Heil gar nicht bestehen [2]. Von der aktiven scientia im Bezug auf den Christus incar-

---

[1] A. v. Harnack, *Lehrbuch der Dogmengeschichte*, Bd. III, Tübingen 1932,
S. 129.
[2] *de Trin.* XIII, XVIII, 23: haec tanta Dei dona, et si qua alia sunt, quae
de hac re nobis et quaerere nunc et disserere longum est, nisi Verbum caro
fieret, nulla essent.

natus soll man aber endlich zur kontemplativen sapientia des
Verbums — 'sine tempore et sine loco, Patri coaeternum'—kommen,
und das ist möglich, denn in Christo 'sunt omnes thesauri sapientiae
et scientiae absconditi (Col. ii 3; Trin. XIII, XVIII, 23; XX, 25),
im 'Christo incarnato' also.

'Pro nostro modulo', sagt Augustin, hat er über ein schweres
Thema, in einem trinitarischen Zusammenhang, den wir hier weiter
anberührt lassen, etwas gesagt. Des 'modulus' ist sich die Kirche
uuch immer bewusst gewesen, zumal wenn sie über das Kreuz
Christi und die Versöhnung zu reden hatte. Die relative Seltenheit
und Unzulänglichkeit der Erörterungen in der frühen Kirche, für
die der Tod Christi im eucharistischen Feier das Zentrum ihres
liturgischen Lebens war, beweist wie fest und wie unerreichbar
hoch das Versöhnungswerk Christi für sie stand. Man denke etwa
an I Clemens, wo auch die existentielle μετάνοια nicht fehlt,
(49,6); ep. Barnabae 5, 7 und 12; an zahlreiche Aussagen des
Ignatius von Antiochien (ad Eph. 9: durch den Hebebaum Jesu
Christi, der das Kreuz ist; das Credo-Zitat ad Magn. 11, u. Trall. 9);
an Justin den Märtyrer (Dial. 24,i: wir sind zum Glauben im ret-
tenden Blut gekommen; 40: Christus das Opfer; die Rolle von Gen.
49,ii in c. 54 u. Apol. I, 32, wie auch bei Hippolyt, fragm. 24, den
Gebrauch von Jesaja liii, und von Psalm xcv 10 in der auffallenden
Leseart: ὁ κύριος ἐβασίλευσεν ἀπὸ τοῦ ξύλου, c. 73); an die neu-
entdeckte Passah-Homilie des Melito [1]. An Irenäus brauchen wir
kaum zu erinnern; er versuchte auf seine Weise, wie Augustin es
wieder anders tun musste, dem Faktum des Todesleidens Christi im
Rahmen seiner Inkarnations- und Rekapitulationstheologie seine
eigene Stelle zu geben [2], dem Speziellen im Rahmen des Allgemeinen, könnte man sagen. Wohin wir auch sehen, die Versöhnung
durch den Tod Christi ist immer der Mittelpunkt der Verkündigung,
vom Evangelium selbst und von Paulus an. Wie dann Athanasius
sagt, dass das Kreuz ist: τὸ κεφάλαιον τῆς πίστεως und πάντων ἐντι-
μότερον [3]. Harnack selbst hat sehr gut in der neunten Vorlesung
seines 'Wesen des Christentums' auseinandergesetzt, wie sie vom
Anfang an ein indiskutierbares Element des Kerygmas gewesen ist.
Augustin nun hat über dieses Hauptdogma des Christentums, dem

---

[1] *Die Passa-Homilie des Bischofs Meliton von Sardes*, herausg. v. B. Lohse,
Leiden 1958, v. 695 ff.

[2] z.B. Irenäus, *adv. haer.* V, 1, 14, 21, ed. Harvey.

[3] Athanasius, *de inc.* XIX; *or. I c. Ar.* XLIII.

man sich von so unendlich vielen Seiten nähern kann und das dennoch niemals erschöpft erscheint, mehr und Grösseres als viele andere Theologen geschrieben. W. Köhler hat gesagt, dass er in seinen Erwartungen bei Augustin vielmehr enttäuscht wurde, und Mängel entdeckte in dessen Heilslehre [1]. Man muss sich aber fragen, ob das nicht vielmehr von Köhlers dogmenhistorischen Voraussetzungen herkommt. Augustin geht sehr weit in seinen Erklärungen und hält doch zugleich die Beschränkung ein, in der er ein Meister ist. Es geht ihm die sapientia noch über die scientia, aber eben die wahre sapientia lenkt er auf die 'auctoritas divina' zurück, das Werk Gottes in Christo. Dieser heisst der Salvator, weil er 'adhuc cum infirmi essemus iuxta tempus pro infirmis mortuus est' (Rom v 6, Trin. XIII, X 14).

---

[1] W. Köhler, *Dogmengeschichte als Geschichte des christlichen Selbstbewusstseins*, I, Zürich u. Leipzig 1938, S. 176 f.